Martin Jeřábek

Deutschland und die Osterweiterung der Europäischen Union

Martin Jeřábek

Deutschland und die Osterweiterung der Europäischen Union

Mit einem Vorwort von Günter Verheugen

VS VERLAG

Bibliografische Information der Deutschen Nationalbibliothek
Die Deutsche Nationalbibliothek verzeichnet diese Publikation in der
Deutschen Nationalbibliografie; detaillierte bibliografische Daten sind im Internet über
<http://dnb.d-nb.de> abrufbar.

Gedruckt mit finanzieller Unterstützung des Deutsch-Tschechischen Zukunftsfonds,
Prof. Dr. Dieter Spethmann und Nadace Sophia, Brno.
Gutachter:
Prof. Dr. Frank Deppe
JUDr. Vladimír Handl, CSc.

Empfohlene Zitierweise: „Jerabek, Martin: Deutschland und die Osterweiterung
der Europäischen Union"

1. Auflage 2011

Alle Rechte vorbehalten
© VS Verlag für Sozialwissenschaften | Springer Fachmedien Wiesbaden GmbH 2011

Lektorat: Dorothee Koch | Priska Schorlemmer

VS Verlag für Sozialwissenschaften ist eine Marke von Springer Fachmedien.
Springer Fachmedien ist Teil der Fachverlagsgruppe Springer Science+Business Media.
www.vs-verlag.de

Umschlaggestaltung: KünkelLopka Medienentwicklung, Heidelberg
Druck und buchbinderische Verarbeitung: STRAUSS GMBH, Mörlenbach
Gedruckt auf säurefreiem und chlorfrei gebleichtem Papier
Printed in Germany

ISBN 978-3-531-16761-9

Vorwort von Günter Verheugen

Vier Jahre nach den Beitritten von acht mittel- und osteuropäischen Staaten und wenig mehr als ein Jahr nach den Beitritten von Rumänien und Bulgarien zur Europäischen Union liegt bereits eine umfangreiche wissenschaftliche Literatur zu dieser größten und politisch bedeutendsten Erweiterung der EU vor. Martin Jeřábek behandelt das Thema aus der Perspektive der Bundesrepublik Deutschland, dem Land, das für die meisten neuen Mitglieder die Schlüsselrolle in dem gesamten Prozess innehatte. Der Autor beschreibt kenntnisreich und präzise die politische Ausgangslage in Deutschland nach der Vereinigung. Er analysiert die Diskussions- und Entscheidungsprozesse, und er arbeitet an ausgewählten Fallstudien heraus, wo Deutschland in der Erweiterungspolitik eigene Interessen hatte und mit wechselndem Erfolg vertreten hat.

Ich kann dem wichtigsten Befund Jeřábeks nur zustimmen. Deutschland wollte die Osterweiterung, und zwar parteiübergreifend. Es bestand ein breiter politischer Konsens darüber, dass eine zügige Erweiterung im strategischen Interesse Deutschlands lag. Mit der Einbeziehung in die europäische Integration konnten die gewaltigen Reformen in Mittel und Osteuropa stabilisiert, ja sogar unumkehrbar gemacht werden. Im Gegensatz zur breiten öffentlichen Meinung war den politischen Entscheidungsträgern in Deutschland auch immer klar, dass das Land von der Erweiterung auch große ökonomische Vorteile erwarten konnte. Über Einzelheiten gab es durchaus innenpolitische Kontroversen, wobei der Autor zwei besonders kontroverse Themen nicht erwähnt, die sein eigenes Heimatland, die Tschechische Republik, betreffen: die Frage des Weiterbaus des Kernkraftwerks Temelin und die Frage der so genannten Benesch-Dekrete. Beide Fragen konnten aber in der EU als deutsch-österreichisch-tschechisches Problem isoliert werden und reichten in der Tat in der Bedeutung nicht an die großen Fragen wie institutionelle Reform, Finanzierung, Agrarpolitik und Arbeitnehmerfreizügigkeit heran.

Im Rückblick ist bei allen Vorbehalten, die es in Teilen der europäischen Öffentlichkeit noch geben mag, schon heute unbestreitbar, dass diese Erweiterung zu den historischen Großtaten im Gesamtprozess der europäischen Integration gehört. Die versprochenen politischen und wirtschaftlichen Vorteile sind eingetreten, die von vielen befürchteten Nachteile sind ausgeblieben. Die EU erweist sich auch mit 27 Mitgliedern als konsensfähig, die vergrößerten Institutionen funktionieren weiter und es ist auch nicht zur massenhaften Invasion von Billigarbeitern gekommen.

Erweiterung der Europäischen Union nach Osten und Südosten ist ein politisches Vorhaben, das vor allen Dingen einen festen politischen Willen und eine klare strategische Linie braucht. Mit anderen Worten: es ist ein Problem der politischen Führungs- und Gestaltungskraft. Das lässt sich sehr leicht demonstrieren anhand der Ereignisse des entscheidenden Jahres 2002. Das war das Jahr, an dessen Ende die Verhandlungen mit zehn Staaten abgeschlossen werden sollten und ja auch tatsächlich abgeschlossen wurden. In der Mitte dieses Jahres türmte sich ein ganzes Gebirge von Problemen auf: die institutionellen Reformen waren wegen des gescheiterten Referendums in Irland noch nicht unter Dach und Fach. Wichtige Länder wollten die Agrarverhandlungen mit einer substantiellen Senkung der Agrarausgaben verbinden. Die finanzielle Lage in den alten Mitgliedstaaten war angespannt, d.h. der in Berlin vorgesehene Kostenrahmen war plötzlich umstritten. Die Zypernfrage war nicht gelöst und wurde es auch nicht. Mit den meisten Beitrittskandidaten gab es noch mindestens ein schwerwiegendes Hindernis auszuräumen, mit einigen sogar mehrere. Mir war damals völlig klar, dass es kein Halten mehr geben würde, wenn der Zeitplan einmal ins Rutschen geraten sollte.

In dieser Lage war es in der Tat Deutschland, das sein ganzes Gewicht in die Waagschale warf, um einen erfolgreichen Verhandlungsabschluss zu erreichen. Man muss der Wahrheit die Ehre geben: das haben andere auch getan. Aber wenn Deutschland nicht bereit gewesen wäre, bei der Wahrnehmung seiner eigenen Interessen auf die anderen zuzugehen und Kompromisse einzugehen, wäre das Ziel verfehlt worden.

Der Autor befasst sich nicht spezifisch mit dem deutsch-tschechischen Verhältnis. Darum sei hier doch angemerkt, dass der Beitritt der Tschechischen Republik zur Europäischen Union auch eine qualitative Veränderung in den bis dahin eher schwierigen Beziehungen zwischen den beiden Nachbarn gebracht hat. Auch zwischen diesen beiden Völkern gibt es heute keine nennenswerten Probleme mehr. Die Dämonen der Vergangenheit sind gebannt.

Wenn ich wissenschaftliche Analysen politischer Vorgänge lese, die ich selber miterlebt habe, bin ich immer wieder erstaunt, wie viel man zum Zeitpunkt der Ereignisse überhaupt nicht oder nur teilweise wahrnimmt. Manches wird erst in der Gesamtschau und im Rückblick wirklich sichtbar. Martin Jeřábeks Arbeit ist ein wichtiger und verdienstvoller Beitrag zu einem der spannendsten Ereignisse der europäischen Geschichte seit dem Zweiten Weltkrieg.

Günter Verheugen

Kommissar für die Erweiterung der Europäischen Union (1999–2004)

Brüssel, im April 2008

Danksagung

Die Entscheidung, über die deutsche Europapolitik in Bezug auf die Osterweiterung der Europäischen Union zu schreiben, wurzelte in meinem tiefen Interesse an Deutschland und Zentraleuropa. Seit meinem Bakkalaureats- und Magisterstudium am Institut für internationale Studien der Karlsuniversität Prag widmete ich mich der neueren Geschichte und der Politik der deutschsprachigen Länder. In diesem Zeitabschnitt wurde mein Studium vom Institutsgründer Prof. PhDr. Jan Křen, DrSc. und seinem Nachfolger Prof. PhDr. Jiří Pešek, CSc. begleitet. Dank der aktiven internationalen Zusammenarbeit des Instituts und der Fakultät für Sozialwissenschaften mit den Partneruniversitäten bekam ich die Möglichkeit, sowohl Vorlesungen deutscher Gastdozenten zu besuchen als auch Semesterstudienaufenthalte an der Universität Konstanz und der Heinrich-Heine-Universität Düsseldorf zu absolvieren. Ich bedanke mich bei Prof. PhDr. Jaroslav Kučera, CSc. und PhDr. Miroslav Kunštát, Ph. D., die mich mit der Geschichte und den Grundlagen des politischen Systems der Bundesrepublik Deutschland, Österreichs und der Schweiz vertraut gemacht haben.

Im Rahmen meines Diplomstudiums der Politikwissenschaft, der neueren Geschichte und der Rechtswissenschaften an der Philipps-Universität Marburg spezialisierte ich mich auf die internationale Politik. Dort im Europäischen Dokumentationszentrum der Philipps-Universität Marburg habe ich im Winter 2001 die erste Literatur und Quellen zum Thema der Osterweiterung erschlossen. Für die fachliche Unterstützung, Hilfe und notwendige Ermutigung beim Studium möchte ich mich bei den Professoren Frank Deppe und Reinhard Kühnl herzlich bedanken. Bei den Forschungen zur deutschen Außenpolitik wurde ich auch von Professor Wilfried von Bredow unterstützt. Dankbar bin ich weiterhin der Robert-Bosch-Stiftung und dem *NATO Science Fellowships Programme*. Diese Institutionen haben es mir ermöglicht, den langfristigen Aufenthalt in Marburg zu finanzieren. Die in Marburg anhand der Literaturrecherchen entwickelten Hypothesen führten jedoch zu weiteren Fragen bezüglich der deutschen Erweiterungspolitik, besonders in der Zeit, als die Beitrittsverhandlungen der Europäischen Union mit den Ländern Mittel- und Osteuropas in Kopenhagen 2002 gipfelten.

Während des vom Deutschen Bundestag organisierten Internationalen Parlaments-Praktikums (IPP) in Berlin konnte ich die deutsche Europapolitik aus unmittelbarer Nähe betrachten. Dank der Freundlichkeit und der Hilfsbereitschaft der Abgeordneten Günter Gloser und Michael Roth führte ich vom März bis Juli 2003 Interviews zu meinem Forschungsvorhaben. Da an dieser Stelle der Dank nicht an alle 36 interviewten Entscheidungsträger, Diplomaten und Fachleute ausgesprochen werden kann, möchte ich nur einige Personen nennen, die sich die Zeit genommen haben, mir die Umstände der deutschen europapolitischen Strategie persönlich zu erläutern. Ein besonderer Dank gebührt Peter Altmaier MdB, Petra Erler, Mitglied im Kabinett Günter Verheugen, Günter Gloser MdB, Botschafter Christoph Jessen, Dr. Barbara Lippert, Dr. Hans Modrow MdEP, Prof. Dr. Thomas Risse und Dr. Wolfgang Schäuble MdB.

Die Grundlagen meiner wissenschaftlichen Studie wurden im Herbst 2006 als Dissertation an der Karlsuniversität verteidigt. Meinem Doktorvater, Prof. PhDr. Jan Křen, DrSc., danke ich für die ständige Unterstützung, aufmunternden Worte und die Bereitschaft, mich immer wieder aus Neue zu ermutigen. Gleichfalls gilt mein Dank JUDr. Vladimír Handl, CSc. für wertvolle Anregungen zum Thema der deutschen Europapolitik. Die endgültige Fassung, die in der Buchform jetzt vorliegt, entstand Dank der Förderung des Post-Doc-Programms der Westböhmischen Universität in Pilsen. Dort am Lehrstuhl für Politikwissenschaft und internationale Beziehungen der Philosophischen Fakultät setzte ich im Jahre 2008 meine Forschungen erfolgreich fort.

Mein Dank gilt EU-Kommissar Günter Verheugen dafür, dass er sich die Zeit genommen hat, sich gründlich mit meiner wissenschaftlichen Studie zu beschäftigen und das Vorwort zu verfassen.

Nicht zuletzt bedanke ich mich bei Pirmin Hauck, M. A. für die Besorgung der Endkorrektur in Grammatik und für die Endunterstützung bei inhaltlichen Fragen. Für die Hilfe beim Korrekturlesen danke ich auch Stefanie Plötz-Dach und Dipl.-Sozialwiss. Sonja Schmid.

Schließlich danke ich dem *Deutsch-Tschechischen Zukunftsfonds*, der Stiftung *Nadace Sophia Brno* und *Prof. Dr. Dieter Spethmann*, ohne deren Unterstützung das Buch nicht herausgebracht werden konnte.

Hořovice, im September 2010   *Martin Jeřábek*

Inhaltsverzeichnis

Vorwort von Günter Verheugen... 5

Danksagung... 8

1. Einleitung 17

I. **Theoretische, methodologische und historische Grundlagen** 25

2. **Zur Theorie und Methode** 27

2.1 Die Osterweiterung aus theoretischer Perspektive........................... 27

    2.1.1 Der Realismus 28

    2.1.2 Der Liberalismus... 29

    2.1.3 Der soziologische Institutionalismus 31

    2.1.4 Die Europäische Union als „liberale Gemeinschaft".............. 33

2.2 Die methodologische Behandlung der deutschen
Erweiterungspolitik... 35

    2.2.1 Forschungsziele der vorliegenden Studie.............................. 35

    2.2.2 Analyseebenen und die Quellenlage 37

    2.2.3 Interviews als Forschungsmethode 39

2.3 Literaturkritik 42

3. **Ein „europäisches Deutschland" oder ein „deutsches
Europa"?** 45

3.1 Theorien... 45

    3.1.1 Der Realismus – die deutsche Macht in Europa.................... 45

    3.1.2 Der Liberalismus – deutsche Wirtschaftsinteressen in
Europa 51

    3.1.3 Der soziologische Institutionalismus – der Einfluss von
Institutionen und die deutsche „europäisierte" Identität........ 53

3.2 Exkurs: Historischer Hintergrund 58

    3.2.1 Deutschland und Europa 58

    3.2.2 Deutschland in Europa 1945–1989? 61

    3.2.3 Deutschland und Osteuropa 63

3.3 Diskussion über die „neue deutsche Außenpolitik" nach 1990 67

3.4 Deutschland in Europa 72

II. Deutschland, Zentraleuropa und die Osterweiterung – Entwicklungen und Strukturen von Helmut Kohl bis Gerhard Schröder 79

4. Deutschland, Zentraleuropa und die Osterweiterung der Europäischen Union 81

4.1 Führt der Warenaustausch zur politischen Mitgliedschaft? 82

    4.1.1 Die assoziierte Mitgliedschaft = keine Mitgliedschaft 84

    4.1.2 Der deutsche Handel und die Direktinvestitionen in Zentraleuropa 87

    4.1.3 Die asymmetrische Interdependenz zwischen Deutschland und den zentraleuropäischen Staaten – absolute oder relative Dominanz? 92

    4.1.4 Die ökonomischen Folgen der Erweiterung 94

4.2 Kopenhagen 1993: Die politische „Ob"-Frage der Erweiterung wird bejaht 98

5. Die deutsche Einstellung zur Vertiefung der Integration und zur Osterweiterung bis 1998 107

5.1 Deutschland und die europäische Integration 107

5.2 Vertiefung versus Erweiterung – ein Rollenkonflikt in der deutschen Europapolitik? 109

5.3 Der Gipfel von Amsterdam – eine Verschiebung der EU-Reform ... 116

6. Der Regierungswechsel 1998 und die deutsche Erweiterungspolitik 121

6.1 Deutsche „nationale" Interessen an der Osterweiterung 121

6.2 Die Herausforderungen der deutschen Ratspräsidentschaft 1999 125

6.3 Koalition für eine EU-Osterweiterung? Deutsche Ziele und die Interessen der anderen EU-Mitglieder 129

**7. Die Koordinierung der deutschen Europapolitik
– die institutionelle Steuerung der Osterweiterung** 135

7.1 Die Grundlagen der europapolitischen Koordinierung 136

7.2 Die institutionellen Veränderungen von Maastricht bis 1998 139

7.3 Die Koordinierung der Erweiterungspolitik auf der
Regierungsebene 141

    7.3.1 Die Ministerien 141

    7.3.2 Die Sonderrolle des Bundeskanzleramtes 146

7.4 Die parlamentarische Behandlung der Europapolitik 148

    7.4.1 Deutscher Bundestag und der Europaausschuss 149

    7.4.2 Die Begleitung der Osterweiterung im Europaausschuss 152

    7.4.3 Der Bundesrat: Die Wahrnehmung der Länderinteressen 156

7.5 Die Koordinierungsmechanismen der Länder in der Europapolitik . 158

**III. Fallanalysen – die deutsche europapolitische
Erweiterungsstrategie** 163

**8. Die Finanzierung der Osterweiterung und der deutsche
Nettobeitrag** 169

8.1 Das Finanzierungssystem der Europäischen Union 171

8.2 Die deutsche „Nettozahlerposition" – das Problem der
Ausgabenseite des EU-Haushalts 173

8.3 Zum Hintergrund der Diskussion 175

8.4 Die Agenda 2000 und die Ergebnisse des Berliner Gipfels
vom März 1999 178

8.5 Die deutsche Forderung nach Senkung des Nettobeitrags und die
europapolitische Strategie – Hypothesen und Realität 184

**9. Deutschland und die Reform der Institutionen
der Europäischen Union** 191

9.1 Die institutionelle Ausgangslage im Vorfeld der
Regierungskonferenz 2000 194

    9.1.1 Die Europäische Kommission 195

    9.1.2 Das Europäische Parlament 196

    9.1.3 Der Ministerrat 198

9.2 Die Ergebnisse des Gipfels von Nizza 2000 200

9.3 Überprüfung der Hypothesen 205

9.4   Die Post-Nizza-Perspektive und die deutschen
      Reformvorstellungen im Konvent 212

**10.   Die Arbeitnehmerfreizügigkeit aus deutscher Sicht
        und die Osterweiterung** 219

10.1 Die Rechtsgrundlagen und Prognosen bezüglich der Migration 222

10.2 Die Faktoren für und gegen eine erhöhte Ost-West Migration 224

10.3 Gibt es eine Analogie zur Süderweiterung? 225

10.4 Die Position der Bundesregierung und die innenpolitische Debatte
      über die Migration – Überprüfung der Hypothese 227

10.5 Deutschland und der europäische Standpunkt – das Ergebnis 237

10.6 Prognosen versus Realität: fünf Jahre nach der Osterweiterung 239

11.   Die innenpolitische Flankierung der Osterweiterung 245

11.1 Die Positionen der deutschen Wirtschaft 247

11.2 Der Bundesrat und die deutschen Länder 252
      Exkurs: Die Europabeauftragten der Länder am Beispiel Hamburg
      und Berlin 255

11.3 Die Grenzregionen und die Osterweiterung 258
      11.3.1 Die neuen Bundesländer 260
      11.3.2 Europäische Hilfsprogramme 261
      11.3.3 Beispiel Sachsen 263
      11.3.4 Die Strukturpolitik 265
      11.3.5 Sonderfall Bayern 267
      11.3.6 Die Verkehrspolitik und die Osterweiterung 270

11.4 Die deutschen Parteien und die innenpolitische Flankierung des
      Erweiterungsprozesses 272

11.5 Die Kommunikationsstrategie der rot-grünen Bundesregierung zur
      Osterweiterung 277
      Exkurs: Die Europäische Kommission und die deutsche Strategie ... 281

**12.   Streitpunkt 2002: die Gemeinsame Agrarpolitik
        und die Osterweiterung** 285

12.1 Die Kommissionsvorschläge zur Agrarreform 286

12.2 Deutschland und die Direktzahlungen für die Landwirte 291

12.3 Die Agrarreform und die Osterweiterung – ein Junktim? 294

12.4 Regierung versus Opposition – zur europapolitischen Debatte 297

IV. Das politische Ergebnis und die theoretische Zusammenfassung der Analyse 303

13.   Kopenhagen – der Weg zur Osterweiterung wird frei 305

13.1 Die vorletzte Phase der Beitrittsverhandlungen 305

13.2 Die Fortschrittsberichte der Europäischen Kommission 307

13.3 Deutsch-französischer Kompromiss und der Gipfel von Brüssel 309

13.4 Der Gipfel von Kopenhagen aus deutscher Sicht........................ 312

13.5 Die Lösung der Finanzfragen 315

14.   Schlussbetrachtung.. 321

14.1 Die deutsche Erweiterungspolitik – Theorie und Wirklichkeit........... 321

    14.1.1 Der Realismus 322

    14.1.2 Der Liberalismus.. 324

    14.1.3 Der soziologische Institutionalismus 327

14.2 Die deutschen Motive und Interessen an der Osterweiterung........... 329

14.3 Kontinuität der deutschen Europapolitik?........................... 331

Epilog – der Ratifikationsprozess................................ 335

Quellen und Literatur 341

Quellen – gedruckt, veröffentlicht und unveröffentlicht 341

Interviews 350

Sekundärliteratur – Monographien, Sammelbände, Aufsätze 353

Internetquellen.. 370

Abkürzungsverzeichnis 371

Personenregister 375

1. Einleitung

Die „deutsche Frage" hatte in der europäischen Geschichte verschiedene Facetten. Adrian Hyde-Price schrieb in Bezug auf die erste Hälfte des 20. Jahrhunderts sogar von einem „deutschen Problem".[1] Am Anfang des 21. Jahrhunderts gibt es weder eine „deutsche Frage" im traditionellen Sinn noch ein „deutsches Problem", sondern nur Fragen über Deutschland. Im Mittelpunkt der Debatte stand stets das Verhältnis Deutschlands zu seinem europäischen Umfeld, seit der zweiten Hälfte des vorigen Jahrhunderts ist es die deutsche Rolle in der europäischen Integration. Der Beitrag der Bundesrepublik Deutschland war auch entscheidend für die neueste Entwicklung der Europäischen Union.

Am 1. Dezember 2009 trat der Vertrag von Lissabon in Kraft. Damit wurde erstmal die fast zehn Jahre andauernde Diskussion über die institutionelle Ausgestaltung der Europäischen Union beendet. Es begann eine neue Phase für geeintes Europa. Einige Autoren schreiben sogar über die zweite Begründung der europäischen Integration, die ihren Kern in der Behauptung Europas in der Zeit der Globalisierung hat.[2] Einerseits ermöglicht der Vertrag von Lissabon beispielsweise geschlossenes und kohärentes Auftreten der Union nach außen, andererseits wurde der umfängliche Regelungsanspruch der EU kritisiert und in Deutschland vor dem Bundesverfassungsgericht angefochten.[3] Jedenfalls bedeutet die neue Revision der vertraglichen Grundlagen eine Lösung für die erweiterte EU von 27 Mitgliedern.

Die Staaten Zentraleuropas[4] sind seit 2004 ein Teil der EU. Deshalb ist die geographische und politische Identität von Mittel- und Osteuropa neu zu defi-

---

1   Hyde-Price, Adrian: Germany and the European order. Enlarging NATO and the EU, Manchester/New York 2000, S. 2.

2   Kühnhardt, Ludger: Die zweite Begründung der europäischen Integration. *Aus Politik und Zeitgeschichte*, 18/2010, S. 3–8.

3   Näher zum Urteil des Bundesverfassungsgerichts vom 30. Juni 2009 Müller-Graf, Peter-Christian: Das Karlsruher Lissabon-Urteil: Bedingungen, Grenzen, Orakel und integrative Optionen. *Integration*, Jg. 32, Nr. 4/2009, S. 331–360.

4   In der vorliegenden Arbeit wird im Zusammenhang mit den Fragen der EU-Osterweiterung und der Frage der deutschen Interessen der historisch unbelastete Begriff Zentraleuropa verwendet. Im geographischen Sinne dann der Begriff Mittel- und

nieren. Durch die Osterweiterung sind die Außengrenzen der EU in Richtung Osten verschoben worden. Die Union sucht eine angemessene Art der Politik gegenüber den neuen östlichen Nachbarn (Ukraine, Belarus, Moldau). Ein Mechanismus zur Anbindung der an die EU angrenzenden Staaten stellte die Intensivierung der im Jahre 2004 gegründeten Europäischen Nachbarschaftspolitik (ENP).[5] Eine neue Erweiterungswelle ist allerdings in der näheren Zukunft nicht zu erwarten, nur die Staaten des westlichen Balkans haben in absehbarer Zeit eine Beitrittsperspektive.

Die Vollendung der beiden großen Projekte, des Lissaboner Vertrags und der Osterweiterung, zeichnet eine neue Phase für die EU, eine Phase der Konsolidierung. In der deutschen Europapolitik wurde damit das seit den 1990er Jahren immer auftauchende Spannungsverhältnis zwischen der Integrationsvertiefung und der EU-Erweiterung gelöst. Die Bundesrepublik Deutschland galt damals als einziges Mitglied der EU, das gleichzeitig sowohl die Vertiefung als auch die Erweiterung aktiv vorantrieb. Obwohl die Integrationsverantwortung der BRD noch während der deutschen Ratspräsidentschaft 2007 klar bewiesen wurde, sind die beiden Regierungen Angela Merkel mit einer ambivalenten Bilanz konfrontiert. Zwanzig Jahre nach der Vereinigung 1990 wird sogar mit der „Normalisierung"[6] und der „Visionslosigkeit" der deutschen Europapolitik argumentiert.[7] Schon während des relativ langen Prozesses der EU-Osterweiterung war der schrittweise Wandel von europapolitischen Visionen von Helmut Kohl und Joschka Fischer zum intergrationspolitischen Pragmatismus und Betonung deutscher Interessen bei Gerhard Schröder zu spüren.

Osteuropa, der sich auf alle beitrittswilligen Staaten des ehemaligen Ostblocks bezieht. Im historischen Exkurs werden die Begriffe Mitteleuropa und Ostmitteleuropa benutzt. Zum Begriff Mitteleuropa Garton Ash, Timothy: The Uses of Adversity: Essays on the Fate of Central Europe. London 1989; Die o. g. Begriffe werden in Hinblick auf die problematische Geschichte Zentraleuropas im Unterkapitel 3.2.3 der vorliegenden Studie ausführlicher behandelt.

5   Ausführlich Böttger, Katrin: Die Entstehung und Entwicklung der Europäischen Nachbarschaftspolitik. Akteure und Koalitionen. Baden-Baden 2010.

6   Bulmer, Simon/Paterson William E.: Germany and the European Union. From 'tamed power' to normalised power? *International Affairs*, Vol. 86, No. 5/2010, S. 1051–1073.

7   Müller-Brandeck-Bocquet, Gisela: Deutsche Europapolitik unter Angela Merkel: Enge Gestaltungsspielräume in Krisenzeiten. In: Müller-Brandeck-Bocquet, Gisela et al.: Deutsche Europapolitik. Vom Adenauer bis Merkel. 2. Aufl., Wiesbaden 2010, S. 255–349 (342).

Dies impliziert eine Reihe von Fragen zur Position der Bundesrepublik Deutschland in der EU und dem Verhältnis zum europäischen und zentraleuropäischen Umfeld nach 1990. Soll der Anfang vom Wandel der deutschen Grundorientierung zeitlich bereits am Ende der Ära Kohl oder in die Phase der Beitrittsverhandlungen im Zuge der Osterweiterung platziert werden? Dieser Trendwechsel und andere Fragen bezüglich der deutschen Europapolitik können genauer anhand der ausführlichen Analyse des deutschen Verhältnisses zur EU-Osterweiterung beantwortet werden.

Das vorliegende Buch stellt eine politikwissenschaftliche Studie dar. In theoretischer Hinsicht stützt sich der Autor auf die Theorie der internationalen Beziehungen. Der primäranalytische Anteil beruft sich auf die beinahe vierzig strukturierten Interviews. Sowohl die theoretische Fragestellung als auch die empirische Untersuchung spiegelt sich folglich in den fünf Fallstudien zur Erweiterungspolitik der Regierung Schröder.

Das Ziel ist, die deutsche Erweiterungspolitik gegenüber den mittel- und osteuropäischen Staaten (MOE-Staaten)[8] im Zeitraum 1990–2002 analysieren.[9] Die entscheidende Frage dieser Arbeit lautet: Aus welchen Gründen und in welchen Formen setzte sich die Bundesrepublik Deutschland für die Osterweiterung der Europäischen Union ein? Die Studie geht der Frage nach, ob die europäischen liberalen Wertegrundlagen, die aus der Geschichte resultierenden Pflichten, oder eher materielle Interessen die Leitmotive für den deutschen Einsatz für die Osterweiterung waren; oder ob eine Kombination aus all diesen Faktoren entscheidend war. Im ersten Teil der Arbeit wird diese Fragestellung theoretisch untermauert und konkretisiert. Im zweiten Teil und in ausgewählten Fallstudien im dritten Teil der Studie wird nach Motiven und konkreten politischen Schritten der deutschen politischen Entscheidungsträger hin zu einer Osterweiterung gesucht.

---

8   Die mittel- und osteuropäischen Staaten (MOE-Staaten) sind in der vorliegenden Arbeit die Staaten Mittel- und Osteuropas, die eine Mitgliedschaft in der Europäischen Union angestrebt haben und von der EU in die erste und zweite Beitrittswelle eingeordnet wurden. Außer Bulgarien und Rumänien traten sie dann am 1. Mai 2004 der Europäischen Union bei.

9   Die vorliegende Arbeit beschäftigt sich mit dem Erweiterungsprozess bis zur Ratifizierung der Beitritte, welche im Jahre 2004 stattfanden. Der Beitritt von Rumänien und Bulgarien im Jahre 2007 ist nicht Bestandteil der Studie. Bei Vorbereitung der Veröffentlichung dieses Buches habe ich in einigen Teilen noch Ergänzungen vorgenommen, so dass der Band den Forschungsstand vom April 2009 wiedergibt.

Bei der Untersuchung vom deutschen Engagement für die Osterweiterung muss von bestimmten Voraussetzungen, die unmittelbar nach 1990 vorlagen, ausgegangen werden:

Erstens, eine notwendige Voraussetzung für die Analyse der eingangs genannten Hauptfrage stellt die Beleuchtung der Ausgangslage der Reformstaaten Osteuropas im Vorfeld des Erweiterungsprozesses dar. Die Beitrittskandidaten sahen sich bereits in der Phase der assoziierten Mitgliedschaft mit erheblichen ökonomischen Anpassungsproblemen konfrontiert. Obwohl die mittel- und osteuropäischen Staaten eine politische, wirtschaftliche und militärische Integration in die westlichen Institutionen anstrebten, waren ihre inneren Strukturen noch nicht gefestigt. Die größte Gefährdung der Transformations- und Demokratisierungsprozesse waren wachsende soziale Spannungen.[10] Allerdings schienen die Entwicklungen in Mittel- und Osteuropa in den zehn Jahren vor der Osterweiterung eine Übernahme der westeuropäischen Strukturen zu fördern.[11]

Zweitens, in den 1990er Jahren war klar, dass die Europäischen Gemeinschaften/Europäischen Union (EU) innerer Reformen bedurften, um die künftige Erweiterung verkraften zu können. Die Bundesrepublik Deutschland leistete traditionell einen Beitrag zur Schaffung eines Systems institutioneller Regeln, Normen und politischer Maßnahmen in der Europäischen Union. Die Bundesrepublik Deutschland spielte die Rolle eines entscheidenden Initiators der Stärkung und der Vertiefung der europäischen Strukturen.[12] Gerade der wichtige deutsche Beitrag zum EU-Regelwerk bildete die Grundlage für den deutschen Einfluss innerhalb der Gemeinschaft.[13] Das Dilemma der zeitglei-

---

10 Weidenfeld, Werner (Hrsg.)/Autoren: Breska, Eric von/Brunner, Petra/Brusis, Martin et al./: Neue Ostpolitik – Strategie für eine gesamteuropäische Entwicklung, Gütersloh 1997, S. 23; In diesem Zusammenhang ist darauf hinzuweisen, dass ein Viertel der Menschen in den MOE-Staaten nach 1990 unter der Armutsgrenze lebte.

11 Konkrete Beispiele bei Katzenstein, Peter J. (ed.): Mitteleuropa – between Europe and Germany. Oxford 1997.

12 Vgl. Haftendorn, Helga: Gulliver in the Centre of Europe: International Involvement and National Capabilities for Action. In: Heurlin, Bertel (ed.): Germany in Europe in the Nineties. London 1996, S. 104.

13 Bulmer, Simon/Jeffery, Charlie/Paterson, William E.: Deutschlands europäische Diplomatie: Die Entwicklung des regionalen Milieu. In: Weidenfeld, Werner (Hrsg.): Deutsche Europapolitik. Optionen wirksamer Interessenvertretung. Bonn 1998, S. 21; zum „institutionellen Export" S. 42–50; Das beste Beispiel sind die Formulierungen der Bundesbank zu den Statuten der Europäischen Zentralbank.

chen künftigen (Ost-)Erweiterung und Vertiefung schien allerdings kaum lösbar zu sein.

Drittens, die Lage Deutschlands am östlichen Rand der atlantisch-westeuropäischen Sicherheitsstrukturen war ein wichtiger Faktor, der sowohl die deutsche Europapolitik als auch die Außenpolitik gegenüber Zentraleuropa nach 1990 beeinflusste.[14] Die neuen Herausforderungen im Osten und die potenzielle Instabilität von Mittel- und Osteuropa wirkten sich innerhalb Westeuropas auf die Bundesrepublik Deutschland am stärksten aus. Im Gegensatz zur Europäischen Union existierten in Mittel- und Osteuropa keine Strukturen, die mit den europäischen institutionellen Verflechtungen verglichen werden konnten. Unter den scheinbar, wie auch tatsächlichen existierenden Risiken an der deutschen Ostgrenze in den 1990er Jahren, sind auch die wichtigsten deutschen Motive für eine EU-Erweiterung zu suchen.

Viertens, die Bundesrepublik Deutschland war schon vor der deutschen Vereinigung 1990 der wirtschaftlich wichtigste Staat in der Europäischen Union und eines der größten Exportländer der Welt.[15] Die strukturelle Größe und Macht der deutschen Wirtschaft erzwang in den 1990er Jahren auch im politischen Bereich bestimmte Entwicklungen. Wie verarbeitete Deutschland seine ökonomische Stärke in der Europäischen Union? Verfolgte Deutschland dabei überwiegend „nationale" Interessen? Entwickelte die Bundesrepublik Deutschland noch intensiver als davor wirtschaftliche Beziehungen zu Mittel- und Osteuropa? In Bezug auf das deutsche Verhältnis zu Osteuropa war eine Frage wesentlich: Wird die deutsche Positionierung gegenüber der Osterweiterung Hand in Hand mit den europapolitischen Vorstellungen gehen oder wird Deutschland eigene, von der Gemeinschaft unabhängige Initiativen in Richtung Osten vorantreiben? Eine Untersuchung der Interessen der deutschen ökonomischen und politischen Akteure in Zentraleuropa zu Beginn der 1990er Jahre beleuchtet die Hintergründe für die deutsche Einstellung zur Osterweiterung der Europäischen Union. Das Buch ist in vier Teile gegliedert:

Im ersten theoretischen Teil (Kapitel 2, 3) werden die wissenschaftlichen Herangehensweisen auf das Thema konkretisiert. Für die Betrachtung von Deutschland in Europa ist von zentraler Bedeutung die Tatsache, dass sich die deutsche internationalisierte Position innerhalb der europäischen (und atlanti-

---

14   Hyde-Price, Adrian: Germany and the European order, S. 4.
15   Natürlich ist zu hinterfragen, ob die deutsche Wirtschaftskraft nach der Vereinigung tatsächlich noch gewachsen ist.

schen) Strukturen nach 1945 viel weit reichender entwickelte als im französischen und britischen Fall. Nationale Souveränität wurde durch internationale Integration erreicht.[16] Eine Grundlage dafür bildete die Kompatibilität der deutschen nationalen und europäischen Identitätskonzepte in der Nachkriegszeit. Folglich wuchsen auch nationale und europäische Interessen in einem solchen Maß zusammen, dass jeder Versuch, diese Interessen zu trennen, scheitern musste.[17] Die BRD engagierte sich in der EU und bewirkte damit eine effektive Einbindung in internationale Institutionen bei einem minimalen Anpassungsdruck auf die eigenen innerstaatlichen Strukturen.[18] Auch die deutsche Unterstützung für die Osterweiterung erfolgte vor allem durch die europäischen Strukturen.

Im zweiten Teil der Studie (Kapitel 4, 5, 6, 7) wird eine Antwort auf die Frage gesucht, ob die intensive deutsche Unterstützung für die Osterweiterung der Europäischen Union zwischen 1993-1998 nur ein Ausdruck der Kontinuität des deutschen Multilateralismus der Nachkriegszeit war, oder, ob und, wenn ja, wie stark Deutschland in diesem Prozess auch seine eigenen (beispielsweise wirtschaftlichen) Interessen verfolgte. Aufgrund der zunehmenden institutionellen Verflechtung Deutschlands in Europa war es evident, dass die Bundesrepublik Deutschland EU-Partner benötigte. Nur in Kooperation mit ihnen war Deutschland in der Lage, später sein politisches Interesse an einer Osterweiterung durchzusetzen. Deshalb sind im Kapitel 6 auch die Positionen anderer EU-Mitgliedstaaten zu untersuchen. Es ist davon auszugehen, dass die deutsche Europapolitik keine „klassische" Außenpolitik ist, sondern einen hohen Abhängigkeitsgrad von dem deutschen politischen System aufweist. Deshalb wird die Koordinierung der Erweiterungspolitik zum Thema des 7. Kapitels.

Der europapolitische Erweiterungskurs der rot-grünen Regierung wird in den Fallanalysen im dritten Teil der Arbeit näher betrachtet. Anhand der Fall-

---

16   Katzenstein, Peter J.: United Germany in an Integrating Europe. In: Katzenstein, Peter J. (ed.): Tamed Power: Germany in Europe. Ithaca/N.Y. 1997, S. 31.

17   Katzenstein, Peter J.: United Germany in an Integrating Europe. In: Katzenstein, Peter J. (ed.): Tamed Power, S. 25; Zur deutschen europäischen Identität näher: Banchoff, Thomas: German Identity and European integration. European Journal of International Relations, 3/1999, S. 271ff.

18   Jachtenfuchs, Marcus: Deutsche Europapolitik: Vom abstrakten zum konkreten Föderalismus. In: Knodt, Michèle/Kohler-Koch, Beate (Hrsg.): Deutschland zwischen Europäisierung und Selbstbehauptung. Frankfurt/New York 2000, S. 87.

studien (Kapitel 8 bis 12) werden folgende Fragen beantwortet. Bestand eine europapolitische Kontinuität[19] über den Regierungswechsel im Jahre 1998 hinaus? Oder hat die rot-grüne Bundesregierung neue Akzente gesetzt? Ist es nicht sogar zu einem Wandel in der deutschen Europapolitik gekommen? Auf europäischer Ebene verhandelte die Bundesregierung Schröder/Fischer im Rahmen der deutschen Ratspräsidentschaft 1999 über die *Agenda 2000* (Kapitel 8) und die institutionellen Reformen der EU in Nizza im Hinblick auf das Funktionieren der erweiterten Union (Kapitel 9). Außerdem galt es, gemeinsame Positionen der EU zu erarbeiten über die mit der Erweiterung verbundenen Finanzfragen, die Übergangsfristen in den Bereichen der Freizügigkeit von Kapital und Arbeitnehmern (Kapitel 10), sowie über die Direktbeihilfen für die osteuropäischen Landwirte im Rahmen der künftigen Entwicklung der Gemeinsamen Agrarpolitik (Kapitel 12). Allerdings nicht in allen Punkten herrschte eine Übereinstimmung der europäischen Gegebenheiten mit den deutschen sektoralen Interessen. Deshalb ist zu hinterfragen, wie sich die Repräsentanten der deutschen Europapolitik bezüglich der Probleme, bei denen die langfristige erweiterungsfördernde deutsche Strategie mit den kurzfristigen deutschen Interessen kollidierte, verhielten.[20] Nach der deutschen Wiedervereinigung gab es eine parteiübergreifende Übereinstimmung, dass eine weitere Integration unterstützt werden sollte.[21] Eine Untersuchung der Weise, wie die EU-Integrationsstrukturen vollständig nach Osten ausgedehnt wurden, darf sich keineswegs nur auf die Ansichten der deutschen Regierung und der Parteiengremien, welche lediglich die Strategieformulierung des Erweiterungsprozesses in den Händen hatten, beschränken. Auch die anderen wirtschaftliche, gesellschaftlichen Akteure und die Bundesländer beeinflussten die Positionierung der Bundesrepublik Deutschland auf EU-Ebene bezüglich der Osterweiterung sehr stark.

---

19   Die „Kontinuität" wird in der vorliegenden Studie als eine künftige Entwicklung der deutschen Außen- und Europapolitik verstanden, die den Maximen der „Bonner" Bundesrepublik entsprechen würde.

20   Vgl. Katzenstein, Peter J.: United Germany in an Integrating Europe. In: Katzenstein, Peter J. (ed.): Tamed Power, S. 27; Eine solche Frage war beispielsweise relevant im Fall der deutschen Netto-Beiträge zum EU-Haushalt. Seit 1987 stiegen die deutschen Nettobeiträge von 10,5 Milliarden DM auf 22,0 Milliarden DM im Jahre 1992 und rund 30 Milliarden DM im Jahre 1997.

21   Bulmer, Simon/Jeffery, Charlie/Paterson, William: Deutschlands europäische Diplomatie. In: Weidenfeld, Werner (Hrsg.): Deutsche Europapolitik. Bonn 1998, S. 16.

Im vierten Teil des Buches wird das Ergebnis der erfolgreichen Beitrittsverhandlungen bewertet und in der Schlussbetrachtung auf die zentralen Fragen der Studie bei Berücksichtigung der theoretischen Ausgangspunkte geantwortet.

I.
Theoretische, methodologische und historische Grundlagen

2. Zur Theorie und Methode

2.1 Die Osterweiterung aus theoretischer Perspektive

Die Erweiterung der Europäischen Union nach Osten war ein Prozess, der alle alten und neuen Mitglieder der EU betraf. Wenn man die Motive der einzelnen Staaten zur Entscheidung für den Beitritt auf der Seite der MOE-Länder und zur Unterstützung oder teilweisen Opposition gegen die Osterweiterung auf der Seite der alten EU-Mitglieder untersuchen will, bieten sich die wichtigsten theoretischen Erklärungsansätze wie Realismus, Liberalismus und Konstruktivismus an.[22]

Ausgangspunkt dieser Studie ist der Gegensatz der Annahmen der ersten zwei „rationalistischen" Ansätze, der realistischen und der liberalen Perspektive, und des soziologischen Institutionalismus. Der Institutionalismus greift die konstruktivistischen Hypothesen auf und erklärt die Motivation der Akteure, die Europäische Union nach Osten zu erweitern und der Union beizutreten, primär mit der Kompatibilität von Normen- und Wertevorstellungen. Frank Schimmelfennig und Ulrich Sedelmeier definierten die Erweiterung der EU als *„process of gradual and formal horizontal institutionalization"*.[23] In Bezug zur Osterweiterung bedeutete dies, dass die Institutionen und organisatorischen Regeln und Normen formell über den ursprünglichen Geltungsbereich in Westeuropa hinaus übernommen wurden. Die Übernahme bestimmter Normen beginnt in der Regel noch vor der formellen Mitgliedschaft und endet nicht mit dem Beitritt zur EU, sondern wird durch spätere Teilnahme an weiteren Integrationsschritten, beispielsweise am Schengen-Raum und der Währungsunion, fortgesetzt.

Diese These ist auch auf die Phasen des Beitrittsprozesses der Staaten Mittel- und Osteuropas in die Europäischen Union anzuwenden. Dieser Prozess

---

22 Übersicht der Theorien bezüglich der Osterweiterung der EU in der tschechischen Fachliteratur: Beneš, Vít: Střet hypotéz východního rozšíření Evropské unie [Diskurs der Hypothesen der Osterweiterung]. *Mezinárodní vztahy*, roč. 40, č. 4/2005, S. 5–27.
23 Schimmelfennig, Frank/Sedelmeier, Ulrich: Theorizing EU enlargement: research focus, hypotheses, and the state of research. *Journal of European Public Policy*, Vol. 9, No. 4/2002, S. 502.

begann mit der Bestimmung der Kopenhagener Kriterien und der Heranführungsstrategie in Essen 1994 und wurde mit der offiziellen Aufnahme der Beitrittsverhandlungen mit der ersten so genannten Luxemburg-Gruppe der Kandidatenländer im März 1998 fortgesetzt. Mit dem Abschluss der Verhandlungen und der Feststellung der konkreten Aufnahmebedingungen und der Übergangsregelungen auf dem Gipfel in Kopenhagen 2002 endeten allerdings nicht die Bemühungen auf beiden Seiten der ehemaligen Blockgrenzen, West- und Osteuropa in der Europäischen Union zusammenzuführen.

2.1.1 Der Realismus

Der realistische Ansatz geht von einer Einheitlichkeit der nationalen oder der sozialen Interessen aus. Staaten sind nach außen einheitlich auftretende und zweckrational handelnde Akteure. Sie wollen unter der Bedingung der Anarchie ihre staatliche Existenz und Autonomie sichern. Ihr wichtigstes Mittel zur Erreichung dieses Ziels ist ihre Macht.[24] Nach Kenneth Waltz, der als Vertreter der „defensiven Realisten" gilt, wollen die Staaten in erster Linie ihre Position im internationalen System erhalten und nicht unbedingt immer mehr Macht besitzen. Demgegenüber betont John Mearsheimer in einer neuen „offensiven" Variante des Realismus, dass die Staaten nach Macht streben und die Hegemonie sei das oberste Ziel.[25] Er leitet dieses Ziel aus der anarchischen Struktur des internationalen Systems ab. Auch der Integrationsprozess wird aus der Perspektive des Realismus als Auseinandersetzung um die Veränderung der politischen Kräfteverhältnisse gesehen.[26] Die europäische Integration dient den integrationspolitischen Akteuren lediglich als Instrument zur Neugewichtung des Gleichgewichts der Machtverhältnisse. Die europäischen Staaten reagierten in der veränderten Lage nach dem Ende des Ost-West-Konflikts auf die ökonomische und militärische Hegemonie der USA in der Welt. Einerseits sollte die Verstärkung der ökonomischen Zusammenarbeit seit Maastricht Europa zu

---

24   Näher zu grundsätzlichen Annahmen des (Neo-)realismus: Waltz, Kenneth N.: Theory of International Politics. New York 1979.

25   Mearsheimer, John J.: The Tragedy of Great Power Politics. New York, London 2001.

26   Vgl. Rosamond, Ben: Theories of European Integration. New York 2000, S. 130ff.

einem einheitlichen Wirtschaftsraum machen, andererseits sollte die Osterweiterung zur Erhöhung der Wettbewerbsfähigkeit von Europa weltweit beitragen. Die Europäische Union realisierte 2004 und 2007 durch die Ausdehnung ihrer Strukturen nach Osten eine „territoriale Expansion" in Länder mit großen Wachstumspotenzialen. Laut Vít Beneš kann die Logik der Osterweiterung aus der realistischen Sicht mit der Logik der Expansion der Nationalstaaten verglichen werden.[27] Die Europäische Union wollte ihm zu Folge durch die Osterweiterung neue Bevölkerung gewinnen und ihre materiellen und militärischen Ressourcen stärken. Die Beitrittskandidaten aus Mittel- und Osteuropa waren nach der realistischen Annahme zum Beitritt stark motiviert. Die Gründe hierfür seien, die potenzielle Hegemonie der starken Staaten der Europäischen Union zu begrenzen und sie über die europäischen Institutionen beeinflussen zu können. Die Verhandlungsmacht der kleinen Staaten wäre damit jedenfalls stärker, als wenn sie außerhalb der EU geblieben wären.

2.1.2 Der Liberalismus

Der liberale Ansatz geht davon aus, dass der Integrationsprozess weder durch einheitlich nationale noch durch einheitlich soziale Interessen geprägt ist. Er untersucht die Triebkräfte des Integrationsprozesses und die Präferenzen verschiedener Akteure, die pluralistisch sind und sich innerhalb des Nationalstaates bilden. Die Verhandlungspositionen der Staaten ermitteln sich in einem pluralistischen Wettbewerb sozialer und wirtschaftlicher Interessengruppen.[28] Die einzelnen Akteure verwirklichen im Integrationsprozess auf diese Weise direkt eigene Interessen. Sie verfolgen sie taktisch und maximieren den Nutzen. Die Politik der Regierungen repräsentiert die Interessen der durchsetzungsfähigsten gesellschaftlichen Gruppen. Die bekannteste Variante der liberalen Integrationstheorie ist der liberale Intergouvernementalismus von Andrew Moravcsik. Im Gegensatz zu (neo-) realistischen Theorien (klassischer Intergouvernementalismus), die von einem Primat geographisch-strategischer Interessen ausgehen, liegt bei diesem Ansatz eine zweistufige Analyse vor. Die

---

27   Beneš, Vít: Střet hypotéz východního rozšíření Evropské unie [Diskurs der Hypothesen zur Osterweiterung]. *Mezinárodní vztahy*, roč. 40, č. 4/2005, S. 8.
28   Moravcsik, Andrew: The Choice for Europe: Social Purpose and State Power from Messina to Maastricht. Ithaca 1998, S. 24f.

nationalstaatlichen Präferenzen entstehen durch die Aggregation der unterschiedlichen Interessen durch die Regierungen. Die nationalen Präferenzen werden dann in der folgenden Phase zwischenstaatlich verhandelt.

Die internationalen Organisationen sind Instrumente zur Erreichung des eigenen Nutzens, den der jeweilige Akteur (hier der Staat) aus der Integration ziehen kann. Die internationale Politik wird folglich durch Interessen und nicht durch die internationale Machtverteilung bestimmt.

Im Hinblick auf die Osterweiterung muss deshalb aus der liberalen Perspektive festgestellt werden, dass der unmittelbare materielle Nutzen, Prosperität, Sicherheit, und Wohlstand nach der Kosten-Nutzen-Analyse für alle beteiligten Staaten positiv sein muss.[29] In diesem Fall stimmten sowohl die alten EU-Staaten als auch die Beitrittsländer der Osterweiterung zu. Der Grundsatz ist, dass jeder einzelne Staat aus der gemeinsamen Zusammenarbeit den Nutzen ziehen kann. Der ökonomische Nutzen, Wachstum und allgemeine Wohlfahrtsförderung setzen folglich bestimmte begünstigende Bedingungen für eine erfolgreiche Integration voraus. Zwischen den zu integrierenden Partnern sollten schon vor der Integration intensive Handelsbeziehungen vorhanden sein. Ideal ist es, wenn die beiden Partner „natürliche" Handelspartner[30] sind und zwischen ihnen relativ niedrige Außenzölle und administrative Beschränkungen bestehen. Wenn eine ähnliche Produktions- und Handelsstruktur vorhanden ist, wird das in der Regel positive Auswirkungen nach der begonnenen Integration haben.[31] Die Europäische Union und die MOE-Länder waren „natürliche" Handelspartner.[32] Allerdings gab es erhebliche Unterschiede in der Größe und vor allem in der Leistungsfähigkeit der zu integrierenden Wirtschaftsräume.

---

29 Vgl. Schimmelfennig, Frank: The Community Trap: Liberal Norms, Rhetorical Action, and the Eastern Enlargement of the European Union. *International Organisation,* Vol. 55, No. 1/2001, S. 52.

30 Solche Staaten würden normalerweise intensive Handelsbeziehungen betreiben. Ihre Handelsbeziehungen sind vor dem Beginn der Integration bloß durch verzerrende Protektion unterdrückt; näher Tichy, Gunther: Integrationstheorie und Osterweiterung. In: Mayer, Otto G./Scharrer, Hans-Eckart (Hrsg.): Osterweiterung der Europäischen Union. Sind die mittel- und osteuropäischen Länder und die EU reif für eine Erweiterung? Baden-Baden 1997, S. 35.

31 Tichy, Günter: Integrationstheorie und Osterweiterung. In: Mayer, Otto G./Scharrer, Hans-Eckart (Hrsg.): Osterweiterung der Europäischen Union, S. 30.

32 Die mittel- und osteuropäischen Länder (MOE-Länder), welche nach 1993 zu Beitrittskandidaten wurden, wären unter „normalen" Umständen des Freihandels auch vor 1989 bereit gewesen, wirtschaftlich mit Westeuropa zu kooperieren.

Außerdem bestand ein großes Wohlstandsgefälle zwischen der Europäischen Union und den Transformationsländern, dessen Beseitigung einen langfristiger Integrations- und Anpassungsprozess erforderte. Den ersten Schritt zu einer wirtschaftlichen Integration hat die Europäische Gemeinschaft mit dem Abschluss der so genannten Europa-Abkommen mit den Transformationsländern am Anfang 1990er Jahre unternommen und damit die Öffnung der Märkte eingeleitet.

Laut Andrew Moravcsik sollte der langfristige wirtschaftliche Nutzen für die alten Mitgliedstaaten der EU die unmittelbaren finanziellen Kosten, die die EU im Zusammenhang mit der Osterweiterung aufbringen muss, übertreffen.[33] Der Nutzen sollte nicht nur aus der weitgehenden Handelsliberalisierung, wie oben festgestellt wurde, aber auch indirekt aus der Tatsache resultieren, dass die Region Mittel- und Osteuropas durch die Osterweiterung stabilisiert wird und damit gute Voraussetzungen für dauerhaft friedlichen Beziehungen in Europa geschaffen werden.

Aus liberaler Sicht können zwei Gruppen von Faktoren die Erweiterungspolitik der EU-Staaten bestimmen: einerseits die gesellschaftlichen Interessen, andererseits die von der Gesellschaft internalisierten Werte und Normen.[34] Im ersten Fall betreiben die Staaten Machtpolitik im Sinne staatlicher Einflussmaximierung im Interesse einflussreicher gesellschaftlicher Normen und die materiellen Interessen werden den Grundsatznormen Gruppen (utilitaristischer Liberalismus). Im Fall der Wirkung von Wertvorstellungen und rechtlicher Normierung der Außenpolitik handeln die Staaten im Sinne dieser unterstellt (idealistischer Liberalismus).

2.1.3 Der soziologische Institutionalismus

Die oben beschriebenen rationalistischen Erklärungsansätze können allerdings keine zufrieden stellende Antwort auf die Frage geben, warum die alten EU-Mitglieder trotz der direkt anfallenden Erweiterungskosten die Union nach Os-

---

33 Moravcsik, Andrew/Vachudova, Milada: National Interests, State Power, and EU Enlargement. *East European Politics and Societies*, Vol. 17, No. 1/2003, S. 42f.

34 Vgl. Rittberger, Volker/Schimmelfennig, Frank: Deutsche Außenpolitik nach der Vereinigung. Realistische Prognosen auf dem Prüfstand. Tübinger Arbeitspapiere zur Internationalen Politik und Friedensforschung. Tübingen 1997, S. 17f.

ten erweiterten. Aus den Analysen, die in dieser Studie im Zusammenhang mit den deutschen Positionen in Bezug auf die verschiedenen Themen der Osterweiterung präsentiert werden, wird klar, dass die Osterweiterung vor allem für die Nettozahler in der EU zusätzliche Kosten bringen sollte. Staaten wie die Bundesrepublik Deutschland unterstützten trotzdem weiterhin den Erweiterungsprozess und wirkten sogar auf die anderen EU-Mitglieder, damit sie sich den erweiterungswilligen EU-Mitgliedern anschließen.

Damit die Frage nach der Motive für eine Osterweiterung trotz der entstehenden Kosten beantwortet werden kann, muss eine normativ-soziologische Perspektive als Erklärungsansatz herangezogen werden. Der soziologische Institutionalismus, der zu den Theorien des Konstruktivismus gehört,[35] kann wohl erklären, warum Mitgliedstaaten auch dann für eine Aufnahme der MOE-Länder plädieren, wenn ökonomische Wohlstandsgewinne nicht oder nur mit erheblichen Zeitverzögerungen zu erwarten sind.[36] Die materiellen Gewinne aus der Liberalisierung der Handelsbeziehungen zwischen West- und Osteuropa durch die Assoziierung konnte die Europäische Union bereits mit den so genannten Europa-Abkommen realisieren. Die Vollmitgliedschaft der MOE-Länder bringt der Union zwar weitere Sicherheits- und Stabilitätsgarantien ein, aber die zusätzlichen Kosten der vollständigen (auch politischen) Eingliederung der neuen Mitglieder in die Union werden hoch. Die aus der Mitgliedschaft mittel- und osteuropäischen Länder resultierenden Nettogewinne sind folglich nicht so wesentlich, als dass sie alleine den Beitritt aus Sicht der jeweiligen Mitglieder der EU-15 rational begründen können, so die utilitaristische oder die rationalistische Sicht.[37]

Die konstruktivistische Hypothese geht von der Behauptung aus, dass die Erweiterungspolitik primär von normativen und kulturellen Faktoren beeinflusst wird. Entscheidend ist dabei, in welchem Maße die außerhalb einer Organisation agierenden Akteure sich mit denen innerhalb der Organisation kollektive Identitäten und Grundsatzeinstellungen teilen. Die Untersuchung der

---

35 Vgl. Drulák, Petr: Teorie mezinárodních vztahů [Theorie der internationalen Beziehungen]. Praha 2003, S. 195.

36 Schimmelfennig, Frank: Liberal Norms and the the Eastern Enlargement of the European Union: A Case for Sociological Institutionalism. *Österreichische Zeitschrift für Politikwissenschaft*, Vol. 27, No. 4/1998, S. 459–472.

37 Gespräch zu der Theorie mit dem Professor für internationale Politik Dr. Thomas Risse, Freie Universität Berlin, Otto-Suhr Institut, Berlin, am 8. Juli 2003.

Erweiterung besteht nach dieser Auffassung deshalb in der Analyse der kollektiven Werte, Normen und Identitäten und nicht der materiellen Gewinne oder Verluste der einzelnen Akteure.[38] Der soziologische Institutionalismus erklärt die Entstehung von Interessen durch die soziale Interaktion. Die Rationalität der Akteure wird konstruiert, an den kulturellen Kontext gebunden und die Akteure folgen der „Logik der Angemessenheit".[39] Die Akteure fragen nach dieser Logik nicht nach ihren Zielen und Handlungsalternativen. Sie analysieren zunächst, in welcher Situation sie sich befinden und wer sie sind (beispielsweise eine liberale Demokratie). Aus allen Handlungsoptionen wählen sie dann diejenige aus, die ihnen am angemessensten erscheint.[40]

Internationale Organisationen, wie die Europäische Union, besitzen eine kollektive Identität und sind auf spezifische konstitutive Normen und Ideen aufgebaut. Die Art der Organisation in Bezug auf die gemeinsamen Wertvorstellungen ist von entscheidender Bedeutung sowohl für die bestehenden Mitglieder als auch für die potenziellen Beitrittskandidaten. Auch im Fall der Osterweiterung der Europäischen Union spielte die Akzeptanz von bestimmten Normen für beide Verhandlungspartner (sowohl für die EU als auch für die Beitrittskandidaten) eine maßgebende Rolle.

2.1.4 Die Europäische Union als „liberale Gemeinschaft"

Die einzelnen Mitglieder der Europäischen haben unterschiedliche nationale Identitäten und politische Kulturen. Aus diesen resultieren oft unterschiedliche Politiken dieser Staaten. Die EU-Mitglieder bestehen aber auch auf internationalen Normen und Prinzipien und betreiben aktive Weiterentwicklung dieser Normen. Frank Schimmelfennig definiert die EU als „liberale Gemeinschaft".[41]

---

38 Schimmelfennig, Frank/Sedelmeier, Ulrich: Theorizing EU enlargement: research focus, hypotheses, and the state of research. *Journal of European Public Policy*, Vol. 9, No. 4/2002, S. 513.

39 Zum Begriff „logic of appropriateness" näher March, James G./Olsen, Johan P.: Rediscovering Institutions: The Organizational Basis of Politics. New York 1989, S. 23f.

40 Vgl. Hellmann, Gunther (unter Mitarbeit von Rainer Baumann und Wolfgang Wagner): Deutsche Außenpolitik. Eine Einführung. Wiesbaden 2006, S. 98 f.

41 Neben dieser Definition nutzt er den Begriff *„Rhetorical Action"*. Dieser Terminus baut auf die Theorie der liberalen Gemeinschaft auf und argumentiert, dass die normgeleiteten Argumente von Staaten zur Durchsetzung eigener Positionen innerhalb der

Liberale Werte wie die Achtung der Menschenrechte und Grundfreiheiten, Demokratie, Rechtsstaatlichkeit, Privateigentum, Marktwirtschaft und freier Wettbewerb sind die Grundlagen für die kollektive Identität dieser regionalen Organisation.[42] Dazu kommen im Bereich der internationalen Politik noch zwei Grundsätze: die Friedenssicherung und der Multilateralismus. Die westliche Gemeinschaft der liberalen Demokratien zieht folglich nur solche Staaten an, die sich mit ihren Normen und Werten identifizieren und aus diesem Grund die Mitgliedschaft in der Organisation anstreben.[43]

Es soll festgestellt werden, dass die Interessen und die Europapolitik der Staaten im Wesentlichen den Normen und Werten der Gemeinschaft entsprechen, deren Mitglied der jeweilige Staat ist. Die Aneignung und Wahrung der gemeinsamen Werte gilt beim soziologischen Ansatz als eine notwendige und gleichzeitig ausreichende Bedingung für den Beitritt der neuen Mitglieder zur Gemeinschaft. Im Fall der Osterweiterung wurden diese, von den Kandidatenländern zu erfüllende Voraussetzungen, in die Kopenhagener Kriterien (Juni 1993) integriert. Eine solche Betrachtungsweise wird von den Konstruktivisten als wichtigster Unterschied zu den rationalistischen Theorien angesehen, die Normen (wenn überhaupt) nur als einen unter mehreren Faktoren behandeln.

Die Bundesrepublik Deutschland unterstützte im Erweiterungsprozess die Übernahme der Grundsatznormen und organisatorischen Regeln der Gemeinschaft durch die Kandidatenländer als Bedingung für die Aufnahme in die EU, die während der „*horizontal institutionalization*" stattfand.[44] Eine Institutionalisierung wurde durch gemeinsame Interaktionen der Akteure auf formeller (Abkommen, Heranführungsstrategien, finanzielle Hilfe)[45] und informeller (soziale

---

Gemeinschaft erfolgreich eigesetzt werden können; näher Schimmelfennig, Frank: The Community Trap. *International Organisation*, Vol. 55, No. 1/2001, S. 62ff.; Der einschlägige Aufsatz in der tschechischen Literatur: Beneš, Vít: Střet hypotéz východního rozšíření Evropské unie [Diskurs der Hypothesen der Osterweiterung]. *Mezinárodní vztahy*, roč. 40, č. 4/2005, S. 17f.

42 Schimmelfennig, Frank: The Community Trap. *International Organisation*, Vol. 55, No. 1/2001, S. 59.

43 Vgl. Schimmelfennig, Frank: Liberal community and enlargement: an event history analysis. *Journal of European Public Policy*, Vol. 9, No. 4/2002, S. 599.

44 Vgl. Schimmelfennig, Frank/Sedelmeier, Ulrich: Theorizing EU enlargement. *Journal of European Public Policy*, Vol. 9, No. 4/2002, S. 503f.

45 Zur formellen Übernahme der Normen in den Verfassungsrang der Kandidatenländer: Albi, Anneli: EU Enlargement and the Constitutions of Central and Eastern Europe. Cambridge 2006. (Zum Beispiel zu den Verfassungsänderungen in der Tsche-

Kontakte) Ebene vollzogen und rahmte zwischen 1990 und 2004 den ganzen Erweiterungsprozess zeitlich und territorial ein.

2.2 Die methodologische Behandlung der deutschen Erweiterungspolitik

Die bisherigen Forschungen zur Erweiterung der Europäischen Union lassen sich in drei Forschungsgebiete unterteilen. Das ist erstens die Politik der Beitrittskandidaten hin zu einem Beitritt in die EU[46], zweitens die Politik der Europäischen Union, die eine Erweiterung um neue Mitglieder anstrebt,[47] und drittens die Erweiterungspolitik der einzelnen EU-Mitgliedstaaten.[48] Darüber hinaus kann wissenschaftlich untersucht werden, wie sich der Erweiterungsprozess auf diese drei Dimensionen auswirkt (Europäisierung[49]), also auf die Politik der EU, auf Transformationsprozesse in Osteuropa sowie auf die Europapolitik der einzelnen Mitgliedstaaten der Union.

2.2.1 Forschungsziele der vorliegenden Studie

Diese Studie thematisiert lediglich einen Teil des gesamten Problemkomplexes der EU-Erweiterung, nämlich die Politik des größten Mitgliedstaates der Europäischen Union, der Bundesrepublik Deutschland. Gleichzeitig bezieht sich der Text primär auf den spezifischen Bereich der deutschen Europapolitik, der zur Aufnahme der Reformstaaten von Mittel- und Osteuropa in die EU maßgeb-

---

chischen Republik vor dem EU-Beitritt, S. 70f.)

46   Zum Beispiel Mattli, Walter/Plümper, Thomas: The demand-side politics of EU enlargement: democracy and the application for EU membership. *Journal of European Public Policy*, Vol. 9, No. 4/2002, S. 550–574.

47   Zum Beispiel Mayhew, Alan: Recreating Europe. The European Union´s Policy towards Central and Eastern Europe. Cambridge 1998.

48   Vgl. Schimmelfennig, Frank/Sedelmeier, Ulrich: Theorizing EU enlargement. *Journal of European Public Policy*, Vol. 9, No. 4/2002, S. 504ff.

49   Zur Europäisierung beispielsweise Hussein, Kassim: The Europeanization of Member State Institutions. In: Bulmer, Simon/Lequesne, Christian (eds.): The Member States of the European Union, Oxford University Press, New York 2005, S. 285–316.

lich beitrug. Es handelt sich um die Politik der BRD in Bezug auf die größte Erweiterungsrunde in der Geschichte der europäischen Integration.

Die Frage nach der Rolle Deutschlands bei der Erweiterung der euroatlantischen Strukturen der NATO und der EU in Richtung Osten war bereits Gegenstand zweier eigenständiger Untersuchungen. Henning Tewes konzentrierte sich auf die Erklärung der Rolle Deutschlands als einer „Zivilmacht". Auch die deutschen Prioritäten bezüglich der Osterweiterung – Stabilisierung, Demokratisierung und der Multilateralismus – gehören laut Tewes zur „Zivilmacht"-Kultur der deutschen Außenpolitik.[50] Adrian Hyde-Price betrachtete die „doppelte" Erweiterung (NATO und EU) als Bestandteil einer deutschen *grand strategy*.[51] Die meisten theoretischen Analysen dieser Untersuchungen wurden in den breiten europäischen Kontext der 1990er Jahre eingebettet. In Abgrenzung dazu werden in der vorliegenden Arbeit die Schwerpunkte auf die BRD und die „praktische" Phase des Erweiterungsprozesses während der Regierung von Gerhard Schröder und Joschka Fischer gesetzt. Die NATO-Erweiterung ist nicht Gegenstand dieser Studie.

Diese Untersuchung ist in methodischer Hinsicht eine theoriegeleitete empirische Studie. Der erste Teil der Arbeit bildet den Rahmen für die theoretischen Fragestellungen. Der zweite Teil stellt das Problemfeld der Osterweiterung im Dreieck Deutschland – Zentraleuropa – Europäische Union bis 1998 dar. Damit werden sowohl die inhaltlichen als auch die methodischen Voraussetzungen für eine Analyse der Erweiterungspolitik der rot-grünen Bundesregierung zwischen 1999 und 2002 geschaffen. Im dritten Teil werden anhand spezifischer Fallstudien die drei theoretischen Ansätze Realismus, Liberalismus und soziologischer Institutionalismus empirisch überprüft. Diese Fallstudien sollen einerseits die deutsche Erweiterungspolitik als einen wichtigen Bereich der deutschen Europapolitik behandeln, andererseits Anhaltspunkte für eine Bestimmung des Charakters der deutschen Europapolitik am Anfang des 21. Jahrhunderts liefern. In der Arbeit wird ausführlich über die deutschen Motive für das Engagement für die Osterweiterung nachgedacht. Bei der Erklärung des Einsatzes der Bundesrepublik Deutschland für die Osterweiterung wird

---

50 Tewes, Henning: Germany, Civilian Power and the New Europe. Enlarging NATO and the European Union. New York 2002, S. 137.
51 Hyde-Price, Adrian: Germany and the European order. Enlarging NATO and the EU. Manchester/New York 2000; Tewes, Henning: Germany, Civilian Power and the New Europe, S. 129.

von den Werten der „liberalen Gemeinschaft" und der „europäisierten" deutschen Identität ausgegangen. Daneben wird aber auch berücksichtigt, welche Rolle neben der Bindungskraft der langfristigen normativen Vorgaben sowohl kulturelle und geographische als auch materielle Faktoren spielten.

Das letzte Ziel dieser Arbeit ist, eine Antwort auf die Frage nach der Kontinuität oder dem potenziellen Wandel im deutschen europapolitischen Verhalten seit den Zäsuren 1990 und 1998 zu finden.[52] Im vierten Teil werden neben den politischen Ergebnissen der Beitrittsverhandlungen (Kopenhagen 2002) sowohl die Antworten als auch eine Zusammenstellung der theoretischen Hypothesen mit den empirischen Untersuchungen aufgrund der Forschungsergebnisse präsentiert.

2.2.2 Analyseebenen und die Quellenlage

Eine komplexe Darstellung der deutschen Erweiterungspolitik bedarf einer Analyse auf mehreren Politikebenen. Die zentralen Entscheidungen, die für den Fortschritt im Erweiterungsprozess maßgebend waren, wurden naturgemäß auf der Ebene der Europäischen Union getroffen. Die Mitgliedstaaten der EU-15 mussten sich regelmäßig auf einem gemeinsamen Standpunkt einigen. Wichtige Vorschläge unterbreitete die Europäische Kommission (Generaldirektion Erweiterung). Sie wurde damit zum Motor sowohl der Heranführung der MOE-Länder an die EU in der ersten Phase bis 1998 als auch während der Beitrittsverhandlungen danach. Die Initiativen der Kommission mussten auch die großen Mitgliedstaaten in ihren politischen Strategien berücksichtigen. Zu den einzelnen Aktivitäten der EU wurden Schlüsseldokumente, Legislativvorschläge und Positionspapiere vorhanden, die die Union in der Regel veröffentlicht.

Zur Beleuchtung der deutschen Positionen, die sich meistens im komplizierten innenpolitischen Entscheidungsprozess herausbildeten, war allerdings

---

52 Wenn ein außenpolitischer Wandel feststellbar ist, muss weiterhin gefragt werden „welcher Wandel?" („gradueller, rapider, fundamentaler Wandel"); nähere semantische Erklärungen vom Begriff „Wandel": Schmalz, Uwe: Deutsche Europapolitik nach 1989/90: Die Frage von Kontinuität und Wandel. In: Schneider, Heinrich/Jopp, Mathias/Schmalz, Uwe (Hrsg.): Eine neue deutsche Europapolitik? Rahmenbedingungen – Problemfelder – Optionen. Berlin 2001, S. 23f.

eine ausführliche Aufarbeitung der Quellen unterhalb der EU-Ebene notwendig. In einigen Fällen war ausschließlich das Auswärtige Amt (institutionelle Reform) oder ein anderes Bundesministerium (wie das BMF für die *Agenda 2000*-Verhandlungen) für eine europapolitische Verhandlungsmaterie zuständig. Meistens entstand die konkrete Entscheidung jedoch durch Koordinierung einer gesamtpolitischen Linie, die durch die Mitwirkung anderer Akteure auf verschiedenen Ebenen geprägt wurde. Obwohl die Europapolitik in der Bundesrepublik stark exekutivorientiert ist, waren der Bundestag und die Länder durch den Bundesrat in den Prozess involviert. Deshalb stellten eine wichtige Quellengrundlage für diese Studie neben den Erklärungen der Bundesregierung auch die Stenographischen Berichte des Deutschen Bundestags, die Anträge der Bundestagsfraktionen und die Entschließungen des Bundesrates dar.[53]

Zu den einzelnen erweiterungsbedingten Fragen äußerte sich durchgehend der Ausschuss für die Angelegenheiten der Europäischen Union des Deutschen Bundestages. Die Inhalte der Ausschussdrucksachen und der Protokolle von öffentlichen Anhörungen bieten eine „innere" Sicht auf den Entscheidungsprozess an.[54] In den Sitzungen des Europaausschusses des Deutschen Bundestags wurden die Auswirkungen der Osterweiterung ausführlicher als im Plenum und unter Teilnahme der Fachexperten auf hohem Niveau diskutiert. Diese Debatten waren für den Autor im Hinblick auf die Untersuchung des öffentlichen Diskurses zur Osterweiterung von Bedeutung. Auch die politischen Reden der Regierungsmitglieder oder der Mitglieder der Europäischen Kommission und die Pressestimmen dokumentieren die Einstellungen der jeweiligen Akteure, ihre Beiträge in die Diskussion und vor allem die zeitliche Relevanz der erwähnten Probleme (Arbeitnehmerfreizügigkeit 2001, Agrarpolitik 2002).[55]

Zu einer weiteren Quellengruppe gehören die Stellungnahmen und Positionspapiere der deutschen Parteien und der zentralen Interessenverbände (Industrie, Gewerkschaften, einzelne Branchen). Die Länder präsentierten ihre Vorstellungen über die Vertretungen beim Bund und die Konferenz der Europaminister der Länder.[56] Darüber hinaus werden bei der Analyse der Situation in den Grenzregionen einige interne Pressemitteilungen und Dokumentationen

---

53 Verzeichnis der verwendeten Quellen und Literatur, Teil A, Punkte 1, 3.
54 Verzeichnis der verwendeten Quellen und Literatur, Teil A, Punkt 2.
55 Verzeichnis der verwendeten Quellen und Literatur: Teil A, Punkt 8.
56 Verzeichnis der verwendeten Quellen und Literatur, Teil A, Punkte 4, 6, 7.

genutzt und direkt in den Anmerkungen bezeichnet. Die Verarbeitung der regionalen und lokalen Quellen dient dem Zweck, sowohl die Stimmung in den Bundesländern zu beschreiben (Sonderfall Bayern) als auch den Einfluss regionaler Interessen auf die strategische Gesamtlinie der Bundesregierung zu untersuchen.

2.2.3 Interviews als Forschungsmethode

Neben den Informationen, die durch Analyse gedruckter Quellen gewonnen wurden, hat der Autor zum Thema dieser Studie Interviews mit deutschen (und anderen) Akteuren mittlerer (und teilweise höherer) Entscheidungsebene geführt.[57] Die Gesprächsergebnisse werden besonders zur Behandlung der Schlüsselfragen und der Prozesse der deutschen Erweiterungs- und Europapolitik in den Fallstudien im dritten Teil eingesetzt. Sie ergänzen die „Engpässe" in den Dokumenten und liefern die Antworten auf die Bereiche, die in der Literatur nicht erwähnt wurden. Darüber hinaus waren die Interviews sehr hilfreich zur Bestätigung eigener Hypothesen des Autors sowie der Hypothesen, die in der Fülle der Literatur widersprüchlich interpretiert wurden. Auch bei der Diskursanalyse im elften Kapitel helfen die Interviews. Sie bieten beispielsweise die Möglichkeit, die Ansichten der Vertreter von unterschiedlichen politischen Richtungen in Bezug auf die Osterweiterung zu sammeln.

Die Interviews wurden im Zeitraum von März bis Juli 2003 geführt, d. h. 3–7 Monate nach dem Abschluss der Beitrittsverhandlungen in Kopenhagen im Dezember 2002. Die meisten Gesprächspartner hatten noch dasselbe Amt bzw. die gleiche Funktion inne, welches bzw. welche sie bereits in der „Kernzeit" des Erweiterungsprozesses (1999–2002) bekleideten. Dies war aus mehreren Gründen von Vorteil. Einerseits waren die Personen hinsichtlich der Fragen der Osterweiterung weitgehend im Blick, andererseits konnten sie im

---

57   Insgesamt wurden 36 Interviews durchgeführt. Ein Katalog der Personen mit detaillierten Angaben zur Funktion und Zeit, wann das Inteview stattfand, ist im Verzeichnis der verwendeten Quellen und Literatur im Teil B enthalten. Darüber hinaus wurden noch zwei so genannte Hintergrundgespräche geführt, welche nicht auf der Liste geführt sind. Die „Elite"- Inteviews wurden auf die „operative" Ebene gezielt. Die Äußerungen der obersten Repräsentanten der Bundesrepublik Deutschland (Bundeskanzler, Bundesaußenminister) wurden anhand der Presseerklärungen und den öffentlichen politischen Reden dokumentiert.

Gespräch die Situation (beispielsweise während der Beitrittsverhandlungen) mit einem Abstand von mehreren Monaten besser einschätzen.

Die Auswahl der Gesprächspartner wurde nach folgenden Kriterien vollzogen: In der Gruppe sollten mehrere Regierungsinstitutionen vertreten sein, und sowohl die politische als auch die bürokratische Elite. Daneben wurden auch Berater und renommierte Vertreter aus der Wissenschaft und politischen Stiftungen befragt. Ein Teil der Personen gehörte ins parlamentarische Milieu (Mitglieder des Bundestages, politische Berater, Referenten der Fraktionen). Für einige Fragestellungen der Arbeit war wichtig, dass die Gespräche mit Vertretern aller relevanten politischen Richtungen geführt wurden. Auf der bürokratischen Ebene wurden Interviews in den Ministerien und im Bundeskanzleramt geführt. Die bedeutendsten Gesprächspartner waren die Diplomaten im deutschen Auswärtigen Amt. Neben den politischen und amtlichen Repräsentanten der Bundesorgane wurden auch die Ländervertreter in die Auswahl der Interviewpartner einbezogen. Gerade sie sollten die regionale Sicht auf die Bundespolitik und die Osterweiterung darstellen. Eine Sondergruppe von Gesprächen bildeten „Kontrollinterviews" mit nichtdeutschen Institutionen. Sie wurden mit Beamten der Europäischen Kommission sowie der diplomatischen Vertretungen der Beitrittsländer in Berlin und Brüssel geführt.

Für die Interviews wurde ein Katalog von Grundfragen (Tabelle unten) entwickelt und den befragten Personen zur Verfügung gestellt. Diese grundsätzlichen Fragen betrafen die zentralen Probleme der deutschen Erweiterungspolitik und richteten sich auf die Hauptfragen der Gesamtstudie.

I.

Ist die Osterweiterung im deutschen Interesse? Warum?

Ist das spürbar in der deutschen Regierungspolitik?

II.

Ihre persönliche Meinung: Mit welchen Akzenten soll sich die EU erweitern?

1. Die Finanzierung der EU und der Osterweiterung.

2. Das Problem der Arbeitnehmerfreizügigkeit in Bezug auf die deutsche Position.

III.

Was denken Sie über die Vertiefung der Integration?

Versucht Deutschland durch die Vertiefung der Integration, das deutsche Föderalismusmodell auf die EU zu übertragen? Export deutscher Institutionen?

IV.

Wie schätzen Sie die Verhandlungsmacht der Bundesrepublik Deutschland in der Europäischen Union ein?

Ist die BRD erfolgreich in der Bildung der Koalitionen in der EU, die zur Durchsetzung der deutschen Vorstellungen beitragen? Ist die deutsche Europapolitik „gut" koordiniert?

V.

Welche Rolle spielen die sektoralen Interessen und der Föderalismus (die Interessen der Länder)?

VI.

Denken Sie, dass die deutsche Europapolitik die Kontinuität über den Regierungswechsel 1998 hinaus zeigt? Warum?

Neben dem Fragenkatalog formulierte der Autor für jeden Gesprächspartner zusätzliche spezielle Fragen, die auf die Rolle der Person im Erweiterungsprozess zugeschnitten waren. Da der Charakter der Fragestellung absichtlich „offene" Antworten (*open-ended interviews*)[58] erlaubte, entwickelten sich die meisten Gespräche in eine breitere Diskussion des Autors mit dem jeweiligen Beamten, Abgeordneten oder Diplomaten.[59] Diese Interviewmethode war auf „semi"strukturierten Gesprächen aufgebaut. Die Gespräche waren daher einerseits schwer zu kodieren und nachzuarbeiten, andererseits boten sie einen großen Vorteil: Die Gesprächspartner vermittelten oft sehr detaillierte Ausführungen

---

58 Näher Aberbach, Joel D./Rockman, Bert A.: Conducting und Coding Elite Interviews. *Political Science and Politics*, 35/2002, S. 673–76 (674).

59 Aus diesem Grund hat der Autor neben den handschriftlichen Notizen zusätzlich nach freundlicher Genehmigung der Geschprächspartner die Gespräche auf ein Tonband aufgenommen. (Die Aufnahmen sind im Archiv des Autors.)

zu den Bereichen, die in Hinblick auf das Hauptthema der Studie interessant waren.

2.3 Literaturkritik

Die deutsche Außenpolitik wurde gleich nach der Wiedervereinigung zum Thema einer politikwissenschaftlichen Debatte. Im Diskurs kristallisierten sich verschiedene Prognosen bezüglich der Weiterentwicklung der außenpolitischen Orientierung der Bundesrepublik Deutschland. Günter Hellmann machte fünf Denkschulen aus: „pragmatische Multilateralisten, Integrationisten, Euroskeptiker, Internationalisten, Normalisierungsnationalisten".[60] Da im dritten Kapitel der vorliegenden Studie mehr Platz der allgemeinen außenpolitischen Debatte[61] eingeräumt wird, wird sich die Literaturkritik an dieser Stelle lediglich auf die Titel beschränken, die einen Zusammenhang der deutschen Erweiterungspolitik mit dem europapolitischen Verhalten der Bundesrepublik erwähnen.

Neben den oben genannten Autoren A. Hyde-Price[62] und H. Tewes[63] leistete B. Lippert,[64] damals die stellvertretende Direktorin des Instituts für Europäische Politik, einen namhaften Beitrag zur Forschung der deutschen Erweiterungspolitik. Gemeinsam mit H. Grabbe et al. schrieb sie eine vergleichende

---

60   Näher Hellmann, Gunther: Jenseits von „Normalisierung" und „Militarisierung": Zur Standortdebatte über die neue deutsche Außenpolitik. *Aus Politik und Zeitgeschichte*, B 1–2/ 1997, S. 24–33.

61   Der Autor der vorliegenden Studie hat im Kapitel 3 einen anderen Gesichtspunkt zur Analyse der Debatte als G. Hellmann gewählt. Der Ausgangspunkt seiner eigenen Darstellung ist die Frage nach einer „selbstbewussteren deutschen Außenpolitik" nach 1990.

62   Hyde-Price, Adrian: Germany and the European order. Enlarging NATO and the EU. Manchester University Press. Manchester/New York 2000.

63   Ein neuerer Beitrag: Tewes, Henning: Rot-Grün und die Osterweiterung der Europäischen Union. In: Maull, Hans/Harnisch, Sebastian/Grund, Constantin (Hrsg.): Deutschland im Abseits? Rot-grüne Außenpolitik 1998–2003. Baden-Baden 2003, S. 79–90.

64   Zum Beispiel: Lippert, Barbara: Die EU-Erweiterungspolitik nach 1989 – Konzeptionen und Praxis der Regierungen Kohl und Schröder. In: Schneider, Heinrich/Jopp, Mathias/Schmalz, Uwe (Hrsg.): Eine neue deutsche Europapolitik? Rahmenbedingungen – Problemfelder – Optionen. Berlin 2001, S. 349–392; zu speziellen Themen: Lippert, Barbara: Der Erweiterungsgipfel von Kopenhagen: Abschluss der Beitrittsverhandlungen und Neubeginn für die EU. *Integration*, Jg. 26, Nr. 1/2003, S. 48–65.

Studie zur britischen und deutschen Politik hin zur Osterweiterung der Europäischen Union.[65]

Ein Sammelband zur deutschen Europapolitik haben H. Schneider, M. Jopp und U. Schmalz im Jahre 2001 herausgebracht. Die an diesem Projekt beteiligten Autoren präsentierten in diesem Buch ihre Analysen der einzelnen europapolitischen Bereiche und haben über die Frage der „neuen deutschen Europapolitik" nachgedacht.[66] Demgegenüber wird die geschichtliche Entwicklung der deutschen Europapolitik von den Anfängen bis zur Regierung Schröder im Sammelband von G. Müller-Brandeck-Bocquet dargestellt.[67] Einen theoretischen Rahmen für die Analyse sowohl der deutschen Außenpolitik als auch der Europapolitik brachte eine Autorengruppe um V. Rittberger heraus.[68]

In der Bundesrepublik Deutschland erschienen auch kritische Darstellungen, die der Erweiterungspolitik[69] und der EU-Politik gewidmet sind.[70] Auch im Hinblick auf die Erweiterung der Europäischen Union lieferten sie interessante Beiträge, in denen die oft vernachlässigte soziale Dimension der europäischen Einigung untersucht wurde.[71] Aus den neueren deutschen Publikationen ist ein Sammelband zu nennen, der S. Böckenförde herausgegeben hat.[72] Die „Kurzanalysen" in diesem Buch sind praktisch orientiert und sollen eher die unmittelbaren Handlungsanweisungen für die Entscheidungsträger der deut-

65   Lippert, Barbara/Hughes, Kirsty/Grabbe, Heather/Becker, Peter: Britisch and German Interests in EU Enlargement. Conflict and Cooperation. London and New York 2001.

66   Schneider, Heinrich/Jopp, Mathias/Schmalz, Uwe (Hrsg.): Eine neue deutsche Europapolitik? Rahmenbedingungen – Problemfelder – Optionen. Berlin 2001.

67   Müller-Brandeck-Bocquet, Gisela u.a. (Hrsg.): Deutsche Europapolitik von Konrad Adenauer bis Gerhard Schröder. Opladen 2002.

68   Rittberger, Volker (ed.): German foreign policy since unification. Theories and case studies. Manchester/New York 2001.

69   Bohle, Dorothee: EU-Integration und Osterweiterung: Die Konturen einer neuen europäischen Unordnung. In: Bieling, Hans-Jürgen/Steinhilber, Jochen (Hrsg.): Die Konfiguration Europas. Dimensionen einer kritischen Integrationstheorie. Münster 2000, S. 304–330.

70   Bieling, Hans-Jürgen/Steinhilber, Jochen (Hrsg.): Die Konfiguration Europas. Dimensionen einer kritischen Integrationstheorie. Münster 2000.

71   Bierbaum, Heinz/Bischoff, Joachim/Deppe, Frank/Huffschmid, Jörg/Steinitz, Klaus: Soziales €uropa. Hamburg 2001.

72   Böckenförde, Stephan (Hrsg.): Chancen der deutschen Außenpolitik. Analysen-Perspektiven-Empfehlungen. Dresden 2005.

schen Außenpolitik geben als die Forschungsergebnisse präsentieren. Da in den Fallanalysen im dritten Teil der vorliegenden Studie ein besonderes Gewicht an die Politik der rot-grünen Bundesregierung gelegt wird, soll der Sammelband von W. Reutter zur Politik der Regierung „Rot-Grün" erwähnt werden.[73]

Die deutsche Politik wird auch in der amerikanischen und britischen Wissenschaft thematisiert. Eine Asymmetrie im Verhältnis von Deutschland und der kleineren zentraleuropäischen Staaten untersuchte P. Katzenstein zusammen mit anderen Wissenschaftlern aus Osteuropa und den USA (Cornell University, Ithaca).[74] Konstruktivistischer Ansatz seiner Forschungen kam auch in der Studie „Tamed Power. Germany in Europe." zum Ausdruck.[75] Eine interessante Darstellung der deutschen Durchsetzungsweise in der Europäischen Union stellte im Rahmen dieser Studie J. Anderson vor.[76] Die systematische Forschung zur Politik der Bundesrepublik wird auf dem Institute for German Studies (IGS) in Birmingham betrieben. Um mindestens eine relevante Studie zu nennen, den Charakter der deutschen europäischen Diplomatie haben S. Bulmer, Ch. Jeffery und W. E. Paterson ausführlich untersucht.[77]

In der tschechischen Wissenschaft beschäftigen sich mit dem Thema der deutschen Außenpolitik vor allem V. Handl[78] und D. Moravcová[79]. Ihre Arbeiten sind vorwiegend der deutschen Europapolitik, der Sicherheitspolitik der BRD und dem deutschen Verhältnis zu den Staaten Mittel- und Osteuropas gewidmet.

---

73 Reutter, Werner (ed.): Germany on the Road to „Normalcy": Policies and Politics of the Red-Green Federal Government (1998–2002). New York 2004.

74 Katzenstein, Peter J. (ed.): Mitteleuropa – between Europe and Germany. Oxford 1997.

75 Katzenstein, Peter J. (ed.): Tamed Power: Germany in Europe. Ithaca, N.Y. 1997.

76 Anderson, Jeffrey J.: Hard Interests, Soft Power, and Germany´s Changing Role in Europe. In: Katzenstein, Peter J. (ed.): Tamed Power: Germany in Europe. Ithaca, N.Y. 1997, S. 80–107.

77 Bulmer, Simon/Jeffery, Charlie/Paterson, William E.: Germany´s European Diplomacy: Shaping the Regional Milieu. Manchester 2000.

78 Handl, Vladimír: Germany and the Visegrad Countries between Dependence and Asymmetric Partnership? *Studien zur Internationalen Politik*, Helf 3/2002.

79 Moravcová, Dagmar/Plechanovová, Běla/Kreidl, Jan: Evropská politika sjednoceného Německa 1990–1999 [Die Europapolitik des vereinigten Deutschlands 1990–1999]. Praha 2000.

3. Ein „europäisches Deutschland" oder ein „deutsches Europa"?

3.1 Theorien

Nach der Wiedervereinigung der beiden deutschen Staaten 1990 und der Erlangung der vollen staatlichen Souveränität wurde in der deutschen und ausländischen Politik und Wissenschaft diskutiert, wie sich Deutschland nach dem Ende des West-Ost-Konflikts außenpolitisch verhalten würde. Die konkreten wissenschaftlichen Positionen in der Debatte über die Frage, ob die geostrategisch verstärkte Machtposition Deutschlands nach der Vereinigung eine Veränderung der deutschen Außenpolitik zur Folge hatte, werden im dritten Teil dieses Kapitels untersucht.

Im folgenden Abschnitt möchte ich zunächst die Aufmerksamkeit drei wesentlichen theoretischen Perspektiven widmen, aus denen die deutsche Außenpolitik und im Fall dieser Studie auch die deutsche Erweiterungspolitik zwischen 1990 und 2004 beurteilt werden kann. Es sind der (Neo-)Realismus, der Liberalismus und der soziologische Institutionalismus als Vertreter des konstruktivistischen Ansatzes in der Theorie der internationalen Beziehungen. Im weiteren Text dieses Kapitels wird auch der geschichtliche Hintergrund der deutschen Außen- und Europapolitik skizziert. Das Verhältnis von Deutschland und Europa im 19. und 20. Jahrhundert liefert ergiebige Anknüpfungspunkte sowohl für die theoretischen Erwägungen als auch für die Debatte über die „neue deutsche Außenpolitik" in den 90er Jahren des 20. Jahrhunderts.

3.1.1 Der Realismus – die deutsche Macht in Europa

Beim neorealistischen Ansatz ist die Machtpolitik die entscheidende Variable. Deutschland sollte, gemäß dieser Auffassung, nach der Wiedervereinigung versuchen, seine Autonomie (autonomy-seeking policy) und/oder seinen Einfluss zu vergrößern.[80] Nach dem Ende der Teilung Europas durch den Eisernen

---

80   Baumann, Rainer/Rittberger, Volker/Wagner, Wolfgang: Neorealist foreign policy

Vorhang hatte jeder Staat in Europa erneut zu fragen: Welche Art von Macht sind wir? Aber für keinen war diese Frage schwieriger als für Deutschland.[81] Welche Macht besitzt Deutschland in Europa und in der Europäischen Union? Wie mächtig ist Deutschland verglichen mit seinen europäischen Nachbarn? Wie wird das (wieder-)vereinigte Deutschland nach 1990 mit seiner gewachsenen Macht künftig umgehen?[82] Betrachtet man den Charakter der deutschen europäischen Diplomatie, ist das nicht dasselbe, als wenn man versucht, die deutsche Macht in Europa zu messen.[83] Simon Bulmer und William Paterson beschrieben in der Mitte der 1990er Jahre die Bundesrepublik Deutschland als „*gentle giant*", „*gentle*" allerdings nur in Bezug auf die deutsche europäische Diplomatie.[84] Der Charakter der deutschen Diplomatie war nach dieser Auffassung eine Tarnung des wirklichen Einflusses des größten Mitgliedstaates in der Europäischen Union. Nicht nur die offizielle Außenpolitik, sondern auch die privaten Akteure, die Investoren und die Firmen sowie der ideelle und kulturelle Einfluss, das alles konstituierte die deutsche Macht in der Europäischen Union und in Europa nach 1990.

Simon Bulmer definierte vier Dimensionen der „deutschen Macht" in der Europäischen Union.[85] Laut seiner Auffassung verfügt Deutschland erstens über eine „realistische" Macht (*deliberative power*). Diese Macht entspringt aus der Stärke des stabilen, gut regierbaren und ökonomisch leistungsfähigen Staates.[86] Diese Art von Macht kann die BRD in der Europäischen Union zur

---

theory. In: Rittberger, Volker (ed.): German foreign policy since unification. Theories and case studies. Manchester/New York 2001, S. 65.

81   Garton Ash, Timothy: Im Namen Europas – Deutschland und der geteilte Kontinent. Frankfurt am Main 1995, S. 557.

82   E. Lübkemeier beantwortet die Frage „Ein mächtigeres Deutschland über 1990" hinaus? mit „JA", vgl. Lübkemeier, Eckhard: Interdependenz und Konfliktmanagement. Deutsche Außenpolitik am Beginnn des 21. Jahrhunderts. Bonn 1998, S. 13.

83   Zur deutschen europäischen Diplomatie: Bulmer, Simon/Jeffery, Charlie/Paterson, William E.: Germany´s European Diplomacy: Shaping the Regional Milieu. Manchester 2000.

84   Bulmer, Simon/Paterson, William E.: Germany in the European Union: gentle giant or emergent leader? *International Affairs*, Vol. 72, No. 1/1996, S. 32.

85   Bulmer, Simon: Shaping the Rules? The Constitutive Politics of the European Union and German Power. In: Katzenstein, Peter J. (ed.): Tamed Power: Germany in Europe. Ithaca, N.Y. 1997, S. 72–76.

86   Simon Bulmer geht von der Voraussetzung aus, dass die deutsche Militärmacht, welche die Realisten als die traditionelle Machtquelle eines Staates betrachten, in der EU

Durchsetzung eigener Interessen direkt einsetzen. Zweitens besitzt Deutschland eine „indirekte institutionelle Macht" (*indirekt institutional power*). Sie hilft der Bundesrepublik, die institutionellen Strukturen, Normen und Prinzipien der Europäischen Gemeinschaft zu beeinflussen. Ihren Ausdruck fand sie in der europäischen Verfassungspolitik (beispielsweise während der Konventsverhandlungen 2002–2003).[87] Eine dritte Art von Macht (*unintentional power*) resultiert aus den „unbeabsichtigten" Konsequenzen der deutschen Innen- und Wirtschaftspolitik (zum Beispiel die monetäre Politik der Bundesbank vor der Einführung des Euro). Das vierte Gesicht der deutschen Macht entspricht am wenigsten den realistischen Machtvorstellungen. Ihn charakterisiert am besten die Formel: Wenn die Europäische Union mächtiger wird, wird auch die Bundesrepublik Deutschland mächtiger. Diese „passive" Macht wurzelt in Deutschlands „europäisierter" Definition staatlicher Interessen. Sie hängt mit dem Charakter der deutschen Institutionen und der Fähigkeit, eigene Normen, Konzepte und zum Teil auch Visionen ins europäische Regelwerk einzubringen, zusammen.[88]

Dem Realismus zufolge ist die deutsche Außenpolitik eine Funktion der deutschen Machtposition. Dem realistischen Ansatz folgend, bilden die verfügbaren Ressourcen die Substanz der Macht eines Akteurs.[89] Die Realisten erwarteten, dass die Bundesrepublik Deutschland nach 1990 nicht mehr ihre Politik der „Bescheidenheit und Zurückhaltung" verfolgen wird, sondern neben der strukturellen ökonomischen Macht auch ihre politische Macht (*deliberative power*) entfalten würde. Karl Kaiser bezeichnete die Bundesrepublik Deutschland als die „ressourcenstärkste westeuropäische Demokratie".[90] Nach Eckhard Lübkemeier vergrößerte sich sogar der Handlungsspielraum Deutsch-

---

nicht zum Einsatz kommt.

87   Bulmer, Simon: Shaping the Rules? In: Katzenstein, Peter J. (ed.): Tamed Power: Germany in Europe. Ithaca, N.Y. 1997, S. 74.

88   Diese Frage wurde vom Autor im persönlichen Gespräch mit Petra Erler (Mitglied des Kabinetts Günter Verheugen, GD Erweiterung) am 18. März 2003 näher diskutiert. Eine europapolitische Rede (Humboldt-Rede von J. Fischer) kann die Politik der EU direkt wenig beeinflussen. Die deutschen Vorstellungen (und Visionen) werden aber oft in Europa umgesetzt.

89   Vgl. Lübkemeier, Eckhard: Interdependenz und Konfliktmanagement, S. 11.

90   Kaiser, Karl: Das vereinigte Deutschland in der internationalen Politik. In: Kaiser, Karl/Maull, Hans W. (Hrsg.): Deutschlads neue Außenpolitik: Bd. 1: Grundlagen. München 1995, S. 8.

lands durch seine zunehmende Verflechtung in der Europäischen Union seit dem Vertrag von Maastricht. Gleichzeitig wurde aber die dominierende Rolle Deutschlands durch die Einbindung in der EU wirksam verhindert. Deutschland überragte seit 1990 militärisch die großen EU-Länder nicht, da es keine Nuklearmacht ist. Gleichzeitig lassen sich aus der zwar herausragenden wirtschaftlichen Stellung von Deutschland in der EU keine absoluten Dominanzansprüche ableiten. Die Exportstärke der Bundesrepublik Deutschland bedeutet eine Abhängigkeit von den Importeuren: „Jeder Versuch, in der Europäischen Union dominieren zu wollen, würde die deutschen Exporte ruinieren und damit die Machtbasis von Deutschland unterminieren."[91] Kann eine solche Interpretation auf das deutsche Verhältnis zu Zentraleuropa übertragen werden?

Die realistischen Annahmen sind von besonderer Bedeutung; auch in Bezug auf das deutsche Engagement in Zentraleuropa. Deutschland ist eine „dominante strukturelle Macht in Europa",[92] ein Staat mit problematischer Geschichte (siehe gesonderter Exkurs in diesem Kapitel), großer Wirtschaftskraft und einem großen Potential, die Entwicklungen besonders in Zentraleuropa zu beeinflussen. Dies gilt noch heute und war auch unmittelbar nach 1990 der Fall. Auf den deutschen Einfluss, der über das Wirtschaftsgebiet der Europäischen Union in den 1990er Jahren hinausging, bezogen sich einige US-amerikanische Autoren. Sie behaupteten, dass die handels- und währungspolitische Übermacht Deutschland seine wirtschaftliche Dominanz in Europa (und mindestens in Mitteleuropa) sicherte.[93] Die deutschen Regierungen arbeiteten laut Simon Reich aber nicht planmäßig auf ihre wirtschaftliche Vorherrschaft hin, sie verfolgten lediglich zwei Ziele: die ökonomische und politische Stabilisierung der mittel- und osteuropäischen Länder sowie die Vermeidung eines Inflationsimports.

Falls Deutschland, seit der Nachkriegszeit ein demokratischer Staat, in seine geographische „Mittellage" nach 1989 zurückgekehrt sein sollte, musste dies

---

91 Lübkemeier, Eckhard: Interdependenz und Konfliktmanagement, S. 22.
92 Hanrieder, F. Wolfram: Deutschland – Europa – Amerika. Die Außenpolitik der Bundesrepublik Deutschland 1949–1994. Paderborn, München, Wien, Zürich 1995, S. 125.
93 Markovits, Andrei S./Reich, Simon: Das deutsche Dilemma. Die Berliner Republik zwischen Macht und Machtverzicht. Mit einem Vorwort von Joschka Fischer. Berlin 1998, S. 293–294.

nicht zwangsläufig ähnliche Folgen für die deutsche Politik haben wie zwischen 1871 und 1945. Mit den Erfahrungen der Jahre nach 1945 hing die Positionierung Deutschlands gegenüber den EU-Erweiterungen zusammen. Die europäischen Erweiterungen bedeuteten hinsichtlich des deutschen Gesamtgewichts in der Gemeinschaft eine Relativierung der deutschen Größe, im Endeffekt aber keinen Verlust an Machtpotential. Auch die Erweiterung um Österreich, Schweden und Finnland im Jahre 1995 brachte eine Relativierung der deutschen Größe in der Europäischen Union,[94] aber keinen Verlust an Macht.[95]

Hinsichtlich der Frage der Macht ist aus gegenwärtiger Sicht die Berliner Republik mit der Bonner Republik zu vergleichen. Eine wesentliche Leistung der Bonner Republik bestand darin, die Demokratie in Westdeutschland institutionell zu verankern. Die größte Herausforderung für die Berliner Republik wird die Frage der „angemessenen Machtausübung" sein. Einerseits wurde die *große Macht* betont, andererseits die Verantwortung.[96] „Die Verantwortung, die Europa zur Eindämmung des Mordens im Kosovo übernommen hat, ist ein Gründungsakt für ein Europa von Menschen."[97] Die Berliner Republik ist im Krieg geboren. Zum ersten Mal seit dem Zweiten Weltkrieg wurde die deutsche Militärmacht im März 1999 gegen einen souveränen Staat offensiv eingesetzt.[98] Es war nicht nur die erste deutsche Regierung seit 1949, sondern die

---

94 Im Jahre 1993 nahm die BRD mit einem Anteil von 29,5 % am Bruttonationalprodukt und 23,3 % an der Gesamtbevölkerung der EU-12 teil. Mit der Erweiterung auf die EU-15 sind diese deutschen Anteile auf 27,6 % des Bruttonationalprodukts und 21,9 % der Gesamtbevölkerung der Gemeinschaft gesunken.

95 Kreile, Michael: Will Germany Assume a Leadership Role in the European Union? In: Heurlin, Bertel (ed.): Germany in Europe in the Nineties. London 1996, S. 135.

96 Gerhard Schröder betonte die internationale Verantwortung von Deutschland in der Rede im Deutschen Bundestag am 16. November 2001. Der Deutsche Bundestag sollte über die vom Bundeskanzler mit der Abstimmung über den Einsatz der Bundeswehr im Rahmen der NATO im Afghanistan im Kampf gegen das Talibanregime verknüpfte Vertrauensfrage (Art. 68 GG) abstimmen. (ZDF-Übertragung der Bundestagsdebatte am 16. 11. 2001); Nach Peter Katzenstein haben die Deutschen nach 1945 den Begriff „Macht" aus ihrem politischen Vokabular gestrichen. Statt dessen sprechen sie von der „politischen Verantwortung."

97 Schröder, Gerhard: Eine Außenpolitik des „Dritten Weges"? *Gewerkschaftliche Monatshefte*, 7–8/1999, S. 395.

98 Hyde-Price, Adrian: Germany and the European order. Enlarging NATO and the EU. Manchester/New York 2000, S. 5; Näher: Hyde-Price, Adrian: Germany and the Kosovo War: Still a Civilian Power? *German Politics*, Vol. 10, Nr. 1/2001, Special Issue, S. 19–34.

erste linke Regierung seit 1918, die deutsche Soldaten in einen Krieg schickte.[99] Ist das eine neue Qualität im außenpolitischen Handeln im Vergleich zum „Zivilmachtkonzept" der alten Bundesrepublik? Oder kann der deutsche Einsatz in Kosovo als ein Versuch gewertet werden, die Spannungen zwischen den zentralen „Zivilmacht-Werten" – der Bündnisfähigkeit im Rahmen der NATO und der Wahrung der Menschenrechte einerseits, sowie andererseits der Geltung des internationalen Rechts (UNO-Mandat), zu lösen?[100] Jedenfalls war der Kosovo-Krieg eine Zäsur in der deutschen Außen- und Sicherheitspolitik.

Zusammenfassend kann festgestellt werden, dass der Realismus von einer allgemeinen Steigerung der deutschen Macht nach 1990 ausgeht. Aus realistischer Sicht lassen sich folgende Argumente dafür nennen: Deutschland wurde zwar nicht zu einer Weltmacht, doch wuchs durch die Wiedervereinigung seine Bevölkerungszahl und sein relatives ökonomisches Potenzial gegenüber den anderen Staaten. Auf seine Stellung im Staatensystem wirkten sich ebenfalls das Ende der bipolaren Struktur und der Abstieg Russlands von der Position einer Supermacht aus. Darüber hinaus erhielt Deutschland (mit dem 2+4-Vertrag) die vollständige und souveräne Kontrolle über sein Territorium. Deutschland besitzt jedenfalls mehr Autonomie und Einflusspotenzial in seinem außenpolitischen Handeln.

Fragestellung

Vor diesem Hintergrund wird in der vorliegenden Studie gefragt, wie sich die oben genannten realistischen Annahmen (Zuwachs an Macht, Autonomie und Einfluss) auf die deutsche Erweiterungspolitik gegenüber Mittel- und Osteuropa auswirkten.

---

99   Hellmann, Gunther: Nationale Normalität als Zukunft? Zur Außenpolitik der Berliner Republik. *Blätter für deutsche und internationale Politik*, Jg. 44, Heft 7/1999, S. 838.

100   Vgl. Harnisch, Sebastian: Change and Continuity in Post-Unification German Foreign Policy. *German Politics*, Vol. 10, Nr. 1/2001, Special Issue, S. 46.

3.1.2 Der Liberalismus – deutsche Wirtschaftsinteressen in Europa

Die liberale Denkschule unterscheidet sich vom Realismus dadurch, dass sie den „subsystemischen" Faktoren große Erklärungskraft für die Außenpolitik zumisst. Entscheidend ist nach dieser Auffassung nicht die Machverteilung auf der Ebene des internationalen Systems, sondern es sind die gesellschaftlichen und individuellen Interessen. Aus der liberalen utilitaristischen Sicht sind die deutschen außenpolitischen Akteure vorrangig daran interessiert, die eigenen Gewinne zu sichern (*gain-seeking policy*).[101] Der Liberalismus kann den Einfluss sektoraler Interessen auf die Formulierung der deutschen Gesamtposition erklären. Eine Änderung der Außenpolitik ist dann möglich, wenn ein Wandel von innenpolitischen Interessen stattfindet. Wenn sich die innenpolitischen Interessen der dominanten politischen Akteure nicht ändern, wird sich nach diesem theoretischen Ansatz auch die Außenpolitik nicht ändern.[102] Für den deutschen Fall bedeutet dies, dass die Bundesrepublik Deutschland trotz eines allgemeinen Machtzuwachses nicht versuchen wird, sich aus seinen multilateralen Bindungen zu lösen, solange es keine durchsetzungsfähigen gesellschaftlichen Akteure gibt, die ein Interesse an einer Machtpolitik haben.[103]

Seit den ersten europäischen Projekten in den 50er Jahren des 20. Jahrhunderts unterstützte die Bundesrepublik Deutschland die Verstärkung der multilateralen Prinzipien und Verflechtungen, auf denen die europäische Integration aufgebaut war.[104] Das demokratische Deutschland bevorzugte multilaterale Kooperation und profitierte folglich von der Verwirklichung gegenseitiger Kooperationsgewinne. Die Bundesrepublik Deutschland ist aus liberaler Sicht hauptsächlich mit so genannter *soft power* ausgestattet, also mit wirtschaftlicher

---

101 Freund, Corinna/Rittberger, Volker: Utilitarian-liberal foreign policy theory. In: Rittberger, Volker (ed.): German foreign policy since unification. Theories and case studies. Manchester/New York 2001, S. 99.

102 Freund, Corrina/Rittberger, Volker: Utilitarian-liberal foreign policy theory. In: Rittberger, Volker (ed.): German foreign policy since unification, S. 100.

103 Vgl. Rittberger, Volker/Schimmelfennig, Frank: Deutsche Außenpolitik nach der Vereinigung. Realistische Prognosen auf dem Prüfstand. Tübinger Arbeitspapiere zur Internationalen Politik und Friedensforschung. Tübingen 1997, S. 17.

104 Anderson, Jeffrey J.: Hard Interests, Soft Power, and Germany´s Changing Role in Europe. In: Katzenstein, Peter J. (ed.): Tamed Power: Germany in Europe. Ithaca, N.Y. 1997, S. 85; Anderson stellt die deutsche Unterstützung für *exaggerated multilateralism* fest.

Stärke und kulturellem Einfluss.[105] Die *soft power* kann auch als institutionell gemilderte Macht definiert werden.[106] Die Bundesrepublik Deutschland beeinflusst unbeabsichtigt seine Nachbarn allein durch seine Größe und nicht durch sein militärisches Potenzial.[107] Laut Josef Joffe kann Deutschland seine *soft power* dann am besten entfalten, wenn die Sicherheitsprobleme nicht mehr existieren.[108] Aus diesem Grund war die Bundesrepublik an der Integration der mittel- und osteuropäischen Länder in die Europäische Union interessiert. Folglich sollte es eine klare deutsche Unterstützung für die EU-Osterweiterung geben, damit Deutschland dieses Sicherheitsinteresse erreicht. Ähnlich wird, der Theorie folgend, die innenpolitische Konstellation die politischen Entscheidungsträger der Bundesrepublik Deutschland dazu bewegen, dass sie die Osterweiterung auf der EU-Ebene durchzusetzen versuchen, wenn die heimischen ökonomischen Akteure selber ein enormes Interesse an der Eingliederung der zentraleuropäischen Staaten (oder Teile ihrer nationalen Ökonomien, wie am Beispiel des Bankwesens nach 1990 beobachtet werden konnte) in den integrierten europäischen Wohlfahrtsraum hätten.

Der liberale Ansatz prognostiziert allerdings auch ein verstärktes deutsches Engagement für eine Senkung des deutschen Nettobeitrages in den europäischen Haushalt.[109] Die innerdeutschen ökonomischen Folgen der Vereinigung zwangen die deutschen Verhandlungsführer, härtere Verhandlungspositionen auf der europäischen Ebene einzunehmen.[110] Noch während der Zeit der konservativ-liberalen Regierungskoalition, im Sommer 1997, äußerte sich der da-

---

105 Zum Konzept der *soft power* ausführlich: Nye, Joseph S.: Bound to Lead: The Changing Nature of American Power. New York 1990.

106 Ausführlich zur institutionalisierten Macht: Katzenstein, Peter J.: Gezähmte Macht: Deutschland in Europa. In: Knodt, Michèle/Kohler-Koch, Beate (Hrsg.): Deutschland zwischen Europäisierung und Selbsthauptung. Frankfurt/New York 2000, S. 57–84.

107 Sverdrup, Björn Otto: „Odysseus and the Lilliputians": Germany, the European Union, and the smaller European states. *Journal of Peace Research*, Vol. 35, No. 6/1998, S. 762.

108 Joffe, Josef: Ein Wunderwerk der Kontinuität. Parameter der rot-grünen Außenpolitik. *Blätter für deutsche und internationale Politik*, Jg. 44, Heft 11/1999, S. 1329.

109 Rittberger, Volker/Wagner, Wolfgang: German foreign policy since unification: theories meet reality. In: Rittberger, Volker (ed.): German foreign policy since unification. Theories and case studies. Manchester/New York 2001, S. 316 (Tabelle 10.6).

110 Anderson, Jeffrey J.: Hard Interests, Soft Power, and Germany´s Changing Role in Europe. In: Katzenstein, Peter J. (ed.): Tamed Power, S. 106.

malige Außenminister Klaus Kinkel, dass Deutschland nicht mehr bereit sei, einen großen Teil des EU-Haushalts weiterhin zu finanzieren.[111] Könnte ein solcher Fall von Kombination der allgemein wirkenden institutionellen *soft power* mit der härteren Verhandlungsmacht auf eine Änderung in der deutschen außenpolitischen Strategie hinweisen? Oder handelte sich lediglich um eine Änderung der Präferenzen der deutschen innenpolitischen Akteure?

Fragestellung

Im Hinblick auf das Forschungsthema dieser Studie muss das deutsche Sicherheitsinteresse und die finanziellen Interessen in die Analyse der deutschen Erweiterungspolitik einbezogen werden. Von der liberalen Auffassung her wird vor diesem Hintergrund gefragt, ob die ökonomischen und Handelsinteressen der deutschen Akteure dazu beigetragen haben, dass Deutschland zum wichtigsten Befürworter der Osterweiterung in der Europäischen Union wurde.

3.1.3 Der soziologische Institutionalismus – der Einfluss von Institutionen und die deutsche „europäisierte" Identität

Die materiellen und geopolitischen Faktoren bilden eine Grundlage der rationalistischen Interpretationsmodelle. Sie sind aber nur bedingt und unter Berücksichtigung bestimmter Gesichtspunkte in der Lage, sowohl die möglichen Ziele der deutschen außenpolitischen Strategie als auch die dazugehörigen Umsetzungsstrategien in der Europäischen Union zu beleuchten. Die Erklärungen solcher Autoren, welche die Kontinuität der deutschen Außenpolitik nach 1990 betont haben,[112] werden erst in Verknüpfung mit der Analyse nicht-materieller Faktoren verständlich. Denn Analysen der „harten Ressourcen" sind nicht geeignet, die „aufweichende"[113] Wirkung der europäischen Institutionen, Nor-

---

111 Vgl. Sverdrup, Björn Otto: „Odysseus and the Lilliputians". *Journal of Peace Research*, Vol. 35, No. 6/1998, S. 765.

112 In der innerdeutschen Debatte sind es zum Beispiel Helga Haftendorn, Karl Kaiser, Josef Janning. In der angelsächsischen Literatur gibt es zahlreiche Beiträge von Ch. Jeffery, S. Bulmer und W. E. Paterson.

113 *constraining effects of institutions* (J. Anderson).

men und Identitäten auf die deutsche Macht zu erklären. Deshalb wird an dieser Stelle der konstruktivistische Ansatz in der Form des soziologischen Institutionalismus[114] behandelt und zur Analyse der deutschen Außenpolitik herangezogen.

Der soziologische Institutionalismus bezieht sich auf die Normen (*normconsistent foreign policy*).[115] Staatliches Handeln versteht er nicht als macht- und interessengeleiteten, sondern als normgeleiteten Akt. Maßgebend sind dafür Normen auf der Ebene des internationalen Systems sowie soziale Normen auf der „subsystemischen" Ebene der Innenpolitik.[116] Diese Normen, Werte, Verhaltensmuster und Prinzipen werden durch Institutionen vermittelt, die auf die Herausbildung von Identität und Interessen wirken. So berücksichtigt Deutschland zum Beispiel einerseits die europäischen Normen in seiner Interessendefinition, kann jedoch andererseits aufgrund seines Gewichts in der Europäischen Union diese Normen selbst beeinflussen.[117]

Als Grundlage für die vorliegende Untersuchung des Einflusses der Normen auf die deutsche Europa- und Außenpolitik wird die Auffassung von Adrian Hyde-Price verwendet.[118] Im Kern seines institutionalistischen Erklärungsmusters steht die Analyse der Institutionen und der Identitäten, die folglich die Formulierung der Interessen mitbestimmen. In der Betrachtung des Autors werden zunächst die Prägekraft internationaler (europäischer) Institutionen und innergesellschaftlicher Normen der Bundesrepublik Deutschland beleuchtet.

Die gegenwärtige staatliche Identität Deutschlands ist, historisch betrachtet, relativ neu. Eine neue Definition der Identität, welche die ethnische Konzeption des deutschen Nationalismus zurückdrängte, wurde durch die totale Niederlage im Zweiten Weltkrieg ermöglicht. Die neue deutsche Identität hat

---

114 Vertreter des soziologischen Institutionalismus sind zum Beispiel: J. Anderson, T. Banchoff, P. Katzenstein, T. Risse.

115 Boekle, Henning/Rittberger, Volker/Wagner, Wolfgang: Constructivist foreign policy theory. In: Rittberger, Volker (ed.): German foreign policy since unification. Theories and case studies. Manchester/New York 2001, S. 132.

116 Vgl. Rittberger, Volker/Wagner, Wolfgang: German foreign policy since unification: theories meet reality. In: Rittberger, Volker (ed.): German foreign policy since unification, S. 304, Tabelle 10.1.

117 Vgl. Hellmann, Gunther (unter Mitarbeit von Rainer Baumann und Wolfgang Wagner): Deutsche Außenpolitik. Eine Einführung. Wiesbaden 2006, S. 99.

118 Hyde-Price, Adrian: Germany and the European order, S. 25.

sich in der Opposition zum radikalen Nationalismus und Militarismus heraus-gebildet.[119] Die Demokratisierung der politischen Kultur durch die 68er Bewegung und die Diskussionen über die nationalsozialistischen Verbrechen inklusive der Holocaustdebatte seit den 60er Jahren des vorigen Jahrhunderts haben die deutsche Identität mitgestaltet.

Im deutschen Fall spielten die Institutionen eine zentrale Rolle bei der Herausbildung der deutschen staatlichen Identität. Mit den Worten von Peter Katzenstein offerieren die Institutionen *„a normative context that constitutes actors and provides a set of norms in which the reputation of actors acquires meaning and value"*.[120] Sowohl innere als auch internationale Institutionen prägten somit die deutsche Nachkriegsidentität. Das Grundgesetz war die Grundlage der Entstehung eines „Verfassungspatriotismus".[121] Die Stellung der Menschenwürde im Art. 1 GG und der herausragende Platz für die anderen Grundrechte am Anfang des Grundgesetzes in den Art. 2–19 definierten die Gesamtbedeutung der Menschenrechte für den neuen Staat.[122]

Die Identität der Bundesrepublik wurde einerseits durch die Anerkennung der unverletzlichen Menschenrechte und die im Grundgesetz verankerte demokratische Verfassungsordnung sowie andererseits durch die Einbindung in europäische politische Strukturen definiert. Die Bereitschaft der Bundesrepublik Deutschland, sich in die internationale Staatengemeinschaft zu integrieren, fand ihren Ausdruck in der Präambel und im Artikel 24 des Grundgesetzes. Durch den 1993 neu eingefügten so genannten Europa-Artikel 23 GG bestehen für die BRD im Bereich der europäischen Integration weitreichende Integrationsmöglichkeiten.

Der Prozess der bundesdeutschen Staatswerdung war von Anfang an mit der europäischen Integration eng verzahnt. Die Bundesrepublik versuchte seit 1949 die außenpolitischen Herausforderungen multilateral zu lösen, zuerst aus Zwang und Notwendigkeit, später gewollt.[123] Die institutionelle Einbindung in

119   Hyde-Price, Adrian: Germany and the European order, S. 39.
120   Katzenstein, Peter J.: United Germany in an Integrating Europe. In: Katzenstein, Peter J. (ed.): Tamed Power: Germany in Europe. Ithaca, N.Y. 1997, S. 12f.
121   Vgl. Aggestan, Lisbet: Germany. In: Manners, Ian/Whitman, Richard G.(eds.): The foreign policies of European Union Member States. Manchester, New York 2000, S. 66f.
122   Vgl. Jarass, Hans D./Pieroth, Bodo: Grundgesetz für die Bundesrepublik Deutschland. Kommentar. 5. Auflage. München 2000, Art. 1–19.
123   Übersichtliche Darstellung: Schmalz, Uwe: Deutsche Europapolitik nach 1989/90:

die Europäische Gemeinschaft und in die NATO (Westbindung) war nicht nur ein Mittel zur Erreichung des außenpolitischen Spielraums, sondern bildete darüber hinaus zentrale normative Rahmenbedingungen für die deutsche Politik. Die deutsche europäische Identität kann ohne den deutschen Beitrag zur westeuropäischen Integration nicht verstanden und nicht einmal definiert werden.[124] Die Integration bildete eine unentbehrliche Grundlage für die Herausbildung dieser Identität. Die internationalen Institutionen wurden Bestandteil der Definition staatlicher Interessen und Strategien und damit zum übergeordneten Interesse der Bundesrepublik Deutschland. Dies ist ein Beleg für die Bildung einer internationalisierten deutschen Identität zwischen 1949–1989.

Die Vereinigung im Jahre 1990 warf neue Fragestellungen hinsichtlich der deutschen Identität auf. Obwohl sich das politische Umfeld von Deutschland nach dem Ende des Kalten Krieges geändert hatte, blieb die deutsche „Staatsidentität" (*state identity*) unmittelbar unverändert. Vertreter des soziologischen Institutionalismus meinen, dass nach 1989 kein Wandel der deutschen europapolitischen Leitideen stattfand.[125] Die politischen Eliten der Bundesrepublik Deutschland verstanden sich weiterhin als ein Bestandteil der übernationalen europäischen Gemeinschaft. Die andauernden institutionellen Verpflichtungen Deutschlands nach der Vereinigung können gerade aus diesem Grund als „reflexiv" bezeichnet werden. Der Vertrag von Maastricht bedeutete eine Fortführung der notwendigen „Einbindung" (reflexiver Multilateralismus) der deutschen Macht in die europäischen Strukturen. Peter Katzenstein bezeichnete die Unterzeichnung des Vertrags von Maastricht als einen Gipfel der „Internationalisierung" Deutschlands.[126] Die tschechische Wissenschaftlerin Dagmar Moravcová schrieb dazu, dass „Deutschland das ‚nationale' Interesse in der Regel nur als ein Interesse definiert, das im institutionellen Milieu und durch

Die Frage von Kontinuität und Wandel. In: Schneider, Heinrich/Jopp, Mathias/Schmalz, Uwe (Hrsg.): Eine neue deutsche Europapolitik? Rahmenbedingungen – Problemfelder – Optionen. Berlin 2001, S. 51ff.

124 Vgl. Banchoff, Thomas: German Identity and European Integration. *European Journal of International Relations*, No. 3/1999, S. 259f.

125 Banchoff, Thomas: German Identity. *European Journal of International Relations*, No. 3/1999, S. 280ff.; vgl. Jachtenfuchs, Marcus: Deutsche Europapolitik: Vom abstrakten zum konkreten Föderalismus. In: Knodt, Michèle/Kohler-Koch, Beate (Hrsg.): Deutschland zwischen Europäisierung und Selbsbehauptung, S. 102.

126 Katzenstein, Peter J.: United Germany in an Integrating Europe. In: Katzenstein, Peter J. (ed.): Tamed Power, S. 26.

die Institutionen realisiert wird. [...] Der Multilateralismus blieb folglich eine Grundlage deutscher Politik".[127]

Der soziologische Institutionalismus sieht nicht zwingend eine Änderung des außenpolitischen Verhaltens nach 1990, wie sie der Realismus von einer Machtsteigerung ableitet. Die innenpolitischen Institutionen und eine europäisierte Identität blieben ein normativer Kontext der deutschen Europapolitik. Dies spricht eher für einen langfristigen außenpolitischen Kontinuitätskurs und erklärt, warum nach 1990 keine bundesdeutsche Debatte über die „nationalen" Interessen stattfand.[128] Gemäß konstruktivistischer Auffassung ändert sich die Politik nur dann, wenn sich die Normen ändern, deshalb kann dieser Ansatz auch Erklärungen für die Änderungen in spezifischen Fällen liefern. Auch die deutschen Prioritäten bezüglich der Osterweiterung müssen laut Henning Tewes immer auf der Grundlage der deutschen europäischen Identität untersucht werden.[129]

Fragestellung

In dieser Arbeit wird gefragt, ob, wie und welche Wertegrundlagen und Prinzipen die Bundesrepublik Deutschland zum Engagement für die Osterweiterung der Europäischen Union führten. Für das Thema dieser Studie ist gleichzeitig von Interesse, ob sich während des ganzen Erweiterungsprozesses die internationalen oder die innerdeutschen sozialen Normen und die Einstellungen auf solche Weise geändert haben, dass sie eine (auch partielle) Änderung der deutschen Europapolitik hervorriefen. Falls es zu einer normativen Änderung kam, geht der Autor der Frage nach, wann und warum Politikänderungen aufgetreten sind und welcher Art sie waren.

---

127 Moravcová, Dagmar: Německá politika v kontextu mezinárodně politických změn po konci studené války [Die deutsche Politik im Kontext der internationalen Veränderungen nach dem Ende des Kalten Krieges]. In: Moravcová, Dagmar/Plechanovová, Běla/Kreidl, Jan: Evropská politika sjednoceného Německa 1990–1999 [Die Europapolitik des vereinigten Deutschlands 1990–1999]. Praha 2000, S. 46.

128 Bulmer, Simon/Jeffery, Charlie/Paterson, William E.: Deutschlands europäische Diplomatie: Die Entwicklung des regionalen Milieus. In: Weidenfeld, Werner (Hrsg.): Deutsche Europapolitik. Optionen wirksamer Interessenvertretung. Bonn 1998, S. 14.

129 Tewes, Henning: Between Deepening and Widening: Role Conflict in Germany's Enlargement Policy. *West European Politics*, Vol. 21, No. 2/1998, S. 118.

3.2 Exkurs: Historischer Hintergrund

Die Geschichte der deutschen Außenpolitik seit der Gründung des deutschen Nationalstaates 1871 lieferte zahlreiche Diskussionspunkte und Konzepte für die Debatte um eine „neue deutsche Außenpolitik" nach 1990. Deshalb wird eine Kurzdarstellung der Entwicklungen zwischen Kaiserreich und der Bundesrepublik Deutschland vorgenommen. Jeder Abschnitt der Geschichte Deutschlands im europäischen Kontext kann aus allen drei oben genannten theoretischen Perspektiven betrachtet werden. Dennoch kann jeweils eine bestimmte Theorie ihre Erklärungskraft in Verbindung mit einer ausgewählten historischen Entwicklungsphase deutscher Außenpolitik besser entfalten als andere Theorien.

Der Realismus trifft auf die Zeit 1871–1945 am besten zu, die liberale Sicht kann befriedigend die Situation vom westdeutschen „Handelsstaat" zwischen 1949 und 1989 erklären und der Konstruktivismus trägt wesentlich zur Analyse deutscher Identitätsbildung nach dem Zweiten Weltkrieg als auch zur Beleuchtung der normativen Grundlagen deutscher Außen- und Europapolitik nach der deutschen Wiedervereinigung 1990 bei.

3.2.1 Deutschland und Europa

Im Zeitalter des Nationalismus im 19. Jahrhundert war die „deutsche Frage" die Frage der Vereinigung einer Reihe von souveränen Staaten, die seit 1815 dem Deutschen Bund angehörten. Fraglich war, welche der beiden möglichen Lösungen sich als politisch machbar erwies: Eine „großdeutsche Lösung" als Zusammenschluss aller Deutschen in der Mitte Europas im Sinne der habsburgischen Vorstellungen, oder eine „kleindeutsche Lösung", welche die Einbeziehung der Deutschen in der Habsburger Monarchie nicht vorsah.

Die Reichsgründung von 1871 veränderte die Lage in Mitteleuropa vollständig. Bismarck setzte mit der Gründung des deutschen Nationalstaates die „kleindeutsche Variante" als Lösung der „deutschen Frage" durch. Obwohl der Zusammenschluss der deutschen Staaten auf der Basis der souveränen Fürstenhäuser erfolgte, war das Deutsche Reich das Ergebnis eines ethnisch definierten deutschen Nationalismus über die gemeinsame Sprache, Kultur und

Geschichte.[130] Das waren die einzigen Merkmale, aus denen sich sowohl der Nationalismus der kleinen Nationen in der Habsburger Monarchie als auch der Nationalismus der Deutschen bedienen konnte. Die slawischen Nationen in der Habsburger Monarchie verfügten über keine eigenen Staatengebilde, in den besten Fällen hatten sie eine historische staatliche Tradition. Doch auch die Deutschen hatten keine nationalstaatliche Tradition wie beispielsweise Franzosen oder Spanier.

Die Ereignisse in Deutschland 1870/1871 betrafen vor allem den deutschen südöstlichen Nachbarn – Österreich-Ungarn. Die entstandene Konstellation nach der so genannten Reichsgründung hatte die politisch vollwertige Existenz der deutschen Teilstaaten beseitigt und Österreich-Ungarn von Deutschland getrennt. Das Deutsche Reich als Nationalstaat unter Preußens Führung war mit den langfristigen Zielen der österreichischen Politik unvereinbar.[131] Das Deutsche Reich verstand sich als objektiv unvollendeter Nationalstaat. Angesichts der machtpolitischen Gegebenheiten war er 1871 nicht zu vollenden, daher wurde er von Bismarck als „saturiert" erklärt.[132]

Der erste Versuch, die deutsche Hegemonie in Europa durchzusetzen, scheiterte mit der Niederlage der „Mittelmächte" im Jahre 1918.[133] Obwohl die Ergebnisse und die „Schuldfrage" am Zweiten Weltkrieg unbestritten sind, fand um die Frage der „deutschen Schuld" am Ersten Weltkrieg in den 1960er Jahren eine heftige Kontroverse statt. Fritz Fischer, der die These von der deutschen Schuld am Ersten Weltkrieg vertrat, sah die Hauptverantwortung des Deutschen Reiches in der Tatsache, dass das kaiserliche Deutschland im Juli 1914 es bewusst auf einen Konflikt mit Russland und Frankreich ankommen ließ.[134] Für Wolfgang J. Mommsen waren innenpolitische Verhältnisse für

---

130 Ausführlich: Kapitel „A Typology of Nationalisms" bei Gellner, Ernest: Nations and Nationalism. 2nd ed., Oxford 2006, S. 85–105.

131 Rumpler, Helmut: Österreich-Ungarn und die Gründung des Deutschen Reiches. In: Kolb, Eberhard (Hrsg.): Europa und die Reichgründung. Preussen-Deutschland in der Sicht der großen europäischen Mächte 1860–1880. *Historische Zeitschrift*, Beiheft 6. München 1980, S. 147.

132 Hillgruber, Andreas: Deutschland in der Weltpolitik des 19. und 20. Jahrhunderts – Rückschau und Ausblick. In: Conze, Werner/Heutschel, Volker (Hrsg.): Deutsche Geschichte. Epochen und Daten. Freiburg-Würzburg 1991, S. 183.

133 Als „Mittelmächte" wurden Deutschland und seine Verbündeten Österreich-Ungarn, später auch Bulgarien und das Osmanische Reich bezeichnet.

134 Fischer, Fritz: Griff nach der Weltmacht. Die Kriegszielpolitik des kaiserlichen Deutschland 1914–1918. Nachdruck der Sonderausgabe 1967. Düsseldorf 1984,

das Verhalten des Deutschen Reiches in der Julikrise 1914 verantwortlich. Er schreibt von der „latenten Krise des Kaiserreiches".[135] Demgegenüber betont Klaus Hildebrand neben seinen geopolitischen Argumenten das politische Konzept von Reichskanzler Theobald von Bethmann Hollweg in der Krise 1914 mit der These von der „initiierenden Verantwortung" des Reiches am Ausbruch des Ersten Weltkrieges.[136]

Die Entstehung des Versailler Systems im Jahre 1919 brachte zwar eine zeitliche Begrenzung des deutschen Machtpotentials, aber keine entscheidende Gesamtlösung des „deutschen Problems". Sowohl die zahlreichen deutschen Minderheiten in den Nachfolgestaaten von Österreich-Ungarn als auch die antagonistischen Beziehungen dieser Staaten untereinander trugen zur Herausbildung eines brisanten Konfliktpotentials in Mittel- und Osteuropa bei. Der Zusammenschluss aller Deutschen in Mitteleuropa in einem deutschen Nationalstaat, *de facto* eine „großdeutsche Lösung" unter der Regie Berlins, kam als eine maximalistische Hegemonialvariante des nationalsozialistischen Deutschlands durch einen Eroberungskrieg 1939–45 zustande. Der Zweite Weltkrieg war eine Fortsetzung des ersten Versuchs, eine Hegemonie in Europa und besonders in Osteuropa zu erlangen. Die totale Niederlage und die bedingungslose Kapitulation des Dritten Reiches im Mai 1945 bedeutete das Ende der aggressiven offenen deutschen Expansion in Europa.

Was waren die entscheidenden Gründe für diese zwei deutschen Hegemonialversuche? Es gibt eine Vielzahl an Erklärungsversuchen. Nach Klaus Hildebrand war die „Mittellage" von Deutschland das entscheidende Problem. Nach dieser Auffassung waren die zwei deutschen Kriege Versuche, aus der prekären „Mittellage" herauszukommen.[137] Als aber der aggressive Charakter

---

Vorwort, S. 1, näheres auch: Jetzt oder nie – Die Julikrise 1914 von Fritz Fischer, *Der Spiegel*, Nr. 21/1964, S. 61ff.

135 Der folgenreiche Entschluss der deutschen Regierung, das österreichisch-ungarische Vorgehen auf dem Balkan 1914 rückhaltlos zu unterstützen, ist auf die innenpolitische Lage und Krise des Kaiserreiches zurückzuführen. Mommsen, Wolfgang J.: Die latente Krise des Wilhelminischen Reiches: Staat und Gesellschaft in Deutschland 1890–1914. In: Mommsen, Wolfgang J. (Hrsg.): Der autoritäre Nationalstaat. Frankfurt am Main 1990, S. 312.

136 Hildebrand, Klaus: Deutsche Außenpolitik 1871–1918. München 1989, S. 41.

137 Ausführlich im Epilog „Das Deutsche Reich oder die Versuchung des Unendlichen", Hildebrand, Klaus: Das vergangene Reich: deutsche Außenpolitik von Bismarck bis Hitler 1871–1945. Stuttgart 1995, S. 849–898.

der deutschen Politik im Ersten Weltkrieg erwiesen war, zwingt das uns, die Frage nach der Kontinuität deutscher Großmachtpolitik und ihren „treibenden Kräfte" vom Kaiserreich zum Nationalsozialismus und Faschismus zu stellen.[138] Der autoritative und militaristische Charakter des von Otto von Bismarck gegründeten Staates fand seine extremste Ausprägung im nationalsozialistischen Deutschland.

Die Realisten negieren diese Auffassung, nach der nicht die oft betonte „Mittellage" oder ökonomische Stärke als solche, sondern und vor allem die inneren Strukturen die Ursachen der deutschen außenpolitischen Strategie im 19. und in der ersten Hälfte des 20. Jahrhunderts waren.[139] Aus ihrer Sicht (offensiver Realismus) erscheint die deutsche Außenpolitik bis zum Zweiten Weltkrieg schon allein durch eine große Kontinuität gekennzeichnet, weil sich von 1870 bis 1945 an der machtpolitischen Grundkonstellation wenig veränderte.[140] Die exponierte Lage des Deutschen Reiches zwang zur militärischen Expansion und die totale Niederlage im Zweiten Weltkrieg brachte eine enorme Entlastung für die deutsche Außenpolitik durch die „Erlösung" Deutschlands aus der geopolitischen Lage in der Mitte des Kontinents.

3.2.2 Deutschland in Europa 1945–1989?

Die „deutsche Frage" nach 1945 war insbesondere durch die Lage zwischen zwei Machtblöcken gekennzeichnet. Das geteilte Deutschland und die Stadt Berlin waren Symbole des geteilten Europas. Die Teilung Deutschlands bot aber vorübergehend eine Lösung des „deutschen Problems", das eine friedliche Entwicklung in Europa bis 1945 belastet hat. Timothy Garton Ash nennt die Konferenz von Jalta vom 4.-11. Februar 1945 als Wendepunkt zur Teilung Europas. Gleichzeitig fügt er hinzu: „Jalta ist eine drastisch irreführende Verkürzung der Ergebnisse eines langen historischen Prozesses, dessen Anfänge zumindest bis August 1914 zurückverfolgt werden müssen."[141]

---

138   Vgl. Kühnl, Reinhard: Faschismustheorien. Ein Leitfaden. Heilbronn 1990, S. 36.
139   Mearsheimer, John J.: The Tragedy of Great Power Politics. New York, London 2001, S. 45ff.
140   Analyse bei Hellmann, Gunther: Deutsche Außenpolitik. Wiesbaden 2006, S. 77.
141   Garton Ash, Timothy: Im Namen Europas, S. 15; vgl. mit dem interessanten „europäischen Interpretationsansatz" des Kalten Krieges, in: Berghe, Yvan Vanden: Velké nedorozumění? Dějiny studené války (1917–1990) [Ein großes Missverständnis?

Die Deutschen mussten nach 1945 Teile der traditionellen Macht und der nationalstaatlichen Souveränität an die westeuropäische Gemeinschaft abgeben. Die Zugehörigkeit zur Europäischen Gemeinschaft (EG) war der einzige Weg, zumindest für die Bundesrepublik Deutschland, um teilweise die Souveränität wiederzuerlangen.[142] Die DDR als zweiter deutscher Staat wurde in die sowjetische Einflusszone einbezogen. Die Erfahrungen aus dem letzten deutschen Versuch, eine Hegemonie in Europa zu erlangen, überzeugten die westeuropäische politische Elite, dass die Sicherheit nur in einem veränderten System erreicht werden kann. Im Westen war dieses Problem der „Sicherheit vor Deutschland" durch die „Sicherheit mit Deutschland" gelöst.[143] In das westeuropäische und transatlantische System integriert, hatte die relative Größe und Stärke des deutschen wirtschaftlichen Potentials sogar positive Effekte auf die europäische Integration.[144] Die Bundesrepublik Deutschland war vier Jahrzehnte lang ein „Handelsstaat".[145] Es durfte, konnte und wollte schließlich bei der Verfolgung seiner Ziele keine anderen Mittel als ökonomische einsetzen.[146]

Die Rolle eines „Handelsstaates" reflektierte die Integration der Bundesrepublik Deutschland in die europäische und zunehmend globale Währungs- und Handelsordnung. Stabilität und multilaterale Kooperation, welche die Bundesrepublik Deutschland zur Realisierung ihrer Exporte brauchte, waren die vor-

---

Die Geschichte des Kalten Krieges 1917–1990]. Praha 1996; Der Kalte Krieg war nach seiner Auffassung ein Missverständnis. Die beiden Supermächte, die USA und die Sowjetunion, haben sich gegenseitig für Aggressoren gehalten, sie hatten aber kein Interesse an einem atomaren Schlagabtausch. Der Kalte Krieg wurde von den Eliten zur Lösung der innenpolitischen Probleme genutzt. Die Führungseliten wussten von der Unsinnigkeit des Rüstungswettlaufs, die Öffentlichkeiten wurden aber systematisch manipuliert; näher Berghe, Yvan Vanden, S. 11f.

142 Garton Ash, Timothy: Im Namen Europas, S. 38.

143 Lamers, Karl: Strengthening the Hard Core. In: Gowan, Peter/Anderson, Perry (eds.): The Question of Europe. London 1997, S. 105.

144 Die Bundesrepublik bildete zusammen mit Frakreich den Motor der Integration. Darüber hinaus finanzierte Deutschland einen erheblichen Teil des EU-Haushalts.

145 Zum Konzept Deutschland als „Handelsstaat" näher: Hacke, Christian: Die neue Bedeutung des nationalen Interesses für die Außenpolitik der Bundesrepublik Deutschland. *Aus Politik und Zeitgeschichte*, 1–2/1997, S. 11.

146 Robejšek, Petr: Výmarský trojúhelník ve fraktální geometrii postkomunistické Evropy [Das Weimarer Dreieck im postkommunistischen Europa]. In: Handl, Vladimír/Hon, Jan/ Pick, Otto et al.: Vztahy SRN ke státům střední Evropy [Die Beziehungen der BRD zu den Staaten von Zentraleuropa]. Ústav mezinárodních vztahů, Praha 1998, S. 93.

rangigen außenpolitischen Interessen. Deutschland wurde innerhalb der EG das wirtschaftlich stärkste Land und bekam gegenüber fast allen westeuropäischen Staaten eine starke Handelsposition. Allerdings konnte die Bundesrepublik Deutschland als „Handelsstaat" allein nicht dominieren. Die Stärke eines außerordentlich exportabhängigen Staates hängt von seinen Partnern ab. Die Bundesrepublik brauchte deshalb prosperierende und wirtschaftlich gesunde Partner in der Europäischen Gemeinschaft – beispielsweise Frankreich, Großbritannien und Italien.

Obwohl die Geschichte der Bundesrepublik Deutschland auch aus der realistischen Sicht erklärt werden kann,[147] prägte nichts den westdeutschen Staat stärker als seine wirtschaftliche Entwicklung.[148] Der Erfolg der Bonner Bundesrepublik bestand in der Umsetzung der ordoliberalen Wirtschaftspolitik der „sozialen Marktwirtschaft", die zum Symbol des westeuropäischen Wohlstandes wurde.[149] Die BRD zwischen 1949 und 1989 dient deshalb eher als Gegenpol zu realistischen Vorstellungen und verkörpert die staatliche Politik einer „Handelsmacht" (rationalistisch-liberaler Ansatz) oder einer „Zivilmacht" (konstruktivistisch-liberaler Ansatz).[150]

3.2.3 Deutschland und Osteuropa

Die deutsche Wiedervereinigung aktualisierte durch die Erlangung der nationalen Einheit unter dem Motto „Wir sind ein Volk!" die historische Idee der Nation.[151] Dazu kam die Erneuerung der deutschen Lage in Zentraleuropa sowohl

---

147 Näher zur konkreten theoretischen Position: Hellmann, Gunther: Deutsche Außenpolitik. Wiesbaden 2006, S. 79f.

148 Zur Wirtschaftsgeschichte der BRD: Abelshauser, Werner: Die Langen Fünfziger Jahre – Wirtschaft und Gesellschaft der Bundesrepublik Deutschland 1949–1966. Düsseldorf 1987.

149 Vgl. Morsey, Rudolf: Die Bundesrepublik Deutschland, Entstehung und Entwicklung bis 1969. München 1995, S. 44ff.

150 Zur Zivilmachtdefinition: Maull, Hans: German Foreign Policy, Post-Kosovo: Still a „Civilian Power"? *German Politics*, Vol. 9, No. 2/2000, S. 1–24; vgl. weitere theoretische Behandlung des Zivilmachtkonzepts: Tewes, Henning: Germany, Civilian Power and the New Europe. Enlarging NATO and the European Union. New York 2002, S. 16ff.

151 Aggestam, Lisbeth: Germany. In: Manners, Ian/Whitman, Richard G. (eds.): The foreign policies of European Union Member States, Manchester/New York 2000, S. 66.

im geographischen als auch im politischen Sinne des Wortes. Die Vereinigung der beiden deutschen Staaten weckte vor allem Ängste und Unsicherheiten bei Deutschlands östlichen Nachbarn. Die erste Frage lautete: Wie wird sich das „nationale" Deutschland zu Osteuropa verhalten? Hat Deutschland besondere eigene Interessen in Mittel- und Osteuropa? Die deutsche Diplomatie war gezwungen, um diese Ängste zu zerstreuen, weiterhin vorsichtig zu handeln.

In dieser Hinsicht war für Deutschland die Stabilität in Osteuropa von zentraler Bedeutung.[152] Deutschland baute bilaterale Beziehungen zu seinen östlichen Nachbarn auf. Sie waren durch eine gemeinsame und nicht immer unproblematische Geschichte[153] und die neuen politischen Grundlagen bedingt, welche in einem langsamen Prozess nach 1945, besonders aber im Rahmen der so genannten Ostpolitik seit den 70er Jahren des vorigen Jahrhunderts entstanden sind.[154] Die Unsicherheit im Osten barg Risiken nicht nur für Deutschland, sondern auch für den Westen. Wenn die (west)-europäische Integration nicht nach Osten ausgedehnt werden sollte, könnte in der Zukunft riskiert werden, dass Deutschland einen Alleingang unternimmt, um selber die Stabilisierung des Ostens zu sichern.[155] Allerdings war den bundesdeutschen politischen Führungskräften nach 1989/1990 klar, dass eine unilaterale Orientierung der deutschen Außenpolitik nach Osten eine Isolierung Deutschlands bedeuten würde.[156]

152 Vgl. Janning, Josef: A German Europe – a European Germany? On the debate over Germany´s foreign policy. *International Affairs*, Vol. 72, No. 1/1996, S. 39ff.

153 So werden etwa in Bezug auf die deutsch-tschechischen Beziehungen die sog. Benesch-Dekrete diskutiert. Diese, mit der Geschichte der bilateralen Beziehungen zusammenhängenden Fragen, welche auf die Gesamtproblematik der Osterweiterung nur einen begrenzten Einfluss nahmen, werden in der vorliegenden Studie nicht behandelt.

154 Vgl. Novák, Miloslav: K historickým základům a vývoji německých vztahů k zemím východní a střední Evropy [Zu den geschichtlichen Grundlagen und der Entwicklung der deutschen Beziehungen zu den Ländern Ost- und Mitteleuropas]. In: Handl, Vladimír/Hon, Jan/Pick, Otto et al.: Vztahy SRN ke státům střední Evropy [Die Beziehungen der BRD zu den Staaten von Zentraleuropa]. Ústav mezinárodních vztahů, Praha 1998, S. 15–28; Zur Frage der Ostpolitik näher: Garton Ash, Timothy: Im Namen Europas, S. 48ff.

155 Lamers, Karl: Strengthening the Hard Core. In: Gowan, Peter/Anderson, Perry (eds.): The Question of Europe, S. 126.

156 Banchoff, Thomas: German Identity. *European Journal of International Relations*, 3/1999, S. 280.

An dieser Stelle erscheint es nützlich, sich kurz Gedanken über das geschichtliche Verhältnis der Deutschen zu Mittel- und Osteuropa zu machen. Gerade das historische Engagement in diesem Raum ist ein deutsches Spezifikum und wird auch mindestens zum Teil die Beziehungen zu dieser Region auch in Zukunft bestimmen. Bei einer geschichtlichen Herangehensweise muss festgestellt werden, dass die besonderen Verflechtungen zwischen den Deutschen und den nichtdeutschen slawischen Völkern die Geschichte Mitteleuropas bis 1945 entscheidend prägten.[157] Nach dem Grad und der Intensität jener Verflechtung könnten die Epochen der neueren und neuesten Geschichte erklärt werden.

Zahlreiche kulturelle und sprachliche Bindungen im mitteleuropäischen Raum bestanden bereits seit dem Mittelalter. Im Zeitalter des „universalistischen" Heiligen römischen Reiches (formal existierte es bis 1806) war ein Teil der slawischen mitteleuropäischen Völker ein integraler Bestandteil dieses supranationalen Staatengebildes. Im Reich unter kaiserlicher Hoheit aus dem Hause Habsburg kreuzten sich italienische, spanische und deutsche kulturelle Einflüsse. Das deutsche sprachliche und kulturelle Element schien erst am Ende des 18. Jahrhunderts in Mitteleuropa sowohl politisch als auch kulturell die Oberhand gewonnen zu haben.[158] Dieser Zustand dauerte trotz zahlreicher Emanzipationsversuche der nichtdeutschen Völker (Polen, Tschechen, Slowenen, Kroaten und Ungarn) in der Habsburger Monarchie bis 1918 an.[159] Ein deutsches „Mitteleuropa" war 1914–1918 allerdings nur mittels eines gewaltigen Diktates durchzusetzen.

Die Verträge von Versailles und Saint-Germain[160] gründeten 1919 einen *Cordon Sanitaire*, der ein Ostmitteleuropa ohne Deutschland und gleichzeitig ei-

---

157 Křen, Jan: Konfliktní společenství. Češi a Němci 1780–1918 [Die Konfliktgemeinschaft. Tschechen und Deutsche 1780–1918]. Praha 1990, S. 11.

158 Ebd., S. 47; Die Germanisierung der slawischen Völker in der Habsburgermonarchie im 18. Jahrhunderts wird in der Geschichtsschreibung als „Überschichtung" (durch die deutsche Hochkultur) bezeichnet. Die deutsche Sprache und Kultur stellten ein Merkmal der Eliten dar, die wirkliche ethnische Realität (zum Beispiel auf dem Lande) war aber anders.

159 Die Synthese zur modernen Geschichte der mitteleuropäischen Völker: Křen, Jan: Dvě století střední Evropy [Zwei Jahrhunderte von Mitteleuropa]. Praha 2005.

160 Der Friedensvertrag von Versailles mit dem Deutschen Reich und der Vertrag von Saint-German mit Österreich wurden zusammen mit den Verträgen von Trianon, Neuilly und Sevrest als Pariser Vorortsverträge bezeichnet. Sie bildeten die wichtigsten Säulen des Versailler Systems.

ne Pufferzone zwischen den zwei Flügelmächten – Russland und Deutschland – schaffen sollte. Der Begriff „Mitteleuropa" wurde im politischen Bewusstsein mit dem deutschen Expansionismus im Ersten Weltkrieg verbunden. Die Nachfolgestaaten der Habsburger Monarchie sollten nach der französischen Konzeption einen „Damm" gegen den deutschen „Drang" in Richtung Osten bilden. In den mitteleuropäischen Staaten der Zwischenkriegszeit lebten allerdings vom Sudetenland bis zur litauisch-sowjetischen Grenze und dem Donaudelta am Schwarzen Meer zahlreiche deutsche Minderheiten. Sie sicherten die Kontinuität der jahrhundertelangen Kulturgemeinschaft. Es bestand also Zentraleuropa (oder Ostmitteleuropa) offiziell ohne Deutschland, kulturell aber mit den Deutschen. Einen Bruch bildete erst der Zweite Weltkrieg. Als Folge der Vertreibung der Deutschen aus der Tschechoslowakei, Polen und Ungarn nach dem Krieg, die wiederum nur im engen geschichtlichen Zusammenhang mit den Ereignissen zwischen 1933 und 1945 betrachtet werden muss, kam es zur Beendigung des physischen Zusammenlebens der großen deutschen Minderheiten mit den nichtdeutschen Völkern in Zentraleuropa.

Die Teilung Europas und der Kalte Krieg bedeuteten gleichzeitig eine Spaltung Zentraleuropas, dessen östlicher Teil zu Osteuropa unter sowjetischer Herrschaft wurde. Deutschland wurde geteilt und die Bundesrepublik Deutschland in die westlichen Strukturen integriert. Die Wende 1989 brachte eine völlig neue Lage: Sowohl das Problem der deutschen „Mittellage" als auch die Frage, wie Zentraleuropa nach 1989 definiert werden soll. Hätte man Europa nach den Ereignissen von 1989–1990 einem Gesamtblick unterzogen, so wäre weiterhin ein Bruch in der europäischen Mitte zu spüren gewesen. „Die Osterweiterung war [in dieser Hinsicht] die große historische Chance des Zusammenführens des geteilten Europas."[161] Die Zusammenführung von Europa initiierten jedoch nicht erst die Beitrittsverhandlungen, welch seit 1998 im Zuge der Heranführungsstrategie der Europäischen Union gegenüber den mittel- und osteuropäischen Transformationsländern liefen. Dieser Prozess setzte schon viel früher ein, jedenfalls mit der deutschen „Ostpolitik" von Willy Brandt.

---

161 Joschka Fischer, in: Deutscher Bundestag, Plenarprotokoll 14/155; Stenographischer Bericht der 155. Sitzung am 8. März 2001.

3.3 Diskussion über die „neue deutsche Außenpolitik" nach 1990

An dieser Stelle soll lediglich die „nationale Situation" der Deutschen nach 1990 anhand der Diskussion über die „neue deutsche Außenpolitik"[162] beleuchtet werden. Diese Debatte reflektierte sowohl die neuen Fragen der internationalen Politik nach dem Ende der bipolaren Konfrontation als auch die theoretischen Positionen einzelner Wissenschaftler, welche sich zu Beginn der 1990er Jahre zur künftigen Entwicklung der deutschen Außenpolitik äußerten.

Die Debatte über die deutsche außenpolitische Rolle nach 1990 beschrieben bereits einige Autoren.[163] Sie sortierten die einzelnen Diskussionsbeiträge nach bestimmten Kriterien. Im Mittelpunkt der Debatte über die potentielle Orientierung deutscher Außenpolitik stand die Frage, ob das vereinigte Deutschland zukünftig mehr Machtpolitik betreiben solle, oder eine „wertorientierte Außenpolitik" mit dem Ziel einer „Zivilisierung" der internationalen Beziehungen. Eine Gruppe von Autoren plädierte für eine „selbstbewusstere deutsche Außenpolitik", eine andere stand dieser kritisch gegenüber.[164]

Nach der ersten Ansicht sollte sich eine Änderung der deutschen Außenpolitik vollziehen. Sie würde der durch die Wiedervereinigung gestärkten Position Deutschlands im internationalen System entsprechen. Gleichzeitig dürfte aber eine grundsätzliche deutsche Westbindung nicht angezweifelt werden.[165] „Deutschland sollte eine Politik betreiben, die dem tatsächlichen Gewicht des

---

162 Bredow, Wilfried von/Jäger, Thomas: Neue deutsche Außenpolitik. Opladen 1993.

163 Zur Debatte über die deutsche Außenpolitik: Hellmann, Gunther: Jenseits von „Normalisierung und „Militarisierung": Zur Standortdebatte über die neue deutsche Außenpolitik. *Aus Politik und Zeitgeschichte*, B 1–2/1997, S. 24–33; vgl. Peters, Dirk: The debate about a new German foreign policy after unification. In: Rittberger, Volker (ed.): German foreign policy since unification. Theories and case studies. Manchester/New York 2001, S. 11–33.

164 Zur ersten Gruppe können Arnulf Baring, Gregor Schöllgen und Hans-Peter Schwarz gerechnet werden, die Gegenposition vertraten Dieter Senghaas, Helga Haftendorn, Karl Kaiser und Hanns Maull; Detaillierte Gliederung der Positionen in den Tabellen 2.1 und 2.2 bei Peters, Dirk: The debate about a new German foreign policy after unification. In: Rittberger, Volker (ed.): German foreign policy since unification, S. 3. Ein Bestandteil dieser Diskussion war die Debatte unter den „Neuen Rechten" vertreten durch Michel Großheim, Karlheinz Weißmann und Rainer Zitelmann.

165 Baring, Arnulf: Es lebe die Republik, es lebe Deutschland! Stuttgart 1999, S. 269; Ein Teil der Autoren unter den „Neuen Rechten" stellte sogar die Westbindung von Deutschland in Frage.

(wieder-)vereinten Deutschlands gerecht wird, ohne dabei in die alten Fehler isoliert betriebener Groß- oder Weltpolitik zurückzufallen."[166] Als Hauptproblem wurde die Rückkehr Deutschlands in die alte Lage von 1871 gesehen.[167] Nach Arnulf Baring sollte Deutschland als neue führende Wirtschaftsmacht in Europa nicht zwangsläufig zu einer Hegemonialmacht in Osteuropa werden. Nach seiner Auffassung könnte sich eine allgemeine Labilisierung Osteuropas auf die Deutschen so auswirken, dass sie die Rolle einer Hegemonialmacht ablehnen.[168] Diese Position war aus dem Gesichtspunkt der EU-Osterweiterung fraglich. Die Erweiterung der euro-atlantischen Strukturen nach Osten konnte nicht ohne aktive Mitwirkung Deutschlands stattfinden. „Für diese Unternehmung zwischen Integration und Expansion war Deutschland in seiner geopolitischen Mittellage ein strategischer Faktor ersten Ranges."[169]

James Kurth sah Mitte der 1990er Jahre die Gefahr, dass das alte Problem von „Mitteleuropa" wieder auftauchen könnte. Deutschland sollte nach dieser Meinung das neue „Mitteleuropa" beeinflussen und zukünftig als Magnet für den gesamten Osten wirken. Auf diese Weise beabsichtige Deutschland, Zentraleuropa zum „deutschen Europa" zu machen.[170] Die Entstehung eines wirtschaftlichen Raumes, der den deutschen „Mitteleuropa"-Konzeptionen des 19. und der ersten Hälfte des 20. Jahrhunderts entsprechen würde, wäre ein Extremfall.[171] Laut Kurth sollte aber die Tatsache einer doppelte Logik von Öko-

---

166 Schöllgen, Gregor: Angst vor der Macht. Die Deutschen und ihre Außenpolitik. Berlin 1993, S. 127.

167 Baring, Arnulf (ed.): Germany´s New Position in Europe: Problems und Perspectives. Oxford 1994; vgl. Baring, Arnulf: Es lebe die Republik, es lebe Deutschland!, S. 264.

168 Baring, Arnulf: Deutschland, was nun? Ein Gespräch mit Dirk Rumberg und Wolf Jobst Siedler. Berlin 1991, S. 87.

169 Rühl, Lothar: Deutschland aus europäische Macht. Nationale Interessen und internationale Verantwortung. Bonn 1996, S. 122.

170 Kurth, James: Germany and the Reemergence of Mitteleuropa. *Current History*, Vol. 94, Issue 595/1995, S. 383; vgl. mit den Auffassungen der deutschen Autoren: Schöllgen, Gregor: Angst vor der Macht, S. 127–130. Laut Schöllgen könnte ein solcher deutscher Vorgang in Mitteleuropa eine Wendung der Westmächte gegen Deutschland herbeiführen.

171 Das bekannteste Beispiel war die „Mitteleuropa"-Konzeption vom liberalen Politiker und Theoretiker Friedrich Naumann; Naumann, Friedrich: Mitteleuropa. Berlin 1915; Näher zu den „Mitteleuropa"-Konzeptionen einschließlich der maximalistischen Planungen der Nationalsozialisten: Meyer, Henry Cord: Mitteleuropa in German Thought and Action 1815–1945. Hague 1955; oder Elvert, Jürgen: Mitteleuropa! Deutsche Pläne zur europäischen Neuordnung (1918–1945). Stuttgart 1999.

nomie und Sicherheit in Betracht gezogen werden, welche Deutschland dazu bewege, die so genannten Visegrád-Staaten[172] vom übrigen Osteuropa zu trennen und in seine Einflusszone zu ziehen.[173]

Aus machtpolitischer Sicht von Hans-Peter Schwarz entstand durch die Änderung der Lage 1990 für Deutschland wieder die Möglichkeit, sich als regionaler Hegemon zu etablieren. Das wiedervereinigte Deutschland war erneut zu der entscheidenden europäischen Zentralmacht („Zentralmacht Europas") geworden.[174] Schon die Bundesrepublik seit den fünfziger Jahren hat als stärkste Volkswirtschaft und mit der stärksten Kontinentalarmee im NATO-Bereich die Rolle einer zumindest latenten Führungsmacht zu spielen gelernt.[175] Realistische Autoren betrachteten in der Debatte zur „neuen deutschen Außenpolitik" das Verhalten Deutschlands, entsprechend seiner zentralen Lage, als eine objektive geopolitische Tatsache.[176]

Auf den ersten Blick begünstigten auch die weltpolitischen Veränderungen nach 1989 eine solche „Hegemonialkonstellation". Der Rückzug der sowjetischen Macht aus Mittel- und Osteuropa und die Auflösung des Warschauer

---

172   Es handelt sich um die zentraleuropäischen Staaten: Polen, Ungarn, Tschechien und die Slowakei. Im Februar 1991 trafen sich die Präsidenten von Polen, von der Tschechoslowakei und Ungarn Walesa, Havel und Antall im ungarischen Ort Visegrád und haben eine mitteleuropäische Zusammenarbeit begründet. Es wurde eine gemeinsame Erklärung beschlossen, dass die drei Staaten bereit sind, bedingt durch die gemeinsame unsichere Lage zwischen der UdSSR und Deutschland und durch den gemeinsamen Wunsch, sich in den Westen zu integrieren, eine regionale Kooperation einzuleiten. Seit 1992 wurde aber der politisch bedingte Zusammenschluss schrittweise durch eine Freihandelszone CEFTA (Central European Free Trade Area) abgelöst. Seit Januar 1996 sind auch Slowenien und Rumänien Mitglieder der CEFTA; Näher zur Problematik von Visegrád: Bunce, Valerie: Regional Cooperation and European Integration in Postcommunist Europe. The Visegrad Group. New York 1996.

173   Kurth, James: Germany and the Reemergence of Mitteleuropa. *Current History*, Vol. 94, Issue 595/1995, S. 384; Nach dieser Auffassung wird sich die deutsche Außenpolitik aus dem oben genannten Grund auf den europäischen Kontinent stärker konzentrieren. Deutschland war der östlichste Teil der Europäischen Union und deshalb auch eine Brücke vom Westen zu Zentraleuropa. Die Direktinvestitionen der Mitgliedstaaten der Europäischen Union und die EU-Hilfen sollten nach Zentraleuropa vor allem im Rahmen der deutschen Vorgänge und Unternehmen fließen.

174   Schwarz, Hans Peter: Die Zentralmacht Europas. Deutschlands Rückkehr auf die Weltbühne. Berlin 1994.

175   Ebd., S. 97.

176   Markovits, Andrei S./Reich, Simon: Das deutsche Dilemma, S. 12.

Paktes[177] bildete ein Vakuum heraus. Eine abgeschwächte Form dieser Kernaussage präsentierte Kenneth Waltz.[178] Einige Auffassungen argumentierten, dass Deutschland zur „Normalität" zurückkehrt. Folglich sollte die eigene Außenpolitik ebenfalls „normalisieren".[179] Aus diesem Grund würde Deutschland sein nationales und ökonomisches Interesse verstärkt unabhängig durchsetzen.[180] Diese Betrachtung könnte mit dem Argument untermauert werden, dass Deutschland 1991 einen Alleingang in der Form der vorzeitigen Anerkennung von Kroatien und Slowenien unternahm.[181] Die Rückgewinnung der Souveränität der Bundesrepublik geschah zeitgleich mit einem solchen Verstoß gegen die Regel des Multilateralismus.[182] Allerdings kann auch argumentiert werden, dass diese Abweichung von Deutschlands üblicher Vorgehensweise in der EU ein Einzelfall blieb.

Ausgangspunkt der Argumentation für die außenpolitische Kontinuität des vereinigten Deutschlands war die Meinung, dass die Europäische Gemeinschaft die „heimliche Großmacht" Deutschland integrierte, europäisierte und damit für nationale Machtaspirationen untauglich machte.[183] Warum setzte sich das vereinigte Deutschland weiterhin für die Vertiefung und die Intensivierung der europäischen Integration ein? Diese „Kontinuitäts"-Auffassungen hoben hervor, dass die deutsche Politik in den Jahren nach der Wiedervereinigung keine traditionelle Machtpolitik war, sondern sich der Diplomatie, der Wirt-

---

177 Die letzten sowjetischen Truppen mussten zum Beispiel aus der Tschechoslowakei 1991 abziehen.

178 Waltz, Kenneth N.: The Emerging Structure of International Politics. *International Security*, Vol. 18, No. 2/1993, S. 44ff.; Er argumentierte, dass Deutschland zwar auch nach dem Zerfall der Strukturen, die sich in der Zeit des Kalten Krieges herausgebildet haben, den Supermächten USA und Russland untergeordnet bleibt. Doch wird Deutschland versuchen, die militärische Macht und politische Unabhängigkeit zu präsentieren.

179 Zur Frage der „Normalität" in Bezug auf die Berliner Republik ausführlich Hellmann, Gunther: Nationale Normalität als Zukunft? Zur Außenpolitik der Berliner Republik. *Blätter für deutsche und internationale Politik*, Jg. 44, Heft 7/1999, S. 836–847.

180 Schwarz, Hans Peter: Die Zentralmacht Europas. Berlin 1994.

181 Bulmer, Simon/Jeffery, Charlie/Paterson, William E.: Deutschlands europäische Diplomatie. In: Weidenfeld, Werner (Hrsg.): Deutsche Europapolitik, S. 32.

182 Vgl. Knodt, Michèle: Europäisierung: Eine Strategie der Selbstbehauptung? In: Knodt, Michèle/Kohler-Koch, Beate (Hrsg.): Deutschland zwischen Europäisierung und Selbsbehauptung. Frankfurt/New York 2000, S. 38.

183 Bredow, Wilfried von/Jäger, Thomas: Neue deutsche Außenpolitik, S. 22.

schaftsmacht und der „Macht des guten Vorbilds" bedient hat.[184] Eine Reduzierung des komplexen politischen Umfelds nach 1989 durch Machtpolitik wäre für Deutschland nicht nur kontraproduktiv, sondern ein Desaster.[185]

Ernst-Otto Czempiel sah die deutschen Aufgaben nach 1990 im breiteren Rahmen des globalen internationalen Systems.[186] Die Integration Deutschlands in Westeuropa war nach Czempiel eine notwendige Grundlage einer Ostpolitik. Deutschland trug einerseits die Verantwortung für die Demokratisierung der Herrschaftssysteme im Osten,[187] andererseits konnte sich Deutschland aber nicht darauf beschränken, nur an der europäischen Friedensordnung mitzuarbeiten. Die deutsche Rolle bestand in einem Einsatz zu Gunsten Europas und der Weltpolitik, in der aktiven Hilfe bei den Lösungen der Konflikturursachen in der Welt – der wirtschaftlichen Not, der sozialen Ungerechtigkeit und der politischen Unterdrückung.[188] Bei einem solch praktischen Verhalten sollte niemand Deutschland Großmachtsucht und Machtpolitik vorwerfen.[189]

Die relevanten Beiträge zur Frage der Neuorientierung der deutschen Außenpolitik nach 1990, welche dem gemäßigten demokratischen Lager entstammen, hatten eine Auffassung gemeinsam: Die neuen sowohl internationalen als auch innerdeutschen Umstände hatten keine radikale (!) Änderung der deutschen Außen- und Europapolitik zur Folge. Die meisten Autoren betrachteten die europäische Integration als zentrales Projekt der deutschen Außenpolitik

---

184 Hacke, Christian: Die neue Bedeutung des nationalen Interesses. *Aus Politik und Zeitgeschichte,* Nr. 1–2/1997, S. 10.

185 Senghaas, Dieter: Was sind der Deutschen Interessen? *Blätter für deutsche und internationale Politik,* Jg. 38, Heft 6/1993, S. 687.

186 Czempiel, Ernst-Otto: Die Rolle Deutschlands in der neuen Welt(un)ordnung, *Gewerkschaftliche Monatshefte,* Nr. 10/1992, S. 613–620; Vgl. Czempiel, Ernst-Otto: Kluge Macht. Außenpolitik für das 21. Jahrhundert. München 1999; Dirk Peters in dem Band von Volker Rittberger hat Ernst Otto Czempiel zu die Gruppe der Kritiker der „Selbstbewussten" Außenpolitik eingeordnet, die sich aber darüber hinaus für *„civilizing foreign policy"* einsetzen.

187 Czempiel, Ernst-Otto: Determinanten zukünftiger deutscher Außenpolitik. *Aus Politik und Zeitgeschichte,* Nr. 24/2000, S. 18f.

188 Czempiel, Ernst-Otto: Die Rolle Deutschlands. *Gewerkschaftliche Monatshefte,* Nr. 10/1992, S. 617.

189 Czempiel, Ernst-Otto: Determinanten deutscher Außenpolitik. *Aus Politik und Zeitgeschichte,* Nr. 24/2000, S. 21; Die neuen Determinanten der Außenpolitik setzen allerdings einen Wandel und eine Modernisierung des politischen Bewusstseins voraus.

nach dem Zweiten Weltkrieg und stellten folglich die Westbindung der Bundesrepublik Deutschland nicht in Frage.

3.4 Deutschland in Europa

Die Vereinigung der beiden deutschen Staaten BRD und DDR im Jahre 1990 brachte zwar eine Lösung der „deutschen Frage" in Europa. Sie eröffnete aber zugleich eine neue Frage in Bezug auf Deutschland und Europa. Inwieweit blieb die Integration von Deutschland in Westeuropa weiterhin der wichtigste Eckpfeiler der deutschen Außenpolitik? Die Realisten konzentrierten sich in ihren Diskussionsbeiträgen auf die neue Machtsituation des wiedervereinigten Deutschlands. Die liberalen Ansätze interessierte die wirtschaftliche Lage der BRD im Hinblick auf ihre Exportmöglichkeiten, welche ein Resultat einer neuen Handelsliberalisierung in Osteuropa darstellten. Der soziologische (konstruktivistische) Institutionalismus bezog sich dagegen genau auf die Frage nach der deutschen Rolle in Europa und im Prozess der Osterweiterung der Europäischen Union.

Kontinuität

Das Verhältnis von Deutschland und Europa nach 1990 hing, laut konstruktivistischem Ansatz unmittelbar mit der deutschen Identität zusammen. Die institutionelle Verflechtung Deutschlands mit der Europäischen Union machte die Frage „deutsches Europa" oder „europäisches Deutschland" jedoch schwieriger zu beantworten. Die „deutsche Macht" war in Europa eingebunden. Deshalb musste zunächst nach der „Europäisierung" Deutschlands gefragt werden.[190] Die „Europäisierung" ist angesichts der Institutionalisierung multilateraler Kooperation ein Phänomen, das gegenwärtig nicht nur für Deutschland gilt. Im Fall der Bundesrepublik Deutschland konnte die Macht durch die europäische Integration multilateral gebändigt werden.[191]

---

190   Zur „Europäisierung": Kohler-Koch, Beate: Europäisierung: Plädoyer für eine Horizonterweiterung. In: Knodt, Michèle/Kohler-Koch, Beate (Hg.): Deutschland zwischen Europäisierung und Selbsbehauptung, Frankfurt/New York 2000, S. 11–31.
191   Katzenstein, Peter J.: Gezähmte Macht. In: Knodt, Michèle/Kohler-Koch, Beate

Gerade die Institutionalisierung der Macht war seit dem Zweiten Weltkrieg der herausragende Aspekt der Beziehung zwischen Europa und Deutschland.[192] Die deutsche Macht in Europa ist „weich". Dies resultiert einerseits aus der internationalisierten deutschen Identität, andererseits aus den institutionellen Ähnlichkeiten des deutschen Regierungssystems und dem Mehrebenensystem der Europäischen Union. Peter Katzenstein untersuchte die deutschen Regierungsstrukturen und die institutionellen Strukturen der Europäischen Union. Als Resultat seiner Forschung definierte er ein europäisches System „assoziierter Souveränität" und die deutsche „Semi-Souveränität".[193] Obwohl die deutschen und die europäischen institutionellen Praktiken unterschiedliche Entstehungswurzeln haben, weisen sowohl das europäische als auch das deutsche Regierungssystem ähnliche Überschneidungen von Kompetenzen und Machtbefugnissen auf. Das Regieren im europäischen Mehrebenensystem unterscheidet sich also nicht wesentlich von dem sektoralisierten und horizontal geteilten deutschen Regierungssystem.[194] Das bewirkt, dass sich die deutschen politischen Akteure im europäischen Milieu besonders heimisch fühlen können.

Das europäische Regierungssystem basiert auf den gemeinsamen Kompetenzen in sich überschneidenden Bereichen von Macht und Interesse. Die Gemeinschaftsinstitutionen sind Mischformen, welche die eigene Macht sowohl mit den nationalen Regierungen als auch untereinander teilen.[195] Am Beispiel der Europäischen Kommission kann man sehen, wie die Verbindungen der supranationalen und nationalen Ebenen funktionieren. Die Kommission initiiert die Mehrzahl der Gesetzesvorlagen und überwacht die Implementierung des Rechts[196] in den Mitgliedstaaten. Sie ist aber auf die nationalen Durchsetzungsinstitutionen angewiesen.[197] Auch die drei wichtigsten Säulen des deut-

---

(Hrsg.): Deutschland zwischen Europäisierung und Selbsbehauptung, S. 57ff.

192 Katzenstein, Peter J.: United Germany in an Integrating Europe. In: Katzenstein, Peter J. (ed.): Tamed Power, S. 3.

193 Ebd., S. 33ff.

194 Sverdrup, Björn Otto: „Odysseus and the Lilliputians". *Journal of Peace Research*, Vol. 35, No. 6/1998, S. 762.

195 Ausführlich zu den Institutionen: Plechanovová, Běla: Institucionální vývoj Evropské unie. Od Maastrichtské smlouvy k východnímu rozšíření [Die institutionelle Entwicklung der EU. Von Maastricht bis zur Osterweiterung]. Praha 2004.

196 Die Europäische Kommission wird als „Hüterin der Verträge" bezeichnet.

197 Zur Rolle der Europäischen Kommission Art. 211–219 EGV/Nizza.

schen „semi-souveränen" Staates – der Föderalismus, die Koalitionsregierungen und das Bundesverfassungsgericht – sind von einer wesentlichen Überschneidung der Kompetenzen gekennzeichnet. Dies impliziert eine Machtverteilung in den sich überschneidenden Kompetenzen von Bundes- und Länderinstitutionen.[198] Darüber hinaus blieb auch nach 1990 das „konsensorientierte" Regieren das dominante Charakteristikum des deutschen Regierungssystems.[199] Ein ähnliches System hätte Joschka Fischers Vision einer handlungsfähigen „Europäischen Föderation" entsprochen.[200] Der Föderalismus, den er in seiner Berliner Rede für die Europäische Union vorsah, entsprach einem dezentralisierten Bundesstaat. Deutschland könnte in diesem europäischen System seine Macht durch komplexe institutionelle Landschaft Europas vermitteln und auf legitimer Weise ausüben.

Die oben angeführte Überlegung hilft bei der Lösungsfindung des Dilemmas „deutsches Europa" oder „europäisches Deutschland". Die institutionellen Kräfte haben eine Beziehung zwischen Deutschland und Europa zu einem Deutschland in Europa umgestaltet. Die oben gestellte Frage nach „Germanisierung Europas" und der „Europäisierung Deutschlands" bedeutete zwar eine doppelte Fragestellung, wohl aber den gleichen politischen Prozess.[201] Jeffrey Anderson fügte hinzu: *„EU member governments and their citizens would do well reflect on the fact, while Germany's European interests may be changing, they still fit comfortably with its uniquely positive European identity."*[202]

Die Behauptung, dass Deutschland seine Interessen im europäischen Rahmen definiert und konsequent multilateral zur Geltung bringt, entspricht

---

198   Die Koalitionsregierungen werden regelmäßig sowohl auf der Länderebene als auch auf der Ebene des Bundes gebildet.

199   Näher hierzu im Kapitel „Die Koordinierung deutscher Europapolitik" in der vorliegenden Studie; vgl. Katzenstein, Peter J.: Gezähmte Macht. In: Knodt, Michèle/Kohler-Koch, Beate (Hrsg.): Deutschland, Europäisierung und Selbstbehauptung, S. 65–67; vgl. Katzenstein, Peter J.: Conclusion: Semisoverenity in United Germany. In: Green, S./Paterson W. E. (eds.): Governance in Contemporary Germany. The Semisovereign State Revisited. Cambridge 2005, S. 297.

200   Joschka Fischers Rede „Vom Staatenverbund zur Föderation – Gedanken über die Finalität der europäischen Integration" gehalten in der Humboldt-Universität Berlin am 12. Mai 2000.

201   Vgl. Katzenstein, Peter J.: Gezähmte Macht. In: Knodt, Michèle/Kohler-Koch, Beate (Hrsg.): Deutschland Europäisierung und Selbsbehauptung, S. 81.

202   Anderson, Jeffrey J.: German unification and the Union of Europe. The Domestic Politics of Integration Policy. Cambridge 1999, S. 209.

der Definition der Bundesrepublik Deutschland als einer „Zivilmacht".[203] Das „Zivilmacht"-Konzept stellt einen idealen Staatstyp dar, der eine normengeleitete Politik mit dem Ziel betreibt, die internationalen Beziehungen zu „zivilisieren". Zu den wesentlichen Merkmalen des politischen Handelns gehören der Multilateralismus, der Rechtsstaat, die Betonung der Menschenrechte, eine demokratisch organisierte Gesellschaft und vor allem eine nicht-militärische Lösung der Konflikte.[204] Diese Definition passte hervorragend auf die alte Bonner Republik und die deutsche „europäisierte" Identität seit 1945.

Gibt es eine veränderte Identität?

Im Vergleich der Bonner Republik mit der Berliner Republik weisen einige Tatsachen auf eine mögliche Änderung oder Redefinition der deutschen Identität hin. Erstens die geographische „Mittellage" von Deutschland. Hans-Peter Schwarz verband die „Mittellage" direkt mit dem wirtschaftlichen Potential und der Größe der Macht.[205] Im Kontext der Westbindung wurde allerdings regelmäßig von der „multilateralen Mittellage" gesprochen.[206] Zweitens galt, dass sich das Gravitationszentrum Deutschlands nordostwärts verschoben hat.[207] Der Umzug der Hauptstadt und des Regierungssitzes von Bonn nach Berlin war nicht nur ein symbolischer Akt. Die deutsche Hauptstadt lag künftig näher

---

203   Vgl. Maull, Hans W.: Quo vadis, Germania? Außenpolitik in einer Welt des Wandels. *Blätter für deutsche und internationale Politik*, Jg. 42/1997, S. 1248.

204   Maull, Hans: German Foreign Policy, Post-Kosovo: Still a „Civilian Power"? *German Politics*, Vol. 9, No. 2/2000, S. 14ff.

205   Mehr zur Analyse der Auffassung von Hans-Peter Schwarz: Janning, Josef: A German Europe – a European Germany? On the debate over Germany's foreign policy. *International Affairs*, Vol. 72, No. 1/1996, S. 34–36.

206   Handl, Vladimír: Německý multilateralismus a vztahy k státům visegrádské skupiny [Deutscher Multilateralismus und die Beziehungen zu den Staaten der Visegrád-Gruppe]. *Mezinárodní vztahy*, roč. 38, č. 1/2003, S. 11ff; vgl. Hyde-Price, Adrian: Germany and the European order, S. 205; vgl. Garton Ash, Timothy: Im Namen Europas, S. 557f.; Garton Ash zitiert Hans-Dietrich Genscher: „wir in West- und Mitteleuropa"; und noch einen nicht genannten Politologen: „Deutschland sollte sich nicht als Mittelmacht und schon gar nicht als Zentralmacht Europas sehen, sondern als mittlere Macht."

207   Die Frage der „Ostverschiebung" von Deutschland diskutierten näher: Bredow, Wilfried von/Jäger, Thomas: Neue deutsche Außenpolitik, S. 122.

zu den Hauptstädten der MOE-Länder. Drittens war es der Verlust der Deutschen Mark durch die Einführung des EURO. Die Deutsche Mark war ein wichtiger Teil deutscher Nachkriegsidentität. Entsprechend wird die Europäische Währungsunion langfristige Folgen für die deutsche Identität nach sich ziehen.[208]

Der letzte Faktor, ein Generationswechsel, zeigte bereits Auswirkungen auf die deutsche Außenpolitik. Die Träger der Regierungsmacht 1998–2005 Joschka Fischer, Gerhard Schröder und Otto Schily, gehörten der Nachkriegsgeneration der so genannten Achtundsechziger an. Auf den ersten Blick schien die neue Generation der Politiker die Kontinuität in der Außenpolitik zu bewahren.[209] Die neu gewonnene Souveränität hat laut Gerhard Schröder den historischen Ort deutscher Außenpolitik nicht verändert. Deutschland ist nach seiner Auffassung nicht etwa eine „Mittelmacht" in Europa geworden. „Vielmehr war der Prozess der endgültigen Staatswerdung von Beginn an mit der Vertiefung und Erweiterung der europäischen Integration verzahnt."[210] Trotzdem muss auf einen unterschiedlichen Ausgangspunkt verwiesen werden. Helmut Kohl betrachtete die deutsche Vereinigung und die fortschreitende europäische Integration als außerordentlichen Erfolg, Gerhard Schröder hielt sie für selbstverständlich.[211] Deutschland machte laut Schröder aber weiterhin „Politik in Europa, von Europa und für Europa".[212]

Fragestellung

Waren Bundeskanzler Schröders oben zitierte Worte nur eine „formale" Erklärung oder eine Überzeugung und eine Richtschnur der deutschen Politik? Für

---

208 Vgl. Hyde-Price, Adrian: Germany and the European order, S. 41.

209 Fischer, Joschka: Kluge Selbstbeschränkung, multilaterale Interessenvertretung. Überlegungen zu einer Neujustierung der deutschen Außenpolitik. *Frankfurter Allgemeine Zeitung* vom 26. November 1999, S. 8.

210 Schröder, Gerhard: Eine Außenpolitik des „Dritten Weges"? *Gewerkschaftliche Monatshefte*, No. 7–8/1999, S. 393.

211 Persönliches Gespräch mit Petra Erler, Mitglied des Kabinetts Günter Verheugen, Europäische Kommisson, Generaldirektion Erweiterung, Brüssel, am 18. März 2003.

212 Schröder, Gerhard: Die Grundkoordinaten deutscher Außenpolitik sind unverändert: Frieden und Sicherheit und stabiles Umfeld für Wohlstand festigen, in: *Bulletin.. Presse- und Informationsamt der Bundesregierung* (Hrsg.), Nr. 83, Berlin, S. 786.

mich wird in dieser Studie von Bedeutung, ob und wie der deutsche Einsatz für Europa in die deutsche Erweiterungsstrategie einfließt. War auch während der Erweiterungsverhandlungen seit 1998 das deutsche europäische Engagement die einzige Maxime der deutschen Europapolitik, oder können Ansatzpunkte gefunden werden, die das deutsche Verhalten als Politik einer „normalen" Macht einstufen lassen? In diesem Fall muss eine begrenzende Bedingung gestellt werden: Auch wenn von einer „Normalisierung" der deutschen Außenpolitik gesprochen wird, heißt es nicht, dass Deutschland alle normativen Vorgaben an die Seite gestellt hätte und zu einer rationalistischen Macht würde, die den eigenen Nutzen maximiert. Die „Normalisierung" würde eher einen Prozess bedeuten, in dem eine Umdenkung der normativen Grundlagen der deutschen Europapolitik stattfinden würde.[213] In diesem Fall wäre das Ergebnis solcher Politik eine Hinwendung zwar zu einem nicht mehr so bedingungslosen Engagement der BRD in der Europäischen Union, aber doch zu einer weiterhin normativ gebundenen Rationalität.

Zusammenfassung

Mit dem theoretischen, historischen und außenpolitischen Diskurs kann zusammenfassend gesagt werden, dass eine Grundlage für die Analyse der deutschen Erweiterungspolitik in dieser Studie die institutionelle Betrachtung von „Deutschland in Europa" ist. Diese Auffassung negiert allerdings nicht die Frage nach der Macht und den Interessen. Die deutschen Interessen, und besonders Interessen bezüglich der Osterweiterung, kommen in dieser Arbeit wohl in Betracht. Sie waren im Zusammenhang sowohl mit der deutschen Durchsetzungsweise während der Beitrittsverhandlungen zwischen der EU und den MOE-Ländern als auch bei der Argumentation der Bundesregierung zur innenpolitischen Flankierung der Osterweiterung zu spüren. Im Voraus muss aber festgestellt werden: Auch wenn in den folgenden Analysen zur Erweiterungsstrategie der Bundesrepublik Deutschland untersucht wird, in welchem Ausmaß die deutschen „nationalen" Interessen zur Geltung kamen, wird das deutsche Engagement für die Osterweiterung als ein Produkt der institutionell eingebundenen deutschen Außenpolitik betrachtet.

---

213 Vgl. Hyde-Price, Adrian/Jeffery, Charlie: Germany in the European Union. *Journal of Common Market Studies*, Vol. 39, No. 4/2001, S. 691.

II.
Deutschland, Zentraleuropa und die Osterweiterung
–
Entwicklungen und Strukturen von Helmut Kohl bis Gerhard Schröder

4. Deutschland, Zentraleuropa und die Osterweiterung der Europäischen Union

Die Europäische Gemeinschaft wurde in der zweiten Hälfte des 20. Jahrhunderts zum unumstrittenen Zentrum des wirtschaftlichen Prozesses auf dem Kontinent. Die europäische Integration stellte nach dem Fall des Eisernen Vorhangs für ihre unmittelbaren östlichen Nachbarn ein Symbol wirtschaftlicher Prosperität und europäischer Identität dar.[214] Obwohl die Union zu keiner tief greifenden Erneuerung in der Lage war, konnte sie die zehn benachbarten mittel- und osteuropäischen Länder am 1. Mai 2004 aufnehmen und bewahrte damit ihre Rolle des Zentrums und des Motors der gesamten europäischen Region.[215] Es handelte sich um einen langsamen Prozess, der mehrere Stufen hatte. Die entscheidenden Schritte markierten der Gipfel von Kopenhagen 1993, an dem die Beitrittskriterien genannt wurden und der Gipfel von Kopenhagen 2002, auf dem die Verhandlungen zwischen der EU und den Beitrittsländern erfolgreich abgeschlossen wurden.

An diesem Erweiterungsprozess hatte Deutschland aus mehreren Gründen ein enormes Interesse. Im folgenden Kapitel werden die strukturellen und wirtschaftlichen Voraussetzungen beleuchtet, die einerseits der Entscheidung der Mitgliedstaaten, die EU nach Osten zu erweitern, vorkamen, andererseits die deutschen Beziehungen zu Zentraleuropa am Anfang der 1990er Jahre prägten. Auf die bilateralen politischen Beziehungen Deutschlands zu den einzelnen MOE-Staaten, die oft auch mit offenen Fragen der gemeinsamen Geschichte belastet waren, wird hier nicht eingegangen. Die bilateralen Beziehungen der BRD mit den MOEL mündeten zwischen 1990 und 1992 in die Verträge über gute Nachbarschaft und Zusammenarbeit. Diesem Thema und der Problematik der „Aussöhnung" zwischen Deutschland und Polen, Ungarn und der Tschechoslowakei sind andere Arbeiten oder ihre Teile gewidmet.[216]

---

214 Balázs, Péter: Die europäische „Architektur". In: Hasse, Rolf H./Schenk, Karl-Ernst/ Czege, Andreas Wass von: Erweiterung und Vertiefung der Europäischen Union. Perspektiven und Engpässe. Baden-Baden 2000, S. 17.

215 Im Jahre 2007 traten der EU auch Rumänien und Bulgarien bei.

216 Phillips, Ann L.: The Politics of Reconciliation: Germany in Central-East Europe. *German Politics*, Vol. 7, No. 2/1998, S. 64–85; Cordell, Karl/Wolff, Stefan: Germany´s

4.1 Führt der Warenaustausch zur politischen Mitgliedschaft?

Die zentrale Frage dieser Studie ist, warum sich Deutschland besonders stark für die Osterweiterung einsetzte. Noch dringlicher muss gefragt werden, warum setzte sich Deutschland von Anfang an, das heißt seit 1990, für die Osterweiterung ein. Im Einklang mit den theoretischen Überlegungen, die im vorherigen Kapitel entwickelt wurden, gibt es mehrere Konzepte. Die Realisten behaupteten, dass die starke Betonung der Notwendigkeit der EU-Osterweiterung aus deutscher Sicht ein Merkmal der deutschen Bemühungen sei, Europa von Berlin aus zu steuern. Ein zusammengewachsenes Zentraleuropa bildete sich nach dieser Auffassung mit den Deutschen schon seit Anfang der 90er Jahre heraus. Die deutsche Unterstützung für die Erweiterung würde als eine Strategie zu einer „Germanisierung" (mindestens Zentraleuropas) statt „Europäisierung" hin interpretiert.[217] Nach dem Ansatz der US-amerikanischen Autoren, die realpolitisch argumentierten, zeigten die wirtschaftlichen Daten, dass die Beitrittskandidaten bereits zwischen 1992 und 1996 stark von der deutschen Wirtschaft abhängig waren.[218] In Frankreich wurde in diesem Zusammenhang von der Erweiterung als von einem deutschen Projekt und nicht von einem gemeinsamen europäischen Projekt gesprochen.[219]

Autoren, die auf die Kontinuität der deutschen Außenpolitik setzten, argumentierten von dem Standpunkt aus, dass der Einfluss deutscher Interessen bereits in Zentraleuropa während der 1990er Jahre vorhanden war. Die EU-Osterweiterung sollte im Gegensatz zu der ersten Auffassung die deutsche Handlungsfreiheit in Zentraleuropa begrenzen und den mittel- und osteuropäi-

---

Foreign Policy towards Poland and the Czech Republic. Ostpolitik revisited. New York 2005; Freudenstein, Roland: Poland, Germany and the EU. *International Affairs*, Vol. 74, No. 1/1998, S. 41–54; Handl, Vladimír: Germany and the Visegrad Coutries between Dependence and Asymmetric Partnership? *Studien zur Internationalen Politik*, Helf 3/2002, S. 27ff.

217 Vgl. Analyse bei Wessels, Wolfgang: Germany in Europe: Return of the Nightmare or Towards an Engaged Germany in a New Europe. *German Politics*, Vol. 10, No. 1/2001, Special Issue, S. 109.

218 Markovits, Andrei S./Simon Reich: Das deutsche Dilemma. Die Berliner Republik zwischen Macht und Machtverzicht. Berlin 1998.

219 Vgl. Volker Rühe (CDU/CSU), in: Plenarprotokoll 14/155 Stenographischer Bericht der 155. Sitzung am 8. März 2001, S. 15154.

schen Staaten einen zusätzlichen Schutz mittels der Institutionen der Europäischen Union gewährleisten.[220] Die deutsche Macht wäre folglich durch die multilaterale Einbindung durch die Erweiterung auch in Zentraleuropa gebändigt. Mit dieser Behauptung wird zwar ein Teil der Realität getroffen, aber leider keine vollständige Antwort auf die Frage geliefert, warum sich gerade Deutschland massiv für die Erweiterung der EU nach Osten engagierte.

Wie sind die wirtschaftlichen Beziehungen der Bundesrepublik Deutschland zu den MOEL am Anfang der 1990er Jahre einzuschätzen? Aus der liberal-utilitaristischen Sicht[221] waren die deutschen Firmen gerade die Akteure, die aus den Handelbeziehungen zu den MOEL profitieren konnten. Wenn die Gewinne in der Zukunft durch die politische Erweiterung noch kontinuierlich zu wachsen schienen, hätten sich die Interessengruppen darum bemüht, die deutsche Unterstützung für das Osterweiterungsprojekt zu erhalten.

Alle Thesen, obwohl sie die Rolle Deutschlands in Zentraleuropa aus anderen Blickwinkeln sahen, haben eine Hypothese gemeinsam: das deutsche Wirtschaftsengagement in den MOE-Ländern. Dann stellt sich die Frage, ob sich die Wirtschafts- und Handelsbeziehungen, die überwiegend von Firmen, Banken und Unternehmen getragen wurden, auf die deutsche amtliche Erweiterungsstrategie auswirkten. Mit der Wirtschaft wurde auf der innenpolitischen Bühne der BRD beim Werben für die Osterweiterung ständig argumentiert. Nur ein Beispiel: Laut Ulrich Irmer (FDP) seien die Handelsvolumen mit den Beitrittsländern größer als mit den Vereinigten Staaten: „Hier erschließen wir die Märkte der Zukunft, auf die wir so dringend angewiesen sind."[222] Auf die Chance, dass Deutschland durch die Erweiterung neue Absatzmärkte bekommt, wurde öfter hingewiesen. Gleichzeitig wurde in den Bundestagsdebatten auch betont, dass niemand mehr von diesem Handel mit den MOE-Ländern profitieren kann als Deutschland.[223]

---

220 Haftendorn, Helga: Gulliver in der Mitte Europas. Internationale Verflechtungen und nationale Handlungsmöglichkeiten. In: Kaiser, Karl/Maull, Hans W. (Hrsg.): Deutschlads neue Außenpolitik. Bd. 1: Grundlagen. München 1995, S. 129–152.
221 Vgl. Freund, Corinna/Rittberger, Volker: Utilitarian-liberal foreign policy theory. In: Rittberger, Volker (ed.): German foreign policy since unification. Theories and case studies. Manchester/New York 2001, S. 98ff.
222 Ulrich Irmer (FDP), in: Stenographischer Bericht der 134. Sitzung am 17. November 2000, amtliche Seiten 12968C–12992C (Beratung des Antrags der Franktion der CDU/CSU: Der deutschen Außenpolitik wieder Einfluß geben), S. 12977.
223 Volker Rühe (CDU/CSU), in: Plenarprotokoll 14/155 Stenographischer Bericht der

4.1.1 Die assoziierte Mitgliedschaft = keine Mitgliedschaft

Die größten Handelspartner der Reformstaaten Mittel- und Osteuropas im Ostblock waren nach der Wende 1989/90 die EG-Staaten. Die Handelsverflechtungen der MOE-Staaten konzentrierten sich nach der Öffnung der Grenzen vor allem auf drei Länder: die BRD, Österreich und Italien. Der Außenhandel mit diesen Staaten stellte zunehmend etwa 75–80 % des gesamten Handels der MOE-Staaten mit der Europäischen Gemeinschaft dar.[224] Zur schnellen Intensivierung der Handelsbeziehungen zwischen der EG und den MOEL, und damit auch mit den drei oben genannten EG-Staaten, trug die assoziierte Mitgliedschaft bei.

Die ersten Assoziierungsabkommen (Europa-Abkommen) mit den drei so genannten Visegrád-Ländern (Polen, Ungarn und die Tschechoslowakei)[225] schloss die Europäische Gemeinschaft am 16. Dezember 1991.[226] Aus Sicht der Europäischen Gemeinschaft wurden diese Abkommen noch nicht als Vorstufe zu einer späteren Vollmitgliedschaft der MOE-Staaten verstanden.[227] Die

---

155. Sitzung am 8. März 2001, S. 15154.

224 Inotai, András: Wirtschaft. In: Kosten, Nutzen und Chanzen der Osterweiterung für die Europäische Union. Bertelsmann Stiftung (Hrsg.). Gütersloh 1998, S. 19.

225 Diese Staaten von Zentraleuropa (Polen, die Tschechoslowakei und Ungarn) bildeten 1991 den Kern der so genannten Visegrád-Gruppe. In dieser Analyse der Handelsbeziehungen zwischen der BRD und Zentraleuropa werden sie als Visegrád-Länder bezeichnet und nur diese vier Länder gemeint, obwohl in diesen Zusammenschluss noch weitere mittel- und osteuropäischen Länder beigetreten sind. Im allgemeinen Sinne wird in diesem Teil der Arbeit auch die Bezeichnung MOE-Staaten verwendet, vor allem in Bezug auf die Entwicklungen, die nicht nur den engen Kreis der Visegrád-Länder betreffen, sondern alle potentiellen Beitrittskandidaten; näher zum Begriff „Visegrád" und zur geschichtlichen und politischen Dimension der mitteleuropäischen Zusammenarbeit: Vykoukal, Jiří et al.: Visegrád. Možnosti a meze středoevropské spolupráce [Visegrád. Möglichkeiten und Grenzen der mitteleuropäischen Zusammenarbeit]. Praha 2003.

226 Näher zum ganzen Fragenkomplex der Euroaabkommen: Kohlmann, Harald: Die Europa-Abkommen zwischen Visegrád-Staaten und der EU: Grundlagen, Inhalt und Auswirkungen auf die Handelsbeziehungen und die Wirtschaftsstruktur der Visegrád-Staaten. Köln 1997; Bis 1996 wurden die Assoziierungsabkommen schrittweise auch mit Rumänien, Bulgarien, mit den drei baltischen Staaten und mit Slowenien abgeschlossen.

227 Hudalla, Anneke: Der Beitritt der Tschechischen Republik zur Europäischen Union. Eine Fallstudie zu den Auswirkungen der EU-Osterweiterung auf die finalité politique des europäischen Integrationsprozesses. Hamburg 1996, S. 73.

Europa-Abkommen sahen lediglich eine Zusammenarbeit der MOE-Staaten mit der Europäischen Gemeinschaft in Form von politischen Konsultationen und vor allem die Intensivierung der Handelsbeziehungen vor.[228]

Die wichtigsten Teile der Handelsabkommen der EG mit den MOE-Staaten traten als die so genannten Interimshandelsabkommen bereits zum 1. März 1992 in Kraft. Es handelte sich um eine asymmetrische Liberalisierung des Handels durch Zollabbau und eine Verringerung der Handelshemmnisse. Die EG hat ihren Markt für die MOE-Länder rascher geöffnet als umgekehrt. Mit dem Inkrafttreten der Interimsabkommen wurden sämtliche Zölle für Industrieerzeugnisse aus den assoziierten Staaten abgeschafft. Auf den ersten Blick erscheinen diese Regelungen für die Transformationsstaaten vorteilhaft. Aber die „sensiblen" Produkte (Landwirtschafts-, Textil-, Stahl- und Chemieprodukte) wurden davon ausgenommen. Der Anteil der im Europa-Abkommen als „sensible" Güter bezeichneten Waren betrug 1992 zwischen 40 % der Gesamtproduktion der Tschechoslowakei und bis zu 70 % der Produktion von Bulgarien.[229] Gerade für den Handel mit diesen Produkten, bei denen die Reformstaaten konkurrenzfähig waren, ließ die EG nur sehr niedrige Quoten zu.[230] In diesem Zusammenhang schrieben einige Autoren über einem neuen Protektionismus.[231] Gerade die Handelsbilanzdefizite der Transformationsländer sind ein Beispiel der grundlegenden Konstruktionsfehler der Europa-Abkommen.[232] Der Agrarsektor wurde von Beginn an aus dem Handel aus-

---

228 Eine sicherheitspolitische Kooperation wurde nicht vorgesehen. Erst im Mai 1994 hat die EU den assoziierten Mitgliedern auch eine assoziierte Mitgliedschaft in der Westeuropäischen Union (WEU) angeboten.

229 Welfens, Paul J. J.: Die Europäische Union und die mitteleuropäischen Länder. Entwicklungen, Probleme, politische Optionen. Köln 1995, S. 20.

230 Tichy, Gunther: Integrationstheorie und Osterweiterung. In: Mayer, Otto G./Scharrer, Hans-Eckart (Hrsg.): Osterweiterung der Europäischen Union. Sind die mittel- und osteuropäischen Länder und die EU reif für eine Erweiterung? Baden-Baden 1997, S. 33; Vgl. Bauer, Patricia: Die Union vor der Osterweiterung. Die Transformation – von der Startlinie ins Abseits? *Österreichische Zeitschrift für Politikwissenschaft*, 4/1998, S. 367.

231 Altvater, Elmar: Westeuropäische Intergration und osteuropäische Transformation in der globalen Standortkonkurrenz. In: Jachtenfuchs, Marcus/Kohler-Koch, Beate: Europäische Integration. Opladen 1996, S. 546.

232 Beispielsweise die Tschechische Republik war aus diesem Grund 1996 gezwungen, die Reichweite der Koppelung ihrer Währung an die Westwährungen von ±1,5 % auf ±15 % zu vergrößern. Die Folge war eine dramatische Abwertung der Krone und

geschlossen. Auch die Freizügigkeit von Arbeitnehmern aus den MOE-Ländern in die Europäische Gemeinschaft blieb an den Abschluss individueller bilateraler Verträge gekoppelt.[233]

Trotzdem führte gerade dieser Teil der Europa-Abkommen zur enormen Steigerung der Handelsvolumen in den Jahren folgend nach Abschluss dieser Verträge. Allein im Jahre 1995 exportierte zum Beispiel Polen 70 % seiner Güter in die EU und 65 % aller importierten Güter stammten aus den EU-Staaten; Ungarn exportierte 63 % aller Güter in die EU und importierte aus der Gemeinschaft einen ähnlichen Prozentsatz; bei Slowenien lagen die Exportzahlen in die EU bei 87 %. Im Fall der Tschechischen Republik lagen die Im- und Exporte bei 55 % der gesamten tschechischen Außenhandelsvolumen.[234]

Obwohl die EG das Interesse an einer stabilitätsfördernden regionalen Kooperation (Visegrád) hatte, wurde in den Europa-Abkommen keine Grundlage für eine wesentliche Förderung der Zusammenarbeit zwischen den zentraleuropäischen Staaten selbst geschaffen.[235] Die im Dezember 1992 im Rahmen der Visegrád-Gruppe vereinbarte *Central European Free Trade Association* (CEFTA) hat mit Hilfe eines Handelsabkommens den Warenaustausch zwischen den Mitgliedern zwar erhöht. Doch gab es eine viel größere Außenhandelsverflechtung der mitteleuropäischen Staaten mit der EG und insbesondere mit Deutschland als zwischen den CEFTA-Mitgliedern.[236]

---

weitere Verteuerung der Auslandsprodukte.

233 Hudalla, Aneke: Der Beitritt der Tschechischen Republik zur Europäischen Union, S. 74. Vor allem Polen war interessiert an einer Vereinbarung über die Arbeitnehmerfreizügigkeit. Näher: Lippert, Barbara/Schneider, Heirich (eds.): Monitoring Association and Beyond: The European Union and the Visegrád States. Bonn 1995, S. 31f.

234 *EU-Nachrichten*, Nr. 5, 1996; Vgl. Lippert, Barbara: Erweiterung der Europäischen Union-Chancen und Risiken. In: Europa an der Schwelle zum 21. Jahrhundert. Reform und Zukunft der Europäischen Union. Bundeszentrale für politische Bildung (Hrsg.). Bonn 1998, Anlage 10 und 11; Die gesamte EU exportierte in die beitrittswilligen MOE-Länder doppelt soviel wie nach Japan und Südamerika zusammen. Im Jahre 1996 waren es Waren im Wert von 69,5 Mrd. ECU. Die EU-Exporte in die MOE-Staaten stiegen allein im Jahr 1996 um 20,8 %, während der Gesamtexport nur um 9,2 % stieg; vgl. Gowan, Peter: Unsicherheiten der EU- Osterweiterung. *Prokla*, Jg. 28, Nr. 112/1998, S. 440.

235 Lippert, Barbara/Schneider, Heinrich (ed.): Monitoring Association and Beyond: The European Union and the Visegrád States, S. 38.

236 Näher zu den Wirtschaftsbeziehungen der CEFTA-Staaten mit der EU in den 90er Jahren: Franke, Siegfried F.: CEFTA und Europäische Union. Beitritt oder Erweite-

4.1.2 Der deutsche Handel und die Direktinvestitionen in Zentraleuropa

Die intensivsten Wirtschaftsbeziehungen der Bundesrepublik Deutschland bestanden in Mittel- und Osteuropa überwiegend mit den direkten zentraleuropäischen Nachbarn Polen und Tschechien und mit Ungarn und der Slowakei. Die Visegrád-Länder mit 64 Millionen Einwohnern (ca. 79 % der Einwohnerzahl der BRD) stellten einen beträchtlichen Absatzmarkt für die Bundesrepublik dar.[237] Polen, Tschechien und Ungarn waren auch wirtschaftlich gesehen die am weitesten fortgeschrittenen Beitrittskandidaten für eine EU-Mitgliedschaft. Ihre Wirtschaftsbeziehungen mit Deutschland waren jedoch sowohl durch eine geringere Leistungsfähigkeit als auch durch die geringere Größe ihrer Volkswirtschaften gekennzeichnet. Für das wirtschaftliche Wachstum dieser kleinen Ökonomien (mit Ausnahme Polens) war in den 1990er Jahren die Entwicklung der deutschen Wirtschaft entscheidend. Dies wurde am Ausmaß des gegenseitigen Außenhandels sichtbar.[238] Die Hälfte des Handels von Mittel- und Osteuropa mit der EU fand mit Deutschland statt. Folglich profitierte Deutschland im Vergleich zu Frankreich von seinen intensiven mitteleuropäischen Handelsbeziehungen schon längst vor der EU-Osterweiterung.[239]

rung des Europäischen Wirtschaftsraumes? In: Zohlnhöfer, Werner (Hrsg.): Perspektiven der Osterweiterung und Reformbedarf der Europäischen Union. Berlin 1998, S. 33–68.

237   Zeman, Karel/Grexa, Boris: Ekomomické vztahy SRN ke státům střední a východní Evropy [Wirtschaftliche Beziehungen der BRD zu den MOE-Staaten]. In: Handl, Vladimír/Hon, Jan/Pick, Otto et al.: Vztahy SRN ke státům střední Evropy [Die Beziehungen der BRD zu den Staaten von Zentraleuropa]. Ústav mezinárodních vztahů, Praha 1998, S. 113.

238   Ebd., Tabelle 7, S. 126.

239   Kreile, Michael: Die Osterweiterung der Europäischen Union. In: Weidenfeld, Werner (Hrsg.): Europa-Handbuch. Bonn 1999, S. 808; vgl. Inotai, András: Wirtschaft. In: Kosten, Nutzen und Chanzen der Osterweiterung für die Europäische Union. Bertelsmann Stiftung (Hrsg.), S. 19; Die Gewinne aus dem Handel mit den MOE-Staaten in Deutschland und Österreich haben schon während der Rezession im Jahre 1993 rezessionsmindernd gewirkt; vgl. Günter Verheugen: „Bisher hat sie [die Erweiterung] uns nichts gekostet, sondern wir haben von ihr profitiert. Investiert haben bisher nur die Bewerberstaaten...", Rede von EU-Kommissar Günter Verheugen auf dem Europäischen Forum zur EU-Erweiterung am 27. November 2001 in Berlin, in: *EU-Nachrichten*, Nr. 43 vom 29. 11. 2001.

Bei Betrachtung von Export und Import war Deutschland schon 1990 der bedeutendste Handelspartner der MOE-Staaten.[240] Am Beispiel der Tschechoslowakei kann gut dargestellt werden, wie rasch die deutschen Exporte und Importe mit dieser Region zwischen 1989 und 1992 zunahmen. Der tschechoslowakische Export nach Deutschland nahm zwischen 1989 und 1992 um 173 % zu. Die deutschen Exporte in die Tschechoslowakei stiegen im gleichen Zeitraum um 166 %. Zwischen 1993–1995 nahm der Umfang des deutschen Außenhandels mit den Staaten Zentraleuropas noch um weitere 30 % zu.[241] Zwischen 1993–1999 erfolgte in den Transformationsländern weiterhin eine enorme Dynamik der Steigerungsraten des Außenhandels durch Im- und Exporte, die sowohl mit Deutschland als auch mit dem Rest der EU stattfanden.[242] Im Jahre 1996 erreichte der Warenaustausch zwischen der Bundesrepublik Deutschland und den MOE-Staaten rund 100,6 Mrd. DM, deutsche Ausfuhren in die MOE-Länder stellten 1998 ca. 6,7 % des gesamten deutschen Exports weltweit.[243] An den Ausfuhren von Polen oder Tschechien war abzulesen, dass der deutsche Markt für diese Länder zunehmend wichtiger wurde. Polen führte beispielsweise im Jahre 1996 34,4 % seiner Gesamtausfuhr nach Deutschland aus, Tschechien rund 36 %.[244]

---

240 Tichy, Gunther: Integrationstheorie und Osterweiterung. In: Mayer, Otto G./Scharrer, Hans-Eckart (Hrsg.): Osterweiterung der Europäischen Union, S. 36; Nur Bulgarien ist auch nach 1994 exportseitig geblieben.

241 Katzenstein, Peter J.: Germany and Mitteleuropa. An Introduction. In: Katzenstein, Peter J. (ed.): Mitteleuropa – between Europe and Germany. Oxford 1997, S. 23.

242 Die Steigerung des Handels der Visegrád-Länder mit der EU betrug in diesem Zeitraum 163,5 %, mit der Bundesrepublik Deutschland sogar 165,5 %. Dies ergab einen jährlichen Durchschnitt von 20 % Steigerung. Nach 1999 wurde immerhin noch eine jährliche Steigerung von 6–7 % erreicht; vgl. Deutscher Bundestag, Drucksache 14/5232 (Antwort der Bundesregierung auf die Große Anfrage der Fraktion der CDU/CSU vom 7. Februar 2001), S. 18.

243 Dauderstädt, Michael: Mittel- und Osteuropa. In: Schmidt, Siegmar/Hellmann, Gunther/Wolf, Reinhard (Hrsg.): Handbuch zur deutschen Außenpolitik, Wiesbaden 2007, S. 430.

244 Diese Abhängigkeit vom deutschen Markt hatte in den 1990er Jahren diverse Folgen für die Hersteller in den mitteleuropäischen Ländern. In den Konjunkturphasen der innerdeutschen Wirtschaftsentwicklung hatten die mitteleuropäischen Exporte kleinere Absatzchancen, als in den Rezessionsphasen bzw. den Phasen geringerer Wachstumsraten, in denen der Druck auf die deutschen Produzenten wuchs. In diesen Phasen entstand ein Spielraum für die Exporteure der zentraleuropäischen Billiglohnländer. Die niedrigen Lohnkosten sicherten ein bestimmtem Maße die Kon-

Von Interesse ist auch die Struktur des Warenaustausches zwischen den Visegrád-Ländern und der deutschen Wirtschaft in der ersten Hälfte der 90er Jahre. Eine dominante Position in den gemeinsamen Aus- und Einfuhren nahmen die Maschinen und Einrichtungen ein. Gerade die Zusammenarbeit im Bereich des Maschinenbaus ermöglichte es Anfang der 90er Jahre den deutschen Produzenten, weltweit konkurrenzfähig zu sein. Die billigere Produktion von einfachen aber „arbeitsintensiven" Einzelteilen, die in den mitteleuropäischen Ländern wie Polen, Tschechien und Ungarn stattfand, war für die deutschen „Finalproduzenten" profitabel. Die tschechischen Betriebe lieferten sogar 48 % des deutschen Gesamtbedarfs an so genannten unqualifizierten Maschinenteilen.[245] Demgegenüber exportierte Deutschland fertige Maschinen und Einrichtungen von hoher Technologie in den Bereichen Maschinenbau, Elektrotechnik und Verkehrstechnik in die Visegrád-Länder. So bildete sich eine Art „Arbeitsteilung" zwischen den deutschen Produzenten und zentraleuropäischen Firmen heraus.[246] Trotz der technologischen Überlegenheit der deutschen Partnerunternehmen trug sie zum wirtschaftlichen Wachstum in den Transformationsländern bei. Darüber hinaus haben die deutschen Akteure auch im kulturellen Bereich massiv investiert.[247]

---

kurrenzfähigkeit der tschechischen, polnischen und ungarischen Betriebe; vgl. Zeman, Karel/Grexa, Boris: Ekomomické vztahy SRN [Wirtschaftliche Beziehungen der BRD zu den MOE-Staaten]. In: Handl, Vladimír/Hon, Jan/Pick, Otto et al.: Vztahy SRN ke státům střední Evropy, S. 115; Auch die gegenwärtige Rezessionsphase 2008/2009 zeigt die Abhängigkeit beispielsweise der tschechischen Exporteure von der Entwicklung der deutschen Wirtschaft. Im negativen Sinne während der Absatzkrise, als die tschechischen Zulieferfirmen Mitarbeiter entlassen mussten, im positive Sinne, als die Budesregierung unter Angela Merkel das sog. die Abwrackprämie einführte.

245   Zeman, Karel/Grexa, Boris: Ekomomické vztahy SRN. In: Handl, Vladimír/Hon, Jan/Pick, Otto et al.: Vztahy SRN ke státům střední Evropy, S. 116.

246   Vgl. Klodt, Henning/Stehn, Jürgen: Standort Deutschland: Strukturelle Herausforderungen im neuen Europa. Tübingen 1994, S. 86.

247   Zur kulturellen Dimension der Erweiterung näher am Beispiel der Internationalisierung der Medien in der Tschechischen Republik; vgl. Katzenstein, Peter J.: Germany and Mitteleuropa. In: Katzenstein, Peter J. (ed.).: Mitteleuropa, S. 33; ausführlich: Jeřábek, Hynek/Zich, František: The Czech Republic: Internationalization and Dependency. In: Katzenstein, Peter J. (ed.): Mitteleuropa, S. 149–191 (170ff.). Die Produkte der amerikanischen Massenkultur haben den deutschen kulturellen Einfluss in Tschechien bei weitem dauerhaft überholt. Zum Beispiel 1993 öffnete die Lizenz für die erste private nationale Fernsehstation den tschechischen Markt der amerikanischen

Der Stand der wirtschaftlichen Aktivität deutscher Akteure in Zentraleuropa ist insbesondere im Moment des Diskurses zur „Ob"-Frage der EU-Osterweiterung von Interesse. In diesem Zusammenhang ist ein Vergleich des Ausmaßes und der Struktur deutscher Direktinvestitionen in dieser Region mit der Investitionstätigkeit anderer ausländischer Wirtschaftsakteure notwendig, etwa aus Westeuropa oder den Vereinigten Staaten. Was die Struktur der Wirtschaftsbeziehungen anging, trat Deutschland in allen wichtigen Branchen wie Automobil, Elektronik, Maschinenbau und Chemie in jedem der Visegrád-Länder als führender Partner auf.[248]

Die deutschen Unternehmen waren überproportional an den *Joint-ventures* in Zentraleuropa beteiligt. Gleich in den ersten Monaten des Jahres 1990 haben die deutschen Firmen die attraktiven Investitionsmöglichkeiten genutzt und waren zu 30–40 % an den ersten Joint-Venture-Gründungen in Polen und der

---

CET 21 – Central European Television for the twenty-first Century. Trotzdem kann man auf einen Bereich hinweisen, wo die Positionen der deutschen Kulturunternehmen stärker wurden. Das ist der Bereich der regionalen Presse. Die Internationalisierung der tschechischen Presselandschaft hat erst zwischen 1992–94 begonnen. Anhand dieses Beispiels könnte man den ökonomisch bedingten deutschen Einfluss demonstrieren, der aber auch kulturelle Dimensionen beinhaltet. Die ausländischen Investitionen in die tschechische Presse sind sowohl in die nationalen Blätter mit überregionaler Bedeutung als auch in die Regionalpresse geflossen. Noch 1992 besaßen die tschechischen Presseherausgeber 15 von 25 Zeitungen mit den höchsten Leserraten. Die ersten ausländischen Investitionen kamen vom schweizerischen Konzern Ringier. Er hat einen großen Anteil der Tageszeitung *Blesk* mit einer Leserquote von 22,3 % im Jahre 1993 erworben. Es folgten Investitionen der französischen Firma Socpresse in die Tageszeitung *Mladá fronta Dnes*. Zwischen 1993–95 haben sich jedoch die Eigentumsverhältnisse in der Medienlandschaft zu Gunsten der deutschen Investoren verlagert. Der bayerische Konzern Passauer Neue Presse hat drei Gruppierungen von Regionalzeitungen erworben. Die einflussreiche Tageszeitung *Mladá fronta Dnes* ist aus den französischen Händen in das Besitztum der Rheinisch-Bergischen Druckerei und Verlagsgesellschaft übergegangen. Wenn der tschechische Anteil an der nationalen Presse Anfang des Jahres 1993 noch 50 % ausmachte, waren es 1995 nur 33 %. „Die Inbesitznahme der tschechischen Presse durch ausländisches Kapital könnte langfristige Folgen hinsichtlich der Souveränität und der Demokratie haben", so äußerte sich *Český deník* am 3. September 1993. Die Passauer Neue Presse hat fast 80 % der tschechischen regionalen Presse übernommen. Die regionalen Blätter in Süd- und Westböhmen (und neu auch in Mähren!), die von der Passauer Neuen Presse herausgegeben werden, haben bis heute in diesen Regionen praktisch keine Konkurrenz.

248 Markovits, Andrei S./Reich, Simon: Das deutsche Dilemma, S. 281.

Tschechoslowakei beteiligt. Die deutsche Regierung leistete Unterstützung bei den Investitionsprojekten in Mittel- und Osteuropa.[249] Der deutsche Anteil an ausländischen Direktinvestitionen belief sich 1991 beispielsweise in der Tschechoslowakei gar auf 86 %.[250] Dazu gehörte auch die größte deutsche Investition in Zentraleuropa Anfang der 1990er Jahre, der Kauf der tschechischen ŠKODA-Automobilwerke durch die Volkswagen AG.[251] Sowohl die Ergebnisse dieser Investitionsaktion (Reorganisierung der Produktion) als auch die 1990–1991 geführten Verhandlungen zwischen der VW AG und der tschechoslowakischen Regierung, schienen eine indirekte strukturelle Abhängigkeit der tschechischen Wirtschaft von dem deutschen Partner widerzuspiegeln. In den ursprünglichen Vorschlägen bezüglich der Höhe der Investitionen und der Entwicklung des nordböhmischen ŠKODA-Werks in Mladá Boleslav wurde ein Aufbau der Entwicklungseinrichtungen in Tschechien für eine vollständig neue Antriebseinheit (Motor) vorgesehen. Die geplanten Investitionen in die neuen, hoch entwickelten Industriekapazitäten auf dem tschechischen Territorium wurden aber in der Phase der beginnenden Stagnation radikal gekürzt, nachdem Ferdinand Piech das VW-Management 1993 übernahm.[252]

Der deutsche Anteil an Direktinvestitionen der gesamten EU in den mittel- und osteuropäischen Transformationsstaaten nahm während der 1990er Jahre erheblich zu. Im Jahre 1997 investierte die gesamte EU 30.871 Mio. Euro, wovon mehr als ein Drittel (11.034 Mio. Euro) aus Deutschland stammte.[253] Die größten deutschen Direktinvestitionen erfolgten in die Visegrád-Länder – Polen, Tschechien, die Slowakei und Ungarn. Die Direktinvestitionen in diese Länder stiegen kontinuierlich.[254] Es ist interessant, dass im tschechischen und

---

249 Vgl. Handl, Vladimír: Germany and the Visegrad Countries between Dependence and Asymmetric Partnership? *Studien zur Internationalen Politik*, Helf 3/2002, S. 22.

250 Markovits, Andrei S./Reich, S: Das deutsche Dilemma, S. 287; Vgl. Katzenstein, Peter J.: Germany and Mitteleuropa. In: Katzenstein, Peter J. (ed.): Mitteleuropa, S. 23.

251 Ausführlich zur Investition von VW: Jeřábek, Hynek/Zich, František: The Czech Republic: Internationalization and Dependency. In: Katzenstein, Peter J. (ed.): Mitteleuropa, S. 152–161.

252 Ein paar Jahre später, zu Beginn der neuen Konjunkturphase, wurde die versprochene Entwicklungsfabrik für Motoren in Tschechien zum, aus Sicht des VW-Konzerns günstigsten Zeitpunkts aufgebaut; vgl. Jeřábek, Hynek/Zich, František: The Czech Republic: Internationalization and Dependency. In: Katzenstein, Peter J. (ed.): Mitteleuropa, S. 157.

253 BT-Drucksache 14/5232, Anlage zu Frage 43.

254 In der Tschechischen Republik von 5.396 Millionen DM im Jahre 1996 auf 8.242 Mil-

ungarischen Fall der prozentuale Anteil der deutschen Direktinvestitionen an ausländischen Gesamtinvestitionen viel größer war (im Jahre 1994 36,2 % in Tschechien und 22,3 % in Ungarn), als der Anteil dieser Länder an den deutschen Gesamteinfuhren und Gesamtausfuhren.[255] Das ist ein Hinweis auf das hohe Engagement der bundesdeutschen Unternehmen in der tschechischen Wirtschaft und ebenso für erhöhte Verflechtungen beider Volkswirtschaften.

Die Investitionen deutscher Unternehmen in den Beitrittsländern standen im EU-Vergleich mit Abstand an erster Stelle.[256] Die Unternehmererwartung ging davon aus, dass mit einer vollständigen Integration in den europäischen Binnenmarkt die Kosten grenzüberschreitender wirtschaftlicher Transaktionen weiter sinken würden und die noch verbliebenen Investitionshemmnisse damit schrittweise abgebaut würden.[257] Die Realisierung dieses Trends war für die Repräsentanten der deutschen Wirtschaft mit der raschen Vollmitgliedschaft der neuen Kandidaten in der EU gleichgesetzt. Deshalb konnte auch die deutsche Regierungspolitik, was sich besonders bei der „Wie"-Frage bezüglich der Osterweiterung erwies, mit der Unterstützung der Wirtschaft rechnen.

4.1.3 Die asymmetrische Interdependenz zwischen Deutschland und den zentraleuropäischen Staaten – absolute oder relative Dominanz?

Vor dem Hintergrund der deutschen Handelsbeziehungen mit den MOEL würde der realistische Ansatz behaupten, dass Deutschland sich durch seinen wirtschaftlichen Einfluss eine herausragende Machtstellung in Zentraleuropa nach 1990 zu sichern suchte. Mithin hätte eine Sicherung der Stabilitätszone durch den formalen Beitritt zur EU eine Bestätigung der deutschen Hegemonie bedeutet, deren Herausbildung nach 1989 in Zentraleuropa begann. Die Bejahung dieser Behauptung würde allerdings einerseits voraussetzen, dass eine en-

---

lionen DM im Jahre 1998, ähnlich in Ungarn von 5.017 auf 8.963, näher Tabelle: Deutsche Direktinvestitionen in den mittelosteuropäischen Beitrittsländern; Anlage zu Frage 43, BT-Drucksache 14/5232.

255 Zeman, Karel/Grexa, Boris: Ekomomické vztahy SRN. In: Handl, Vladimír/Hon, Jan/Pick, Otto et al.: Vztahy SRN ke státům střední Evropy, Tabelle 23 auf der Seite 134.

256 Anlage zu Frage 43, BT-Drucksache 14/5232 (Antwort der Bundesregierung auf die Große Anfrage der Fraktion der CDU/CSU vom 7. Februar 2001).

257 Vgl. BT-Drucksache 14/5232, S. 18.

ge Verschränkung wirtschaftlicher und politischer Eliten in der BRD existiert (politische Hegemonie folgt dem wirtschaftlichen Einfluss). Andererseits wären die deutsche Nachkriegsidentität und die bestehende normative Dimension der deutschen Außenpolitik negiert. Diese Voraussetzungen lagen nicht vor, deshalb lässt sich die deutsche Hegemonie (absolute Dominanz) durch die Wirtschaft im vorliegenden Fall nicht begründen.

Die Erklärung der Rolle der Wirtschaftsbeziehungen kann auf die Darstellung von Eckhard Lübkemeier gestützt werden, welche die These der asymmetrischen Interdependenz auf das deutsche Verhältnis zu Zentraleuropa in den 1990er Jahren anwendet.[258] Eine hypothetische Unterbrechung oder massive Störung der Beziehungen zwischen Deutschland und seinen wirtschaftlich starken EU-Partnern hätte Deutschland nicht erheblich weniger geschadet als anderen vergleichbar großen EU-Ländern.[259] Die asymmetrische Interdependenz zwischen dem vereinigten Deutschland und seinen wirtschaftlich starken EU-Partnern lag mithin nicht vor. Dieses Verhältnis in den Beziehungen Deutschlands zu den zentraleuropäischen Staaten wie Tschechien, Polen oder Ungarn ist anders zu sehen. Die Bedeutung des Handels mit der Bundesrepublik Deutschland war für die MOE-Staaten beträchtlich, aber ihr Handelsanteil stellte für Deutschland nur einen geringen Teil des eigenen Außenhandels dar. Jeder dieser MOE-Staaten war als Akteur für sich von Deutschland ungleich abhängiger als Deutschland von einem zentraleuropäischen Kleinstaat. Diese Konstellation führte laut Lübkemeier nach 1989 eine asymmetrische Interdependenz herbei, das heißt eine „relative Dominanz" von Deutschland.

Auch wenn sich der Handel dieser Länder mit Deutschland während der 1990er Jahre dynamisch vergrößerte, blieb ihr Anteil an dem deutschen Gesamtaußenhandel relativ gering. Der Anteil an der deutschen Gesamtausfuhr in die vier Visegrád-Länder (Polen, Tschechien, Ungarn und die Slowakei) überstieg Mitte der 90er Jahre nicht die deutschen Ausfuhren in die Niederlande.[260] In den innerdeutschen Debatten bezüglich der Osterweiterung, denen in dieser Studie noch Aufmerksamkeit gewidmet wird, wurde die wirtschaftliche Bedeu-

---

258 Lübkemeier, Eckhard: Interdependenz und Konfliktmanagement. Deutsche Außenpolitik am Beginnn des 21. Jahrhunderts. Friedrich Ebert Stiftung. Bonn 1998, S. 19.

259 Eine asymmetrische Interdependenz besteht laut Lübkemeier auch beispielsweise zwischen der Bundesrepublik Deutschland und den USA.

260 Zeman, Karel/Grexa, Boris: Ekomomické vztahy SRN. In: Handl, Vladimír/Hon, Jan/Pick, Otto et al.: Vztahy SRN ke státům střední Evropy, S. 115.

tung der osteuropäischen Märkte für die Bundesrepublik Deutschland oft überschätzt.

Dass Deutschland direkte ökonomische Interessen in dieser Region hatte, beeinflusste zwar die Positionierung der deutschen Regierungen zur Osterweiterung, allerdings nicht im realistischen Sinne einer hegemonialen Einflusszone, sondern als Raum, der durch seine geographische Nähe und kultureller Gemeinsamkeiten neue Chancen und Möglichkeiten bietet. Der weitere für Deutschland bedeutende Aspekt war, dass die wirtschaftliche Modernisierung der mittel- und osteuropäischen Staaten in Zukunft der entscheidende Faktor für die Sicherheit und Stabilität Europas sein wird.

4.1.4 Die ökonomischen Folgen der Erweiterung

Im vorigen Unterkapitel zu den deutschen Wirtschaftsaktivitäten in Zentraleuropa wurde gezeigt, dass die wirtschaftlichen Verflechtungen mit den Staaten Mittel- und Osteuropas das Interesse einiger EU-Mitgliedstaaten (beispielsweise der BRD) an der Integration neuer Wirtschaftsräume fördert. Dies reichte aber nicht dazu aus, eine Integration der MOEL automatisch innerhalb der EU durchzusetzen. Eine andere Frage, die im nächsten Unterkapitel untersucht wird, ist, ob die ökonomischen Interessen eine politische Integration vom dem gleichen Wirtschaftsraum hervorrufen können.

Sowohl aus der Sicht der EU als auch aus der Sicht der potentiellen Beitrittsländer wurde im Zusammenhang mit der Frage „Erweitern wir Europa nach Osten?" eine Kosten-Nutzen-Analyse aufgestellt.[261] Die Bezifferung der Kosten einer geplanten Erweiterung war leichter, als die langfristigen Vorteile zu kalkulieren. Meistens wurde auf die durch die Osterweiterung entstehende finanzielle Belastung für die jetzigen Mitgliedstaaten hingewiesen (Verluste der Nettoempfänger aus den EU-Fonds).

Auch die Beitrittskandidaten erwarteten erhebliche Anpassungsprobleme.[262] Der Beitritt in die Europäische Union wurde von den Beitrittsaspiranten

---

261 Becker, Peter: Der Nutzen der Osterweiterung für die Europäische Union. *Integration*, Jg. 21, Nr. 4/1998, S. 225.
262 Ausführlich Welfens, Paul J. J.: Anpassungsprobleme in postsozialistischen Ländern Osteuropas im Vorfeld der EU-Osterweiterung. *Aus Politik und Zeitgeschichte*, B 3–4/1999, S. 29–42.

zwar als Instrument der Transformation angesehen.[263] Der Theorie nach sollte auf die Niedriglohnländer in Osteuropa eine Integration wohlstandssteigernd wirken, wenn die Preise durch die stärkere Konkurrenz sinken, wovon die Konsumenten profitieren. Die möglichen Effekte einer Aufnahme wären jedoch kurz- und mittelfristig für die Beitrittskandidaten nicht eindeutig positiv. Die durch eine vorgesehene Integration erzwungene Strukturanpassung (der konkurrenzunfähigen Industrien) würde erhebliche Kosten noch vor dem Beitritt verursachen.[264]

Ähnlich gab es in den alten EU-Mitgliedstaaten Ängste, dass die Firmen ihre Produktionskapazitäten in die Niedriglohnländer verlagern und damit die Lage auf den heimischen Arbeitsmärkten verschärfen. Die Analyse vom deutschen Handel bewies, dass mit der Öffnung Mittel- und Osteuropas ein sehr kostengünstiger Produktionsstandort in der geographischen Nähe der Bundesrepublik Deutschland entstand. Die Lohnkostenunterschiede zwischen Deutschland und den zentraleuropäischen Staaten waren seit Anfang der 1990er Jahre ein erheblicher Anreiz für deutsche Unternehmen, die Produktion in die zentraleuropäischen Staaten in Form von Direktinvestitionen zu verlagern.[265] Die Westhälfte Europas stellte im Jahre 1993, als die Beitrittskriterien seitens der EU genannt wurden, einen einheitlichen Handelsraum mit einem durchschnittlichen Bruttoinlandsprodukt (BIP) pro Kopf von 21.000 US-Dollar dar.[266] Im Vergleich dazu bildeten die Transformationsstaaten eine eigene Klasse von Ökonomien, wo zwar die durchschnittliche Kaufkraft der Bevölkerung in den MOE-Staaten bei einem Viertel der westeuropäischen Kaufkraft lag, aber auch die Lohnkosten wesentlich niedriger waren als im Westen.[267]

---

263 Bauer, Patricia: Die Union vor der Osterweiterung. *Österreichische Zeitschrift für Politikwissenschaft*, 4/1998, S. 363.

264 Vgl. Tichy, Gunther: Integrationstheorie und Osterweiterung. In: Mayer, Otto G./Scharrer, Hans-Eckart (Hrsg.): Osterweiterung der Europäischen Union, S. 21.

265 Klodt, Henning/Stehn, Jürgen: Standort Deutschland, S. 80.

266 Vergleichende Tabelle der BIP-Volumen (1993) für die MOE-Staaten: Bauer, Patricia: Die Union vor der Osterweiterung, *Österreichische Zeitschrift für Politikwissenschaft*, 4/1998, S. 365. Als Grundlage ihrer Tabelle wird Volumenindex 100 genommen (BIP in Österreich). Die „Spitzenreiter" der Transformationsstaaten wie Slowenien mit Volumenindex 48 oder Tschechien mit Index 44 überholten 1993 nicht die „Schwächsten" der EU-Staaten wie Griechenland mit Index 56 oder Portugal mit Index 61; vgl. Tabelle, *Frankfurter Allgemeine Zeitung* vom 14. November 2001.

267 Vgl. Die Europäische Union – Erweiterung. Eine historische Gelegenheit.

Darüber hinaus darf nicht übersehen werden, dass die MOE-Staaten den komplizierten *acquis communautaire* übernehmen mussten, bevor sie den vollen Zugang zu den EU-Transfers bekamen. Die Übernahme des *acquis communautaire* stellte tatsächlich einen teuren Prozess dar, dessen Kosten von den kapitalarmen Transformationsländern selbst getragen werden mussten.[268] Die oben genannten Problemfelder wurden mit der Frage der sozialen Dimension der Osterweiterung verbunden. Sie wurden mit der fortschreitenden Heranführung der MOE-Länder an die EU zur Agenda, welche die Regierungen auf beiden Seiten der ehemaligen Ostblock-Grenze zu lösen hatten.[269]

Für die Überlegungen über die wirtschaftlichen Folgen der Osterweiterung liefert die Süderweiterung, die in den 80er Jahren des 20. Jahrhunderts erfolgte, interessante Prognosen. Die ebenfalls weniger entwickelten südeuropäischen Mitgliedstaaten bewiesen, dass die durch den Beitritt beschleunigte wirtschaftliche Integration unter damaligen Bedingungen Gewinne für alle Teilnehmer gebracht hat. Ein Großteil der Transferleistungen, welche die Nettozahler leisteten, wurde an sie indirekt zurückgeleitet. Die Importfinanzierung hat in den Nettozahler-Ländern Arbeitsplätze geschaffen, den Export und die Produktion erhöht.[270] Allerdings liberalisierte die EG den Handel mit den südeuropäischen Staaten schrittweise in dem Maße, wie sie ihnen Zugang zu ihren Transferleistungen eröffnete. Dadurch konnten die zunehmenden Handelsdefizite durch erheblichen Ressourcenzufluss kompensiert werden. Im Vergleich zur Süderweiterung mussten die mittel- und osteuropäischen Beitrittsländer den Binnenmarkt als gegeben hinnehmen.[271] Der Beitrittsmechanismus der 80er Jahre

---

Europäische Kommission, Generaldirektion Erweiterung (Hrsg.), Brüssel 2000, S. 36; BIP pro Kopf in Prozent des EU Durchschnitts war im Jahre 1998 für Slowenien 68 %, Tschechien 60 %; Ungarn 49 %; Polen 39 %, Bulgarien 23 %, Lettland 27 %.

268   Inotai, András: Wirtschaft. In: Kosten, Nutzen und Chanzen der Osterweiterung für die Europäische Union. Bertelsmann Stiftung (Hrsg.), S. 14.

269   Näher Osterweiterung der Europäischen Union – die soziale Dimension. Internationale Konferenz Berlin 16./17. Juni 2000. Rosa-Luxemburg-Stiftung (Hg.). Berlin 2000.

270   Inotai, András: Wirtschaft. In: Kosten, Nutzen und Chanzen der Osterweiterung für die Europäische Union. Bertelsmann Stiftung (Hrsg.), S. 14.

271   Im Fall der Süderweiterung wurde der Binnenmarkt mit seinen spezifischen Ansprüchen und Risiken vollendet, nachdem Griechenland, Spanien oder Portugal der EG beigetreten waren; Zum Vergleich der Süderweiterung mit der geplanten Osterweiterung näher: Jakš, Jaroslav: Osterweiterung der EU – Herausforderung für die Beitrittsländer aber auch für die Europäische Union. In: Hasse, Rolf. H./Schenk, Karl-

galt auch für die assoziierten mitteleuropäischen Beitrittsländer, der Zugang zu den EU-Transfers wurde vor der formellen Mitgliedschaft aber nicht gesichert. Das verursachte in den MOE-Ländern nicht nur zusätzliche Kosten, sondern schwächte auch ihre Verhandlungsposition gegenüber der EU. Außerdem ermöglichten die oben analysierten Assoziierungsabkommen den Staaten der Europäischen Gemeinschaft den Zugang auf die mittel- und osteuropäischen Märkte, ohne dass die Beitrittskandidaten irgendeinen Einfluss auf die Gestaltung des Gemeinsamen Marktes hatten.[272] Die Europa-Abkommen hatten kein exportinduziertes Wachstum zur Folge, weil die Handelshemmnisse genau in den Bereichen enthalten wurden, in denen die MOE-Länder konkurrenzfähig waren.

Die EU-Osterweiterung 2004 diente dem Zweck, die bestehenden wirtschaftlichen und sozialen Bruchlinien in Europa schrittweise zu beseitigen. Diese Bruchlinien waren allerdings nicht nur wirtschaftlicher Natur. Sie konnten im Rahmen einer klaren und komplexen Heranführungsstrategie der Europäischen Union noch vor dem formellen Beitritt entschärft werden.[273] Der langfristige Beitrittsprozess hatte deshalb mehrere Erscheinungsformen. Obwohl im Vordergrund überwiegend die Wirtschaft und der Handel standen, darf die Osterweiterung keinesfalls nur nach diesen Kriterien beurteilt werden. Wie der Prozess der europäischen Integration war auch die Osterweiterung ihrem Wesen nach ein politischer Prozess. Beiden Integrationsprojekten lag die Idee der Sicherung des Friedens in Europa zugrunde.[274] Am Anfang des Erweiterungsprozesses stand mithin eine notwendige politische Entscheidung der Europäischen Union, welche die „Ob"-Frage der Osterweiterung positiv beantwortete.

Ernst/Czege, Andreas Wass von: Erweiterung und Vertiefung der Europäischen Union. Perspektiven und Engpässe, Baden-Baden 2000, S. 90f.

272 Gowan, Peter: Unsicherheiten der EU-Osterweiterung. *Prokla*, Jg. 28, Nr. 112/1998, S. 440; vgl. Inotai, Adrás: Wirtschaft. In: Kosten, Nutzen und Chanzen der Osterweiterung für die Europäische Union. Bertelsmann Stiftung (Hrsg.), S. 17.

273 Zu den Phasen des Beitrittsprozesses am Beispiel der Integrationsstrategie der Tschechischen Republik: Černoch, Pavel: Cesta do EU – východní rozšíření Evropské unie a Česká republika v období 1990–2004 [Der Weg in die EU – die Osterweiterung und die Tschechische Republik 1990–2004]. Praha 2004.

274 Näher Hrbek, Rudolf: Alternativen zu einer Vollmitgliedschaft der mittel- und osteuropäischen Staaten in der EU? In: Mayer, Otto G./Scharrer, Hans-Eckart (Hrsg.): Osterweiterung der Europäischen Union. Sind die mittel- und osteuropäischen Länder und die EU reif für eine Erweiterung? Baden-Baden 1997, S. 201f.

4.2 Kopenhagen 1993: Die politische „Ob"-Frage der Erweiterung wird bejaht

Trotz der oben genannten wirtschaftlichen Problemfelder, die eine Integration Mittel- und Osteuropas in die westlichen Strukturen begleiteten, kam die Europäische Union zur Entscheidung, die Gemeinschaft nach Osten zu erweitern. Der wichtigste Akteur, der eine Art intensivere Partnerschaft der EG/EU mit den MOEL als die Assoziierung erreichen wollte, war die Europäische Kommission.[275] Von Anfang an war klar, dass dies ein langer und schwieriger Prozess wird. Gerade die Regierung der Bundesrepublik Deutschland arbeitete mit der Kommission und den britischen und dänischen Ratspräsidentschaften 1993 eng bei der Formulierung der europäischen Politik hin zur Erweiterung zusammen. Damit die deutsche Rolle bei dieser Entscheidung besser begriffen werden kann, muss zunächst ausführlich über die Motive nachgedacht werden, welche die Bundesrepublik Deutschland dazu führten, die europäische Öffnung in Richtung Osten nicht nur innerhalb der Europäischen Union zu fordern, sondern sich während ihrer Präsidentschaft 1994 massiv dafür einzusetzen, dass dieser Prozess auf praktischer Ebene in Gang gesetzt wird.

Wie oben festgestellt wurde fand seit 1990 die wirtschaftliche Öffnung der EG gegenüber den MOE-Staaten statt. Die deutschen Industrien und Akteure beteiligten sich intensiv daran. Die Beschreibung dieser Aktivitäten und Einflüsse reicht aber nicht aus, die Ursachen für das fundamentale deutsche Engagement für die Osterweiterung herauszufinden und zu definieren, besonders, wenn das wichtigste „Ergebnis" der Debatte über die „neue deutsche Außenpolitik" herangezogen wird: Die weiterhin voranzutreibende Westbindung.

Adrian Hyde-Price bezeichnete die EU-Osterweiterung neben der NATO-Erweiterung als einen wichtigen Bestandteil der deutschen *grand strategy*.[276] Nach dieser Logik kam nach 1990 der stärkste Einsatz für eine schnellstmögliche Einbindung der benachbarten Demokratien an der östlichen Grenze von Deutschland. Deutschland wurde damit aber künftig in eine Reihe außenpolitischer Dilemmata verwickelt. Neben seiner Rolle bei der Vertiefung der Integra-

---

275 Sedelmeier, Ulrich/Wallace, Helen: Eastern Enlargement. In: Wallace, Helen/Wallace, William (eds.): Policy-Making in the European Union. Oxford, New York 2000, S. 440f. (From association to pre-accession).

276 Hyde-Price, Adrian: Germany and the European order. Enlarging NATO and the EU. Manchester/New York 2000, S. 132f.

tion und der Definition der Politik gegenüber Russland war vor allem die Antwort auf die Frage zu suchen, ob die deutsche Ostpolitik gegenüber Mittel- und Osteuropa und die deutsche Integrationspolitik im Westen beide Seiten derselben Medaille, der deutschen Europapolitik, waren.

Dass die Osterweiterung gleich wie die Westbindung im deutschen Interesse lag, war unzweifelhaft. Der Einsatz für die NATO- und EU-Osterweiterungen drückte das fundamentale deutsche Interesse aus, weder ein Frontlinienstaat, wie im Kalten Krieg, noch isoliert wie in der ersten Hälfte des 20. Jahrhunderts, zu sein.[277] Diese „doppelte Erweiterung" war eine Antwort auf die deutsche „Mittellage".[278] Durch die Integration der deutschen östlichen Nachbarn wäre nicht nur das Problem der eigenen zentralen Lage gelöst worden, sondern auch die deutsche und europäische Stabilität künftig gesichert.

Was das Bekenntnis Deutschlands zu seinen „nationalen" Interessen (Osterweiterung als nationales Interesse) betraf, waren drei begrenzende Faktoren zu nennen. Erstens die Berücksichtigung dessen, was Hitler-Deutschland im Namen deutscher Interessen angerichtet hat; zweitens, dass der politische Aufstieg der Bundesrepublik Deutschland nicht gegen, sondern nur unter Beachtung der Interessen anderer möglich war; drittens, dass die Veränderung der politisch-strategischen Lage in Zentraleuropa durch die deutsche Wiedervereinigung und den Fall des Kommunismus erst wenige Jahre zurücklag.[279] Den drei Tatsachen war sich auch die Regierung Kohl sehr wohl bewusst. Gerade der multilaterale Rahmen der EU-Osterweiterung half der deutschen Politik gegenüber Mittel- und Osteuropa eine Dimension des europapolitischen Handelns zum Zweck der Vereinigung des geteilten Kontinents zu bekommen. Die „neue Ostpolitik" wurde zu keiner „nationalen" Politik zur Herausbildung einer wirtschaftlichen Einflusszone, einer Art *Mitteleuropa*[280] unter deutscher Führung. Diese Interpretation ist umso wichtiger, als Deutschland nicht nur in der EU, sondern vor allem in Zentraleuropa aufgrund seiner Finanz- und Handelsmacht über eine herausragende Stellung verfügte, trotz aller mit der deutschen Vereinigung resultierenden Probleme. Dies war auch der Grund, wes-

---

277 Wessels, Wolfgang: Germany in Europe. *German Politics*, Vol. 10, No. 1/2001, Special Issue, S. 111.
278 Vgl. Handl, Vladimír: Germany and the Visegrád Countries, S. 25.
279 Lübkemeier, Eckhard: Interdependenz und Konfliktmanagement, S. 3.
280 Vgl. Brechtefeld, Jörg: Mitteleuropa and German Politics. 1848 to the Present. New York 1996, S. 39ff. (The Imperial „Mitteleuropa")

halb „Deutschland als das größte und wirtschaftlich stärkste Land im Herzen Europas von allen Nachbarn ganz besonders beobachtet wird".[281]

In den Regierungsperioden vor 1998 bestimmte ein ausgeprägtes persönliches Engagement von Helmut Kohl die wesentlichen Europafragen auf der Regierungsebene. Ein wichtiges Motiv bei Helmut Kohl und Volker Rühe, die Mitglieder der Nachkriegsgeneration waren, lag in der Anerkennung, dass sie als Nachkommen derjenigen Deutschen handeln, die das Schicksal Zentraleuropas im Zweiten Weltkrieg verursacht haben.[282] Daran konnte gesehen werden, dass sich die deutsche Europapolitik nicht allein aus der deutschen Interessenslage ergab, sondern auch durch das identitätsbezogene Selbstverständnis beeinflusst wurde.[283] Auch die deutsche Betrachtungsweise der europäischen Integration allgemein, beispielsweise im Vergleich zur britischen Betrachtungsweise, konnte nicht alleine auf der Grundlage der Interessen definiert werden.[284]

Nachdem die Vertiefung der Integration durch die Ratifizierung des Maastrichter Vertrages gesichert schien, nahm die Regierung der Bundesrepublik Deutschland zusammen mit der Europäischen Kommission eine Vorreiterrolle im Engagement für eine Osterweiterung ein.[285] Der entscheidende Annäherungsschritt und gleichfalls die Eröffnung der Möglichkeit für die mittel- und

---

281 Bundeskanzler Helmut Kohl im Deutschen Bundestag am 7. 12. 1995, in: *Bulletin Presse- und Informationsamt der Bundesregierung* vom 11. 12. 1995, S. 1011.

282 Freudenstein, Roland: Deutschland, Frankreich und die Osterweiterung der Europäischen Union. In: Handeln für Europa. Deutsch-französische Zusammenarbeit in einer veränderten Welt. CIRAC/Forschungsinstitut DGAP et al. (Hrsg.). Opladen 1995, S. 133; vgl. Lübkemeier, Eckhard: Mit mehr Macht für bleibende Interessen: Deutschlands aussenpolitische Orientierung. In: Kaiser, Karl/Wagner, Wolfgang et al. (Hrsg.): Jahrbuch Internationale Politik 1997–1998. München 2000, S. 94.

283 Bulmer, Simon/Jeffery, Charlie/Paterson, William E.: Deutschlands europäische Diplomatie: Die Entwicklung des regionalen Milieus. In: Weidenfeld, Werner (Hrsg.): Deutsche Europapolitik. Optionen wirksamer Interessenvertretung. Bonn 1998, S. 13.

284 Insbesondere bezüglich der Budgetfragen fällt auf, dass die deutsche Regierung, obwohl sie heftig über den deutschen Nettobeitrag in die EU-Kasse diskutierte, ihre Bedenken bezüglich des deutschen Beitrags unter der Regierung Kohl nie so deutlich gemacht hatte wie die britische Regierung.

285 Es ist interessant, dass im Herbst 1989 spielte bei der Öffnung der EG in Richtung Osten die zentrale Rolle nicht die Bundesrepublik Deutschland, zu deren Prioritäten die Vertiefung der EG und die politische Union gehörten, sondern die Europäischen Kommission unter Jacques Delors und der französische Präsident Francois Mitterrand.

osteuropäischen Staaten, der Europäischen Gemeinschaft beizutreten, war der europäische Gipfel von Kopenhagen.[286] Auf dem EG-Gipfel von Kopenhagen am 21. und 22. Juni 1993 wurden die vier Bedingungen für die Aufnahme der neuen Mitglieder beschlossen. Neben den Kriterien für die neuen Kandidatenländer: 1. Rechtsstaatlichkeit und stabile Demokratie, 2. Marktwirtschaftliche Wirtschaftsordnung, 3. Übernahme des *acquis communautaire* in die Rechtsordnungen der Staaten, wurde auch ein viertes Kriterium beigefügt, das sich der Europäischen Gemeinschaft selbst widmete: „Durch die Aufnahme der neuen Mitglieder durfte die Stoßkraft der europäischen Integration nicht geschwächt werden".[287]

Der Gipfel von Kopenhagen eröffnete den Reformländern eine klare, an bestimmte Kriterien geknüpfte Beitrittsperspektive. Die ersten drei Kriterien waren eine Herausforderung für die Beitrittskandidaten. Die vierte Bedingung machte den tatsächlichen Vollzug der Erweiterung von der Beitrittsreife der Union abhängig.[288] Damit wurde eine notwendige Vertiefung und Reform innerhalb der Europäischen Union als Grundvoraussetzung für die Erweiterung festgelegt.

In der Periode 1993–1994 wurde die Bundesrepublik Deutschland eindeutig zum „Anwalt" der MOE-Länder (Barbara Lippert). Die deutschen politischen Entscheidungsträger begannen unter deutschem Vorsitz der Ratspräsidentschaft im Jahre 1994 ihre Erweiterungsstrategie in eine Serie konkreter politischer Schritte umzuwandeln. Trotz der französischen Befürchtungen, dass bei den Mittel- und Osteuropäern Erwartungen geweckt werden, die nicht erfüllt werden können, setzte sich die Regierung Kohl durch. Auf dem Europäischen Rat in Essen im Dezember 1994 wurde auf Vorschlag der Kommission eine „Heranführungsstrategie" beschlossen.[289] Im Mittelpunkt dieser Strategie stand die Vorbereitung der assoziierten Staaten auf die Teilnahme am europäi-

---

286 Hudalla, Anneke/Pradetto, August: Desintegration durch Integration? Dilemmata der Osterweiterung der Europäischen Union und die Europapolitik der Regierung Schröder. Hamburg 1996, S. 19.

287 Europäischer Rat in Kopenhagen. Schlussfolgerungen des Vorsichtzes, in: EG- Nachrichten, Berichte, Informationen und Dokumentationen vom 26. 5. 1993.

288 Hudalla, Anneke/Pradetto, August: Desintegration durch Integration?, S. 24.

289 Tebbe, Gerd: Die Politik der Europäischen Union zur Assoziierung und Integration der mittel- und osteuropäischen Länder. In: Mayer, Otto G./Scharrer, Hans-Eckart (Hrsg.): Osterweiterung der Europäischen Union. Sind die mittel- und osteuropäischen Länder und die EU reif für eine Erweiterung? Baden-Baden 1997, S. 69.

schen Binnenmarkt. Darüber hinaus wurde die schon laufende finanzielle Unterstützung der Reformprozesse in Mittel- und Osteuropa im Rahmen des PHARE-Programms für den Zeitraum 1995–1999 verlängert.[290] Im Zusammenhang mit der Heranführungsstrategie wurde von der Europäischen Kommission im Mai 1995 ein *Weißbuch zur Vorbereitung der assoziierten Staaten auf die Integration in den Binnenmarkt* vorgelegt. Das *Weißbuch* betonte nicht nur die Notwendigkeit der Übernahme der wesentlichen europäischen Rechtsvorschriften, sondern auch die Bedeutung der praktischen Umsetzung des Rechts durch die Verwaltungen in den Beitrittsländern.[291]

Die Vorbereitung auf den Beitritt bedeutete für die Beitrittskandidaten, anspruchsvolle innere Reformen der Gesetzgebung und der Verwaltung durchzuführen. Dabei spielte die Übernahme der Modelle der westlichen Institutionen eine wichtige Rolle, im Transformationsprozess der zentraleuropäischen Staaten allgemein und auch bei der Vorbereitung auf den Beitritt. Sowohl an den Finanzhilfen als auch an der institutionellen Beratung (zum Beispiel *Twinning*) war die Bundesrepublik Deutschland intensiv beteiligt.[292] Einige MOE-Länder betrachteten die deutsche Bundesbank als ein geeignetes Modell einer Zentralbank. Solch ein institutioneller Export kann beispielsweise am Aufbau der ungarischen Nationalbank demonstriert werden.[293] Die deutschen Rechtsexperten waren neben den amerikanischen diejenigen, welche die Entwürfe der neuen Verfassungen in Zentraleuropa beeinflusst haben.[294] Die deutschen Parteienexperten haben bei der Herausbildung der demokratischen Wahlsysteme in Zentraleuropa mitgeholfen.

---

290 PHARE – Pologne et Hongrie Aide de la Réconstruction Économique (Hilfe für den wirtschaftlichen Wiederaufbau Polens und Ungarns).

291 Vgl. Tebbe, Gerd: Die Politik der Europäischen Union zur Assoziierung. In: Mayer, Otto G./Scharrer, Hans-Eckart (Hrsg.): Osterweiterung der Europäischen Union, S. 70.

292 Die finanzielle Hilfe für die MOEL, die die BRD nach 1989 geleistet hat, wurde im Rahmen mehrerer Programme und Institutionen realisiert (PHARE, Transform-Programm, EBRD, EIB, World Bank); näher Tewes, Henning: The Emergence of a Civilian Power: Germany and Central Europe. *German Politics*, Vol. 6, No. 2/1997, S. 105ff.

293 Näher Gedeon, Péter: Hungary. German and European Influences on the Post-Socialist Transition. In: Katzenstein, Peter J. (ed.): Mitteleuropa – between Europe and Germany, S. 107.

294 Vgl. Albi, Anneli: EU Enlargement and the Constitutions of Central and Eastern Europe. Cambridge 2006.

Die deutschen Institutionen und politischen Vermittlungsformen wie beispielsweise das korporative Modell des Interessenausgleichs zwischen staatlichen und privaten Akteuren wurden durch den institutionellen Export in den MOE-Ländern Schritt für Schritt im Zuge des Heranführungsprozesses mindestens zum Teil implementiert. Diese Modelle schienen für die zentraleuropäischen spezifischen Bedingungen geeigneter zu sein als die amerikanischen liberalen Problemlösungen. Die kulturellen Gemeinsamkeiten und die Orientierung der zentral- und osteuropäischen Staaten an der deutschen und europäischen Institutionenbildung verliehen den deutschen Akteuren in Handel und in der Wirtschaft eine strategisch günstigere Position als ihren westlichen und vor allem amerikanischen Konkurrenten.[295] Dies zeigte sich an den Außenhandels-Volumina zwischen der BRD und den MOE-Staaten.

Auch die Europäische Union benötigte im Zuge der künftigen Osterweiterung eine Reihe von Reformen. Schon durch die Beitrittsrunde am 1. Januar 1995, bei welcher die Europäische Union Österreich, Schweden und Finnland aufnahm, wuchs der Reformdruck auf die Union von außen enorm an. Um ein Beispiel aus dem Bereich der Institutionen zu nennen. Die fünf größten EU-Mitglieder Deutschland, Frankreich, Großbritannien, Italien und Spanien stellten zusammen rund 80 % der Bevölkerung der Union, verfügten aber neu nur über 55 % der Stimmen im Rat der EU.[296] Mit dem Beitritt der neuen MOE-Staaten und Malta und Zypern hätten nach geltenden Regeln für die EU-15 die großen und mittleren Staaten zusammen mit Polen über 70 % der Bevölkerung, aber nur über 42 % der Stimmen im Ministerrat. Diese Ungleichgewichte machten rasche institutionelle Reformen notwendig, um die Funktionsfähigkeit der erweiterten Europäischen Union zu gewährleisten. Darüber hinaus war klar, dass die Osterweiterung durch die notwendigen Reformen kostenträchtiger EU-Politiken – der Agrarpolitik, Struktur- und Kohäsionspolitik, zu Verteilungskonflikten unter den Altmitgliedern führt. Die Entscheidungsträger der Mitgliedstaaten waren sich aber auch bewusst, dass sich im Falle einer nicht stattfindenden Erweiterung materielle und immaterielle Nachteile aus erhöhter wirtschaftlicher und politischer Instabilität für die EU ergeben hätten.[297]

---

295   Vgl. Analyse bei Markovits, Andrei S./Reich, Simon: Das deutsche Dilemma, S. 282.
296   Weidenfeld, Werner/Giering, Klaus: Die Europäische Union nach Amsterdam – Bilanz und Perspektive. In: Weidenfeld, Werner (Hrsg.): Amsterdam in der Analyse: Strategien für Europa. Gütersloh 1998, S. 26.
297   Lübkemeier, Eckhard: Interdependenz und Konfliktmanagement, S. 88.

Zusammenfassung

Die Grundsatzentscheidung der Regierung Kohl, die Stabilisierung der mittel- und osteuropäischen Länder durch die Osterweiterung als europäisches Projekt zu betrachten und sich dafür einzusetzen, war primär eine politische und normative Entscheidung. Die Erklärung der positiven Antwort auf die „Ob"-Frage bezüglich der Osterweiterung kann folglich die soziologisch-institutionalistische Perspektive liefern. Die Option „Ja" zur Erweiterung entsprach der aus der Vergangenheit resultierenden Pflicht der Deutschen, die Osteuropäer in die Familie der freien Demokratien aufzunehmen. Helmut Kohl betrachtete die deutsche Einheit und die europäische Einheit als zwei Seiten derselben Medaille.[298] Darüber hinaus zeigte sich in der deutschen Unterstützung für die Erweiterung der EU die Wertschätzung für multilaterale Institutionen,[299] welche die Genehmigung des Westens zur Vollendung der deutschen Einheit gesichert hatte. Die Formulierung der Politik gegenüber den mittel- und osteuropäischen Ländern bestimmte noch die Chance, durch die Integration des Ostens in die politische und wertebezogene Gemeinschaft die Sicherheitsprobleme zu minimieren, was im übergeordneten deutschen Interesse lag.

Bei Betrachtung der deutschen Wirtschaft in Zentraleuropa können andere theoretischen Ansätze zu Wort kommen, welche die Interessen berücksichtigen. Die geographische Nähe und das institutionelle und kulturelle Umfeld von Zentraleuropa, das sowohl historisch bedingt war als sich auch seit 1989 herausgebildet hat, stellte ein optimales Milieu für die deutschen Investoren dar. Einige Unternehmen wie der VW „haben die Osterweiterung in Teilen bereits vorweggenommen".[300] Wenn der liberal-utilitaristischer Ansatz angewendet wird, ergibt sich der Schluss, dass die raschen deutschen wirtschaftlichen Aktivitäten in den MOEL einen zusätzlichen Impuls für das deutsche Engagement

---

298 Ausarbeitung der Rhetorik von H. Kohl: Banchoff, Thomas: German Policy Towards the European Union: The Effects of Historical Memory. *German Politics*, Vol. 6, No. 1/1997, S. 64ff.

299 Vgl. Hyde-Price, Adrian: Germany and the European order, S. 183.

300 Schleef, Andreas: Die Osterweiterung der Europäischen Union aus unternehmerischer Perspektive. In: Die Osterweiterung der EU und ihre Folgen für Deutschland, 39. Kolloquium der Walter-Raymond-Stiftung Berlin, 25.-27. März 2001, Walter-Raymond-Stiftung (Hrsg.), mit Beiträgen von Hans-Gert Pöttering, Norbert Wieczorek, Michael Gahler. Berlin 2001, S. 182.

für die EU-Osterweiterung lieferten. Für die Antwort auf die „Ob"-Grundsatzfrage, die politisch und normativ bestimmt war, waren sie aber nicht maßgebend.

5. Die deutsche Einstellung zur Vertiefung der Integration und zur Osterweiterung bis 1998

5.1 Deutschland und die europäische Integration

Bevor der Zusammenhang der Vertiefung und der Osterweiterung der EU in der deutschen Europapolitik der 90er Jahre ausführlich analysiert wird, wird hier auf das Verhältnis von Deutschland und Westeuropa unmittelbar nach der deutschen Vereinigung eingegangen. Die Wiedervereinigung der beiden deutschen Staaten im Jahre 1990 war unbestritten eine historische Zäsur aus der Sicht der deutschen Partner in der EG. Die EG-Länder leisteten eine „passive Unterstützung" im deutschen Einigungsprozess. Im Vergleich zu den europäischen Staaten hat die USA die Einigungsbemühungen der Deutschen viel aktiver unterstützt. Die Europäische Gemeinschaft beeinflusste nicht maßgeblich den Verlauf der deutschen Einigung und spielte damit nur eine begrenzte Rolle.

Die deutsche Wiedervereinigung hatte demgegenüber Auswirkungen auf die europäische Integration und auf die deutsche Position in Europa. Deutschland hat in der Periode während und nach dem Einigungsprozess Europa aber eher wirtschaftlich als diplomatisch beeinflusst. Ausgehend von der Bonner Regierung wurde Ostdeutschland eine Wirtschafts-, Währungs- und Sozialunion angeboten und letztendlich vollzogen. Die Folge war, dass die ostdeutschen Industrien schon zum 1. Juli 1990 der westlichen Konkurrenz ausgesetzt waren.[301] Die erheblichen wirtschaftlichen Schwierigkeiten mit sozialen Folgen in den neuen Bundesländern verlangten eine große finanzielle Unterstützung aus dem westlichen Teil Deutschlands. Der durch die massiven innerdeutschen Transfers verursachte Inflationsdruck brachte die Bundesbank zu dem Entschluss, die Zinssätze zu erhöhen. Aufgrund der zentralen Rolle der D-Mark im Europäischen Währungssystem mussten auch andere Staaten höhere Zinssätze akzeptieren, obwohl die wirtschaftlichen Basisdaten in diesen EG-

---

301 Lippert, Barbara/Stevens-Ströhmann, Rosalind/Günther, Dirk et al: German Unification and EC Integration. German and British Perspectives. London 1993, S. 3; ausführlich dann S. 39ff.

Ländern anders aussahen.[302] Das hatte 1992 Folgen auf die Höhe der Zinssätze der EG-Staaten und das ganze Europäische Währungssystem. Der Schock, den die deutsche Wirtschaft nach der Einheit erlitt, trug auf diese Weise indirekt zum Ausstieg des Pfund Sterling und der italienischen Lira aus dem System des europäischen Wechselkursmechanismus bei.[303] Die innerdeutschen Folgen der deutschen Vereinigung spiegelten sich also durch die Stärke der deutschen Ökonomie in Resteuropa wider.[304] Dieses Beispiel zeigt sehr gut die wirtschaftliche Größe der BRD in Europa auf. Daran konnte ebenso gesehen werden, dass Deutschland mit der stärksten Währung und seiner „unbeabsichtigten" Macht ganz Europa beeinflusste.[305] Die Bundesbank hatte dabei „nur" ihre Aufgabe verfolgt, die Sicherheit der D-Mark zu verteidigen und den Inflationsdruck zu begrenzen.[306]

Die deutsche Regierung war sich der erheblichen geopolitischen Veränderungen als Folge der deutschen Einheit bewusst (deutsche Mittellage),[307] und deshalb verfolgte sie noch nachdrücklicher ihre Vision vom vereinten Europa. Die Bundesregierung ordnete ihre ganze europapolitische Aktivität am Anfang der 1990er Jahre dem Ziel einer Vertiefung der Integration in die geplante Richtung einer Wirtschafts- und Währungsunion unter. Der Vertrag von Maastricht 1991 betonte unter anderem eine politische Union und die Zusammenarbeit auf dem Feld der Außen- und Sicherheitspolitik. Auch Mittel- und Osteuropa wurde in die Überlegungen der Regierung Kohl miteinbezogen, wie es zum Beispiel folgende Rede von Helmut Kohl aufzeigt: „Der Vertrag von Maastricht ist nicht nur die Antwort auf den Zusammenbruch der kommunistischen Diktatur in Mittel-, Ost- und Südosteuropa. Mit dem Vertrag überneh-

302 Bulmer, Simon/Jeffery, Charlie/Paterson, William E.: Deutschlands europäische Diplomatie: Die Entwicklung des regionalen Milieus. In: Weidenfeld, Werner (Hrsg.): Deutsche Europapolitik. Optionen wirksamer Interessenvertretung. Bonn 1998, S. 23.

303 Lippert, Barbara/Stevens-Ströhmann, Rosalind/Günther, Dirk: German Unification and EC Integration, S. 4f.

304 Vgl. Anderson, Jeffrey J.: German Unification and the Union of Europe. The Domestic Politics of Integration Policy. Cambridge 1999, S. 44ff.

305 Zum Begriff *unintentional power*: Bulmer, Simon: Shaping the Rules? The Constitutive Politics of the European Union and German Power. In: Katzenstein, Peter J. (ed.): Tamed Power: Germany in Europe. Ithaca, N.Y. 1997, S. 75.

306 Bulmer, Simon/Jeffery, Charlie/Paterson, William E.: Deutschlands europäische Diplomatie. In: Weidenfeld, Werner (Hrsg.): Deutsche Europapolitik, S. 23.

307 Vgl. Schwarz, Hans Peter: Die Zentralmacht Europas. Deutschlands Rückkehr auf die Weltbühne. Berlin 1994.

men wir die Verantwortung für den ganzen europäischen Kontinent."[308] Damit war das Doppelthema der deutschen Europapolitik „Vertiefung und Erweiterung", und damit ein durch die unterschiedlichen außenpolitischen Interessen entstandener Rollenkonflikt in der deutschen Politik markiert.

5.2 Vertiefung versus Erweiterung – ein Rollenkonflikt in der deutschen Europapolitik?

Die traditionelle westdeutsche Konzeption der Bundesrepublik als „Vertiefungsinitiator" lag nach der Wiedervereinigung in einem Interessenkonflikt mit dem Wunsch, die Europäische Gemeinschaft nach Osten zu erweitern.[309] Es gibt zwei mögliche Herangehensweisen, wie die deutsche europapolitische Rolle in diesem Zeitraum nach 1990 betrachten werden kann. Eine Erwägung wäre, dass die deutsche Unterstützung der Vertiefung der EU-Integration keinen Selbstzweck darstellte, sondern war immer am Ziel der Erweiterung orientiert. Diese Einstellung lässt sich unter bestimmtem Gesichtspunkt aus der Politik von Helmut Kohl ableiten.[310] Bei dieser Variante müsste davon ausgegangen werden, dass aus deutscher Sicht mögliche Vertiefungsmaßnahmen stets im Hinblick auf die Erweiterung erfolgen sollten. Das Hauptmerkmal der deutschen Position wäre einerseits der Wunsch nach einer raschen Osterweiterung, andererseits aber die Befürchtung, dass die EG in ihrer damaligen institutionellen Ausgestaltung eine neue Erweiterungsrunde nicht hätte verkraften können.

Im Zusammenhang mit dem Vertrag von Maastricht schien allerdings Deutschland, in der Rolle des Initiators einer Integrationsvertiefung, in dieser Entwicklung die Oberhand gewonnen zu haben. Die Vertiefung der Integration spielte nach 1990 eine ganz wichtige Rolle für die deutsche Europapolitik. Es war der Weg zur engen wirtschaftlichen, währungspolitischen und wenn

---

308 Rede von Helmut Kohl auf dem Parteitag der CDU Deutschlands in Düsseldorf am 26.-28. Oktober 1992; zur Interpretation: Tewes, Henning: Between Deepening and Widening: Role Conflict in Germany's Enlargement Policy. *West European Politics*, Vol. 21, No. 2/1998, S. 125.

309 Tewes, Henning: Between Deepening and Widening. *West European Politics*, Vol. 21, No. 2/1998, S. 117.

310 Vgl. Hudalla, Anneke: Der Beitritt der Tschechischen Republik zur Europäischen Union. Eine Fallstudie zu den Auswirkungen der EU-Osterweiterung auf die *finalité politique* des europäischen Integrationsprozesses. Hamburg 1996, S. 57.

möglich auch der politischen Integration, welche die deutschen Regierungen seit Konrad Adenauer stets im Auge hatten.[311] Obwohl das Integrationsengagement der BRD unter Helmut Kohl aus dem Blickwinkel anderer Maxime als am Anfang der Integration in den 50er Jahren des vorigen Jahrhunderts zu betrachten war, bekannte der deutsche Bundeskanzler noch im Mai 1994: „Ziel der deutschen Europapolitik ist und bleibt ein föderales Europa."[312] Im letzten Kapitel wurde erwähnt, dass die Regierung in Bonn sich für den raschen Abschluss von Assoziierungsabkommen mit Polen, Ungarn und der Tschechoslowakei 1991 eingesetzt hatte. Diese Europa-Abkommen waren allerdings keine Vorstufe zum Beitritt, sie öffneten nicht einmal eine Beitrittsperspektive und führten nicht zur dauerhaften sicherheitspolitischen Stabilisierung der MOEL. Diese Tatsachen stellen die Hypothese in Frage, dass Deutschland die Vertiefung der Integration am Anfang der 1990er Jahre primär zum Zwecke der Erweiterung eintreten wollte.

Eine andere Variante der Überlegung über die deutsche Europapolik in diesem Zeitraum wäre eine Vermutung der Existenz eines potentiellen Rollenkonflikts in der deutschen Europapolitik.[313] Bis 1989 spielte Deutschland seine Rolle, gemeinsam mit Frankreich Triebkraft der europäischen Integration zu sein. In den Jahren 1989/90 gab es Veränderungen in Osteuropa und die deutsche Vereinigung. Die neuen sicherheitspolitischen Herausforderungen im Osten (durch die Auflösung der UdSSR) und eine sich wieder eröffnende historisch bedingte „besondere Beziehung"[314] Deutschlands zu Zentraleuropa

---

311 Vgl. Müller-Brandeck-Bocquet, Gisela u.a. (Hrsg.): Deutsche Europapolitik von Konrad Adenauer bis Gerhard Schröder. Opladen 2002.

312 Erklärung des Bundeskanzlers zu aktuellen Fragen der Europapolitik vor dem Deutschen Bundestag am 27. 5. 1994, in: *Bulletin. Presse- und Informationsamt der Bundesregierung* (Hrsg.), Nr. 51 vom 31. 5. 1994. S. 447–481 (476).

313 Tewes, Henning: Germany, Civilian Power and the New Europe. Enlarging NATO and the European Union. New York 2002, S. 87ff.

314 Die Führung des Deutschen Reiches interessierte sich seit 1871 für die Entwicklungen an der östlichen Grenze. Während im Westen die Grenzen der möglichen Expansion durch konsolidierte Nationalstaaten (Frankreich) gesetzt wurden, hatte die Ausbreitung der deutschen Einflussnahme im Osten viel größere Möglichkeiten. Das boten vor allem die schwachen inneren Strukturen der Vielvölkerstaaten (Österreich-Ungarn und Osmanisches Reich). In der Zwischenkriegszeit 1918–38 war es die Instabilität und gegenseitige Streitigkeiten der Nachfolgestaaten von Österreich-Ungarn in Ostmitteleuropa, welche die deutsche ökonomische und politische Einflussnahme ermöglichten.

bedeuteten einen Interessenkonflikt für die deutsche europapolitische Konzeption. Die Erweiterung bekam neben der Vertiefung der Integration die oberste Priorität. Die Bundesrepublik Deutschland nahm eine Führungsposition in der Gruppe der Staaten ein, die an der Osterweiterung interessiert waren (Dänemark, Großbritannien), konnte aber 1990/91 nicht durch eine frühzeitige Forderung nach einer Osterweiterung einen diplomatischen Konflikt mit Frankreich riskieren.

Die Lösung des Rollenkonflikts konnte, wird die deutsche Vertiefungs- und Erweiterungspolitik unter der Regierung Helmut Kohls betrachtet, eine Vertiefungsstrategie sein, welche die künftigen Erweiterungen konzeptionell berücksichtigt. Die außenpolitischen Rollen „Deutschland als Vertiefungsakteur" und „Deutschland als Erweiterungsakteur" innerhalb der EU waren zwei Seiten derselben Medaille – sprich der deutschen Europapolitik. In bestimmten Phasen hatte die Vertiefung zeitliche Priorität vor der Erweiterung, allerdings in dem Sinne, dass zwischen Vertiefung und Erweiterung kein Widerspruch bestanden hätte. Dies ist vor dem folgenden Hintergrund zu verstehen. Nachdem die Ratifikation des Maastrichter Vertrags gesichert schien,[315] unterstützte die Bundesregierung nachdrücklicher die Kommissionsvorschläge für eine dynamischere Erweiterungspolitik.[316]

Die Stabilisierung der mittel- und osteuropäischen Staaten blieb Priorität der deutschen Regierung unter Bundeskanzler Kohl. Um diesem Wunsch näher zu kommen, befürwortete die Bundesrepublik Deutschland die Erweiterung der Union um die EFTA-Staaten, die letztlich zum 1. Januar 1995 der Europäischen Union beigetreten sind.[317] Im Juli 1995 sagte Helmut Kohl vor dem

---

315   Vertrag über die Europäische Union trat am 1. November 1993 in Kraft.

316   Lippert, Barbara: Die EU-Erweiterungspolitik nach 1989 – Konzeptionen und Praxis der Regierungen Kohl und Schröder. In: Schneider, Heinrich/Jopp, Mathias/Schmalz, Uwe (Hrsg.): Eine neue deutsche Europapolitik? Rahmenbedingungen – Problemfelder – Optionen. Berlin 2001, S. 362.

317   Vgl. Hudalla, Anneke: Der Beitritt der Tschechischen Republik zur Europäischen Union, S. 58; Einige autoren argumentierten, dass die so genannte Norderweiterung im Jahre 1995 eine „Germanisierungsthese" in der EU begründe. Deutschland sollte in der Zukunft nach einer neuen Erweiterungsrunde nach Osten einen Nord-Ost-Block innerhalb der EU gegen einen Südblock unter Führung Frankreichs aufstellen. Ausführlich zu dieser These: Janning, Josef: Am Ende der Regierbarkeit? Gefährliche Folgen der Erweiterung der Europäischen Union. *Europa-Archiv*, 22/1993, S. 645–652.

polnischen Sejm: „Wir, die Regierung der BRD [...] werden alles tun, um Ihnen auf diesem Weg [in die EU] zu helfen."[318] In Madrid wurde im Dezember 1995, auch auf deutsches Drängen, ein Fahrplan für die Erweiterung festgelegt. Die Bundesrepublik Deutschland unter Helmut Kohl wurde zum EU-Mitgliedstaat, der die Erweiterung am aktivsten vorantrieb.

Der Einsatz der deutschen Regierung für die Staaten Mittel- und Osteuropas konnte den „Rollenkonflikt" aber nicht beilegen. Darüber hinaus wurde zunehmend klar, dass die Union ohne innere Stärkung die außerordentlichen Aufgaben der Osterweiterung nicht bewältigen kann. Eine Lösung des Dilemmas zwischen dem Vertiefungsinteresse und dem Erweiterungsinteresse Deutschlands wollte schon das im September 1994 von der CDU/CSU-Bundestagsfraktion vorgelegte „Kerneuropa"-Konzept präsentieren.[319] Diese Überlegungen gingen davon aus, dass ein großes Europa der nächsten zwanzig Jahre sich in der Zukunft durch eine Bandbreite wirtschaftlicher Leistungsfähigkeit und der Vielfalt politischer Interessen charakterisieren lassen wird. Die zunehmende Zahl der Mitglieder im Osten sollte die Heterogenität, die schon in der EU bestand, noch wesentlich vergrößern.

Nach dem Schäuble-Lamers Papier hat „Deutschland aufgrund seiner geographischen Lage, seiner Größe und seiner Geschichte ein besonderes Interesse, ein Auseinanderdriften Europas zu verhindern."[320] Deshalb sollte ein „Kerneuropa" aus dem deutsch-französischen Tandem und den Benelux-Staaten gebildet werden. Im Endeffekt hätte das die Herausbildung eines Europas der „zwei Geschwindigkeiten" bedeutet. Nach Karl Lamers sollte das „Kerneuropa" (*EU´s Hard Core*) der Europäischen Union „ein festes Zentrum geben, um den zentrifugalen Tendenzen bei einer Erweiterung entgegenzuwirken".[321] Die Bildung einer Kerngruppe (Integrationskern) konnte als ein Ver-

---

318 *Bulletin. Presse- und Informationsblatt der Bundesregierung* (Hrsg.), Nr. 58 vom 14. 7. 1995, S. 569–572 (570).

319 Überlegungen zur europäischen Politik. Positionspapier der CDU/CSU-Bundestagsfraktion vom 1. September 1994. *Blätter für deutsche und internationale Politik,* Jg. 39, Heft 10/1994, S. 1271–1280; Dieses Konzept wurde von der CDU/CSU-Fraktion am 1. 9. 1994 präsentiert und wurde nach seinen Autoren als „Schäuble-Lamers-Papier" genannt.

320 Überlegungen zur europäischen Politik. *Blätter für deutsche und internationale Politik*, Jg. 39, Heft 10/1994, S. 1273.

321 Lamers, Karl: Strengthening the Hard Core. In: Gowan, Peter/Anderson, Perry (eds.): The Question of Europe. London 1997, S. 109.

such zur Lösung der Spannung zwischen Erweiterung und Vertiefung verstanden werden.[322] Als harter Kern der Politischen Union war im „Kerneuropa"-Modell die Währungsunion vorgesehen. Die Konvergenzkriterien, derer Erfüllung die Teilnahme an der Währungsunion ermöglicht, waren laut Schäuble und Lamers auch die Kriterien für eine Auswahl einer Kerngruppe der Länder. Diese Gruppe, die auf einer tieferen Zusammenarbeit basieren sollte, sollte allerdings immer offen sein, falls sich Italien, Großbritannien oder Spanien anschließen möchten.[323] Trotz dessen gab es ablehnende Reaktionen sowohl der Bundesbürger als auch im europäischen Ausland gerade auf dieses von Teilen der deutschen Politik diskutierte Modell.[324] Der wichtigste Kritikpunkt war gerade die angebliche „Exklusivität" vom „harten Integrationskern". Das „Kerneuropa" wurde auch aus eigenen Reihen der CDU/CSU als ein Projekt kritisiert, das die Idee vom vereinten Europa in Frage stellt. Obwohl das Papier nicht direkt von der Bundesregierung entwickelt wurde, was Bundeskanzler Kohl auch öffentlich bestätigte, wurde es als ein regierungsnahes Konzept betrachtet.[325]

Aus dem Grund, dass das Schäuble-Lamers Papier neben der Strategie für ein „Kerneuropa" auch Vorschläge für die institutionelle Weiterentwicklung der EU unterbreitete, dient dieses Konzept für die vorliegende Betrachtung als ein Beweis dafür, dass die Angelegenheit der Osterweiterung die Forderungen nach einer Reform der EU maßgeblich beeinflusste.[326] Interessant ist in diesem Zusammenhang vor allem der Gedanke, dass die Unwilligkeit der einzelnen EU-Mitglieder, sich stärker zu integrieren, den allgemeinen Integrationsfortschritt nicht verlangsamen sollte.

---

322 Vgl. Tewes, Henning: Between Deepening and Widening. *West European Politics*, Vol. 21, No. 2/1998, S. 127.

323 Lamers, Karl: Strengthening the Hard Core. In: Gowan, Peter/Anderson, Perry (eds.): The Question of Europe, S. 110.

324 In der Umfrage Ende 1995 meinten 43 % der Befragten, dass die Staaten, die für eine intensivere europäische Zusammenarbeit bereit sind mit weiteren Integrationsschritten auf langsamere Staaten warten sollten. Näher zu diesen Umfragen: Glaab, Manuela/Gros, Jürgen/Korte, Karl-Rudolf/Wagner, Peter M.: Wertgrundlagen und Belastungen deutscher Europapolitik. In: Weidenfeld, Werner (Hrsg.): Deutsche Europapolitik. Optionen wirksamer Interessenvertretung. Bonn 1998, S. 183f.

325 Vgl. Tewes, Henning: Germany, Civilian Power and the New Europe, S. 106.

326 Hinweise zur institutionellen Weiterentwicklung der EU: Überlegungen zur europäischen Politik. *Blätter für deutsche und internationale Politik*, Jg. 39, Heft 10/1994, S. 1274.

Die Diskussion über das Schäuble-Lamers-Papier zeigte, dass beide Strategien in Richtung Westeuropa und Osteuropa in der Mitte der 90er Jahre in der deutschen Europapolitik miteinander eng verbunden waren. Das Modell „Kerneuropa" gehörte zu den Integrationsvorstellungen einer „differenzierten Integration",[327] die gerade nicht von einer vollständigen Gleichzeitigkeit und Gemeinsamkeit aller EU-Mitgliedstaaten ausging. Der Blick auf den Zukunftscharakter eines erweiterten Europas lag bei solchen Vorschlägen immer im Hintergrund. Die oben beschriebene Lösung wurde als „Rettungsoperation" für den Fall der Lähmung der Europäischen Union infolge ihrer Erweiterung gesehen: „Je integrationsfähiger und integrationswilliger sich die Gesamtheit der Mitgliedstaaten erwiesen sollte, desto weniger wird eine Differenzierung erforderlich sein."[328] Auf der Erfahrung einer abgestuften Integration und Europas von verschiedenen Geschwindigkeiten baute die auf den Rahmen der größeren Union von bis zu 27 Mitgliedern bezogene Integrationsstrategie.[329] Demgegenüber gingen andere Lösungen über das System der Übergangsregelungen hinaus, in Richtung hin zu einer Flexibilisierung durch eine bewusste Differenzierung der Integration.[330] Wie im weiteren Text gezeigt wird, kamen in den Beitrittsverhandlungen nach 1998 die Problemfelder wie Arbeitnehmerfreizügigkeit oder Erfüllung von Umweltstandards auf die Tagesordnung. Die Lösungen bedienten sich in diesen Fragen eher der Methoden der abgestuften Integration (zum Beispiel Übergangsregelungen) als der differenzierten Integration.

Mitte der 1990er Jahre basierte die Politik der Bundesregierung einerseits auf der vorrangigen Implementierung der Währungsunion, andererseits verfolgte sie Schritt für Schritt den Prozess hin zu einer Osterweiterung. Der „visionären" Aussicht Helmut Kohl eines integrierten Europas ohne Grenzen folgte das mühsame Erweiterungsmanagement von EU-Gipfel zu EU-Gipfel, das zur langsamen, aber eindeutigen Annäherung der MOE-Länder an die Eu-

---

327 Diese Bezeichnung nutzte A. Hudalla für die Beschreibung von Konzepten, die auf eine gleichzeitige Vertiefung und Erweiterung hinausliefen; Hudalla, Aneke: Der Beitritt der Tschechischen Republik zur Europäischen Union, S. 62ff.

328 Weidenfeld, Werner (Hrsg.)/Autoren: Breska, Eric von/Brunner, Petra/Brusis, Martin/Janning, Josef/Ow, Barbara von: Neue Ostpolitik – Strategie für eine gesamteuropäische Entwicklung. Gütersloh 1997, S. 104.

329 Diesen Konzepten entsprachen gemeinsam vereinbarte Ausnahmen der vollen Anwendung des Gemeinschaftsrechts für einen Teil der Mitgliedstaaten.

330 Weidenfeld, Werner et al.: Neue Ostpolitik, S. 103.

ropäische Union führte.[331] Zur Diskussion kam die Frage, welche der Beitrittskandidaten am frühesten beitreten sollen. Die deutsche Politik differenzierte nur sehr vorsichtig zwischen den einzelnen Beitrittsländern aus Mittel- und Osteuropa. Am Anfang der 90er Jahre war die Regierung Kohl aus politischen Gründen (russische Reaktion) bezüglich der Osterweiterung um die baltischen Staaten zurückhaltend.[332] Deutschland hatte wegen seiner zentralen Lage und der exportorientierten Wirtschaft ein prinzipielles Interesse an einer sehr breit gefassten Erweiterung der europäischen und euroatlantischen Strukturen (auch NATO-Erweiterung).[333] Doch legte die BRD mehr Wert auf die Beziehungen zu den unmittelbaren Nachbarstaaten wie Polen oder Tschechien, mit denen auch die Handelsbeziehungen intensiver waren als mit den anderen osteuropäischen Ländern. Eine Osterweiterung ohne Polen konnte sich beispielsweise die deutsche Bundesregierung nicht vorstellen. Den mittel- und osteuropäischen Beitrittskandidaten, welche die notwendigen wirtschaftlichen und politischen Reformen mühsam auf den Weg gebracht hatten, war dem gegenüber klar, dass der erfolgreiche EU-Beitritt ohne die deutsche Unterstützung nicht möglich gewesen wäre. Allgemein wurde sowohl von Seiten der Europäischen Union als auch von Deutschland die Offenheit des Prozesses deklariert, von dem kein osteuropäisches Land, das die Beitrittskriterien erfüllt, ausgeschlossen werden durfte.

---

331 Vgl. Lippert, Barbara: Die EU-Erweiterungspolitik nach 1989. In: Schneider, Heinrich/Jopp, Mathias/Schmalz, Uwe (Hrsg.): Eine neue deutsche Europapolitik? S. 349–378.

332 Bestätigt im persönlichem Gespräch mit Michael Stübgen, CDU, Mitglied des Deutschen Bundestages, Vorsitzender der Landesgruppe Brandeburg der CDU/CSU Fraktion, Berlin, am 24. Juni 2003.

333 Handl, Vladimír: SRN a rozšíření EU a NATO po Amsterodamu a Madridu [Die BRD und die EU- und NATO-Erweiterung nach Amsterdam und Madrid]. In: Handl, Vladimír/Hon, Jan/ Pick, Otto et al.: Vztahy SRN ke státům střední Evropy [Die Beziehungen der BRD zu den Staaten von Zentraleuropa]. Ústav mezinárodních vztahů, Praha 1998, S. 86; vgl. Lippert, Barbara: Die EU-Erweiterungspolitik nach 1989. In: Schneider, Heinrich/Jopp, Mathias/Schmalz, Uwe (Hrsg.): Eine neue deutsche Europapolitik? S. 368.

5.3 Der Gipfel von Amsterdam – eine Verschiebung der EU-Reform

Der EU-Gipfel vom Juni 1997 brachte keinen Durchbruch in der Frage der „Vertiefung oder Erweiterung", stellte aber insgesamt eine erfolgreiche Erweiterung zumindest in Aussicht. Die von den deutschen Verhandlungsführern markierten Ziele und Ansprüche waren allerdings nicht deckungsgleich mit den Ergebnissen von Amsterdam.[334] Der Vertrag von Amsterdam wurde auch aus diesem Grund unterschiedlich bewertet. Als Grundposition diente die Auffassung, dass der Vertrag die gemeinschaftlichen Elemente des EU-Vertrags gestärkt hat. In Amsterdam wurde bemerkbar, dass die Konsensbildung in einer erweiterten Union mit der zunehmenden Zahl der Mitgliedstaaten schwieriger wird. Mehr Mitglieder der EU in Zukunft hätte automatisch eine zunehmende Heterogenität der Interessen bedeutet. Die Lösung der drei Kernfragen – Zusammensetzung der Kommission, Stimmgewichtung im Rat und ganz besonders die Ausweitung der Mehrheitsentscheidungen – war unabdingbar für eine reibungslose Fortsetzung des Erweiterungsprozesses.[335] Für diese drei zentralen Fragen wurden aber in Amsterdam keine Lösungen gefunden.

Die Verschiebung der institutionellen Reformen hat insbesondere die geplante Neugewichtung der Stimmen im zentralen Legislativorgan der Gemeinschaft, im Ministerrat, und die Frage der Mehrheitsentscheidungen betroffen.[336] Die Stimmengewichtung im Ministerrat wurde schon im Zusammenhang mit der so genannten Norderweiterung 1995 diskutiert. Eine Lösung sollte gerade bei der Regierungskonferenz 1996/97 gefunden werden. Als Ergebnis dieser Regierungskonferenz wurde der Rat teilweise reformiert. Es bedurfte jedoch weiterer Reformen.[337] In dieser Hinsicht wurde lediglich in

---

334 Näher Borkenhagen, Franz H. U.: Auswirkungen von Amsterdam – Bilanz und Perspektiven. In: Borkenhagen, Franz H. U. (Hrsg.): Europapolitik der deutschen Länder. Bilanz und Perspektiven nach dem Gipfel von Amsterdam. Opladen 1998, S. 229f.

335 Vgl. „Vom Staatenbund zur Föderation – Gedanken über die Finalität der europäischen Integration", Joschka Fischers Rede in der Humboldt-Universität Berlin am 12. Mai 2000.

336 Weidenfeld, Werner/Giering, Klaus: Die Europäische Union nach Amsterdam – Bilanz und Perspektive. In: Weidenfeld, Werner (Hrsg.): Amsterdam in der Analyse: Strategien für Europa. Gütersloh 1998, S. 66.

337 Den wichtigsten Punkt stellte die Beseitigung des überproportionalen Einflusses der kleinen Mitgliedstaaten in den EU-Organen dar. Die Verschiebung der Stimmengewichte zu Gunsten der großen Staaten wurde aber von den kleineren und mittleren

dem „Protokoll über die Organe im Hinblick auf die Erweiterung der Europäischen Union" zum Amsterdamer Vertrag ausdrücklich auf die Notwendigkeit einer Änderung der Stimmengewichtung im Ministerrat hingewiesen.[338] Obwohl die institutionelle Reform in die Zukunft verschoben wurde, ermöglichte der Vertrag, eine planmäßige Erweiterung in Angriff zu nehmen.[339]

Was die deutsche Rolle in Amsterdam betraf, wollte sich Deutschland in bestimmten Bereichen die Tür für souveräne Entscheidungen offen halten. Helmut Kohl verhinderte in Amsterdam in den entscheidenden Verhandlungen die Annahme des Prinzips der Mehrheitsentscheidungen mit besonderer Berücksichtigung der Asylpolitik.[340] Damit wurde eine Ausdehnung der Mehrheitsentscheidungen in dieser Verhandlungsrunde überhaupt verhindert.[341] Umgekehrt zu Maastricht war es Frankreich, das die Vertiefung der Institutionen jetzt propagierte und damit der inneren Reform den Vorrang vor der Erweiterung gab.[342] In Maastricht schlugen die Deutschen eine Stärkung der Politischen Union vor. In Amsterdam schien Deutschland den Vorrang der Erweiterung zu geben, aber im Grunde hatte die Bundesregierung die sektora-

---

Staaten systematisch abgelehnt. Die Lösung dieser Frage und die Frage der Sperrminoritäten wurde verschoben und auch nicht durch den Kompromiss von Ioannina am 27. März 1994 auf Dauer gelöst; vgl. Steppacher, Burkard: Der Rat der Eurpäischen Union. In: Weidenfeld, Werner/Wessels, Wolfgang (Hrsg.): Jahrbuch der Europäischen Integration 1999/2000, Berlin 2000, S. 69.

338 Koenig, Christian/Haratsch, Andreas: Europarecht, Tübingen 1998, Rn. 131; Gemäß Art. 2 des Protokolls sollte spätestens ein Jahr vor dem Zeitpunkt, zu dem die Zahl der Mitgliedstaaten der EU 20 überschreitet, eine Konferenz einberufen werden, damit die Bestimmungen der Verträge über die Zusammensetzung und die Arbeitsweise der Organe überprüft werden.

339 Vgl. Handl, Vladimír: SRN a rozšíření EU. In: Handl, Vladimír/Hon, Jan/Pick, Otto et al.: Vztahy SRN ke státům střední Evropy, S. 74.

340 Vgl. Wagner, Wolfgang: German EU constitutional foreign policy. In: Rittberger, Volker (ed.): German foreign policy since unification. Theories and case studies. Manchester/New York 2001, S. 197; Der damalige deutsche Außenminister Klaus Kinkel war für die Abgabe der deutschen Entscheidungsgewalt in diesem Bereich. Helmut Kohl hatte sich vor der bayerischen Landesregierung gebeugt, welche diese Entscheidung stoppen wollte.

341 Vgl. McCarthy, Patrick: France, Germany, the IGC and Eastern Enlargement. In: Webber, Douglas (ed.): The Franco-German Relationship in the European Union. London/New York 1999, S. 54.

342 Näher zu den französichen Positionen: Picaper, Jean-Paul: Frankreich, Deutschland und die EU-Präsidentschaft. In: Deutschland und Europa. Positionen, Perzeptionen, Perspektiven. Discussion Paper C 32. Bonn 1999, S. 30.

len Interessen berücksichtigt. Es fand aber keine Kursänderung der deutschen Europapolitik statt, das Ziel der deutschen Europapolitik blieb weiterhin ein integriertes, funktionierendes und erweitertes Europa. Damit gehörte Deutschland grundsätzlich zu den Befürwortern einer Ausweitung von Mehrheitsentscheidungen.[343] Diese Art der Entscheidungen, in denen die Union eher als Gemeinschaft handelt und die Nationalprioritäten einzelner Staatsregierungen nicht zu stark zum Zuge kommen, hätte insgesamt die deutsche Einflussnahme auf die Gemeinschaft gestärkt.

Die deutsche Regierungsposition in den Jahren 1996–97 hatte den bestehenden Rollenkonflikt in der eigenen Europapolitik nicht beseitigt, sondern verschärft. Die deutsche Regierung behauptete, eine Stärkung der Union zu wollen, aber sie forderte eine schnelle Erweiterung durch die Aufnahme der Staaten Mittel- und Osteuropas. Darüber hinaus verlangte die Bundesregierung eine Senkung des deutschen Nettobeitrags in den EU-Haushalt. Gleichzeitig wollte sie die teure gemeinsame EU-Agrarpolitik fortsetzen, um die CSU-nahe Wählerklientel unter den Landwirten zu schonen. Das deutsche Landwirtschaftsministerium unter CSU-Minister Jochen Borchert stand jedem Reformvorschlag der Agrarpolitik ablehnend gegenüber, welcher die Gewinne der ostdeutschen, aber vor allem der bayerischen Bauern, verringern sollte.[344] Die Gewerkschaften und auch die Vertreter der Industrie hatten demgegenüber ein Interesse an einer Agrarreform, die den EU-Haushalt deutlich entlastet hätte.[345] Eine rechtzeitige EU-Agrarreform hätte sowohl eine erhöhte Unterstützung der neuen Technologien ermöglicht als auch eine positive Wirkung auf die Beschäftigung gehabt. Die bayerische Landesregierung blockierte faktisch mit Hilfe seiner Agrarlobby die Reformen im landwirtschaftlichen Bereich.[346]

Im Vergleich zur Situation vor 1998 hatte die rot-grüne Regierung Schröder keine engen Verflechtungen mit der Agrarlobby. Deshalb konnte sie in der EU eine weitreichende Agrarreform vorstellen, die allerdings, wie später im

---

343 Jopp, Mathias/Schmalz, Uwe: Deutsche Europapolitik 2000. Positionen, Prioritäten, Perspektiven. *Aus Politik und Zeitgeschichte*, Beilage Nr. 6/2000, S. 14.

344 Handl, Vladimír: SRN a rozšíření EU. In: Handl, Vladimír/Hon, Jan/Pick, Otto et al.: Vztahy SRN ke státům střední Evropy, S. 78; Laut Vladimír Handl wurde in den Analysen zu den Auswirkugen der Agrarreform erwähnt, dass die deutschen Bauern durch eine Reform bis zu 70 % ihrer Einnahmen verloren hätten.

345 Die Agrarausgaben nahmen mehr als die Hälfte der EU-Gesamtausgaben ein.

346 Die CSU in Bayern ist auch an die Wählerstimmen der Bauern angewiesen, die mindestens 5 % des bayerischen Wählerpotentials ausmachen.

Jahr 2002 ersichtlich wurde, mit den französischen Interessen stark kollidierte.[347] Von Kritikern der deutschen europapolitischen Positionierung 1996–97 wurde mit Recht argumentiert: Die deutsche Politik sei mittelfristig nicht konsistent genug gewesen. Es war nicht überzeugend, auf einer Seite die Erweiterung zu unterstützen, und auf der anderen Seite (etwa im Bereich der Agrarpolitik) sich den Reformen zu verweigern.[348]

Trotz der Verschiebung einer durchgreifenden EU-Reform machte die Union im folgenden Zeitraum wichtige Schritte hin zur Osterweiterung. Der Europäische Rat legte 1997 in Luxemburg fest, dass die Einhaltung der politischen Kriterien von Kopenhagen die entscheidende formale Voraussetzung für die Aufnahme von Verhandlungen mit den Beitrittskandidaten ist. Die wirtschaftlichen Kriterien sollten „aus einer zukunftsorientierten, dynamischen Sicht heraus" beurteilt werden.[349] Unter Anlegung dieses Maßstabes und auf der Grundlage der Empfehlungen der Kommission beschloss der Europäische Rat die Aufnahme der Beitrittsverhandlungen mit der ersten Gruppe der Kandidaten.[350] Im März 1998 begannen die Beitrittsverhandlungen mit den fünf Ländern der ersten Runde (Luxemburg-Gruppe), mit Polen, Tschechien, Ungarn, Slowenien, Estland und Zypern. Auf dem Gipfel in Helsinki 1999 wurde dann beschlossen, dass die Union mit Rumänien, Slowakei, Lettland, Litauen, Bulgarien und Malta die Beitrittsverhandlungen im Frühjahr 2000 aufnimmt.

---

347 Paterson, William E./Jeffery, Charlie: Deutschland, Frankreich - und Großbritannien? Eine britische Sicht deutscher Europa-Politik. *Internationale Politik*, Jg. 54, Nr. 11/1999, S. 21.

348 Zur Diskussion vgl. Hrbek, Rudolf: Die Europäische Union und die Rolle Deutschlands. In: Deutschland und Europa. Positionen, Perzeptionen, Perspektiven. Discussion Paper C 32. Bonn 1999, S. 15.

349 BR-Drucksache 300/03; Denkschrift (Teil II. 2 Die Beitrittsverhandlungen) zum Gesetz zu dem Vertrag vom 16. April 2003 über den Beitritt der Tschechischen Republik, der Republik Estland, der Republik Zypern, der Republik Lettland, der Republik Litauen, der Republik Ungarn, der Republik Malta, der Republik Polen, der Republik Slowenien und der Slowakischen Republik zur Europäischen Union.

350 Zur Aufteilung der Beitrittskandidaten in die Beitrittsgruppen vgl. Szemlér, Támas: Alternativen der Finanzierung der Osterweiterung aufgrund der Agenda 2000. In: Hasse, Rolf H./Schenk, Karl-Ernst/ Czege, Andreas Wass von: Erweiterung und Vertiefung der Europäischen Union. Perspektiven und Engpässe. Baden-Baden 2000, S. 116; Vgl. Lippert, Barbara/Becker, Peter: Structured Dialogue Revisited. The EU's Politics of Inclusion and Exclusion. *European Foreign Affairs Review*, Vol. 3/1998, S. 363.

Zusammenfassung

Aus der Analyse der deutschen Erweiterungspolitik zwischen 1993 und 1997 ergibt sich, dass eine unvermeidbare Spannung zwischen dem traditionellen Vertiefungsziel und dem neuen Erweiterungsziel der deutschen Europapolitik bestand. Die Regierungskonferenz 1996 zeigte eine weitere für die deutsche europäische Diplomatie charakteristische Dichotomie, die in den relativ komplizierten Entscheidungsstrukturen der Bundesrepublik Deutschland wurzelte. Eine klare strategische Ausrichtung zur Osterweiterung wurde in bestimmten Phasen von kurzfristigen sektoralen Interessen überdeckt. Die Bundesregierung stand unter nationalem Druck. Dies war an dem Verhalten in Amsterdam in der Frage der Mehrheitsentscheidungen, in der Asylpolitik und der EU-Agrarreform erkennbar.

6. Der Regierungswechsel 1998 und die deutsche Erweiterungspolitik

Fragestellung

Unterschied sich die Europapolitik der neuen rot-grünen Regierung von der europapolitischen Haltung der Regierung Kohl? Markierte der Regierungswechsel 1998 auch eine Änderung in der deutschen Erweiterungsstrategie? Waren dies nur taktische Veränderungen oder strategischer Wandel? Diese Fragen sind für die vollständige Behandlung des Themas dieser Studie notwendig zu klären, besonders im Hinblick auf die theoretische Ausarbeitung eines möglichen Identitätswandels und damit verbundenen Wandels in der außenpolitischen Rolle der Berliner Republik. Eine richtungweisende Variable der Analyse sind mithin die Normen (Wertegrundlagen) und die Voraussetzungen für ihre Änderung. Es wird aber auch nach den (nationalen) Interessen gefragt, die von den rot-grünen Entscheidungsträgern stärker und regelmäßig angesprochen wurden. Waren Werte und Interessen nach 1998 gegensätzliche Elemente deutscher Außenpolitik? Oder schloss die „normale" Politik des nationalen Interesses bestimmte Prinzipien mit ein?

In diesem Kapitel werden lediglich die Grundsatzeinstellungen der rot-grünen Bundesregierung zur Osterweiterung untersucht. Im dritten Teil der vorliegenden Studie werden die hier erwähnten allgemeinen Aussagen um die Analyse konkreter Fallbeispiele zur Erweiterungspolitik der Bundesregierung zwischen 1999 und 2002 ergänzt. Die Kernanalysen über einschlägige Themen der deutschen Erweiterungspolitik werden folglich in den Gesamtkontext der deutschen Europapolitik gestellt. Die Frage von Kontinuität und Wandel wird in ihrer Komplexität in der Schlussbetrachtung des Buches zusammengefasst.

6.1 Deutsche „nationale" Interessen an der Osterweiterung

Die rot-grüne Bundesregierung teilte die Ansicht der konservativ-liberalen Koalition, dass der Einsatz der Bundesrepublik Deutschland für die erfolgreiche Osterweiterung unersetzlich wäre. Joschka Fischer sprach im Deutschen Bundestag nicht über eine der Erweiterungsrunden, sondern über die EU-

Osterweiterung als den „Kern der Wiedervereinigung Europas" nach seiner Teilung 1945–1989: „Für uns ist es von überragender Wichtigkeit, dass wir die Wiedervereinigung Europas nach der Wiedervereinigung Deutschlands hinbekommen".[351] Mit dieser Forderung berief sich Joschka Fischer auf Helmut Kohl. Damit war mindestens auf rhetorischer Ebene und nur auf die Person des Außenministers bezogen, die Grundlinie der Regierung Kohl bejaht. Joschka Fischer verfolgte die Unterstützung der Erweiterung als eine aus dem deutschen Verhalten in der Vergangenheit resultierende Pflicht. Mit der Berliner Rede an der Humboldt-Universität präzisierte er auch seine Äußerungen zur Finalität der Europäischen Union. Er hielt sie aber nicht als deutscher Außenminister, sondern als Privatperson und „überzeugter Europäer".[352] Seine Rede ließ erkennen, dass der Einsatz des grünen Außenministers für europapolitische Fragen nicht geringer sein wird als der Einsatz der Regierung Kohl.[353]

Auch die Rhetorik Gerhard Schröders schien die deutsche Unterstützung für die Integration zu begründen: „Gerade weil wir Europa als geschichtlich gewachsenes und kulturell anziehendes Modell erhalten wollen, treten wir Deutsche so vehement für die Vertiefung und die Erweiterung der Europäischen Union ein.", so Gerhard Schröder anlässlich der Ratifizierung des Vertrages von Nizza im Deutschen Bundestag am 18. Oktober 2001.[354] Kurz bevor die Reformverhandlungen auf dem EU-Gipfel in Nizza begannen, sagte Bundeskanzler Schröder: „Uns Deutschen ist die Erweiterung ein besonderes Anliegen, nicht nur, weil wir zu unserer historischen Verantwortung stehen."[355]

---

351 Joschka Fischer, in: Stenographischer Bericht der 135. Sitzung am 28. November 2000, amtliche Seiten 13023A–13058D (Abgabe einer Erklärung der Bundesregierung zum bevorstehenden Europäischen Rat in Nizza vom 7.-9. Dezember 2000), S. 13039.

352 Janning, Josef: Die Bundesrepublik Deutschland. In: Weidenfeld, Werner/Wessels, Wolfgang (Hrsg.): Jahrbuch der Europäischen Integration 1999/2000. Bonn 2000, S. 314.

353 „Vom Staatenbund zur Föderation – Gedanken über die Finalität der europäischen Integration", Joschka Fischers Rede in der Humboldt-Universität Berlin am 12. Mai 2000. Sein Europaplädoyer lag seit 1994 in Buchform: Fischer, Joschka: Risiko Deutschland. Krise und Zukunft der deutschen Politik. Köln 1994; Zu seinen außenpolitischen Auffassungen gleichfalls: Fischer, Joschka: Les Certitudes Allemandes. Grundkonstanten bundesdeutscher Außenpolitik. *Blätter für deutsche und internationale Politik*, Jg. 39, Heft 9/1994, S. 1082–1090.

354 *Das Parlament*, Jg. 51, Nr. 44 vom 26. Oktober 2001, S. 13.

355 Gerhard Schröder, in: Stenographischer Bericht der 135. Sitzung am 28. November

Fraglich ist, wie die Interessen, die Schröder in seiner Rede andeutete („nicht nur"), von den Entscheidungsträgern der rot-grünen Bundesregierung aufgefasst wurden. Es ist richtig festzustellen, dass die deutschen Interessen von den Repräsentanten der rot-grünen Bundesregierung eindeutig klarer formuliert wurden als je zuvor: „Wir, die Deutschen, wollen die Erweiterung der Europäischen Union nach Osten und nach Südosten, weil sie im wirtschaftlichen und natürlich auch im politischen Interesse Deutschlands liegt, und wir wollen sie so rasch, wie es irgend möglich ist. [...] Wir wollen aber keine Erweiterung auf Kosten der Handlungsfähigkeit der Union."[356] Es wurde betont, dass „eine moderne, solidarische Außenpolitik eine Politik des aufgeklärten Eigeninteresses sein sollte. [...] So ist Deutschland gut beraten, sich selbst als eine *große Macht* in Europa zu sehen – wie es unsere Nachbarn längst tun – und seine Außenpolitik entsprechend auszurichten, um sie im Rahmen der europäisch-atlantischen Strukturen zu verfolgen."[357]

Die Veränderung des Umgangstons in der Europapolitik der neuen deutschen Regierung war auffällig. Hinter der Fassade der Kontinuität wurden ein neuer Regierungsstil und ein neuer Ton erkennbar. Daniel Vernet charakterisierte das mit der Aussage: „Für Kohl kam die Geschichte vor den Geschäften, für Schröder kam zuerst die Praxis und dann erst die Moral."[358] Im Vorfeld der deutschen EU-Ratspräsidentschaft 1999 hat sich der „deutsche" EU-Kommissar Günter Verheugen geäußert: „Unsere Partner in der Europäischen Union wissen, dass wir die Erweiterung mehr wollen als andere. Deshalb meinen manche, wir können sie auch bezahlen. Mit solchen Illusionen müssen wir aufräumen."[359] Konnte dies ein Hinweis auf eine veränderte Lage nach dem Regierungswechsel 1998 sein? Kann konstatiert werden, dass mit dem Regierungswechsel 1998 eine Phase geringerer europapolitischer Verbindlichkeit begann? Offensichtlich wurden die Auffassungen der Mitglieder der rot-grünen Regierung, die zur jüngeren Generation gehörten, anders akzentuiert als die Auffassungen ihrer Vorgängerregierungen. Allerdings, die „Ob"-Frage bezüg-

2000, amtliche Seiten 13023A–13058D, S. 13026.

356 Ebd., S. 13026.

357 Schröder, Gerhard: Eine Außenpolitik des „Dritten Weges"? *Gewerkschaftliche Monatshefte*, 7–8/1999, S. 394.

358 Vernet, Daniel: Kluge Ausschöpfung begrenzter Souveränität. Die Europa-Politik der rot-grünen Koalition. *Internationale Politik*, Jg. 54, Nr. 11/1999, S. 12.

359 Zitat abgedruckt, in: Janning, Josef: Die Bundesrepublik Deutschlad. In: Weidenfeld, Werner/Wessels, Wolfgang (Hrsg.): Jahrbuch der Europäischen Integration 2000.

lich der Erweiterung durfte laut dem 1999 neu platzierten EU-Kommissar für die Osterweiterung, Günter Verheugen, überhaupt nicht gestellt werden.[360]

Fraglich war auch, wie sich die rot-grüne Regierung zu Zentraleuropa künftig verhält. Die Öffentlichkeit in Warschau wurde nach dem deutschen Regierungswechsel 1998 mit eher ungewohnten Tönen konfrontiert. Er halte es für unwahrscheinlich, so der deutsche Außenminister Fischer, dass Polen der Europäischen Union noch während dieser Legislaturperiode beitreten könne.[361] Die neue deutsche Regierung weigerte sich nach ihrem Amtsantritt, konkrete Beitrittstermine für die Erweiterung zu benennen.[362] „So konkret kann ich nicht werden, weil ich nicht so unverantwortlich bin, dass ich fiktive Zahlen wie 2002 in den Raum setze", so Joschka Fischer.[363] Kann behauptet werden, dass das europapolitische Konzept der Regierung Schröder im Vergleich zu den von Helmut Kohl gesetzten Akzenten weniger stark ostmitteleuropäisch geprägt war?

Es gab wohl „nationale" deutsche Interessen bezüglich Zentraleuropa, obwohl sie in dieser Schärfe nur von einem „Europäer und deutschen Parlamentarier" und nicht von einem deutschen Außenminister ausgesprochen wurden: „Die Erweiterung liegt gerade für Deutschland im obersten nationalen Interesse," so äußerte sich Fischer in seiner Berliner Rede im Mai 2000.[364] Es

---

360 Rede von EU-Kommissar Günter Verheugen auf dem Europäischen Forum zur EU-Erweiterung in Berlin am 27. November 2001, abgedruckt, in: *EU-Nachrichten*, Nr. 43 vom 29. November 2001.

361 Vgl. Hudalla, Anneke/Pradetto, August: Destintegration durch Integration? Dilemmata der Osterweiterung der Europäischen Union und die Europapolitik der Regierung Schröder. Herausgegeben vom Institut für Internationale Politik an der Universität der Bundeswehr. Heft 2, Hamburg 1999, S. 43.

362 Nach der Meinung von Anneke Hudalla und August Pradetto vermittelte sowohl der am 20. November 1998 geschlossene Koalitionsvertrag als auch der Text des Präsidentschaftsprogrammes, dass die Osterweiterung auf der europapolitischen Agenda nach unten gerutsch war; vgl. Hudalla, Anneke/Pradetto, August: Desintegration durch Integration? Hamburg 1999; Koalitionvereibarung SPD/Bündnis 90/Die Grünen, verfügbar unter: http://www.trend.infopartisan.net/trd1098/vertrag.html.

363 Joseph Fischer in der Bundestagsdebatte vom 10. 10. 1998; vgl. *Das Parlament*, Nr. 53, vom 25. 12. 1998, S. 7; Gleiche Ansicht vermittelte die Regierungserklärung von Bundeskanzler Gerhard Schröder am 10. Dezember 1998 zum Thema „Vorschau auf den Europäischen Rat in Wien am 11./12. Dezember 1998 und Ausblick auf die deutsche Ratspräsidentschaft in der ersten Jahreshälfte 1999", abgedruckt, in: *Bulletin. Presse- und Informationsamt der Bundesregierung* (Hrsg.) am 10. Dezember 1998, Nr. 521/1998.

364 „Vom Staatenbund zur Föderation – Gedanken über die Finalität der europäischen

muss allerdings gefragt werden, wie die deutschen „nationalen" Interessen bezüglich Zentraleuropa genau zu definieren waren. Wie aus der Analyse der deutschen Direktinvestitionen in Mittel- und Osteuropa ersichtlich war, galten nicht nur spezifische nationalstaatliche Interessen, sondern auch die ökonomischen Interessen der einzelnen Unternehmen, der Firmen und der Handelsgesellschaften. Sie spiegelten sich dann in der Form von organisierten Interessen auf die oberste Politikebene wider.

Ebenso wie für Helmut Kohl galt für die neue politische Generation die Tatsache, dass Deutschland zum ersten Mal in der Geschichte nur von befreundeten Staaten umgeben war. Deshalb war das Bedürfnis nach einem politisch und wirtschaftlich stabilen Umfeld im Osten Europas eine Grundlage parteiübergreifender Interessen in der Bundesrepublik Deutschland. Die Idee der Osterweiterung wurde sowohl von der sozialdemokratischen Opposition vor 1998 als auch von der Opposition der CDU/CSU, FDP und PDS nach 1998 mitgetragen. Die Erweiterungspolitik der rot-grünen Politik entsprach in ihren Grundsätzen der Linie der CDU/CSU-FDP Regierung. Die Bemühungen von Helmut Kohl und Klaus Kinkel, die Erweiterung und Vertiefung der EU gleichrangig zu betreiben, bestanden auch im europapolitischen Konzept der nachfolgenden Regierung. Unterschiedliche Akzente waren allerdings erkennbar.[365] Die neue Regierung knüpfte an die Grundlinien deutscher Europapolitik aller bisherigen Regierungen an und war eindeutig für die EU-Erweiterung, setzte jedoch eine Reihe neuer Schwerpunkte.[366] Dieser Trend wurde bald nach Amtsantritt Gerhard Schröders erkennbar.

6.2 Die Herausforderungen der deutschen Ratspräsidentschaft 1999

Die erste große Herausforderung, welche die neue rot-grüne Regierung kurz nach ihrem Amtsantritt europapolitisch wahrnehmen musste, war die deutsche Ratspräsidentschaft (Vorsitz im Rat der Staats- und Regierungschefs) seit dem

---

Integration", Joschka Fischers Rede in der Humboldt-Universität Berlin am 12. Mai 2000.

365 Die neuen Akzente werden in Fallstudien im dritten Teil der Arbeit untersucht; vgl. Vernet, Daniel: Kluge Ausschöpfung begrenzter Souveränität. *Internationale Politik*, Jg. 54, Nr. 11/1999, S. 11.

366 Vgl. Kyaw, Dietrich von: Prioritäten der deutschen EU-Präsidentschaft unter Berücksichtigung des Europäischen Rates in Wien. Discussion Paper C 33. Bonn 1999, S. 4.

1. Januar 1999. Die deutsche Bundesregierung hatte auch den Schengen- und WEU-Vorsitz zu übernehmen.[367] Darüber hinaus stieg ab dem 1. Januar 1999 das Euroland in die dritte Stufe der Wirtschafts- und Währungsunion ein.

Parallel dazu verschärfte sich im März 1999 die Krise auf dem Balkan, die zu einem bewaffneten Einsatz der NATO (ohne UNO-Mandat) im Kosovo gegen das Milosevic-Regime führte. Nachdem der Gipfel von Berlin erfolgreich abgeschlossen war, erklärte Gerhard Schröder zum NATO-Einsatz in Jugoslawien: „Bis zuletzt hat die Staatengemeinschaft sich bemüht, dem Morden auf diplomatischen Wege ein Ende zu bereiten. ... [Nachdem die Diplomatie scheiterte] ... Wir hatten keine andere Wahl, als gemeinsam mit unseren Verbündeten die Drohung der NATO wahr zu machen und ein deutliches Zeichen dafür zu setzen, dass wir die weitere systematische Verletzung der Menschenrechte im Kosovo nicht hinnehmen. [...] Dies war das erste Mal seit dem Zweiten Weltkrieg, dass deutsche Soldaten in einem Kampfeinsatz standen. Ich darf Ihnen versichern, dass die Bundesregierung sich ihre Entscheidung nicht leicht gemacht hat."[368]

Die vorliegende Arbeit beschäftigt sich primär mit der deutschen Einstellung zur Osterweiterung, deshalb kann an dieser Stelle nicht ausführlich der Kosovo-Krieg aus deutscher Sicht behandelt werden. Natürlich stellt sich die Frage, welche Auswirkungen dieser Einsatz deutscher Streitkräfte auf die deutsche Identität hatte und künftig haben wird.[369] Doch muss dringend betont werden, dass gerade die Krise auf dem Balkan im Jahre 1999 einen zusätzlichen Impuls für eine tatkräftige und schnelle Erweiterungsstrategie der Europäischen Union gab. Auf dem Europäischen Rat in Helsinki im Dezember 1999

---

367 Koecke, Johannes Christian: Der Rat der Europäischen Union. In: Weidenfeld, Werner/Wessels, Wolfgang (Hrsg.): Jahrbuch der Europäischen Integration 1998/1999. Bonn 2000, S. 68.

368 Regierungserklärung von Bundeskanzler Gerhard Schröder zum Abschluss des EU-Gipfels in Berlin und zum NATO-Einsatz in Jugoslawien, Bonn, am 26. März 1999; abgedruckt, in: *Bulletin. Presse- und Informationsamt der Bundesregierung* (Hrsg.) am 26. März 1999, Nr. 116/1999, S. 3f.

369 Ausführlich zur Kosovo-Problematik: Maull, Hans: German Foreign Policy, Post-Kosovo: Still a „Civilian Power"? *German Politics*, Vol. 9, No. 2/2000, S. 1–24; Brechtefeld, Jörg: Kosovo – eine Wende in der deutschen Außen- und Sicherheitspolitik? *WeltTrends*, Jg. 7, Nr. 23/1999, S. 121–127; Zu militärischen und sicherheitspolitischen Aspekten im Verhältnis der BRD zu den Visegrád-Staaten: Handl, Vladimír: Germany and the Visegrad Countries between Dependence and Asymmetric Partnership? *Studien zur Internationalen Politik*, Helf 3/2002, S. 61ff.

wurde entschieden, die Beitrittsverhandlungen rasch auf alle zwölf Reformländer (inklusive Bulgarien und Rumänien) auszudehnen. Von den deutschen Regierungsträgern betrachtete vor allem Joschka Fischer die Osterweiterung als ein Instrument der Stabilitäts- und Friedenspolitik.[370] Die Kriegserfahrung am südöstlichen Rand der EU wirkte sich auch auf die Positionierung der Mitgliedstaaten zur Osterweiterung aus, welche die von Deutschland vorgebrachten Sicherheitsrisiken bis jetzt nicht so intensiv wahrgenommen hatten.

Seit 1998 liefen bereits die Beitrittsverhandlungen mit den ersten mittelosteuropäischen Kandidaten. Der neue EU-Ratspräsident Gerhard Schröder vermittelte, dass er die EU-Osterweiterung ohne vorherige grundlegende Reform der EU-Strukturen und insbesondere der EU-Finanzverfassung nicht für sinnvoll halte.[371] Schon am 10. Dezember 1998 konstatierte Schröder im Bundestag vor dem EU-Gipfel in Wien: „Wir wollen die EU-Erweiterung, und wir wollen die Voraussetzungen dafür schaffen. […] Ohne die Reform der Institutionen der EU wird es ungeheuer schwierig, neue Mitglieder in die EU aufzunehmen."[372] Diese Erklärungen zeigten, welchen Wert die rot-grüne Bundesregierung auf die institutionelle Reform der Europäischen Union legte. Anfang 1999 sah die Situation so aus, dass ein Verzicht auf tief greifende und strukturelle Reformen die Suche nach einem Konsens der EU-Mitglieder und damit eine gemeinsame EU-Position bei den Erweiterungsverhandlungen wesentlich erschwert hätte. Der Konsens innerhalb der Europäischen Union über eine Erweiterung war künftig jedenfalls vonnöten, weil eine EU-Erweiterung der Einstimmigkeit im Rat, einer Zustimmung des Europäischen Parlamentes mit absoluter Mehrheit sowie der Ratifikation durch alle Vertragsstaaten bedarf.

Kann anhand der Analyse von Prioritäten der deutschen Ratspräsidentschaft eine andere Akzentuierung hinsichtlich der Vertiefung und der Erweiterung der EU als in der vorherigen Periode der Regierung Kohl gesehen sehen?

---

370   Vgl. Lippert, Barbara: Die EU-Erweiterungspolitik nach 1989 – Konzeptionen und Praxis der Regierungen Kohl und Schröder. In: Schneider, Heinrich/Jopp, Mathias/Schmalz, Uwe (Hrsg.): Eine neue deutsche Europapolitik? Rahmenbedingungen – Problemfelder – Optionen. Berlin 2001, S. 385.

371   Vgl. Bruha, Thomas/Straubhaar, Thomas: Ante-Portas Strategien für die MOEL. In: Hasse, Rolf H./Schenk, Karl-Ernst/Czege, Andreas Wass von: Erweiterung und Vertiefung der Europäischen Union. Perspektiven und Engpässe. Baden-Baden 2000, S. 62.

372   Erklärung der Bundesregierung, in: *Bulletin. Presse- und Informationsamt der Bundesregierung* (Hrsg.), Nr. 80/1998, S. 968.

Obwohl die Bundesregierung die Notwendigkeit der Osterweiterung betonte, stand an erster Stelle der europapolitischen Agenda der Ratspräsidentschaft „die Bekämpfung der Arbeitslosigkeit auf der europäischen Ebene".[373] Die wichtigsten Ziele der deutschen EU-Präsidentschaft waren eine Intensivierung des gemeinsamen Vorgehens im Bereich der Beschäftigungspolitik und ein reibungsloser Start der dritten Stufe der Wirtschafts- und Währungsunion. Ob die Erweiterung als eine operative oder nur eine deklarative Priorität der deutschen Ratspräsidentschaft verstanden werden konnte, muss an dieser Stelle verdeutlicht werden. Wie oben festgestellt wurde, gehörte die Erweiterung nicht zu den obersten Prioritäten der deutschen Ratspräsidentschaft. Im Bereich der Außenbeziehungen stand aber neben der Umsetzung des Vertrages von Amsterdam im Bereich der Gemeinsamen Außen- und Sicherheitspolitik (GASP) die Fortsetzung der Beitrittsverhandlungen auf dem Programm.[374] Die deutsche Präsidentschaft wollte erste Verhandlungserfolge erreichen, um damit den Beitrittsverhandlungen insgesamt Dynamik zu verleihen.[375] Joschka Fischer erklärte dazu: „Eine Instabilitätszone jenseits der Grenzen der heutigen EU ist angesichts der Erfahrungen auf dem Balkan politisch nicht zu verantworten, zudem wäre dies ein Wortbruch gegenüber den neuen Demokratien, der fatale Folgen für Europa hätte."[376]

Gleichfalls wie die Beschäftigungspolitik war die *Agenda 2000* eine bedeutende Priorität, welche die deutsche Bundesregierung für die Ratspräsidentschaft stellte. Die *Agenda 2000* mit zahlreichen Reformvorschlägen zur Agrar- und Strukturpolitik und die Regelung der europäischen Finanzen stellten nicht nur eine grundlegende Voraussetzung für die EU-Osterweiterung dar, sondern ein Problem für die EU an sich. Was die eigene deutsche finanzielle Belastung betraf, stand eine Reduzierung des deutschen Nettobeitrags in die EU-Kasse

---

373 Text des Präsidentschaftsprogrammes 1999 verfügbar unter
     http://www.internatinalepolitik.de/ip/archiv/jahrgang1999/juni99/programm-der-
     deutschen-eu-rats-prasidentschaft-vom-21-dezember-1998--gekurzt-.html
374 Kyaw, Dietrich von: Prioritäten der deutschen EU-Präsidentschaft, S. 4ff.
375 Dokument des Auswärtigen Amtes „Ziele und Schwerpunkte der deutschen Präsidentschaft im Rat der Europäischen Union", verfasst am 25. November 1998.
376 Programmrede des Vorsitzenden des Rates der Europäischen Union, Bundesaußenmimister Joschka Fischer vor dem Europäischen Parlament in Straßburg am 12. Januar 1999, Herausgegeben vom Auswärtiges Amt, Referat Öffentlichkeitsarbeit, Bonn, Januar 1999, S. 7.

als ein „nationaler" Punkt auf der Tagesordnung der Ratspräsidentschaft. Gerhard Schröder wollte die deutschen Zahlungen an die EU verringern.[377]

Die EU-Reform trieb Deutschland nicht nur aus dem Grund voran, damit die Erweiterung realisiert werden konnte. Die Schritte hin zu einer Erweiterung, welche die Bundesrepublik initiierte, waren jedoch eindeutig. Die Fähigkeit der EU, sich zu erweitern, sollte Hand in Hand mit der Fähigkeit der Transformationsstaaten zum Beitritt gehen. Den direkten Zusammenhang der internen EU-Reformen mit dem Erweiterungsprozess verdeutlichte EU-Kommissar Günter Verheugen: „Je eher die Europäische Union die erforderlichen Reformen macht, desto schneller wird der Erweiterungsprozess vorankommen."[378]

In Bezug zum oben analysierten Rollenkonflikt kann zusammenfassend gesagt werden: Die Konzeption „Vertiefung zum Zwecke der Erweiterung" war eine Lösung des Rollenkonflikts am Anfang der Regierung Schröder. Die EU-Reform wurde zur zentralen Vorbedingung für die Bewältigung der Erweiterung. Im praktischen Programm der deutschen Ratspräsidentschaft hieß es, sich völlig auf die *Agenda 2000* zu konzentrieren, um der Osterweiterung näher zu kommen. Die Regierung Schröder kündigte ihr ehrgeiziges Vorhaben an, die *Agenda 2000* schon im März in Berlin als Gesamtpaket zu verabschieden.[379]

6.3 Koalition für eine EU-Osterweiterung?
Deutsche Ziele und die Interessen der anderen EU-Mitglieder

Der Regierungswechsel 1998 markierte die Gleichzeitigkeit der Existenz deutscher Interessen in Bezug auf die Osterweiterung und der starken Berücksichtigung der vollständigen Einbindung Deutschlands in die westlichen EU- und NATO-Strukturen.[380] Die Bundesrepublik Deutschland hatte einerseits das In-

---

377 *Frankfurter Allgemeine Zeitung* vom 21. November 1998.
378 Verheugen, Günter: Germany and the EU Council presidency. Expectations and reality. Bonn 1999, S. 11; vgl. Tagesspiegel vom 1. Dezember 1998 (Außenamt-Staatsminister Verheugen: Keine Erweiterung der EU ohne Reformen).
379 Hudalla, Anneke/Pradetto, August: Desintegration durch Integration? S. 47.
380 Vgl. Fischer, Joschka: Les Certitudes Allemandes. Grundkonstanten bundesdeutscher Außenpolitik. *Blätter für deutsche und internationale Politik,* Jg. 39, Heft 9/1994, S. 1083; Nach Fischer blieb die außenpolitische Westintegration das oberste nationale Interesse Deutschlands auch in der Ära nach dem Ende des Kalten Krieges.

teresse, die mittel- und osteuropäischen Staaten durch die Aufnahme in die EU wirtschaftlich und politisch zu stabilisieren und dadurch seine eigene Sicherheit im Osten zu vergrößern. Andererseits wollte die BRD die EU institutionell für diesen anspruchsvollen Erweiterungsschritt ausrüsten und dabei die eigenen Einflussmöglichkeiten in den EU-Organen nicht zu verringern. Die entscheidende Frage unter der Regierung Schröder war: Wieweit kann Deutschland das Interesse an der Osterweiterung verfolgen, notfalls allein oder gegen den Widerstand einer EU-Mehrheit, ohne die funktionierende europäische Einbindung der Bundesrepublik Deutschland zu gefährden?[381] Diese Frage war auch besonders wichtig im Hinblick auf die kommende deutsche Ratspräsidentschaft im Jahre 1999.

Am Anfang der 1990er Jahre trugen die übrigen EU-Mitglieder die Idee der Erweiterung grundsätzlich, in der Intensität der Unterstützung für die einzelnen Erweiterungsschritte gab es allerdings Unterschiede. Hatten sich die Positionen der übrigen EU-Länder nicht gerade in dem Moment geändert, als sowohl eine innere EU-Reform als auch die konkreten Beitrittsverhandlungen auf die Tagesordnung kamen? Bei der Reform handelte es sich nämlich um zahlreiche heftig diskutierte Bereiche, namentlich die kostspielige Agrarpolitik und die Finanzverfassung der EU. Nicht alle EU-Mitgliedstaaten waren reformfreudig. Michael Dauderstädt und Barbara Lippert analysierten die Grenzen der Reformbereitschaft in einer Studie für die deutsche Präsidentschaft 1999.[382] Die Gruppe der Staaten, welche die Osterweiterung befürworteten, bestand nach ihrer Ansicht nur aus Deutschland und den Niederlanden. In zweiter Linie können außer Großbritannien auch Österreich und die skandinavischen Staaten für eine Erweiterungskoalition unter Führung Deutschlands in Betracht gezogen werden. Für den Erfolg des Erweiterungsprozesses war die Einstellung der großen Mitgliedstaaten wichtig, deshalb werden an dieser Stelle die Ansichten von Frankreich und Großbritannien beleuchtet.

Großbritannien setzte sich allgemein wie die Bundesrepublik Deutschland für die Osterweiterung der Europäischen Union ein. In dieser Hinsicht gab es gemeinsame deutsche und britische Motive. Beide Staaten hatten das gemeinsame Ziel einer stabilitäts- und friedenssichernden Politik gegenüber dem Os-

---

381 Vgl. Deubner, Christian: Deutsche Europapolitik. Von Maastricht nach Kerneuropa? Baden-Baden 1995, S. 121.
382 Dauderstädt, Michael/Lippert, Barbara: Die deutsche Ratspräsidentschaft. Doppelstrategie zur Vertiefung und Erweiterung der EU. Bonn 1998, S. 24.

ten.[383] Das Engagement der konservativen Regierung setzte die britische Regierung von Tony Blair seit 1997 fort. Die Beitrittsverhandlungen begannen mit starker rhetorischer Unterstützung unter der britischen Ratspräsidentschaft im März 1998. Vor diesem Hintergrund muss überprüft werden, ob Großbritannien zu einem führenden Mitgliedstaat im Erweiterungsprozess hätte werden können.

Im Vergleich zu Deutschland hatte Großbritannien keine direkten Wirtschaftsinteressen in Mittel- und Osteuropa und grenzte an keine osteuropäischen Länder. Die britische Position zur Erweiterung kann eher als Politik der pragmatischen Schritte denn als eine Strategie bezeichnet werden. Die Präferenz der Briten zielte primär auf die Schwächung der supranationalen Institutionen der EU.[384] Dieser Trend war unter der konservativen Regierung klar erkennbar, die Regierung Blair wollte sich aber gegenüber Europa positiver einstellen und betonte lediglich die Notwendigkeit geeigneter Reformen (vor allem der Gemeinsamen Agrarpolitik) als Voraussetzung für die erfolgreiche Osterweiterung. Obwohl in vielen Punkten ein Widerspruch zur deutschen Vorstellung einer auch im politischen Bereich vertieften Union bestand, konnte Großbritannien als Nettozahler zu einem deutschen Verbündeten werden.[385] Dies bedeutete aber nicht, dass die Briten die deutschen Positionen in der Nettozahlerdebatte automatisch übernehmen wollten. Ihren Beitragsrabatt haben sie im März 1999 auf dem Gipfel in Berlin heftig verteidigt.[386] Zusammenfassend kann gesagt werden, dass die Briten, gerade einerseits wegen ihrer Nicht-Teilnahme an der Wirtschafts- und Währungsunion, andererseits wegen der Absenz von eigenen direkten Interessen in Zentraleuropa, nicht zu einem

---

383 Lippert, Barbara/Hughes, Kirsty/Grabbe, Heather/Becker, Peter: British and German Interests in EU Enlargement. Conflict and Cooperation. London/New York 2001, S. 9.

384 Vgl. Paterson, William E.: British Perceptions of German European Policy. In: Jopp, Mathias/Schneider, Heinrich/Schmalz, Uwe (eds.): Germany´s European Policy: Perceptions in Key Partner Countries. Bonn 2002, S. 27; vgl. Lippert, Barbara et al.: British and German Interests in EU Enlargement, S. 7.

385 Kreile, Michael: Eine Erweiterungsstrategie für die Europäische Union. In: Weidenfeld, Werner (Hrsg.): Europa Öffnen. Anforderungen an die Erweiterung. Gütersloh 1999, S. 236.

386 Zu den Verhandlungen um die Finanzierung des britischen Beitragsrabatts: *Frankfurter Allgemeine Zeitung* vom 27. März 1999, S. 3 (Helmut Bündel: Blair rettet den Beitragsrabatt für sein Land).

so zentralen Befürworter der Osterweiterung wie Deutschland werden konnten. In der französischen Haltung zur Osterweiterung ließen sich mehrere Tendenzen verfolgen. Für Frankreich war sowohl die eigene Vormachtrolle im Integrationsprozess als auch die Zusammenarbeit mit der Bundesrepublik Deutschland von Bedeutung. Das deutsch-französische Tandem wurde anlässlich des 40. Jahrestags des Elysée-Vertrags (1963) zwischen Frankreich und der Bundesrepublik Deutschland hervorgehoben.[387] Vor allem den deutschen und französischen Entscheidungsträgern im Bereich der Europapolitik war klar, dass eine enge deutsch-französische Allianz für das vereinte Europa unerlässlich ist. Und dies wäre noch dringlicher gewesen, wenn die Franzosen gefürchtet hätten, in einer erweiterten Union an den Rand gedrängt zu werden, und die Deutschen eine gerechte Teilung der Lasten angemahnt hätten.[388]

Außerdem schenkte Frankreich traditionell seine Aufmerksamkeit dem Mittelmeerraum.[389] Folglich setzte sich die französische Regierung im Integrationsprozess für die „südliche" Priorität der EU-Außenpolitik ein, was auch den vorrangigen französischen Sicherheitsinteressen entsprach.[390] Im Zuge der Osterweiterung wurde aber Mittel- und Osteuropa zunehmend eine außenpolitische Priorität in der EU eingeräumt. Das lag direkt im deutschen Interesse und folgte dem deutschen Engagement in Zentraleuropa (Kapitel 4.1.2). Die Franzosen hatten berechtigte Befürchtungen, dass der für Frankreich geopolitisch wichtige Mittelmeerraum im Prioritätenkatalog der Union vernachlässigt wird und die Deutschen durch die Osterweiterung größere Spielräume in Osteuropa bekommen.[391] Weiterhin war eine tief greifende Reform der Agrar- und

---

387   Vgl. Vogel, Wolfram: Frankreichs Europapolitik nach der Wahl. Perspektiven für Deutschland und Europa. *Aktuelle Frankreich-Analysen*, Nr. 18/2002, Deutsch-Französisches Institut (Hrsg.).

388   Vgl. *Berliner Zeitung* vom 21. Januar 2003 (Pascal Lamy und Günter Verheugen: Plädoyer für einen deutsch-französischen Bund).

389   Zu den deutsch-französischen Beziehungen beispielsweise: Webber, Douglas (ed.): The Franco-German Relationship in the European Union. London, New York 1999.

390   Die französische Politik engagierte sich auch in der Geschichte im Mittelmeerraum. Dies entsprach sowohl den französischen Handelsinteressen als auch der Sicherung der südlichen Küste Frankreichs.

391   Vgl. Freudenstein, Roland: Deutschland, Frankreich und die Osterweiterung der Europäischen Union. In: Handeln für Europa. Deutsch-französische Zusammenarbeit in einer veränderten Welt. CIRAC/Forschungsinstitut der DGAP (Hrsg.). Opladen 1995, S. 135.

Strukturpolitik für Frankreich und noch mehr für andere südliche Staaten schwer zu akzeptieren. Dies widersprach aber den deutschen Reformforderungen im Vorfeld der Osterweiterung.

Die oben genannten französischen Vorbehalte spiegelten sich in den Verhandlungen über die EU-Finanzen 1999 wider. In einem wichtigen Punkt führte der Sieg der rot-grünen Koalition in Deutschland bei der Bundestagswahl im Herbst 1998 zu einer Annäherung der Ansichten zwischen Frankreich und Deutschland, in der Frage der institutionellen Reform. Obwohl die deutsche Bundesregierung den Beitrittsprozess zu beschleunigen schien, stimmten die beiden Staaten in der Einschätzung überein, dass die Reform der europäischen Institutionen eine notwendige Voraussetzung für die Osterweiterung ist und einen eindeutigen Vorrang hat. Wie noch bei der Analyse der Nizza-Verhandlungen gesehen wird, sicherte die prinzipielle Annahme, dass die EU einer Reform bedarf, nicht automatisch die Übereinstimmung in den einzelnen Punkten.

Die Hauptaufgabe der deutschen Verhandlungsführer in den 1990er Jahren war die kontinuierliche Ausbalancierung des deutsch-französischen Verhältnisses. Der für die Bundesrepublik Deutschland strategische französische Partner sollte stets in der Position gehalten werden, dass er mit der deutschen Doppelstrategie „Vertiefung und Erweiterung" politisch leben kann. Beispielsweise auch das Schäuble-Lamers-Papier, um ein konkretes Beispiel zu nennen, argumentierte in die Richtung eines deutsch-französischen Motors vom „Kerneuropa" und damit künftig der ganzen erweiterten Union.[392] Dass allerdings die deutschen und französischen Interessen sehr mühsam – und nicht durch Lösungen, sondern lediglich durch Kompromisse – in Einklang gebracht werden konnten, zeigte die letzte große Verhandlungsrunde des Erweiterungsprozesses. Sie fand während des Jahres 2002 statt und brachte in der Frage der Direktzahlungen für die osteuropäischen Landwirte eine heftige deutsch-französische Konfrontation.

---

392 Vgl. Bulmer, Simon/Jeffery, Charlie/Paterson, William E.: Germany´s European Diplomacy: Shaping the Regional Milieu. Manchester 2000, S. 116.

Zusammenfassung

In der Erweiterungsfrage knüpfte die neue rot-grüne Bundesregierung grundsätzlich an die von ihrer Vorgängerin vorgegebene Linie an. Sowohl der Maß an Kontinuität als auch neue Akzente der Regierung Schröder werden in den einzelnen Fallanalysen im dritten Teil dieser Studie untersucht. Obwohl die Vertiefung und Erweiterung der Europäischen Union als zwei Seiten derselben Medaille präsentiert wurden, bestand weiterhin eine unvermeidbare Spannung in der deutschen Europapolitik. Das zentrale Dilemma lag in der Tatsache, dass die Osterweiterung fundamentale Änderungen der EU-Politiken und der Entscheidungsprozesse in der Europäischen Union voraussetzte.[393] Ausgehend vom übergeordneten deutschen Interesse sollte die Osterweiterung die Effektivität des europäischen institutionellen Multilateralismus nicht in Frage stellen. Dies hätte im Endeffekt eine Schwächung der deutschen Position in der Europäischen Union bedeutet.

---

393   Vgl. Hyde-Price, Adrian: Germany and the European order. Enlarging NATO and the EU. Manchester/New York 2000, S. 185.

7.   Die Koordinierung der deutschen Europapolitik – die institutionelle Steuerung der Osterweiterung

Für die großen Mitgliedstaaten der „alten" EU-15 wie Frankreich oder Großbritannien waren seit der Gründung der Europäischen Gemeinschaft (EG) die nationalen Interessen der Schlüssel zur Festlegung politischer Entwicklungen. Die Institutionen transferierten die innerstaatlichen Präferenzen nach Brüssel und trugen sie folglich in den EG-Gremien vor. Demgegenüber im deutschen Fall war von Anfang an die Beziehung zwischen „Interessen, Institutionen und Identität" (Adrian Hyde-Price) komplizierter. Die deutsche Europapolitik lässt sich bis heute durch Merkmale charakterisieren, deren Herausbildung mit den im dritten Kapitel beschriebenen geschichtlichen Sonderentwicklungen zusammenhing. Die Niederlage im Zweiten Weltkrieg und der Charakter der deutschen Identität seit 1945 prägten die Europapolitik der BRD.[394] In den fünfziger Jahren des 20. Jahrhunderts entstand deshalb das Entscheidungs- und Koordinationssystem für die deutsche Europapolitik als ein Gebilde von Institutionen und Vorgängen, die von allen Mitgliedstaaten der Gemeinschaft am wenigsten zentralisiert waren.[395] Trotz partieller Veränderungen im Zusammenhang mit dem Maastricht-Vertrag (1993) und der Amtsübernahme der rotgrünen Bundesregierung (1998) besteht dieses System bis heute im Grundsatz unverändert als Muster des „institutionellen Pluralismus" in der Bundesrepublik Deutschland.[396]

---

394   Zur Diskussion des theoretischen Zusammenhangs: Katzenstein, Peter J.: United Germany in an Integrating Europe. In: Katzenstein, Peter J. (ed.): Tamed Power: Germany in Europe. Ithaca, N.Y. 1997, S. 1–48.

395   Zur Entwicklung der Institutionen zwischen 1951–1989 speziell: Kühn, Jürgen: Die Koordinierung der deutschen Europapolitik. Zentrum für europäisches Wirtschaftsrecht – Vorträge und Berichte, Nr. 33, Bonn 1994.

396   Vgl. Paterson, William E.: European Policy-making: Between Associated Sovereignty and Semisovereignty. In: Green, Simon/Paterson, William E.: Governance in Contemporary Germany. The Semisovereign State Revisited. Cambridge 2005, S. 261–282 (S. 270); Ausführlich zu den Ursprüngen und dem Wandel des Entscheidungssystems deutscher Europapolitik: Bulmer, Simon/Maurer, Andreas/Paterson, William: Das Entscheidungs- und Koordinationssystem deutscher Europapolitik: Hindernis für eine neue Politik? In: Schneider, Heinrich/Jopp, Mathias/Schmalz, Uwe (Hrsg.): Eine

Das Geflecht der amtlichen Institutionen wirkte sich auch während der Koordinierung des deutschen Entscheidungsprozesses in Bezug auf die Erweiterung der Europäischen Union aus. Alle wichtigen Ministerien und andere Akteure wurden in diesen Prozess involviert. Bis 1997 waren die Angelegenheiten der Erweiterungspolitik vorwiegend die Sache der Politik der Bundesregierung.[397] Nachdem die Beitrittsverhandlungen 1998 begannen, bekam einerseits die Osterweiterung einen genaueren zeitlichen Rahmen, andererseits wurden die möglichen Risiken und Kosten klar. Gerade die Verbindung der EU-Reform mit der Osterweiterung stellte eine Warnung für bestimmte sektorale Interessen dar. Dies führte zur erhöhten Aktivität sowohl einiger Ministerien als auch der einzelnen Bundesländer und organisierten Verbände bei den Themen, die für den jeweiligen Akteur von Interesse waren.

Ein typisches, bereits behandeltes Beispiel war die europapolitische Situation der BRD am Ende der Ära Helmut Kohl. Die Bundesregierung verfolgte eine unrealistische Kombination von Zielen. Sie setzte sich für eine Osterweiterung ein, gleichzeitig weigerte sich das Landwirtschaftsministerium, eine Agrarreform zu unterstützen. Darüber hinaus strebte Theo Waigel (Bundesfinanzministerium) eine Verringerung des deutschen Nettobeitrags in die EU an. Eine der Herausforderungen für die neue rot-grüne Bundesregierung war es, aus dieser unhaltbaren Position herauszukommen. Um die deutsche Positionierung gegenüber den europäischen Institutionen und den MOEL in der operativen Phase des Erweiterungsprozesses (1999–2002) zu verstehen, sind an dieser Stelle als Hintergrund die europapolitischen Koordinierungsmechanismen der Bundesrepublik Deutschland zu untersuchen.

7.1 Die Grundlagen der europapolitischen Koordinierung

Zuerst möchte sich der Autor den Wurzeln der deutschen Europapolitik widmen, folglich wird der Stand der Koordinierung während des Erweiterungsprozesses ausführlich analysiert. Die Lage der Koordination europapolitischer Positionen in den fünfziger Jahren des vorigen Jahrhunderts zeigt, dass die

---

neue deutsche Europapolitik? Rahmenbedingungen – Problemfelder – Optionen. Berlin 2001, S. 233ff.

397 Bulmer, Simon/Jeffery, Charlie/Paterson, William E.: Germany's European Diplomacy: Shaping the Regional Milieu. Manchester 2000, S. 106.

Vorentscheidungen der Ära Adenauer wichtig für die später entwickelten Mechanismen waren. In der Anfangsphase der Bundesrepublik hatten die deutschen Institutionen angesichts des „semi-souveränen" Status des westdeutschen Staates nur geringe außenpolitische Verantwortung. Das im Jahre 1951 gegründete Auswärtige Amt (AA) hatte seit dem Inkrafttreten der Römischen Verträge im Jahre 1958 verstärkt eine langfristig orientierte Integrationspolitik zu konzipieren. Mit der Koordinierung des tagespolitischen Geschäfts wurde das Bundesministerium für Wirtschaft (BMWi) betraut.[398] Die Europa-Abteilung des Wirtschaftsministeriums (Abteilung E) diente als Koordinationszentrum europapolitischer Entscheidungsprozesse, sicherte die Informationszuteilung an die anderen Ressorts, an den Bundestag und Bundesrat und erteilte die Weisungen an die Ständige Vertretung der BRD bei der Europäischen Gemeinschaft. Die zentrale Koordinierungsrolle konnte das BMWi sehr gut zu jenen Zeiten wahrnehmen, in denen der wirtschaftliche Charakter der europäischen Integration im Vordergrund stand.[399] Die Aufgaben und Weisungszuständigkeiten des BMWi wurden erst 1998 an das Bundesfinanzministerium (BMF) übertragen. Neben diesen drei Ministerien wurde wegen der Bedeutung der Gemeinsamen Agrarpolitik auch das Bundesministerium für Ernährung, Landwirtschaft und Forsten (BML) in den europapolitischen Entscheidungsprozess eingebunden.[400]

Die Verteilung der Koordinations- und Weisungsverantwortlichkeiten im Bereich der Europapolitik entsprach einerseits den im Grundgesetz verankerten verfassungsrechtlichen Grundlagen für das Handeln der Bundesregierung, andererseits der Vielfalt der europäischen Politikfelder. Außerdem kam seit der Verfassungsänderung im Jahre 1993 auch die dezentrale Struktur Deutschlands

---

398 Bulmer, Simon/Jeffery, Charlie/Paterson, William E.: Das Entscheidungs- und Koordinationssystem deutscher Europapolitik. In: Schneider, Heinrich/Jopp, Mathias/Schmalz, Uwe (Hrsg.): Eine neue deutsche Europapolitik? S. 235.

399 Hoyer, Werner: Nationale Entscheidungsstrukturen deutscher Europapolitik. In: Kaiser, Karl/Eberwein, Wolf-Dieter (Hrsg.): Deutschlands neue Außenpolitik. Bd. 4: Institutionen und Ressourcen. München 1998, S. 77.

400 Nicht nur die Europa-Abteilung des Auswärtigen Amtes und das Bundeswirtschaftsministerium (Abteilung E) und das Landwirtschaftsministerium, sondern auch das Finanzministerium und die Ministerien für Inneres und Justiz waren je nach aktuellem Thema zunehmend in die Europapolitik eingebunden; näher Andreae, Lisette/Kaiser, Karl: Die „Außenpolitik" der Fachministerien. In: Kaiser, Karl/Eberwein, Wolf-Dieter (Hrsg.): Deutschlads neue Außenpolitik. Bd. 4: Institutionen und Ressourcen. München 1998, S. 29–46.

zum Ausdruck.[401] Seither wirken auch die Bundesländer sowohl durch den Bundesrat als auch durch direkte Involvierung in den Entscheidungsprozess maßgeblich an der Europapolitik mit. Die „institutionelle Vielfalt" wurde weiterhin durch die Aufteilung der Macht zwischen Koalitionspartnern in der Regel auf allen politischen Ebenen geprägt. Die Koordinierung fand sowohl auf der horizontalen Ebene innerhalb der Bundesregierung als auch auf der vertikalen Ebene zwischen der Bundes- und Landesebene statt.[402]

Obwohl der Deutsche Bundestag und in bestimmten Fällen auch der Bundesrat den Gesetzesvorlagen, die das europäische Gemeinschaftsrecht in Deutschland umsetzen, zustimmen müssen, war von Anfang der europäischen Integration an aufgrund der Entscheidungsstruktur der EG (die intergouvernementale Rolle des Ministerrates) die Europapolitik vorwiegend exekutivorientiert. Nach dem Grundgesetz (seit 1949) bestimmte der Bundeskanzler die Richtlinien der Politik. Deshalb spielte der Kanzler in der Europapolitik eine wichtige Rolle. Er durfte bei kontroversen Entscheidungen politische Weisungen direkt an die Minister erteilen. Von der Richtlinienkompetenz machten alle Bundeskanzler von Konrad Adenauer bis zu Gerhard Schröder in der Europapolitik Gebrauch.[403] Im Artikel 65 GG wurden darüber hinaus das Kabinettsprinzip und das Ressortprinzip verankert. Nach dem Kabinettsprinzip wurden umstrittene Entscheidungen durch Einigung im Kabinett getroffen.[404] Das Ressortprinzip bestimmte, dass sich die Ministerien mit europapolitischen Fragen innerhalb ihres Kompetenzbereiches eigenständig befassen und die einzelnen Minister damit letztlich für ihre Geschäftsbereiche die Verantwortung tragen. Der Nebeneffekt dieser Teilung von Kompetenzen war ein relativ schwach ausgeprägter Informationsfluss zwischen den Ministerien.

Die deutsche Europapolitik reflektierte auch nach 1990 die institutionellen Merkmale des deutschen politischen Systems, weil sie anders als die „klassi-

---

401 Das maßgebliche Urteil des BVerfG zur verfassungsrechtlichen innerstaatlichen Behandlung der Europapolitik war das so genannte Maastricht-Urteil des BVerfG vom 12. 10. 1993.

402 Bulmer, Simon/Jeffery, Charlie/Paterson, William E.: Germany´s European Diplomacy, S. 22.

403 Zum Beispiel Helmut Schmidts Aktivität zur Initiierung des Europäischen Währungssystems und Helmut Kohls Engagement zur Verabschiedung des Schengener Abkommens.

404 Jarass, Hans D./Pieroth, Bodo: Grundgesetz für die Bundesrepublik Deutschland. München 2000, Kommentar zu Art. 65 GG.

sche" Diplomatie für bilaterale oder internationale Beziehungen unter intensiverem Einfluss der Innenpolitik stand.[405] Die komplizierte Verteilung von Zuständigkeiten und die durch eine dezentrale Struktur charakterisierte Koordinierung stellte – beispielsweise im Vergleich zu dem durch zentrale Ent-Entscheidungsmechanismen ausgestatteten Großbritannien – ein Hindernis dar, deutsche Interessen wirksam innerhalb der Europäischen Union zu vertreten. Einer durchgreifenden Reform, die auf eine Effektivierung der Koordination der deutschen Diplomatie im Bereich der Europapolitik zielen konnte, standen regelmäßig schon existierende Strukturen entgegen.

7.2   Die institutionellen Veränderungen von Maastricht bis 1998

Die Implementierung des Vertrags von Maastricht[406] hat Reformen ausgelöst, die einerseits zur schrittweisen Verschiebung von Kompetenzen innerhalb der Regierung führten, andererseits die Zahl der in der Europapolitik beteiligten aktiven Akteure vermehrten. Das Auswärtige Amt (AA) wurde mit der Ausweitung der europabezogenen Politikfelder (GASP, ZBJI) durch die Gründung der Europäischen Union zum einzigen Bundesministerium, das in allen drei Säulen des Vertrags über die Europäische Union Kompetenzen hatte.[407] Im Jahre 1993 wurde innerhalb des Auswärtigen Amtes eine Europa-Abteilung geschaffen. Der Aufgabenbereich des Wirtschaftsministeriums blieb auch nach Maastricht auf die erste Säule (EG-Vertrag) beschränkt.[408] Die signifikanteste Änderung bestand in der Revision des Grundgesetzes (Artikel 23 und 45). Damit erhielt die Beteiligung der deutschen Länder und der gesetzgebenden Körperschaften des Bundes an der Europapolitik den Verfassungsrang (Artikel 23 II

---

405   Näher Korte, Karl-Rudolf/Maurer, Andreas: Innenpolitische Grundlagen der deutschen Europapolitik: Konturen der Kontinuität und des Wandels. In: Schneider, Heinrich/Jopp, Mathias/Schmalz, Uwe (Hrsg.): Eine neue deutsche Europapolitik? Rahmenbedingungen – Problemfelder – Optionen. Berlin 2001, S. 195–230.

406   Der Vertrag von Maastricht wurde am 7. Februar 1992 von der BRD ratifiziert und mit Gesetz vom 28. Dezember 1992 in Bundesrecht transformiert; BGBl. II S. 1251.

407   Hoyer, Werner: Nationale Entscheidungsstrukturen deutscher Europapolitik. In: Kaiser, Karl/Eberwein, Wolf-Dieter (Hrsg.): Deutschlands neue Außenpolitik, S. 78.

408   Bulmer, Simon/Jeffery, Charlie/Paterson, William E.: Das Entscheidungs- und Koordinationssystem deutscher Europapolitik. In: Schneider, Heinrich/Jopp, Mathias/Schmalz, Uwe (Hrsg.): Eine neue deutsche Europapolitik? S. 244.

GG). Mit der Gründung des Ausschusses für Angelegenheiten der Europäischen Union im Deutschen Bundestag wurde die parlamentarische Rolle im europapolitischen Entscheidungsprozess aufgewertet.

Noch vor Ratifizierung des Vertrags von Maastricht wurde im September 1991 ein ständiger Europaausschuss im Deutschen Bundestag gebildet, der sich aber nicht wirksam gegen den traditionell starken Auswärtigen Ausschuss durchsetzen konnte.[409] Der Europaausschuss wurde folglich mit Art. 45 GG verpflichtend verfassungsrechtlich eingeführt und mit bestimmten Sonderrechten ausgestattet. Er sollte mithin die Effektivität der Mitwirkung des Bundestages an der Europapolitik erhöhen und dem deutschen Beitrag zur europäischen Rechtsetzung eine demokratische Legitimation verschaffen. [410]

Die zweite große Veränderung auf der Ministerialebene kam mit dem Regierungswechsel 1998 und den Koalitionsvereinbarungen zwischen der SPD und Bündnis 90/Die Grünen. Im Oktober 1998 wurden die Kompetenzen des Bundesministeriums für Wirtschaft an das Auswärtige Amt und das Finanzministerium übertragen. Die Koordinierungsaufgaben erhielt das AA und das BMF bekam die Weisungszuständigkeiten des BMWi. Diese Maßnahmen waren politisch motiviert und sollten die Machtbasis von Oskar Lafontaine (damals in seiner Funktion als Vorsitzender der SPD) als Gegenpol zu Gerhard Schröder im Bundeskanzleramt verstärken.[411] Mit diesen Änderungen entstanden unter anderem die institutionellen Grundlagen für die Begleitung des Erweiterungsprozesses, während dessen die Regierungsinstitutionen von ihren Entscheidungskompetenzen Gebrauch gemacht haben und der Bundestag und Bundesrat ihre Kontrollmechanismen entfaltet haben.

Im nächsten Abschnitt wird die Lage der deutschen Europapolitik im Zeitraum nach Beginn der Beitrittsverhandlungen mit der so genannten Luxemburg-Gruppe von Beitrittskandidaten im Jahre 1998 erörtert. Der Amtsantritt und die Regierungsperiode der ersten rot-grünen Bundesregierung 1998 bis 2002 fiel zeitlich mit der praktischen Verhandlungsphase zwischen der EU und

---

409   Fuchs, Michael: Der Ausschuss für die Angelegenheiten der Europäischen Union des Deutschen Bundestages – kein Ausschuss wie jeder andere! Sekretariat des Ausschusses für die Angelegenheiten der EU (Hrsg.), Berlin 2003, S. 8.

410   So gefordert insbesondere von BVerfGE 89, 155 (184f.), Maastricht-Urteil des BVerfG.

411   Bulmer, Simon/Jeffery, Charlie/Paterson, William E.: Das Entscheidungs- und Koordinationssystem deutscher Europapolitik, In: Schneider, Heinrich/Jopp, Mathias/Schmalz, Uwe (Hrsg.): Eine neue deutsche Europapolitik? S. 244 und 250.

den MOE-Ländern zusammen, die letztendlich zum erfolgreichen Abschluss der Beitrittsverhandlungen in Kopenhagen im Dezember 2002 führte. Sowohl die Grundlagen der europapolitischen Institutionen der Bundesrepublik Deutschland als auch die Veränderungen im Koordinationssystem der deutschen Europapolitik zwischen 1993 und 1998 wirkten sich auf die Steuerung der deutschen Erweiterungspolitik und die Begleitung des Beitrittsprozesses aus.

7.3 Die Koordinierung der Erweiterungspolitik auf der Regierungsebene

7.3.1 Die Ministerien

Wie in anderen europapolitischen Fragen spielte der Einfluss der Bundesregierung auf die deutschen Positionen in Brüssel bezüglich der EU-Osterweiterung die zentrale Rolle. Die Koordinierungsinstanz der deutschen Erweiterungspolitik stellte das Auswärtige Amt (AA) dar. [412] Obwohl das AA ohne Zweifel in den 1990er Jahren seine Position im Entscheidungs- und Koordinationssystem der Europapolitik verstärken konnte, nahm es – verglichen mit den Außenministerien anderer EU-Staaten – keinen herausragenden Platz in der deutschen Politik in Brüssel ein. Es bestand weiterhin innerhalb des AA eine gewisse Konkurrenz zwischen „Diplomaten" aus der Politischen Abteilung und „Koordinatoren" der 1993 gebildeten Europa-Abteilung (zum Beispiel bezüglich der Koordinierung der GASP). Für die Erweiterungspolitik wurde allerdings im Jahre 1999 die Kompetenzzuteilung durch die Zusammenführung des politischen und des organisatorischen Bereichs auf der oberen Ebene des AA (Ernennung eines Beauftragten) gelöst.

Darüber hinaus nahm das Auswärtige Amt eine führende Rolle in den Beziehungen zu den mittel- und osteuropäischen Staaten ein. Das AA konnte über die bilaterale Ebene Einfluss ausüben. An den Botschaften in den Beitrittsländern wurden die Arbeitsstellen der so genannten Europabeauftragten

---

412 Näher zur Rolle des Auswärtigen Amtes: Bulmer, Simon/Jeffery, Charlie/Paterson, William E.: Das Entscheidungs- und Koordinationssystem deutscher Europapolitik, In: Schneider, Heinrich/Jopp, Mathias/Schmalz, Uwe (Hrsg.): Eine neue deutsche Europapolitik? S. 245f.

eingerichtet. Diese waren für die europapolitischen Kontakte mit dem Gastland zuständig und hierfür auch die Ansprechpartner des Auswärtigen Amtes.[413] Die Kompetenzausweitung des AA bezüglich Mittel- und Osteuropa geschah unter anderem auch mittels direkter Weisungen an die Ständige Vertretung in Brüssel. Der Organisationserlass des Bundeskanzlers von 1998 bestätigte die bereits bestehende Zuständigkeit des AA für die Erteilung von Weisungen an den Ausschuss der Ständigen Vertreter (AStV – Teil II), das zentrale Vorbereitungsgremium für die gesamte Ratsarbeit. Die Weisungen an den AStV – Teil I koordinierte seit 1998 das Finanzministerium, außer zu Materien, bei denen das AA nach der Aufgabenteilung innerhalb der Bundesregierung federführend war (einschließlich Angelegenheiten des Europäischen Parlaments).[414]

Darüber hinaus übernahm das AA koordinierende Funktionen für einige Sonderbereiche ressortübergreifender Natur, zu denen die Regierungskonferenzen (Amsterdam und Nizza) und vor allem die Erweiterung der Europäischen Union gehörten. Für den Bereich der Osterweiterung wurde im Jahre 1999 ein „Beauftragter für Erweiterung der EU", Ministerialdirigent Christoph Jessen, ernannt.[415] Die einzelnen erweiterungsrelevanten Fachbereiche wurden weiterhin von den jeweiligen Ressorts bearbeitet, das Auswärtige Amt übernahm lediglich die Koordination. Die unmittelbare Verantwortung für die Koordination des gesamten Prozesses der innerstaatlichen Willensbildung zum europapolitischen Vorhaben der EU-Erweiterung lag beim zuständigen Referat E 09, das der obersten politischen Leitung der Europa-Abteilung des Auswärtigen Amtes unterstellt war (Leiter der Europa-Abteilung im AA war Ministerialdirigent Eckhard Cuntz).[416]

Das Bundesfinanzministerium (BMF) wurde durch die Übernahme der Aufgaben des BMWi zur „Nummer 2" unter den Bundesministerien in der

---

413 Hoyer, Werner: Nationale Entscheidungsstrukturen deutscher Europapolitik. In: Kaiser, Karl/Eberwein, Wolf-Dieter (Hrsg.): Deutschlands neue Außenpolitik, S. 79f.

414 EU-Handbuch. EU-Verfahren und Unterrichtungsaufgaben der Bundesregierung, insbesondere im parlamentarischen Raum, Bundesministerium der Finanzen, Abteilung Europapolitik (Hrsg.). Berlin 2002, S. 14 (Unterpunkt e) Koordinierung der AStV-Weisungen).

415 Organigramm des Auswärtigen Amtes, Quelle: Intranet des Deutschen Bundestages, Stand vom 3. April 2003.

416 Organigramm des AA, Quelle: Intranet des Deutschen Bundestages, Stand vom 3. April 2003.

deutschen Europapolitik.[417] Es bekam das Weisungsrecht gegenüber dem AStV-I und führte den stellvertretenden Vorsitz im Ausschuss der Europastaatssekretäre.[418] Im Zeitraum 1999–2002 profilierte sich das BMF unter Bundesminister Hans Eichel nicht so stark wie unter Theo Waigel bis 1998, es vertrat allerdings aktiv die deutschen europapolitischen Forderungen nach Finanzierungsgerechtigkeit im EU-Haushalt. Bei den Themen wie *Agenda 2000* oder Direktbeihilfen für die Landwirte der Beitrittsländer, die finanzrelevant waren und damit mit der schwierigen deutschen Haushaltslage zusammenhingen, vertrat das BMF harte Positionen vor allem gegenüber der Nettoempfängerkoalition in der Europäischen Union.

Das Landwirtschaftsministerium gehörte in den 1990er Jahren zu den Bastionen sektoraler Europapolitik, die sich jeder Form der Koordination zu entziehen versuchte.[419] Das BML leistete Widerstand gegen durchgreifende Reform der Agrarpolitik in der EU.[420] In den Erweiterungsprozess waren auch andere Ministerien eingebunden, welche die einzelnen Materien aufarbeiteten. Für die Frage der Arbeitnehmerfreizügigkeit, die im Frühjahr 2001 verhandelt wurde, war beispielsweise das Bundesministerium für Arbeit zuständig.[421]

Die Aufgabe des Auswärtigen Amtes im Erweiterungsprozess bestand darin, die Gesichtspunkte der Ressorts zu den einzelnen Fragen abzuschätzen. Dies geschah vor allem im Hinblick darauf, ob die endgültige Position bei den zwischenstaatlichen Verhandlungen in Brüssel durchzusetzen sei. Dabei musste das AA die Lösung auch aus dem Blickwinkel der osteuropäischen Verhandlungspartner betrachten. Die vorgeschlagene EU-Gesamtposition sollte auf

---

417   Bulmer, Simon/Jeffery, Charlie/Paterson, William E: The European Policy-Making Maschinery in the Berlin Republic: Hindrance or Handmaiden? *German Politics*, Vol. 10, No. 1/2001, Special Issue, S. 188.

418   Während der Beitrittsverhandlungen war Staatssekretär Ciao Koch-Weser im Amt.

419   Bulmer, Simon/Jeffery, Charlie/Paterson, William E.: Das Entscheidungs- und Koordinationssystem deutscher Europapolitik. In: Schneider, Heinrich/Jopp, Mathias/Schmalz, Uwe (Hrsg.): Eine neue deutsche Europapolitik? S 248.

420   Dies verschlechterte die Verhandlungsposition der Regierung Kohl gegenüber seinen Partnern in der EU, beispielsweise während der Verhandlungen um Vertrag in Amsterdam. Helmut Kohl hat die sektoralen Interessen berücksichtigt, auch wenn sie seiner Gesamtkonzeption der Reformen in der EU entgegen liefen.

421   Bestätigt im Hintergrundgespräch mit hohen Beamten des AA (Referat E 09), das Interview wurde im Mai 2003 durchgeführt.

solche Weise vorgeschlagen werden, dass sie für die Beitrittsländer zumutbar war und dem deutschen Interesse an der Osterweiterung entsprach.[422]

Innerhalb des Koordinierungssystems der deutschen Europapolitik waren zwischen 1998 und 2002 Mechanismen zur Konfliktlösung vorhanden. Auch hinsichtlich der Osterweiterung lautete der Grundsatz der Europakoordination, dass die Abstimmung der Streitfragen auf der niedrigst möglichen Ebene erfolgen sollte. Das fachlich zuständige Referat stimmte das Vorhaben mit den beteiligten Referaten anderer Ressorts ab. Die Erarbeitung von Positionen wurde auf die nächst höhere Ebene erst dann verlagert, wenn eine Einigung nicht erzielt werden konnte. Wenn die untere Ebene der Referatsleiter und der Unterabteilungsleiter auch nicht zu einer Kompromisslösung kam, wurde die Sachfrage zwischen den Abteilungsleitern ausgehandelt. Für die Konfliktlösung der Fragen zum Thema EU-Osterweiterung auf der Abteilungsleiterebene war der Beauftragte Christoph Jessen im AA verantwortlich. Soweit eine Einigung auf unteren Abteilungsleiterebenen nicht erreicht wurde, wurde eine Klärung auf der oberen Staatssekretärebene angestrebt.

Die Schlüsselposition bezüglich der politischen Grundsatzentscheidungen im Auswärtigen Amt besaß der Staatsminister für Europa (vorher Staatssekretär für Europapolitik).[423] Während den Beitrittsverhandlungen zwischen 2000 und 2001 wurde mit dieser Funktion der Staatssekretär im Auswärtigen Amt, Günter Pleuger, und in der zweiten Amtsperiode von Bundeskanzler Schröder seit 2002 der Staatsminister für Europa Hans Martin Bury betraut.[424] Das höchste innenpolitische Koordinationsgremium für Europapolitik war auch in der Zeit der Beitrittsverhandlungen der Ausschuss der Europastaatssekretäre, in dem sich die für Europapolitik zuständigen Staatssekretäre der wichtigsten Ressorts regelmäßig trafen. Diesem Staatssekretärausschuss für Europafragen gehörte neben dem Vertreter des AA (Vorsitz) nur eine begrenzte Zahl von ständigen Mitgliedern an. Diese waren die Europastaatssekretäre des Bundesministeriums für Finanzen (BMF, stellvertretender Vorsitz), Bundesministeri-

---

422 Hintergrundgespräch mit hohen Beamten des AA (Referat E 09), das Interview wurde im Mai 2003 durchgeführt.

423 Die Funktion des Staatssekretärs für Europapolitik wurde im Jahre 1972 errichtet. Folglich ging auch die Koordination des Staatssekretärauschusses für Europaangelegenheiten auf das AA über.

424 Während der konservativ-liberalen Regierung Kohl war in dieser Position bis 1998 der Staatsminister Werner Hoyer (FDP).

ums für Wirtschaft (seit 2003 Bundesministerium für Wirtschaft und Arbeit), Bundesministeriums für Landwirtschaft (seit 2001 Bundesministerium für Verbraucherschutz, Ernährung und Landwirtschaft), Bundesministeriums des Inneren, Bundesministeriums für Justiz, Bundesministeriums für Umweltschutz und der Leiter der Ständigen Vertretung in Brüssel.[425] Den Vorsitz im Staatssekretärausschuss führte der Staatsminister für Europa im Auswärtigen Amt. In der Ausschusssitzung, die grundsätzlich einmal im Monat stattfand, wurden Beschlüsse zu europapolitischen Grundsatzthemen verabschiedet. Im Staatssekretärausschuss wurden vorwiegend politische Fragen erörtert, damit eine abschließende Einigung erzielt wurde, ohne dass sich das Kabinett damit befassen musste.[426] Die höchste Problemlösungsebene war dann im Kabinett angesiedelt.

Die Hauptaufgabe der „Koordinatoren" im AA zwischen 1999 und 2002 war es ein zügiges Voranschreiten der Beitrittsverhandlungen zu garantieren. Gleichzeitig wollten die deutschen Verhandlungsführer in Brüssel den deutschen Positionen Gehör verschaffen. Die vom Referat E 09 des Auswärtigen Amtes vorbereiteten Weisungen an die Ständige Vertretung der BRD in Brüssel mussten in jedem Fall eine Gesamtposition der Bundesregierung darstellen. Die politische Linie spiegelte in der Regel nicht nur die fachliche Beurteilung der einzelnen Fragen aus der Ministerialsicht wider, sondern entsprach in der Regel dem Ergebnis einer breiten Diskussion, an der auch Interessenverbände, Parteien, Wissenschaftler und Parlamentarier der Länder beteiligt waren. Daran ist zu sehen, dass die Außenpolitik nicht nur traditionell durch das AA umgesetzt wurde, sondern auch durch die einzelnen Akteure der „gesellschaftlichen" Außenpolitik.[427] Da die Osterweiterung die deutschen Interessen stark betraf, rief sie einen vielschichtigen Entscheidungsprozess hervor, an dessen Spitze der Bundeskanzler stand. Daher sind im Folgenden auch die Kompetenzen und Aufgaben des Bundeskanzleramtes näher zu beleuchten, das den Kanzler in seiner Tätigkeit unterstützte.

---

425 EU-Handbuch. EU-Verfahren und Unterrichtungsaufgaben der Bundesregierung, insbesondere im parlamentarischen Raum, Bundesministerium der Finanzen, Abteilung Europapolitik (Hrsg.). Berlin 2002, S. 12. An den Beitrittsverhandlungen beteiligte sich der Botschafter Dr. Schönfelder.

426 Vgl. Hoyer, Werner: Nationale Entscheidungsstrukturen deutscher Europapolitik. In: Kaiser, Karl/Eberwein, Wolf-Dieter (Hrsg.): Deutschlands neue Außenpolitik, S. 78.

427 Katzenstein, Peter J.: Germany and Mitteleuropa. An Introduction. In: Katzenstein, Peter J. (ed.): Mittereuropa – between Europe and Germany. Oxford 1997, S. 24f.

Das Kanzleramt hatte keine originäre Kompetenz hinsichtlich der Koordinierung der Regierungspolitik, doch der Bundeskanzler spielte eine herausragende Rolle im Erweiterungsprozess der Europäischen Union. Der Kanzler musste bei jedem Entschluss die politische, gesellschaftliche und wirtschaftliche Wirklichkeit seines Landes berücksichtigen. Dabei musste er innenpolitisch auf seinen Koalitionspartner Bündnis 90/Die Grünen, außenpolitisch unter anderem auf die Stimmung in den Beitrittsländern und die Positionen der anderen EU-Mitglieder, Rücksicht nehmen.

Das Bundeskanzleramt war ursprünglich kein Planungs- und Entscheidungszentrum für die deutsche Europapolitik.[428] Unter Helmut Kohl wurde aber durch persönliche Initiativen des Kanzlers die Rolle des Kanzleramtes aufgewertet.[429] Die mit der Eröffnung einer Beitrittsperspektive für die MOE-Länder verbundene Bestimmung der so genannten Kopenhagener Kriterien im Jahre 1993 war eine höchst politische Grundsatzentscheidung. Sie hat gezeigt, dass die bedeutende strategische Ausrichtung der Europapolitik in der ersten Linie vom Bundeskanzleramt kam. Auch während der Beitrittsverhandlungen seit 1998 bestimmte Gerhard Schröder die strategischen Prioritäten Deutschlands. Dabei ist hervorzuheben, dass das Kanzleramt trotzdem über sehr begrenzte Ressourcen im Vergleich zu den Ministerien verfügte.[430] Bis November 2002 wurden die europabezogenen Aufgaben von der Abteilung 2 des Kanzleramtes wahrgenommen, während die Abteilung 4 die Aufgabe hatte, die aktuelle Tagespolitik zu überblicken. In der zweiten Regierungsperiode der rot-grünen Bundesregierung wurde das Kanzleramt reformiert. Im November 2002 entstand eine neue Abteilung 5 unter Ministerialdirektor Reinhard Silberberg, die ausschließlich für die Europapolitik zuständig war.[431] Die Europafra-

---

428 Vergleich mit dem britischen „Cabinet Office"; zur britischen Erweiterungspolitik Lippert, Barbara/Hughes, Kirsty/Grabbe, Heather/Becker, Peter: British and German Interests in EU Enlargement. Conflict and Cooperation. London/New York 2001, S. 6ff.

429 Vgl. Gaddum, Eckart: Die deutsche Europapolitik in den 80er Jahren. Paderborn 1994, S. 73f.

430 Bulmer, Simon/Jeffery, Charlie/Paterson, William E.: Das Entscheidungs- und Koordinationssystem deutscher Europapolitik. In: Schneider, Heinrich/Jopp, Mathias/Schmalz, Uwe (Hrsg.): Eine neue deutsche Europapolitik? S. 252ff.

431 Organisationsplan des Bundeskanzleramtes vom 2. April 2003.

gen wurden somit durch Schaffung einer eigenständigen Abteilung aufgewertet, und der Leiter dieser Abteilung wurde faktisch zum europapolitischen Berater des Bundeskanzlers.

Anhand der deutschen Positionierung im Erweiterungsprozess der EU können die wichtigsten Aufgaben des Bundeskanzleramtes betrachtet werden. Erstens spielte das Kanzleramt eine Schlüsselrolle in den bilateralen Beziehungen zu den EU-Partnern. Mit west- und südeuropäischen Staaten beschäftigte sich das Referat 211, für die deutsch-französischen Beziehungen wurde ein gesonderter Arbeitsstab unter Führung der Beraterin des Bundeskanzlers Schröder, Brigitte Sauzay, gebildet.[432] Zweitens besaß das Kanzleramt eine strategische Bedeutung bei der Vorbereitung der Treffen der Staats- und Regierungs-Regierungschefs im Europäischen Rat. Zum Beispiel während der deutschen Ratspräsidentschaft 1999 und den Verhandlungen um die *Agenda 2000* unterstützte das Bundeskanzleramt den Kanzler in der Aufgabe, die schwierige deutsche Haushaltslage und die Nettozahlerposition der Bundesrepublik Deutschland mit der Notwendigkeit eines erfolgreichen Abschlusses der *Agenda*-Verhandlungen in Einklang zu bringen.[433] Drittens stand das Kanzleramt dem Kanzler in den Fällen zur Hilfe, wenn er *Ad-hoc*-Initiativen ergriff, um schnelle Lösungen von kontroversen oder diskussionsbedürftigen Fragen zu bewirken.

Als signifikantes Beispiel der Aktivität des Kanzleramtes dient „die Arbeitnehmerfreizügigkeit" der Arbeitskräfte aus den neuen Mitgliedstaaten. Dieses Problemfeld wurde unter Bundeskanzler Kohl nicht thematisiert, weil 1995, als die Frage zum ersten Mal aufgeworfen wurde, die konkreten Beitrittsverhandlungen überhaupt noch nicht auf der Tagesordnung standen. Bis Dezember 2000 gab es keine offizielle Position der Bundesregierung, obwohl die Gewerkschaften eine Übergangsfrist von bis zu zwanzig Jahren forderten, und damit den freien Zutritt für die Arbeitnehmer aus den MOE-Ländern auf den deutschen Arbeitsmarkt praktisch verhindern wollten. Im Dezember 2000 erwähnte Bundeskanzler Gerhard Schröder in seiner Rede in Weiden eine siebenjährige flexible Übergangsfrist als eine für die Bundesregierung wünschenswerte Lösung. Damit ergriff der Bundeskanzler die Initiative und mischte sich in den europapolitischen Entscheidungsprozess direkt ein. Er bestimmte sogar persönlich den Zeitpunkt der Intervention. Der Kanzler erwähnte seine Position

---

432   Ebd. Organigramm des Bundeskanzleramtes (Recherche vom Mai 2003).
433   Vgl. die ausführliche Darstellung im Kapitel 8 dieser Studie.

zwei Jahre vor der Bundestagswahl und rief damit eine relativ sachliche Diskussion zu diesem äußerst sensiblen Thema hervor.[434]

Zusammenfassend gleichen die Funktionen des Bundeskanzleramtes in der Europapolitik eher einem „*troubleshooting*" und „*early warning*" als einer Koordinierung im engen Sinne des Wortes.[435] Das Kanzleramt ist nicht wie das AA in der Lage, die europapolitische Routinearbeit zu erledigen und hat folglich keine Managementfunktion, sondern wird beispielsweise dann tätig, wenn es gilt, Konflikte unter den einzelnen Ressorts vorzubeugen. Auch bei einem grundlegenden Streit zwischen der Koordinationsstelle im Auswärtigen Amt und einem Fachministerium wird das Bundeskanzleramt eingeschaltet. Der Bundeskanzler entscheidet dann die umstrittene politische Frage laut Grundgesetz im Rahmen seiner Richtlinienkompetenz.[436]

7.4   Die parlamentarische Behandlung der Europapolitik

Die Osterweiterung der Europäischen Union betraf die meisten gesellschaftlichen und wirtschaftlichen Bereiche sowohl in den Beitrittsländern als auch in der Bundesrepublik Deutschland. Deutschland grenzte an die zukünftigen neuen Mitgliedstaaten an und deshalb war auch die Wahrnehmung des ganzen Prozesses in der BRD viel intensiver als in den anderen „alten" EU-Mitgliedstaaten. Dies bewies auch die dauerhafte und aufmerksame Begleitung

---

434 Bestätigt im Hintergrundgespräch mit einem Beamten der Abteilung 5 des Bundeskanzleramtes; das Interview wurde im Mai 2003 durchgeführt. Vgl. die ausführliche Darstellung im Kapitel 10 dieser Studie.

435 Das Kanzleramt greift in die Angelegenheit, welche die Ministerien im Normalfall erledigen, nur dann ein, wenn die Materie einen Konflikt ausgelöst hat („*troubleshooting*"). Im anderen Fall greift das Kanzleramt ein, um einen Konflikt zu vermeiden („*early warning*").

436 Signifikantes Beispiel von Nutzung der Richtlinienkompetenz des Bundeskanzlers war der Ratsbeschluss über die Altautorichtlinie vom Februar 1999. Bundeskanzler Gerhard Schröder machte auf massiven Druck der Automobilhersteller von seiner Richtlinienkompetenz Gebrauch und kippte die Ratsentscheidung, nachdem die deutsche Position nach Brüssel bereits eingereicht worden war. Dieser Fall illustriert die Möglichkeiten des Kanzlers, das ganze Koordinationssystem außer Kraft zu setzen; näher: Bulmer, Simon/Jeffery, Charlie/Paterson, William E.: Das Entscheidungs- und Koordinationssystem deutscher Europapolitik. In: Schneider, Heinrich/Jopp, Mathias/Schmalz, Uwe (Hrsg.): Eine neue deutsche Europapolitik? S. 251f.

der Beitrittsverhandlungen im Deutschen Bundestag. Die nationalen Abgeordneten nutzten ihre Kompetenzen in der Europapolitik und waren damit in die Generierung erweiterungsrelevanter Positionen involviert. Einleitend wird dieses Unterkapitel den allgemeinen Kontroll- und Mitwirkungsrechten des Bundestages in der Europapolitik gewidmet. Der zweite Teil der Analyse wird sich mit den konkreten Vorgängen im Bundestag bezüglich der Osterweiterung und mit der Rolle des Bundesrates in der Europapolitik beschäftigen.

7.4.1 Deutscher Bundestag und der Europaausschuss

Der Deutsche Bundestag besaß während der Beitrittsverhandlungen weitgehende Einflussmöglichkeiten gegenüber der Bundesregierung in europapolitischen Fragen.[437] Er nahm seine Kontrollaufgabe vor allem durch den Ausschuss für die Angelegenheiten der Europäischen Union des Deutschen Bundestages (im weiteren Text der Europaausschuss oder EU-Ausschuss) wahr.[438] Der Europaausschuss war der zentrale Ort des europapolitischen Entscheidungsprozesses im Parlament. Dort fand der intensivste und kontinuierlichste Dialog zwischen Bundesregierung und Bundestag statt. Durch diesen Ausschuss konnte das Parlament den Einfluss auf die von der Regierung betriebene Europapolitik ausüben.

Die besondere Stellung des Europaausschusses resultierte neben dem Verfassungsrang des Ausschusses (Art. 45 GG) daraus, dass der Deutsche Bundestag ein eigenes „Gesetz über die Zusammenarbeit von Bundesregierung und Deutschem Bundestag in Angelegenheiten der Europäischen Union" (EUZBBG) erlassen hat.[439] Art. 23 Abs. 2 GG sicherte dem Europaausschuss zu, dass er über die vorliegenden EU-Vorhaben samt allen Ratsvorschlägen von der Bundesregierung umfassend und zum frühest möglichen Zeitpunkt

---

437   Zum Vergleich der Mitwirkungsrechte der nationalen Parlamente bei der Europapolitik der Regierungen der EU-Staaten: Maurer, Andreas: Nationale Parlamente in der Europäischen Union – Herausforderungen für den Konvent. *Integration*, Jg. 25, Nr. 1/2002, S. 25f; zum aktuellen Stand der parlamentarischen Beteiligungsrechte Beichelt, Timm: Deutschland und Europa. Die Europäisierung des politischen Systems, Wiesbaden 2009, S. 245ff.
438   Art. 23 II i.V.m. Art. 45 GG.
439   Gesetz vom 12. März 1993, BGBl. I, S. 311.

informiert wird.[440] Die Kenntnisnahme erfolgte durch den Direktor beim Deutschen Bundestag.[441] Das EUZBBG konkretisiert das Verfahren der Zusammenarbeit von Parlament und Regierung. Die Bundesregierung unterrichtet laut EUZBBG den Bundestag „unverzüglich über ihre Willensbildung, über den Verlauf der Beratungen, über die Stellungnahmen des Europäischen Parlaments und der Europäischen Kommission, über die Stellungnahmen der anderen Mitgliedstaaten sowie über die getroffenen Entscheidungen."[442] Der Deutsche Bundestag und damit der Europaausschuss werden mithin nicht erst über die Ergebnisse informiert, sondern müssen über alle laufenden Vorgänge in Kenntnis gesetzt werden.[443] In den Fällen, in denen die „Mitwirkung" in einem Beschluss des Bundestages besteht, hat die Bundesregierung dessen Nichtberücksichtigung allerdings nur politisch zu verantworten.

Mit der Materie der Angelegenheiten der EU beschäftigten sich während der Erweiterung auch die anderen Bundestagsausschüsse, die für die einzelnen Bereiche wie Landwirtschaft, Energiepolitik, Verkehr fachlich zuständig waren. Der Europaausschuss war in seiner Funktion als Integrationsausschuss jedoch verantwortlich für Grundsatzfragen der europäischen Integration. Zu diesen Fragen gehörten die institutionelle Reform, die Verhandlungen im Konvent 2002–2003 und der gesamte Erweiterungsprozess der Europäischen Union. Der EU-Ausschuss befasste sich mithin mit zentralen integrationspolitisch relevanten Themen, dazu gehörten auch sämtliche Vertragsänderungen und die

---

440 Vgl. BT-Drucksache 12/6000, Empfehlungen der Gemeinsamen Verfassungskommission; Zur Informationspflicht der Bundesregierung umfassend: Jarass, Hans D./Pieroth, Bodo: Grundgesetz für die Bundesrepublik Deutschland. Kommentar, Art. 23, Rn. 50.

441 Zur förmlichen Zuteilung von EU-Vorhaben an den Deutschen Bundestag: Ressortabsprache Unterrichtung des Deutschen Bundestages gemäß § 3 ff. des Gesetzes über die Zusammenarbeit von Bundesregierung und Deutschem Bundestag in Angelegenheiten der Europäischen Union (EUZBBG) vom 12. März 1993, abgedruckt, in: EU-Handbuch. EU-Verfahren und Unterrichtungsaufgaben der Bundesregierung, insbesondere im parlamentarischen Raum, Bundesministerium der Finanzen, Abteilung Europapolitik (Hrsg.). Berlin 2002, Anlage 18, S. 121.

442 EUZBBG vom 12. März 1993, in: Die Rechtsgrundlagen des Ausschusses für die Angelegenheiten der Europäischen Union des Deutschen Bundestages. Texte und Materialien, Band 1, Deutscher Bundestag (Hrsg.). Berlin 2002, S. 5.

443 Zu den Mitwirkungsrechten des Deutschen Bundestages speziell: Hölscheidt, Sven: Mitwirkungsrechte des Deutschen Bundestages in Angelegenheiten der EU. *Aus Politik und Zeitgeschichte*, B 28/2000, S. 31 ff.

Haushaltsfragen der Europäischen Union. Dafür besitzt der EU-Ausschuss bestimmte Sonderrechte. § 93a der Geschäftsordnung des Bundestages (GOBT) regelt Befugnisse, die allein dem EU-Ausschuss zustehen.[444]

Unter bestimmten Voraussetzungen (unter anderem auf Antrag einer Fraktion oder von fünf Prozent der Mitglieder des Bundestages) kann der Ausschuss an Stelle des Plenums Stellungnahmen unmittelbar gegenüber der Bundesregierung abgeben.[445] Ein Beispiel für einen plenarersetzenden Beschluss war der Bericht des Ausschusses vom 4. Juli 2001 zur Verfassungsdiskussion in der Europäischen Union. Er wurde laut Verfahren nach § 93a Abs. 3 Satz 2 GOBT beschlossen. Der Bericht sollte die Regierung darauf aufmerksam machen, „dass die nationalen Parlamente und das Europäische Parlament im Interesse der demokratischen Legitimation und Transparenz bei der Weiterentwicklung der Europäischen Verträge künftig einen Beitrag leisten müssen".[446] Das erfolgreiche Vorbild des Konvents, der die Europäische Grundrechtscharta erarbeitet hatte, sollte für die Vorbereitung der Regierungskonferenz 2004 genutzt werden. Diese Grundlage, welche die Zusammensetzung des Konvents betraf, trug dazu bei, dass in diesem offenen und transparenten Prozess auch die Vertreter der Beitrittsländer eingebunden waren und mithin an der Diskussion über die Gestaltung der Zukunft des erweiterten Europa mitwirken konnten.

Zu weiteren Sonderrechten des Europaausschusses gehört das Recht auf eine Sondersitzung. Wenn es die Terminplanung der EU-Organe erfordert, kann der EU-Ausschuss in Absprache mit dem Bundestagspräsidenten Sondersitzungen auch außerhalb von Sitzungswochen einberufen. Damit können die Abgeordneten auf die relativ raschen Brüsseler Prozesse rechtzeitig und wirksam reagieren. Die Kontroll- und Sonderrechte werden allerdings von den deutschen Parlamentariern in der Regel weniger intensiv genutzt. Im Mittelpunkt ihrer Arbeit steht die Begleitung der Entscheidungen in der Europäischen Union. Was die parlamentarische Kontrolle betrifft, geht es eher um die

---

444 Zu Beginn der 13. Legislaturperiode wurde eine Neufassung des § 93 GOBT und die Einführung eines neuen § 93 a GOBT vorgenommen.

445 Geschäftsordnung des Deutschen Bundestages. In: Kirchhof, Paul/Kreuter-Kirchhof, Charlotte (Hrsg.): Staats- und Verwaltungsrecht der BRD. Textbuch Deutches Recht. 46. Aufl. Heidelberg 2008, § 93 a.

446 BT-Drucksache 14/6643, abgedruckt, in: Ausschuss für die Angelegenheiten der Europäischen Union. Beiträge zur Verfassungsdiskussion in der Europäischen Union. Texte und Materialien, Band 25, 2001, S. 97 ff.

Pflege von Kontrollansprüchen gegenüber der Regierung, damit die Kontroll-
rechte des Parlaments im Falle einer „echten" Meinungsverschiedenheit zwischen der Regierung und dem Parlament effektiv genutzt werden können.[447]
    Charakteristisch für den Europaausschuss ist eine Doppelmitgliedschaft.
Sie bedeutet, dass die meisten Mitglieder gleichzeitig auch Mitglieder in anderen
Fachausschüssen sind. Der Europaausschuss setzt sich folglich aus Fachleuten
aus Bereichen der Wirtschafts- und Finanzpolitik, der Außen- und Sicherheitspolitik und der Innenpolitik zusammen.[448] Die personelle Zusammensetzung
des Ausschusses zwischen 1998–2002 sicherte ihm unter anderem eine gute
Basis für Beratungen von fachübergreifender Materie, die für die EU-
Osterweiterung typisch war.

7.4.2 Die Begleitung der Osterweiterung im Europaausschuss

In der folgenden Analyse zielt nicht auf die politischen Positionen der in den
Europaausschuss delegierten Abgeordneten ab, sondern auf die Prozesse. Die
politischen Ansichten der Mandatsträger werden im elften Kapitel dieser Arbeit
im Rahmen der innenpolitischen Flankierung der Osterweiterung behandelt.
Hier sollen lediglich die Aktivitäten der Parlamentarier erwähnt werden, die auf
die Entwicklungen sowohl in der hochpolitischen als auch in der praktischen
Phase seit Beginn der Beitrittsverhandlungen reagierten.
    In der 14. Wahlperiode (1998–2002) standen die historischen Aufgaben
der Vertiefung und der Erweiterung der Europäischen Union im Vordergrund
der Ausschussarbeit. Der Stand der Beitrittsverhandlungen war ein wichtiger
Tagesordnungspunkt in den Sitzungen des Europaausschusses und wurde dort
regelmäßig seit der Aufnahme von Verhandlungen mit den Ländern der so genannten Helsinkigruppe im Februar 2000 behandelt.[449] Im Jahre 1999 widmete
sich der Ausschuss allerdings noch intensiver der *Agenda 2000*, durch welche
die finanziellen Voraussetzungen für die Erweiterung geschaffen werden soll-

---

447   Maurer, Andreas: Nationale Parlamente in der EU. *Integration*, Jg. 25, Nr. 1/2002,
      S. 26.
448   Vgl. Fuchs, Michael: Der Ausschuss für die Angelegenheiten der Europäischen Uni-
      on, S. 13.
449   Vgl. Pflüger, Friedbert: Die fortschreitende europäische Integration und der Europa-
      ausschuss des Deutschen Bundestages. *Integration*, Jg. 23, Nr. 4/2000, S. 238ff.

ten. Gegen Ende des Jahres, am 27. Oktober 1999, führte der Ausschuss ein Fachgespräch mit europäischen und internationalen Finanzinstitutionen über die finanziellen Hilfeleistungen für die mittel- und osteuropäischen Länder.[450] Bei dieser Gelegenheit nahm der Europaausschuss auch Kontakt mit der Generaldirektion „Erweiterung" der Europäischen Kommission auf. Diese speziell mit der EU-Osterweiterung beauftragte Verwaltungsstelle der EU wurde am 1. Oktober 1999 eingerichtet und der Leitung von Kommissar Günter Verheugen unterstellt. Bereits im selben Monat sprach Jean-Eric Paquet, Mitglied im Kabinett von Kommissar Günter Verheugen, im Europaausschuss des Deutschen Bundestages über die Erweiterungsstrategie der Europäischen Kommission. Für die Kommission waren Ende 1999 zwei Ziele miteinander zu verbinden, die Beschleunigung und Öffnung des Erweiterungsprozesses auf der einen Seite und die Bewahrung des Integrationsstandards der Union auf der anderen Seite.[451] Die größten Defizite bei den Beitrittsländern sah die Europäische Kommission im Bereich der Implementierung des gemeinsamen Besitzstandes, in den Verwaltungsstrukturen und Rechtssystemen. Deshalb wollte die Kommission den Verhandlungsprozess so steuern, dass gute Verhandlungsergebnisse und tatsächliche Fortschritte parallel zu erreichen waren.

Die Delegationen des Europaausschusses informierten sich auch öfter vor Ort in den Beitrittsländern über die aktuelle Lage und den Stand der Reformen. Bereits in der 13. Wahlperiode veranlasste die bevorstehende Erweiterung den EU-Ausschuss, den Schwerpunkt seiner Reisetätigkeit auf die Länder Mittel- und Osteuropas zu legen.[452] Noch vor der Aufnahme der Beitrittsverhandlungen mit den Ländern der Helsinkigruppe fand im Europaausschuss ein Ge-

---

450 Europaausschuss und die EU-Erweiterung I, Fachgespräch mit Vertretern europäischer und internationaler Organisationen zu den Hilfeleistungen für die MOEL, in: Deutscher Bundestag, Ausschuss für die Angelegenheiten der Europäischen Union (Hrsg.), Berlin 2000.

451 Kurzprotokoll der 25. Sitzung des EU-Ausschusses am 27. Oktober 1999, in: Europaausschuss und die EU-Erweiterung I, Fachgespräch mit Vertretern europäischer und internationaler Organisationen, Ausschuss für die Angelegenheiten der Europäischen Union (Hrsg.), Berlin 2000, S. 8.

452 Zu den konkreten Reisen der Ausschussmitglieder: Zur Arbeit des Ausschusses für die Angelegenheiten der Europäischen Union, Europaausschuss 13. Wahlperiode, Ausschussdrucksache 13/2292; Beitrag zur Chronik „Deutscher Bundestag", 13. Wahlperiode, 1994–1998.

spräch mit den Botschaftern der zehn mittel- und osteuropäischen Länder sowie Malta und Zypern statt.[453]

Während des Jahres 2000 wurde dann die Frage der Öffentlichkeitsakzeptanz der Erweiterung neu auf die Tagesordnung der Ausschussverhandlungen gestellt. Sie betraf die gesellschaftlichen Befürchtungen sowohl in den geplanten neuen Mitgliedstaaten als auch in den alten EU-Mitgliedern und besonders in Deutschland. Parallel zu den „nationalen" Kampagnen der einzelnen Mitgliedstaaten plante auch die Europäische Kommission eine öffentliche Diskussion über den Prozess der EU-Erweiterung und dessen Auswirkungen in Gang zu setzen.

Der Europaausschuss pflegte auch Kontakte mit den Parlamenten der Bewerberländer im Rahmen der Treffen, der im November 1989 in Paris gegründeten „Konferenz der Europaausschüsse der Mitgliedsparlamente der Europäischen Gemeinschaft" (COSAC). Um die Beteiligung der Parlamente der Mit-Mitgliedstaaten der EU an den Tätigkeiten der Europäischen Union zu stärken, wurde in den Vertrag von Amsterdam vom 2. Oktober 1997 das „Protokoll über die Rolle der einzelstaatlichen Parlamente in der Europäischen Union" eingefügt.[454] Seitdem durfte gemäß dem „Protokoll" die COSAC dem Europäischen Parlament, dem Rat und der Kommission Beiträge über die Gesetzgebungstätigkeiten der Union vorlegen. Für den Erweiterungsprozess war besonders von Bedeutung, dass die regelmäßigen COSAC-Treffen ideale Möglichkeiten für einen Gedanken- und Meinungsaustausch zwischen den Parlamentariern West- und Osteuropas boten. Im Mai 1999 fand die XX. COSAC im Berliner Reichstagsgebäude statt. Auf deutsches Betreiben konnten auch Delegationen von Parlamenten aus MOE-Ländern an der Konferenz mit Rederecht zu allen Tagesordnungspunkten teilnehmen.[455] Den Parlamenten der Beitrittskandidaten wurde folglich in der Geschäftsordnung von COSAC das

---

453 Zur Begleitung des Erweiterungsprozesses bis Sommer 2000: Pflüger, Friedbert: Die fortschreitende europäische Integration und der Europaausschuss. *Integration*, Jg. 23, Nr. 4/2000, S. 238f.

454 Vertrag von Amsterdam vom 2. Oktober 1997, Protokoll über die Rolle der einzelstaatlichen Parlamente in der Europäischen Union, abgedruckt, in: Die Rechtsgrundlagen des Ausschusses für die Angelegenheiten der Europäischen Union des Deutschen Bundestages. Texte und Materialien. Band 1. Deutscher Bundestag (Hrsg.), Berlin 2002, S. 20f.

455 Pflüger, Friedbert: Die fortschreitende europäische Integration und der Europaausschuss. *Integration*, Jg. 23, Nr. 4/2000, S. 242.

Recht zuerkannt, drei Beobachter je Beitrittsland zu den Sitzungen zu entsenden.[456]

Im Europaausschuss wurden zwischen 1999 und 2002 richtungweisende Stellungnahmen des Deutschen Bundestages zur Erweiterungspolitik vorbereitet. Die erweiterungsrelevanten Projekte, wie die *Agenda 2000* oder der Vertrag von Nizza, beriet der Ausschuss regelmäßig sowohl im Voraus als auch nach der Tagung auf der Grundlage einer Unterrichtung der Bundesregierung. Am 15. Dezember 2000 fand beispielsweise eine öffentliche Ausschusssitzung mit Außenminister Joseph Fischer über den Europäischen Rat in Nizza statt.[457] Außerdem befasste sich der Europaausschuss in fast jeder Sitzung während der diesen Vertrag vorbereitenden Regierungskonferenz (Februar-Dezember 2000) mit dem jeweiligen Stand der Beratungen.

Durch die Vielzahl der öffentlichen Sitzungen trug der Europaausschuss entscheidend zur Transparenz europapolitischer Entscheidungen bei.[458] Die Begleitung des Erweiterungsprozesses erfolgte auch durch die „öffentlichen Anhörungen" zu speziellen Problemfeldern wie „Arbeitnehmerfreizügigkeit und die Osterweiterung" oder „Wirtschaftliche Herausforderungen der Osterweiterung". Zu diesen Debatten wurden sachverständige Gäste eingeladen, die zu einzelnen Fragen angehört wurden.[459] Gleichfalls öffentlich waren auch Verhandlungen mit Gästen aus den Beitrittsländern. Im Februar 2003 fand beispielsweise ein Gespräch des EU-Ausschusses mit einer Delegation des Euro-

---

456　Geschäftsordnung der Konferenz der Ausschüsse für Gemeinschafts- und Europa-Angelegenheiten der Parlamente der Europäischen Union, Punkt 4. 2. (Beobachter der Parlamente der Beitrittskandidaten), abgedruckt, in: Ausschuss für die Angelegenheiten der Europäischen Union, Die Rechtsgrundlagen des Ausschusses für die Angelegenheiten der Europäischen Union des Deutschen Bundestages. Texte und Materialien. Band 1. Deutscher Bundestag (Hrsg.), Berlin 2002.

457　Protokoll der 58. Sitzung (öffentliche Sondersitzung) des Ausschusses für die Angelegenheiten der Europäischen Union am 15. Dezember 2000.

458　Laut Sekretär des EU-Ausschusses war in der 15. Wahlperiode nahezu jede vierte Sitzung öffentlich; näher: Fuchs, Michael: Der Ausschuss für die Angelegenheiten der EU, S. 16f.

459　Protokoll der 62. Sitzung des Ausschusses für die Angelegenheiten der Europäischen Union, öffentliche Anhörung zum Thema „Wirtschaftliche Chancen und Herausforderungen der EU-Erweiterung" am 14. Februar 2001; vgl. Protokoll der 67. Sitzung des Ausschusses für die Angelegenheiten der Europäischen Union, öffentliche Anhörung zum Thema „EU-Erweiterung und Arbeitnehmerfreizügigkeit" am 4. April 2001.

paausschusses des Sejm und des Auswärtigen- und Europaausschusses des Senats der Republik Polen statt.[460] Der Europaausschuss trug zur aktiven Begleitung der deutschen Erweiterungspolitik im Parlament und der Öffentlichkeit bei und gestaltete damit die von der Bundesregierung betriebene innenpolitische Flankierung der Osterweiterung mit.

7.4.3 Der Bundesrat: Die Wahrnehmung der Länderinteressen

Seit Anfang der europäischen Integration war der Bereich der Europapolitik stark exekutivorientiert. Die Tatsache der föderalen Struktur der Bundesrepublik Deutschland wurde vernachlässigt und vorwiegend Vertreter der Bundesregierung in die Gremien der EG entsandt. Auch die Ausgestaltung der Entscheidungsvorgänge innerhalb der Bundesrepublik Deutschland und die rechtliche Grundlage für Europapolitik ermöglichten keine angemessene Länderbeteiligung in diesem Bereich. Die deutsche Wiedervereinigung und das Inkrafttreten des Maastrichter Vertrags machten eine Grundgesetzänderung notwendig. Mit der Ergänzung des Grundgesetzes im Jahre 1993 wurden die bestehenden Mitwirkungsrechte der Länder an der Europapolitik verfassungsrechtlich abgesichert und deutlich ausgebaut. Seitdem konnten die deutschen Bundesländer auch ihr Recht, an der Europapolitik des Bundes durch den Bundesrat mitzuwirken, wirkungsvoller durchsetzen.

Die Mitwirkung der Länder an der Europapolitik des Bundes beruht auf zwei Prinzipien. Zum einen auf dem Informationsprinzip, das die Bundesregierung verpflichtet, den Bundesrat über alle Vorhaben der Europäischen Union zu unterrichten, die für die Länder von Interesse sein könnten, zum anderen auf dem Prinzip der Mitwirkung der Länder durch den Bundesrat bei Übertragung von Hoheitsrechten von der Bundes- und Landesebene auf die europäische Ebene.[461] Jede Übertragung von Hoheitsrechten vom Bund auf die Organe der Europäischen Union bedarf gemäß Art. 23 Abs. 1 Satz 2 GG eines

460 Protokoll der 9. Sitzung des Ausschusses für die Angelegenheiten der Europäischen Union am 12. Februar 2003.
461 Zur externen Repräsentation der Länderinteressen in der Europapolitik: Knodt, Michèle: Auswärtiges Handeln der deutschen Länder. In: Kaiser, Karl/Eberwein, Wolf-Dieter (Hrsg.): Deutschlads neue Außenpolitik. Bd. 4: Institutionen und Ressourcen. München 1998, S. 156ff.

formellen Bundesgesetzes, dem der Bundesrat zustimmen muss.[462] Auch jeder Vertrag über den Beitritt neuer Mitglieder zur EU bedarf der Zustimmung des Bundesrates. Falls dieser Beitrittsvertrag eine Änderung der vertraglichen Grundlagen bewirkt, findet Art. 23 Abs. 1 S. 3 in Verbindung mit Art. 79 Abs. 2 GG Anwendung und der Bundesrat muss diesem Vertrag mit Zwei-Drittel-Mehrheit seiner Mitglieder zustimmen. Die Zustimmungspflicht des Bundesrates zu jeder Art von Beitrittsvertrag bedeutete im vorliegenden Fall der EU-Osterweiterung, dass die Länder als Machtfaktor bei den Entscheidungen des Bundes in jedem Fall zu berücksichtigen waren. Deshalb waren die Ländervertreter auch durchgehend in den innenpolitischen Flankierungsprozess der Erweiterung eingebunden.

Aus Art. 23 Abs. 4 GG ergibt sich, dass der Bundesrat und durch ihn die Länder (Art. 50 GG) bei allen Rechtsetzungsakten der Europäischen Union zu beteiligen sind. Artikel 23 Abs. 2 GG verpflichtet die Bundesregierung, beide gesetzgebende Körperschaften (auch den Bundesrat) umfassend und zum frühestmöglichen Zeitpunkt zu unterrichten und ihnen Gelegenheit zur Stellungnahme zu geben. Damit bekommt der Bundesrat die Möglichkeit, sich rechtzeitig zu den aktuellen EU-Vorhaben zu positionieren und die Interessen der Bundesländer zu verteidigen. Je nach Art der europapolitischen Entscheidung, welche die Länder betrifft, muss die Bundesregierung die Stellungnahme des Bundesrates entweder „berücksichtigen" oder „maßgeblich berücksichtigen".[463] Die maßgebliche Berücksichtigung gilt, wenn Vorhaben der EU die Gesetzgebungsbefugnisse der Länder oder die Behörden der Länder oder ihre Verwaltungsverfahren wesentlich betreffen. In diesem Fall kann sich der Bundesrat grundsätzlich gegenüber der Bundesregierung durchsetzen, wenn er seine Auffassung mit zwei Dritteln seiner Stimmen bestätigt.[464] Für die Frage, in welchen Fällen der Bundesrat „maßgeblichen Einfluss" hat, gilt als Korrektiv, dass die „gesamtstaatliche Verantwortung des Bundes" zu wahren ist.[465] Allgemein

---

462   Ausführlich zur Ausübung von Hoheitsgewalt innerhalb der BRD: Detterbeck, Steffen: Öffentliches Recht für Wirtschaftswissenschaftler. München 2000, Rn. 1871.

463   Ausführliche Analyse bei Kühn, Jürgen: Die Koordinierung der deutschen Europapolitik. Zentrum für europäisches Wirtschaftsrecht – Vorträge und Berichte, Nr. 33. Bonn 1994, S. 17ff.

464   Der Grundsatz im Art. 23 Abs. 5 GG; weiteres im AusfG zu Art. 23 Abs. 7 GG, EUZBLG vom 12. März 1993 (§ 5 Berücksichtigung der Stellungnahme des Bundesrates), BGBl. I, S. 313.

465   Vgl. Pernice, Ingolf: Kommentar zu Art. 23 GG, In: Dreier, Horst: Grundgesetz

stimmt der Grundsatz, dass die Länder, soweit sie nach dem Grundgesetz für die innerstaatliche Umsetzung der Rechtsvorschriften zuständig sind, auch für ihre Umsetzung verantwortlich sind. Die Bundesregierung und die Länder einigten sich im Bereich der Europapolitik jedoch regelmäßig auf gemeinsamen Positionen, damit die „echten" Konflikte im Voraus vermieden werden. Meistens wurde durch Gespräche auf politischer Ebene eine Kompromisslösung gesucht.

Die Beteiligung der Länder an europapolitischen Vorhaben während des Beitrittsprozesses konnte auf verschiedene Weise erfolgen. Die europäischen Themen behandelte der Ausschuss für Europafragen des Bundesrats. Für Eilfälle bildete der Bundesrat eine Europakammer, derer Entscheidungen (ähnlich wie die des Europaausschusses des Bundestages) als Beschlüsse des Plenums galten. Wenn die Interessen der Länder berührt wurden, zog die Regierung die Vertreter der Länder zu den Verhandlungen in den europäischen Gremien hinzu. Wenn ausschließliche Gesetzgebungsbefugnisse der Länder betroffen waren, sollte die Bundesregierung die Verhandlungsführung auf einen Beauftragten der Länder übertragen.[466] Dies war regelmäßig in den Bereichen Kultur und Bildung der Fall, die in die ausschließliche Länderkompetenz gehörten. Neben den verfassungsmäßig garantierten Vorrechten der Länder im Bundesrat pflegten die Bundesländer allerdings auch eigene Kontakte im Bereich der Europapolitik.

7.5 Die Koordinierungsmechanismen der Länder in der Europapolitik

Während der 1990er Jahre richteten die einzelnen Bundesländer eigene Institutionen für den Europabereich ein. Sie dienten sowohl der Durchsetzung von eigenen Interessen im Rahmen der Vorhaben des Bundes im Bereich der Europapolitik als auch der Koordinierung von gemeinsamen Positionen mit anderen Bundesländern. Seit 1995 war in den Ländern eine allgemeine Tendenz erkennbar, die Europakompetenzen im unmittelbaren Umfeld der Länderregierungschefs zu bündeln. Deshalb wurden die Dienststellen für diesen Bereich meistens in die Staats- und Senatskanzleien integriert. Für die Europapoli-

---

Kommentar. Band II, Art. 20–82, 1998, Rn. 107.
466 § 6 EUZBLG vom 12. März 1993, BGBl. I, S. 313.

tik des jeweiligen Bundeslandes waren die so genannten Europabeauftragten der Länder politisch verantwortlich. Die Ausnahmen waren von Anfang an Mecklenburg-Vorpommern und Schleswig-Holstein, wo die Ministerpräsidenten diese Rolle selbst übernahmen. Die Europabeauftragten der Länder bildeten zusammen die Europaministerkonferenz der Länder (EMK). Die EMK bestand seit 1990 und sie half den Ländern, gegenüber der Bundesregierung und der Europäischen Union geschlossen aufzutreten. In diesem Gremium wurde die Europapolitik der Länder koordiniert.[467] Die Europathemen wurden dann durch die Ministerpräsidentenkonferenz (MPK) behandelt. Dort wurden die Entscheidungen getroffen, die dann der Bundesregierung vorgetragen wurden.

Meist wurden die Europaangelegenheiten sowohl auf politischer als auch auf administrativer Ebene mit den Bundesangelegenheiten verbunden. Deshalb bildeten die meisten Länder in Berlin „eine Vertretung des Landes beim Bund und der Europäischen Union".[468] Alle Bundesländer gründeten auch Länderbüros (Vertretungen) bei der Europäischen Union in Brüssel.[469] Diese „Büros in Brüssel" waren politisch den Europabeauftragten unterstellt.[470] In der Bund-Länder-Vereinbarung von 1993 verpflichtete sich die Bundesregierung, die Länderbüros insbesondere über die Ständige Vertretung in Brüssel zu unterstützen.[471] Die Ständige Vertretung der Bundesrepublik Deutschland in Brüssel repräsentierte zwar die Bundesregierung, sie sollte aber auch wichtige Länderinteressen berücksichtigen. Die getroffenen Entscheidungen, welche für die Länder relevant waren, wurden in der Regel mit den Vertretungen der Länder

---

467 Persönliches Gespräch mit Dr. Otto Schmuck, Leiter der Abteilung Europa, Vertretung des Landes Rheinland-Pfalz beim Bund und der europäischen Union, Berlin, am 9. Mai 2003.

468 Beispielsweise im Fall von Rheinland-Pfalz war der gesamte Europabereich in der Vertretung beim Bund in Berlin angesiedelt.

469 Diese Möglichkeit eröffnete § 8 EUZBLG vom 12. März 1993, BGBl. I S. 313; vgl. Hoyer, Werner: Nationale Entscheidungsstrukturen deutscher Europapolitik. In: Kaiser, Karl/Eberwein, Wolf-Dieter (Hrsg.): Deutschlands neue Außenpolitik, S. 84.

470 Das älteste Landesbüro in Brüssel wurde ursprünglich im Jahre 1985 als Informationsbüro der Freien und Hansestadt Hamburg gegründet.

471 Hrbek, Rudolf: Deutscher Föderalismus als Hemmschuh für die europäische Integration? Die Länder und die deutsche Europapolitik. In: Schneider, Heinrich/Jopp, Mathias/Schmalz, Uwe (Hrsg.): Eine neue deutsche Europapolitik? Rahmenbedingungen – Problemfelder – Optionen. Berlin 2001, S. 279.

in Brüssel abgestimmt.[472] Außerdem konnten die Bundesländer ihre eigenen Interessen in den europäischen Entscheidungsprozess auf der Ebene der EU direkt durch Vertreter im Ausschuss der Regionen (AdR) einbringen.

Bayern als Bespiel der erfolgreichen Koordinierung

Die institutionelle Ausstattung der Bundesländer in der Europapolitik kann am konkreten Beispiel von Bayern gut dargestellt werden. Bayern baute eine starke und gut koordinierte bürokratische Organisation im Bereich der Europaangelegenheiten zwischen den Arbeitsstellen in München, Berlin und Brüssel auf. Der politisch Verantwortliche während der Osterweiterung war der Europabeauftragte, Staatsminister für Bundes- und Europaangelegenheiten in der Staatskanzlei und Bevollmächtigter des Freistaats Bayern beim Bund, Reinhold Bocklet (CSU). In seinem Geschäftsbereich (geleitet vom Amtschef Klaus Weigert) lagen die Abteilung C I, angesiedelt in der Bayerischen Staatskanzlei in München, und weiterhin die Abteilungen C III und C IV in der Bayerischen Landesvertretung Berlin. In Brüssel gab es auch eine Vertretung des Freistaates Bayern bei der Europäischen Union (Abteilung C II der Staatskanzlei).[473]

Zur erfolgreichen Positionierung des Landes Bayern gegenüber dem Bund und der EU verhalf neben den zentral geleiteten und effizienten Strukturen auch die geschichtliche Rolle des Freistaates und nicht zuletzt die wirtschaftliche Stärke des Landes. Außerdem profilierte sich Edmund Stoiber zwischen 1993 und 2007 durch die Europapolitik in seiner Funktion als Ministerpräsident.[474] Die Mitgliedschaften in den innerdeutschen Koordinierungsgremien und den EU-Organen sicherten die Position des jeweiligen Bundeslandes. Der

---

472   Vgl. Bulmer, Simon/Jeffery, Charlie/Paterson, William E.: Das Entscheidungs- und Koordinationssystem deutscher Europapolitik. In: Schneider, Heinrich/Jopp, Mathias/Schmalz, Uwe (Hrsg.): Eine neue deutsche Europapolitik? S. 256.

473   Die institutionelle Ausgestaltung der bayrischen Europapolitik in der Zeit der Erweiterungsverhandlungen 1999-2002 war verfügbar unter: http://www.bayern.de/ Europa; http://www.bayern.de/Politik/Staatskanzlei/StMBEA (Stand 25. 7. 2002); die aktuellen Informationen zur Vertretung der bayrischen Interessen in Berlin und Brüssen verfügbar unter: http://www.bayern.de/Bayern-in-Berlin-.348/index.htm; http:// www.bayern.de/Bayern-in-Bruessel-.355.18199/index.htm

474   Jeffery, Charlie/Collins, Stephen: The German Länder and EU Enlargement: Between Apple Pie and Issue Linkage. *German Politics*, Vol. 7, No. 2/1998, S. 89.

bayerische Staatsminister war in der Regel auch ein Mitglied im Ausschuss der Regionen (AdR) und vertrat Bayern zusammen mit dem Ministerpräsidenten im EU-Ausschuss des Bundesrats.

Zusammenfassung

Die Autonomie von Ministerien, die Koalitionspolitik und die eigenen Politiken der Bundesländer können Formulierung einer eindeutigen Europapolitik im täglichen Entscheidungsprozess erschweren.[475] Dies galt auch für die taktische Verhandlungsebene der deutschen Erweiterungspolitik, vor allem in der technisch-administrativen Phase der Beitrittsverhandlungen. Abgesehen von den großen Richtungsentscheidungen („Ob"-Frage der Erweiterung) blieben die einzelnen Fragen wie Finanzierung, Wirtschaftsfragen, Agrarpolitik und Auswirkungen der Erweiterung auf den deutschen Arbeitsmarkt im operativen Bereich der deutschen Ministerien, was wir unter den Begriff „Sektoralisierung" zusammenfassen können. Sie bewirkte, dass der Gesamtinhalt der Berliner Politik und die endgültige deutsche Position oft lange weit hinein in die Verhandlungen auf der EU-Ebene schwer festzustellen war.

Unter Helmut Kohl lag die Stärke der deutschen Verhandlungsführung meistens auf der strategischen Ebene. Gerhard Schröder konzentrierte sich demgegenüber auf kurzfristige Ziele (die Senkung des deutschen Nettobeitrags), bei deren Verfolgung sich die relativ spätere Festlegung der definitiven Entscheidungen als Vorteil erwies. Dies irritierte allerdings die anderen Partner in der Europäischen Union, aber verlieh der deutschen Politik mehr Flexibilität in den Verhandlungen als den anderen EU-Ländern.

---

475 Vgl. Bulmer, Simon/Jeffery, Charlie/Paterson, William E.: Deutschlands europäische Diplomatie: Die Entwicklung des regionalen Milieus. In: Weidenfeld, Werner (Hrsg.): Deutsche Europapolitik. Optionen wirksamer Interessenvertretung. Bonn 1998, S. 16.

III.
Fallanalysen – die deutsche europapolitische Erweiterungsstrategie

Die Auswahl der Fälle zur Erweiterungspolitik der rot-grünen Bundesregierung wurde in dieser Studie in zwei Stufen vollzogen. Zuerst mussten die Auswahlkriterien (insgesamt drei) formuliert werden. Folglich wurden die konkreten Fälle anhand dieser Kriterien im Verhältnis zur Fragestellung der Gesamtstudie gewählt. Anschließend wurden die Themenbereiche eingegrenzt und die relevanten theoriegeleiteten Hypothesen zu den einzelnen Fallstudien aufgestellt.

Das erste Kriterium für die Auswahl stellte der zeitliche Faktor dar. Der Gegenstand der vorliegenden Studie ist die deutsche Erweiterungspolitik von der Anfangsentscheidung der Europäischen Union, die an die Kopenhagener Kriterien geknüpfte Option des Beitritts an die MOE-Länder zu geben, bis zum Abschluss der Beitrittsverhandlungen im Dezember 2002. In der ersten Phase des Prozesses bis zum Beginn der Beitrittsverhandlungen im Jahre 1998 handelte es sich hauptsächlich um die „Ob"-Frage der Osterweiterung. Diese Frage stand deshalb im zweiten Teil der Studie im Vordergrund der Überlegungen. Gleichfalls wurden mit der Beleuchtung der Koordinierungsmechanismen der deutschen Europapolitik die Voraussetzungen dafür geschaffen, die Behandlung der Osterweiterung durch die Akteure der deutschen Europapolitik zu verstehen.

Obwohl die „Wie"-Frage der Osterweiterung bereits unter Helmut Kohl vor der Reform in Amsterdam diskutiert worden war, wurde sie erst nach Beginn der Beitrittsverhandlungen zum maßgebenden Thema der deutschen Europapolitik. Die „neue" rot-grüne Bundesregierung hatte nach 1998 die Osterweiterung auf operativer Ebene technisch und in konkreten Schritten durchzuführen (natürlich im Einvernehmen mit den anderen EU-Mitgliedern). Die Erweiterungspolitik der Regierung Schröder/Fischer kann in drei Phasen gegliedert werden.[476] Die erste Phase vom Regierungsantritt bis März 1999 sowie die dritte und letzte im Jahre 2002 bis zum Abschluss der Verhandlungen in Kopenhagen im Dezember 2002 waren durch einen hohen Politisierungsgrad gekennzeichnet. Die Zeit zwischen April 1999 und Jahresbeginn 2002 kann als ein Abschnitt der technisch-administrativen Arbeit mit Schwerpunkt Brüssel bezeichnet werden. Die folgenden Fallanalysen sollen die deutsche Erweiterungsstrategie in den Jahren 1999–2002 ausführlich beleuchten. Mithin

---

476 Ausführlich Tewes, Henning: Rot-Grün und die Osterweiterung der Europäischen Union. In: Maull, Hans/Harnisch, Sebastian/Grund, Constantin (Hrsg.): Deutschland im Abseits? Rot-grüne Außenpolitik 1998–2003. Baden-Baden 2003, S. 79–90.

werden alle drei oben genannten Zeitabschnitte der Regierung Schröder in den Fallanalysen in diesem Teil der Studie berücksichtigt.

Nach Feststellung des Zeitrahmens für die Fallstudien wurde die Aufmerksamkeit auf die Auswahl von konkreten Themen der deutschen Erweiterungspolitik gerichtet. Aus der Analyse der Koordinierung der Europapolitik im siebten Kapitel ging hervor, dass die europapolitischen Belange durch die spezifischen Entscheidungsmechanismen des deutschen politischen Systems geprägt waren. Folglich waren sie stark von der Innenpolitik abhängig. Das zweite Auswahlkriterium resultierte mithin direkt aus der Notwendigkeit, sowohl die Handlungen der deutschen Akteure auf europäischer Entscheidungsebene als auch die Innenpolitik in die Analyse einzubeziehen. Das dritte Kriterium zielte darauf ab, dass die gewählten Fälle der deutschen Erweiterungspolitik ausschlaggebend im Hinblick auf die theoretischen Fragen sind, die am Anfang der Studie im ersten Teil gestellt wurden. Deshalb werden in den folgenden Kapiteln diejenigen Fallbeispiele aufgegriffen, die für die Bundesrepublik Deutschland von besonderer Bedeutung waren und deshalb ein aussagekräftiges Bild der deutschen Europa- und Erweiterungspolitik im gewählten Zeitraum bieten können.

Anhand der drei oben genannten Kriterien wurden für den dritten Teil des Buches die folgenden Fallstudien gewählt:

1) Das erste Beispiel bezieht sich auf die deutsche EU-Ratspräsidentschaft 1999. Die Finanzierung des EU-Haushalts betraf die Stellung der Bundesrepublik Deutschland in der Europäischen Union. Deutschland setzte sich für die Osterweiterung ein. Gleichzeitig lag es aber nicht im deutschen Interesse, den größten Beitrag zum EU-Haushalt zu leisten und der größte „Nettozahler" in der Europäischen Union zu sein. Auf dem Berliner Gipfel im März 1999 wurde im Rahmen der *Agenda 2000* über den finanziellen Rahmen für die Osterweiterung verhandelt. Ohne Einigung der alten EU-Mitgliedstaaten auf einen verlässlichen Finanzrahmen für den Zeitraum 2000–2006 wäre die Osterweiterung nicht möglich gewesen.

2) Der gleichzeitige deutsche Einsatz sowohl für die Erweiterung als auch für die Vertiefung der Europäischen Union fand in der Frage der institutionellen Reform ihren Ausdruck. Eine grundlegende Reform, welche die Handlungsfähigkeit der Union unmittelbar nach der Erweiterung sichern sollte, sollte im Rahmen der Regierungskonferenz 2000 vorbereitet werden. Der Erfolg des Gipfels von Nizza im Dezember 2000 war deshalb für die institutionelle

Durchführung der Osterweiterung unentbehrlich und deshalb für Deutschland von besonderer Bedeutung.

3) Als aussagekräftiges Beispiel der deutschen Durchsetzungsweise in der EU während der Erweiterungsverhandlungen der Union mit den Kandidatenländern kann die Arbeitnehmerfreizügigkeit als einer der „sensiblen Bereiche" der Osterweiterung dienen. Sowohl in der Bevölkerung als auch unter einigen Interessengruppen in der Bundesrepublik Deutschland bestanden Ängste hinsichtlich der negativen Auswirkungen der Arbeitnehmerfreizügigkeit auf den deutschen Arbeitsmarkt. Aus diesem „innenpolitischen" Grund verneinte die deutsche Regierung die Frage „Soll die Arbeitnehmerfreizügigkeit für die osteuropäischen Arbeitskräfte ab dem ersten Tag nach der Osterweiterung gelten?" und profilierte sich auf EU-Ebene während der Beitrittsverhandlungen viel intensiver als bei anderen Verhandlungsmaterien.

4) In der vierten Fallstudie werden die innenpolitischen Einflussnetzwerke auf die Erweiterungspolitik analysiert. Die Darstellung dieses Bereichs erläutert ausführlich das Kapitel sieben über die Koordinierung der deutschen Europapolitik. Während sich das siebte Kapitel im zweiten Teil der Arbeit eher auf die Strukturen konzentrierte, werden in dieser Fallstudie auf empirische Weise Einstellungen einzelner Gruppen bezüglich der Osterweiterung dargestellt. Den zentralen Punkt bildet eine Analyse des öffentlichen Diskurses in der BRD über die positiven und negativen Seiten der Erweiterung der Europäischen Union im Zeitraum 2000 bis 2003. Besondere Aufmerksamkeit wird der Art der Argumentation der einzelnen Akteure im Hinblick auf die theoretische Fragestellung gewidmet.

5) Das Thema der Gemeinsamen Agrarpolitik (GAP) stellte während der Amtszeit der rot-grünen Bundesregierung ein dauerhaftes Problem für die deutsche Europapolitik dar. Die deutschen Reformforderungen zielten auf eine Reduzierung der kostenträchtigen GAP ab. Die Frage der Einführung der Direktzahlungen für die osteuropäischen Landwirte im Zuge der Erweiterung stellte deshalb für die deutschen Verhandlungsführer ein Dilemma dar. Einerseits wollte Deutschland den EU-Haushalt künftig nicht ausdehnen, andererseits wollte es die Beitrittsverhandlungen erfolgreich bis Ende 2002 abschließen. Dazu war die Akzeptanz der Bedingungen der Union durch die, Beitrittsländer vonnöten, aber auch das rechtzeitige Zustandekommen eines gemeinsamen Standpunkts der Mitglieder der „alten" EU-15.

8. Die Finanzierung der Osterweiterung und der deutsche Nettobeitrag

Fallbeschreibung

Die Verteilung der Einnahmen und Ausgaben in der Europäischen Union stellt gegenwärtig nicht nur ein ökonomisches, sondern insbesondere ein politisches Problem dar. Die Befugnisse zu den Ausgaben und zur Erhebung der Einnahmen sind Kernelemente politischer Souveränität. Die Finanzierung des EU-Haushalts zeigt, inwieweit das Entstehen einer supranationalen Regierungsebene von einzelnen Mitgliedstaaten akzeptiert wird. Die Bundesrepublik Deutschland gehörte traditionell zu den Ländern, die einen überproportional großen Anteil der EU-Haushaltsmittel zur Verfügung stellten.

Der Verknüpfungspunkt zwischen der Diskussion über den deutschen Nettobeitrag, die schon unter der Regierung Kohl begann, und der Osterweiterung, war die im Juli 1997 von der europäischen Kommission verabschiedete *Agenda 2000*.[477] Dieses Dokument beinhaltete auch eine Strategie für die EU-Osterweiterung. Der Zweck dieser Initiative war, die Heranführungsstrategie für die mittelosteuropäischen Beitrittskandidaten zu intensivieren. Die Reformvorschläge der Kommission betrafen die Agrarpolitik, Struktur- und Kohäsionspolitik und die Frage der Beitrittsvorbereitungen inklusive einer finanziellen Vorausschau für den Zeitraum 2000–2006.

Im Rahmen der *Agenda 2000* sollten auch die unentbehrlichen Finanzmittel für die Durchführung der Osterweiterung und damit für die neuen Mitglieder bereitgestellt werden. Die Berechnungen der Kommission führten zum Ergebnis, dass die erste Erweiterungswelle um die sechs mittelosteuropäischen Kandidaten ohne Ausdehnung des EU-Budgets (ohne Erhöhung der bisher geltenden Eigenmittelobergrenze von 1,27 % des EU-BSP) hätte erfolgen können.[478]

---

477 Agenda 2000 – Band I. Eine stärkere und erweiterte Union (DOK/97/6). In: Wittschorek, Peter (Hrsg.): Agenda 2000. Herausforderungen an die Europäische Union und an Deutschland. Baden-Baden 1999, S. 267–366.

478 Guth, Eckart: Wirtschaftliche und finanzielle Rahmenbedingungen der Agenda 2000. In: Wittschorek, Peter (Hrsg.): Agenda 2000. Herausforderungen an die Europäische Union und an Deutschland. Baden-Baden 1999, S. 113.

Die südlichen Mitgliedstaaten unter Führung Spaniens, die an die EU-Finanzhilfen angewiesen waren, reagierten auf diese Reformvorschläge mit offener Skepsis. Die Deutschen und die Niederländer bestanden auf der Position, dass die zukünftige finanzielle Vereinbarung zu einer Entlastung der Nettozahler in der Europäischen Union führen muss. Im März 1998 drohten die deutschen Vertreter mit einem Veto gegen die *Agenda 2000*, wenn es keine Garantien zur Verbesserung der deutschen so genannten Nettozahlerposition in den Verhandlungen gäbe.[479] Gerade die Verbindung der EU-Osterweiterung mit der Finanzierungsfrage stellte eine enorme Herausforderung für die deutsche Europapolitik während der deutschen Ratspräsidentschaft im Jahre 1999 dar.

Hypothesen

Während der Verhandlungen um die Agenda 2000 versuchte Deutschland, den eigenen Nettobeitrag zu verringern. Wo lagen die Ursachen für dieses deutsche Verhalten? 1. Realistische Annahme: Da Deutschland einen Zuwachs an Macht nach der Vereinigung zu verzeichnen hatte, widersetzte es sich einer weitergehenden Zusammenarbeit auf der europäischen Ebene. Deshalb wollte Deutschland eine größere Finanzautonomie (Autonomiemaximierung) erreichen.[480] 2. Liberal-utilitaristische Sicht: Weil die innenpolitischen Interessenträger sich (aus verschiedenen Gründen) eine Senkung des deutschen Nettobeitrags wünschten, bemühte sich die Bundesregierung, dies in der Europäischen Union durchzusetzen. 3. Konstruktivistische Erklärung: Es ist zu einer Änderung der Normen (europäischer oder innerdeutscher) bezüglich der europäischen Integration gekommen und folglich wollte sich die Bundesrepublik Deutschland nicht mehr so intensiv in der Europäischen Union engagieren. Aus diesem Grund wollte sie auch die eigenen Beiträge in den EU-Haushalt reduzieren.

---

479   Anderson, Jeffrey J.: German Unification and the Union of Europe. The Domestic Politics of Integration Policy. Cambridge 1999, S. 54.

480   Dies gilt unter der Voraussetzung, dass die Erhöhung der deutschen Beiträge in die EU-Kasse zu keiner weiteren Steigerung des deutschen Einflusses innerhalb der EU führt.

8.1 Das Finanzierungssystem der Europäischen Union

Das Finanzierungssystem der Europäischen Union ist von zwei Seiten her zu betrachten. Ein Vergleich der Einnahmenseite und der Ausgabenseite des EU-Budgets kann darstellen, wer in die EU-Kasse die meisten Mittel einzahlt und wer Bezüge aus Brüssel erhält.[481] Darin lag auch der Kernpunkt der so genannten Nettozahlerdebatte in den 1990er Jahren. Das Einnahmesystem der EU zur Finanzierung des EU-Haushalts beruhte seit 1988 auf drei Hauptsäulen: den Außenzöllen und Agrarabschöpfungen, den Mehrwertsteuer-Eigenmitteln und den Bruttosozialprodukt-Eigenmitteln.[482] Die Zölle waren „echte" Steuereinnahmen der EU. Die Mehrwertsteuer-Eigenmittel und die BSP-Eigenmittel waren Finanzzuweisungen der Mitgliedstaaten an die Europäische Union. Die Struktur der EU-Einnahmen nach 1990 bezog einen wesentlichen Teil aus den Mehrwertsteuer-Eigenmitteln und Bruttosozialprodukt-Eigenmitteln. Während noch 1988 über 29 % der EG-Einnahmen von Zöllen und Agrarabschöpfungen gedeckt werden konnten, verringerten sich die Einnahmen im Jahre 1997 auf 14,9 % durch Zölle und 1 % durch Agrarabschöpfungen.[483] Im Jahre 1988 waren die Mehrwertsteuer-Einnahmen mit 60 % die Hauptquelle des Haushalts. Im EU-Haushalt 2000 machten die Mehrwertsteuermittel 35 % der EU-Gesamteinnahmen aus, während es im Jahre 1997 noch 42 % waren.[484]

Aus diesen Zahlen wird ersichtlich, dass die Struktur des EU-Haushalts der ursprünglichen Absicht des grundlegenden Eigenmittelbeschlusses von 1970 in den Jahren nach 1990 nicht mehr entsprach. Der Beschluss von 1970 wollte die Beitragsfinanzierung der Europäischen Gemeinschaften durch eine Finanzierung aus „echten" eigenen Steuereinnahmen ersetzen, um eine ausreichende Einnahmeautonomie der Europäischen Gemeinschaft zu sichern.[485] Zur Haupteinnahmequelle der Gemeinschaft haben sich aber in den 1990er Jahren

---

481 Zur Zeit der Verhandlungen um die *Agenda 2000* waren die Regelungen der EU-Finanzverfassung in den Art. 268–280 EGV/Amsterdam festgelegt.

482 Caesar, Rolf: Zur Reform des EU-Einnahmesystems. Institut für Volkswirtschaftslehre, Diskussionsbeitrag Nr. 124, Universität Hohenheim. Stuttgart 1996, S. 2; In der vorliegenden Arbeit wird Bruttosozial-Eigenmittel als BSP-Eigenmittel abgekürzt.

483 Die Zolleinnahmen waren wegen der weltweiten Liberalisierung des Warenhandels zurückgegangen. Näher: Busch, Berthold: Zur künftigen Finanzierung der Europäischen Union. Beiträge zur Wirtschafts- und Sozialpolitik 242. Köln 1998, S. 15f.

484 *EU-Nachrichten*, Nr. 37 vom 18. 10. 2001.

485 Caesar, Rolf: Zur Reform des EU-Einnahmesystems, S. 5.

die Bruttosozialprodukt-Eigenmittel entwickelt, die 1988 als zusätzliche Einnahmequelle eingeführt wurden. Die BSP-Eigenmittel werden bis heute im Rahmen des jährlichen Haushaltsverfahren bestimmt und ergeben sich indirekt als Differenz zwischen der Gesamtobergrenze für den EU-Haushalt[486] und dem Anteil der anderen Einnahmen, aus den Mehrwertsteuer-Eigenmitteln und Zöllen.[487] Die Höhe der BSP-Eigenmittel orientiert sich am Bruttosozialprodukt der Mitgliedstaaten, also an ihrer Wirtschaftskraft.

Die Höhe der in die EU-Kasse zu zahlenden BSP-Eigenmittel für einzelne Mitgliedstaaten wurde nach dem Bruttosozialprodukt der ganzen Europäischen Union bemessen. Damit konnten die einzelnen Volkswirtschaften der EU-Staaten durch ihren eigenen Anteil am Gesamtbruttosozialprodukt der Union die Gesamthöhe des Beitrags beeinflussen. Nach dem Berechnungsschema von Kohl und Bergmann hatte in diesem System die Erhöhung des BSP einer starken Volkswirtschaft (Beispiel Deutschland) stärkere Auswirkungen auf die BSP-Eigenmittelzahlungen einer schwachen Volkswirtschaft (Beispiel Griechenland) als umgekehrt.[488] Daraus ergab sich, dass die Länder mit niedrigem Bruttosozialprodukt durch das Berechnungsverfahren der BSP-Eigenmittel benachteiligt wurden.[489]

In der in dieser Fallstudie diskutierten finanziellen Vorausschau 2000–2006 machten die Beiträge der Mitgliedstaaten entsprechend ihrem Bruttosozialprodukt 50 % der gesamten EU-Einnahmen aus.[490] Die so genannte Eigenmittelobergrenze („Eigenmittelplafond" – jährliche Obergrenze)[491] bestimmt die Obergrenze der EU-Gesamtausgaben, gleichzeitig war es die Obergrenze der BSP-Eigenmittel. Das Problem der Höhe der BSP-Eigenmittel bestand darin, dass die EU-Gesamtausgaben während der 1990er Jahre enorm wuchsen, von rund 41 Mrd. ECU im Jahre 1988 auf 77 Mrd. ECU im Jahre 1996.[492] Im Jahre 2000 betrug der EU-Haushalt schon rund 93 Mrd. Euro.[493] Folglich stieg der

---

486 Die Gesamtobergrenze stellte wegen des Defizitverbots gleichzeitig die Obergrenze der Gesamtausgaben der EU dar.
487 Caesar, Rolf: Zur Reform des EU-Einnahmesystems, S. 3.
488 Kohl, Eckhard/Bergmann, Jan: Europäischer Finanzausgleich? Gewinner und Verlierer der EU-Politiken. Köln 1998, Berechnungsschema, Abbildung 3 auf S. 30.
489 Ebd., S. 30.
490 *EU-Nachrichten*, Nr. 37 vom 18. 10. 2001.
491 Busch, Berthold: Zur künftigen Finanzierung, S. 22.
492 Busch, Berthold: Zur künftigen Finanzierung, Tabelle 5 auf S. 23.
493 *EU-Nachrichten*, Nr. 37 vom 18. 10. 2001.

Anteil der BSP-Einnahmen und damit auch die Summe, welche die Bundesrepublik Deutschland jährlich in den EU-Haushalt einzuzahlen hatte.

8.2 Die deutsche „Nettozahlerposition" – das Problem der Ausgabenseite des EU-Haushalts

Aus der Untersuchung des Finanzierungssystems folgt, dass die Einnahmen des Unionshaushalts proportional zum Bruttosozialprodukt der Mitgliedstaaten verlaufen.[494] Die Bundesrepublik Deutschland finanzierte im Jahre 1996 29,2 % des gesamten EU-Budgets und trug also angemessen im Verhältnis zur Größe seiner Wirtschaft zum EU-Haushalt bei. Der deutsche Anteil am BSP der gesamten Europäischen Union lag im Jahre 1996 bei 27,4 %.[495] Die BRD trug wie die anderen Mitgliedstaaten mit den stärkeren Volkswirtschaften und steigendem Bruttosozialprodukt auch mehr zur Finanzierung der EU bei. Folglich konnte laut Kohl und Bergmann bei Betrachtung der Einnahmenseite des EU-Haushalts keine übermäßige Belastung Deutschlands bestätigt werden.[496]

Worin lag dann der Trend zur Steigerung der deutschen Nettobeiträge? Das diskutierte Problem der deutschen Nettozahlerposition lag nicht auf der Einnahmenseite des EU-Finanzierungssystems. Das Ungleichgewicht der deutschen Beiträge und Bezüge aus der EU-Kasse wurde durch die Ausgabenseite des EU-Finanzierungssystems verursacht. Denn die Rückflüsse aus dem EU-Budget orientierten sich nicht an der Höhe des Bruttosozialprodukts.[497] Ein Großteil der EU-Gelder floss durch die Regelungen der Gemeinsamen Agrarpolitik in die Landwirtschaft der Mitgliedstaaten. Die Agrarausgaben waren damit entscheidend für die ganze Nettozahlerproblematik. Von diesen Subventionen konnte die BRD wegen seines geringen Agraranteils wenig profitieren.[498] Die Rückflüsse aus dem EU-Haushalt waren im deutschen Fall deutlich

494 Busch, Berthold: Zur künftigen Finanzierung, S. 25.
495 Ebd., Tabelle 3 auf S. 18.
496 Kohl, Eckhard/Bergmann, Jan: Europäischer Finanzausgleich? Gewinner und Verlierer der EU-Politiken, S. 37f.
497 Busch, Berthold: Zur künftigen Finanzierung, S. 25.
498 Schmuck, Otto: Von „Nettozahlern" und „Integrationsgewinnern": der alte Streit um die Finanzen der Europäischen Union. In: Europa an der Schwelle zum 21. Jahrhundert. Reform und Zukunft der Europäischen Union. Bundeszentrale für politische Bildung (Hrsg.). Bonn 1998, S. 181; In Deutschland waren lediglich 3 % der Beschäf-

geringer als die deutschen Beiträge. Die Rückflussquote im Bereich der Agrarpolitik lag in der Mitte der 1990er Jahre für Deutschland unter 15 % und es erhielt damit nur die Hälfte seines Finanzierungsanteils zurück.[499] Hier lag der
wesentliche Grund dafür, dass die BRD einer der größten Nettozahler in der
Europäischen Union war.

Der entscheidende Punkt bei der Diskussion war nicht die Tatsache, dass
Deutschland ein Nettozahler ist, sondern die Höhe des deutschen Saldos und
die kontinuierliche Steigerung der deutschen Nettobeiträge (in der Debatte
wurde oft übersehen, dass seit 1994 die deutschen Beiträge nicht mehr gestiegen sind). Wegen der erheblichen Differenz zwischen den deutschen Zahlungen an den EU-Etat und den Rückflüssen reichten einfache Korrekturen nicht
aus, die Nettozahlerposition Deutschlands zu ändern. Mit der sich abzeichnen-
den EU-Osterweiterung kamen diese Themen wieder auf die Tagesordnung.

Der deutsche Nettobeitrag betrug 1996 10,9 Mrd. ECU. Auf alle übrigen
Nettozahler entfielen aber zusammen im selben Jahr nur 8,4 Mrd. ECU. Folglich erbrachte allein die Bundesrepublik Deutschland 56 % aller Nettobeiträge.[500] Bei Betrachtung der deutschen Nettosalden pro Kopf der Bevölkerung in
diesem Zeitraum wird die politische Brisanz dieser Problematik sichtbar.[501] Im
Jahre 1995 nahm Deutschland mit einem Pro-Kopf-Nettobeitrag in Höhe von
176 ECU mit Abstand die größte Nettozahlerposition ein. Österreich stand mit
einem Pro-Kopf-Nettobeitrag von 148 ECU an zweiter Stelle, es folgten die
Niederlande, Schweden und Luxemburg.[502]

Bei der Analyse der Pro-Kopf-Belastungen ist auf eine Sonderstellung
Großbritanniens hinzuweisen. Großbritannien hat als einziges Land bis heute
eine Sonderrolle im Finanzierungssystem der EU. Der Europäische Rat in
Fontainebleau beschloss im Jahre 1984 einen Ausgleichsmechanismus für
Großbritannien. Die Mehrwertsteuer-Eigenmittel Großbritanniens werden um

---

tigten in der Agrarwirtschaft tätig. Die Landwirtschaft hatte zur Zeit der Agenda-
Verhandlungen nur einen Anteil von 1,5 % am deutschen BSP.

499 Deffaa, Walter: Deutschland „Zahlmeister" Europas? In: Caesar, Rolf (Hrsg.): Zur
     Reform der Finanzverfassung und Strukturpolitik der EU. Baden-Baden 1997, S. 156.

500 Busch, Berthold: Zur künftigen Finanzierung, S. 29.

501 Zum Beispiel: Clostermeyer, Claus-Peter: Deutschland – „Zahlmeister" Europas? In:
     Caesar, Rolf (Hrsg.): Zur Reform der Finanzverfassung und Strukturpolitik der EU.
     Baden-Baden 1997, S. 142.

502 Kohl, Eckhard/Bergmann, Jan: Europäischer Finanzausgleich? Gewinner und
     Verlierer der EU-Politiken, Tabelle 4 auf S. 40, vgl. Tabelle 3 auf S. 36.

einen Korrekturbeitrag gekürzt. Diesen „Ausgleichsbeitrag" finanzieren die übrigen EU-Staaten über zusätzliche Mehrwertsteuer-Eigenmittel und Bruttosozialprodukt-Eigenmittel.[503] Einen Ausgleichsanspruch kann Großbritannien geltend machen, sobald es einen negativen Beitragssaldo aufweisen kann. Die britische Sonderstellung stellt eine Ausnahme dar und stimmt somit mit dem Prinzip der Solidarität innerhalb der Gemeinschaft nicht überein. Besonders problematisch wurde sie im Zusammenhang mit der Nettozahlerdiskussion im Jahre 1999. Die anderen Nettozahler in der EU wie Deutschland verfügten über keinen Ausgleichsmechanismus und ihr Verlangen nach einer Reform war in dieser Hinsicht berechtigt.[504]

8.3   Zum Hintergrund der Diskussion

Der deutsche Nettobeitrag wurde in der zweiten Hälfte der 1990er Jahre durch die breite Diskussion zur europapolitisch relevanten Frage. Die Reformvorschläge wurden sowohl vom Bund als auch von den Bundesländern besprochen.[505] Interessant ist, warum die Debatte über den deutschen Beitrag erst nach 1996 aufkam. Das mag wohl einerseits an den langfristigen Ursachen der Existenz der deutschen Belastung, andererseits an der deutschen Lage nach 1990 liegen.

Die Diskussion unter dem Motto „Zahlmeister Deutschland"[506] begann erst nachdem die Regierung Kohl im Jahre 1992 in Edinburgh der entscheidenden vertraglichen Regelung zugestimmt hatte.[507] Die Höhe der Beiträge

---

503   Kohl, Eckhard/Bergmann, Jan: Europäischer Finanzausgleich? Gewinner und Verlierer der EU-Politiken, S. 31.

504   Das war die deutsche Argumentation, dass die Staaten mit vergleichbarem Wohlstand wir die BRD einen geringen Nettobeitrag leisten oder sogar Nettoempfänger sind; vgl. Busch, Berthold: Zur künftigen Finanzierung, S. 34.

505   Auch die Finanzminister der deutschen Länder hatten ein Modell zur Reduktion der deutschen Nettobelastung vorgeschlagen.

506   Zahlreiche Artikel belegen eine breite öffentliche Diskussion: FAZ vom 15. Juli 1996; *Handelsblatt* vom 24. 7. 1997; *Frankfurter Rundschau* vom 1. 8. 1997; *Wirtschaftswoche*, Nr. 31 vom 24. 7. 1997, S. 23; vgl. mit den wissenschaftlichen Beiträgen, die aus einem politischen Ansatz her geschrieben waren: Meckel, Markus: Position eines deutschen Parlamentariers. In: Wittschorek, Peter (Hrsg.): Agenda 2000. Herausforderungen an die Europäische Union und an Deutschland. Baden-Baden 1999, S. 199–208.

507   Clostermeyer, Claus-Peter: Deutschland – „Zahlmeister" Europas? In: Caesar, Rolf

wurde also nicht erst unter der neuen rot-grünen Bundesregierung in Frage gestellt, sondern schon vor 1998 von denen, die selbst die Beitragshöhe ausgehandelt hatten.[508] Im Zusammenhang mit der heftigen politischen Debatte ist darauf hinzuweisen, dass der deutsche Nettobeitrag seit dem Höhepunkt im Jahre 1994 kontinuierlich gesunken ist. Der deutsche Nettobeitrag ist von 13,6 Mrd. ECU im Jahre 1994 auf 10,5 Mrd. ECU im Jahre 1998 gefallen.[509] Folglich sank der deutsche Finanzierungsbeitrag am EU-Haushalt innerhalb dieses Betrachtungszeitraumes von 33,3 % auf 25,1 %.

An dieser Stelle wird zunächst die Genese des Problems beleuchtet. Dabei muss sowohl auf ökonomische als auch auf politische Zusammenhänge im Kontext der deutschen Position in der Europäischen Union und in Europa eingegangen werden. Deutschland als ein exportorientiertes Land profitierte durch den Binnenmarkt der Europäischen Union. Der Umfang, in dem die Bundesrepublik Deutschland durch seine wirtschaftliche Position in der EU seit Anfang der Integration gewann, kann kaum mit den Beiträgen gegengerechnet werden.[510] Kritiker der hohen deutschen Belastung leugneten nicht, dass Deutschland aus dem freien Verkehr von Waren, Dienstleistungen und Kapital Nutzen ziehen konnte. Sie wiesen jedoch darauf hin, dass nach der ökonomischen Außenhandelstheorie alle beteiligten Staaten vom gemeinsamen Binnenmarkt Vorteile haben. Außerdem hat Deutschland beispielsweise im Jahre 1996 nur 58,5 % seines Außenhandels innerhalb der EU abgewickelt, während andere Staaten wie beispielsweise Portugal mehr als 70 % ihres gesamten Außenhandels innerhalb der Gemeinschaft betrieben.[511]

Vor diesem Hintergrund war fraglich, ob die Forderung nach einem relativ hohen deutschen Beitrag zur EU-Finanzierung, aufgrund der wirtschaftlichen Stärke der BRD, durch die anderen hoch entwickelten EU-Staaten Berechtigung findet. So war nicht überraschend, dass Deutschland als wirtschaftlich

---

(Hrsg.): Zur Reform der Finanzverfassung und Strukturpolitik der EU, S. 141.

508 Köster-Loßack, Angelika: Die Europäische Union sozial und ökologisch Erweitern. In: Wittschorek, Peter (Hrsg.): Agenda 2000. Herausforderungen an die Europäische Union und an Deutschland. Baden-Baden 1999, S. 234.

509 *EU-Nachrichten*, Nr. 12/13 vom 24. März 1999; vgl. Tabelle 7.2 auf S. 210 im Beitrag: Wagner, Wolfgang: German EU constitutional foreign policy. In: Rittberger, Volker (ed.): German foreign policy since unification, S. 184ff.

510 Köster-Loßack, Agelika: Die Europäische Union sozial und ökologisch erweitern. In: Wittschorek, Peter (Hrsg.): Agenda 2000, S. 234.

511 Busch, Berthold: Zur künftigen Finanzierung, S. 33.

stärkstes Land der Europäischen Union auch das größte Bruttosozialprodukt hatte und deshalb den entsprechend größten Anteil des EU-Budgets finanzierte. Dies mag wohl angemessen zu sein. Die Nettobelastung Deutschlands war aber überproportional im Verhältnis zu den übrigen Mitgliedstaaten. Auch die wohlhabenden Länder wie Frankreich oder Italien leisteten einen deutlich geringeren Nettobeitrag als die Deutschen. Nach Auffassung von Rolf Caesar lässt sich die Höhe der deutschen Beiträge im Hinblick auf die kleinere Belastung der anderen Mitgliedsländer ökonomisch nicht rechtfertigen.[512] Wenn das Kriterium „wirtschaftliche Leistungsfähigkeit" wäre, müssten die Regeln folglich für alle wirtschaftlich starken Mitgliedstaaten gelten und Großbritannien hätte keinen Anspruch auf seinen Beitragsrabatt.[513]

Wird allerdings die Auffassung der stark exportorientierten deutschen Wirtschaft betrachtet, so spielte der Aspekt der offenen Märkte für die Industrie immer eine viel wichtigere Rolle als die Subventionen aus dem EG-Haushalt. Folglich konnte die Industrie aus dem Binnenmarkt profitieren, aber die deutschen Konsumenten und Steuerzahler hatten die Beitragslast zu tragen. Einige Autoren argumentierten in der Diskussion, dass der hohe deutsche Nettobeitrag in den EU-Haushalt durch eine Koalition zwischen den politischen Führungskräften und der Exportindustrie zu Lasten der deutschen Konsumenten und Steuerzahler bedingt wurde.[514] Demgegenüber könnte die These aufgestellt werden, dass vom Wohlstand, der durch den gemeinsamen Binnenmarkt gefördert wird, alle Bürger im jeweiligen Land indirekt Nutzen ziehen können. Dürfen wir uns aber nur auf monetäre Zahlungsströme beziehen, wenn wir versuchen zu beleuchten, welchen Nettovorteil Deutschland aus der EU zieht?

Zur ökonomischen Überlegung sind auch politische Argumente heranzuziehen, um die Entstehung der Nettozahlerposition zu erklären. Die Bereitschaft der deutschen Regierungen, seit den 1970er Jahren einen überproportionalen finanziellen Beitrag in den EU-Haushalt zu leisten, kann als Ausdruck einer großen deutschen Unterstützung für die europäische Integration betrachtet werden. Die Wiedergewinnung der deutschen Souveränität und die Wiedervereinigung waren durch die deutsche Teilnahme an der Integration Europas

---

512 Caesar, Rolf: Die deutsche Nettozahlerposition – Eine Koalition zu Lasten Dritter? In: Caesar, Rolf (Hrsg.): Zur Reform der Finanzverfassung und Strukturpolitik der EU. Baden-Baden 1997, S. 166ff.

513 Vgl. Ebd., S. 169.

514 Rolf Caesar nannt es eine „Koalition zu Lasten Dritter".

möglich. Die deutschen politischen Akteure hatten nach 1989 ein enormes Interesse an einer raschen Realisierung der deutschen Einheit. Deshalb leisteten sie den für die Bundesrepublik Deutschland kostenträchtigen Eigenmittelbeschlüssen in Edinburgh 1992 keinen starken Widerstand.[515]

Die Verhandlungen über das finanzielle Paket „Delors II" im Dezember 1992 in Edinburgh waren indirekt durch eine Reihe nicht haushaltsbezogener Fragen geprägt. Auf der Tagesordnung standen auch die Fragen der künftigen Osterweiterung. Doch sicherte die deutsche Regierung den innergemeinschaftlichen Kompromiss, indem sie die Bereitschaft zeigte, einer Ausdehnung des Haushalts bis maximal 1,27 % des Bruttosozialprodukts der EU für den Zeitrahmen bis 1999 zuzustimmen.[516] Obwohl es der deutschen Regierung gelang, die neuen Bundesländer als Ziel-1-Gebiete in die strukturelle Hilfe einzubeziehen, bedeutete die Verabschiedung des Pakets „Delors II" im Endeffekt eine noch weitere Zuspitzung der deutschen Nettozahlerposition in der Europäischen Union.

8.4 Die Agenda 2000 und die Ergebnisse des Berliner Gipfels vom März 1999

Auf dem Berliner Gipfel im März 1999 verabschiedeten die EU-Mitgliedstaaten die am 15. Juni 1997 von der Europäischen Kommission vorgelegte *Agenda 2000* und kamen zum Kompromiss über die Neuordnung der EU-Finanzierung für den Zeitraum 2000–2006. Entsprach die Regelung der EU-Finanzierung von März 1999 den ursprünglichen deutschen Forderungen nach einer Nettoentlastung? Wurden gleichzeitig genügend Mittel für die Osterweiterung bereitgestellt? Bundeskanzler Gerhard Schröder bezeichnete das Ergebnis als „eine vernünftige Mischung aus Haushaltsdisziplin und sozialer Gerech-

---

515 Caesar, Rolf: Die deutsche Nettozahlerposition. In: Caesar, Rolf (Hrsg.): Zur Reform der Finanzverfassung und Strukturpolitik der EU, S. 172.

516 Einige Autoren wie zum Beispiel Werner Weidenfeld behaupteten, dass das Versprechen von Helmut Kohl vom Jahre 1990, dass die deutsche Vereinigung nicht zu Lasten der ärmeren EG-Mitgliedern stattfinden wird, eine Rolle im deutschen Verhalten in Edinburgh gespielt hatte; vgl. Wagner, Wolfgang: German EU constitutional foreign policy. In: Rittberger, Volker (ed.): German foreign policy since unification, S. 216.

tigkeit zwischen Stärkeren und Schwächeren in der Gemeinschaft."[517] Außenminister Joschka Fischer sprach von einer „hervorragenden Grundlage" für die Osterweiterung.[518] Nach seiner Meinung mussten allerdings weitere Reformen folgen.[519] Die Bedeutung der Übereinkunft von Berlin 1999 für den klaren finanziellen Rahmen bis 2006 lobte auch nachträglich der Kommissar für die Osterweiterung Günter Verheugen.[520] Bezüglich des in Berlin verabschiedeten Finanzrahmens bis 2006 zeigte sich bei der nächsten Verhandlungsrunde um die finanzielle Vorausschau für die Jahre 2007–2013 noch einmal, wie viel Solidarität die alten Mitglieder gegenüber den neuen Beitrittsländern aufbringen wollen. Fraglich erschien im Zusammenhang mit der *Agenda 2000*, inwieweit die Ergebnisse des Gipfels 1999 den Erwartungen der EU-Mitglieder und vor allem den deutschen Erwartungen tatsächlich entsprachen.

Das Dilemma des Gipfels in Berlin bestand in der Aufgabe, zwei zuwiderlaufende Probleme zu lösen, eine gerechte Verteilung der finanziellen Lasten in der EU und eine Bereitstellung der Mittel für die Osterweiterung. Die Verknüpfung der Osterweiterung mit einer Haushaltsreform bereitete eine konfliktträchtige Verhandlungssituation vor. Wenn aber die finanzielle Seite der Osterweiterung aus der EU-Sicht ökonomisch betrachtet wird, sollte allerdings nicht der Eindruck entstehen, dass allein die Osterweiterung die europäischen Steuerzahler belastete.[521] Das Problem lag nicht in der Tatsache der Osterweiterung, sondern in der Struktur der Finanzausgaben der Europäischen Union. In den Legislativvorschlägen zur *Agenda 2000* hatte die Kommission die Aufstockung der Finanzmittel um rund 47 Mrd. ECU in dem Preisniveau von 1999 einschließlich der Heranführungshilfe für den Zeitraum 2000–2006 für eine Osterweiterung vorgeschlagen.[522] Aus ökonomischer Sicht wäre eine solche

---

517 *Frankfurter Allgemeine Zeitung* vom 27. März 1999.

518 *Frankfurter Allgemeine Zeitung* vom 27. März 1999.

519 Vgl. *Frankfurter Allgemeine Zeitung* vom 29. März 1999.

520 Günter Verheugen, Vortrag im Rahmen der Vortragsreihe „Forum Constitutionis Europae" des Walter Hallstein-Instituts für Europäisches Verfassungsrecht an der Humboldt-Universität zu Berlin am 29. Januar 2001, S. 15.

521 Gabrisch, Hubert: Wirtschaftliche und finanzielle Rahmenbedingungen einer Osterweiterung der EU im Spiel nationaler und europäischer Machtpositionen. In: Wittschorek, Peter (Hrsg.): Agenda 2000. Herausforderungen an die Europäische Union und an Deutschland, Baden-Baden 1999, S. 152.

522 Agenda 2000: Legislativvorschläge der Europäische Kommission. In: Wittschorek, Peter (Hrsg.): Agenda 2000. Herausforderungen an die Europäische Union und an Deutschland. Baden-Baden 1999, S. 379; Diese Zahlen sind mit den tatsächlich be-

Aufstockung der Finanzmittel marginal, im Verhältnis zum Bruttoinlandsprodukt der Europäischen Union etwa 0,5 %.[523]

In der *Agenda 2000* bündelte sich „ein in der Integrationsgeschichte beispielloses Paket von Reformansätzen und massiven nationalen Interessen".[524] Die Osterweiterung wurde zwar gesichert, die Reformerwartungen konnten allerdings nicht erfüllt werden. Die Osterweiterung um die MOE-Staaten setzte eine radikale Grundsatzreform der Gemeinsamen Agrarpolitik und der Strukturfonds voraus.[525] Die Nettoempfänger (die so genannte Transferkoalition von Irland, Griechenland, Spanien und Portugal) fürchteten um ihre Zuwendungen aus der EU-Kasse. Sie hatten bei den Verhandlungen die Möglichkeit, ihre Vetomacht auszuspielen.

Bezüglich der Osterweiterung wurde eine neue finanzielle Vorausschau für die Jahre 2000–2006 verabschiedet. Das verfügbare Finanzvolumen für diesen Zeitraum betrug 686 Mrd. Euro. Davon sollten 298 Mrd. Euro im Agrarbereich ausgegeben werden und 195 Mrd. Euro sollten den Strukturfonds zur Verfügung stehen.[526] Diese zwei kostenintensiven Politikbereiche der Europäischen Union machten auch weiterhin rund 70 % der Ausgaben des EU-Haushalts aus. Es kam also zu keiner tief greifenden Reform der Finanzierung in diesen Bereichen der Europäischen Union. Das war auch neben den Hinweisen auf die geringe Verbesserung der deutschen Nettozahlerposition ein wesentlicher Kritikpunkt an der Bundesregierung seitens der CDU/CSU- und FDP-Opposition.[527] Eine Reduzierung der deutschen Nettozahlerposition,

---

reitgestellten finanziellen Mittel für die Osterweiterung als Ergebnis der Agenda-Verhandlungen zu vergleichen; näher: Jessen, Christoph: Agenda 2000. Das Reformpaket von Berlin ein Erfolg für Gesamteuropa. *Integration*, Jg. 22, Nr. 3/1999, S. 172.

523 Gabrisch, Hubert: Wirtschaftliche und finanzielle Rahmenbedingungen einer Osterweiterung der EU. In: Wittschorek, Peter (Hrsg.): Agenda 2000, S. 151.

524 Rede des Bundesministers des Auswärtigen und EU-Ratsvorsitzenden Joschka Fischer zum Ende der deutschen Ratspräsidentschaft vor dem Europäischen Parlament am 21. Juli 1999 in Straßburg. *Internationale Politik*, Vol. 54, Dokumentation 11/1999, S. 88.

525 Vgl. Gowan, Peter: Unsicherheiten der EU-Osterweiterung. *Prokla*, Jg. 28, Nr. 112/1998, S. 434f.

526 Kraff, Manfred: Wohin führt die Agenda 2000? Die Europäische Integration aus politikökonomischer Sicht. Fachbereich IV, Arbeitspapier Nr. 52. Trier 1999, Tabelle 1 auf S. 2.

527 Wolfgang Schäuble, CDU/CSU, in: Stenographischer Bericht der 41. Sitzung des Bundestages am 8. Juni 1999, amtliche Seiten 3483A–3519C (Abgabe einer Regie-

welche die deutschen Entscheidungsträger massiv forderten, fand nur als „Nebeneffekt" der gemäßigten Reformen des EU-Finanzsystems statt. Durch die Nichtanhebung der Eigenmittelobergrenze wurde sicher gestellt, dass der deutsche Nettobeitrag nicht weiter steigt. Im Jahr 2002 sollten die Nettozahlungen von 0,54 % (im Jahr 1999) auf 0,42 % des deutschen Bruttosozialprodukts sinken. Trotz der Zusatzlasten der Erweiterung sollte Deutschland nach 1999 keinen relativ höheren Beitrag leisten. Die neuen Bundesländer blieben in der Strukturförderung vollständig als Ziel-1-Gebiete und erhielten für den Zeitraum zwischen 2000–2006 insgesamt rund 20 Mrd. Euro.[528]

Die Vereinbarungen von Berlin brachten auf der einen Seite keine wesentlichen Verluste der Bezüge aus den Strukturfonds für die „Südstaaten" wie Spanien und Portugal, auf der anderen Seite wurden die Gesamtausgaben der EU nicht erhöht. Gerade das Ausbleiben der Agrarreform und das Fortbestehen des britischen Beitragsrabattes[529] wurde als Ergebnis der Wahrung der nationalen Interessen Frankreichs und Großbritanniens aus den Oppositionsreihen der deutschen Parlamentarier heftig angegriffen.[530]

Die Europäische Kommission sah im Rahmen der *Agenda 2000*-Verhandlungen nicht vor, direkte Einkommenshilfen an die Landwirtschaft der Beitrittsländer zu leisten.[531] Auch die deutschen Finanzierungsvorschläge aus dem Bundesministerium für Finanzen gingen schon 1998 in Anlehnung an die Auffassung der Europäischen Kommission davon aus, dass wegen des niedrigen Preisniveaus von Agrarprodukten in den neuen Beitrittsländern keine Kompensationszahlungen vonnöten sein würden. Um den deutschen Nettobeitrag zu senken und die Nettozahler vor übermäßiger Belastung zu schützen, sollte nach den Vorschlägen des Bundesministeriums für Finanzen ein Aus-

---

rungserklärung des Bundeskanzlers zu den Ergebnissen des Europäischen Rates am 3. und 4. Juni in Köln und zum Stand der Friedensbemühungen im Kosovo-Konflikt), S. 3490.

528 Jessen, Christoph: Agenda 2000. *Integration*, Jg. 22, Nr. 3/1999, S. 174.

529 Seit dem Eigenmittelbeschluss (Mai 1985) bekommt Großbritannien als Nettozahler Ausgleichszahlungen, die den britischen Saldo deutlich senken.

530 Michael Glos, CDU/CSU, in: Stenographischer Bericht der 41. Sitzung des Bundestages am 8. Juni 1999, amtliche Seiten 3483A–3519C, S. 3506.

531 Guth, Eckart: Wirtschaftliche und finanzielle Rahmenbedingungen der Agenda 2000. In: Wittschorek, Peter (Hrsg.): Agenda 2000, S. 105.

gleichsmechanismus für alle Mitgliedstaaten eingeführt werden.[532] Eine Sonderstellung Großbritanniens wäre damit aufgehoben.[533]

Das EU-Budget wurde in Berlin weder reformiert noch erweitert. Die Ergebnisse des Gipfels führten zu einer bescheidenen Entlastung der Nettozahler. Die von der Kommission vorgeschlagene Eigenmittelobergrenze von 1,27 % des Bruttoinlandsproduktes sollte auch im Zeitraum 2000–2006 eingehalten werden.[534] Diese Obergrenze zählte zu den zentralen Vereinbarungen des Gipfels. Mit der Festschreibung dieser Ausgabenobergrenze wurde ein Stabilitätskurs des bisher anwachsenden EU-Budgets eingeleitet. Die deutsche Auffassung, dass die Europäische Union auf die Einhaltung der Obergrenze zu achten habe, wurde von den schwedischen, dänischen und britischen Ratsmitgliedern unterstützt.[535] Die Stabilisierung von Ausgaben durch die Festschreibung der Obergrenze ermöglichte es, dass ein Kompromiss zwischen den Nettozahlern und der Mehrzahl der Mitgliedstaaten überhaupt zustande kam.

Am Finanzierungssystem der EU nahmen die Staats- und Regierungschefs nur kleinere Korrekturen vor.[536] Der Kern der EU-Finanzierung blieb unangetastet, es wurden lediglich Einsparungen in der Strukturpolitik vorgenommen. Die Agrarausgaben wurden auf jährlich 40,5 Mrd. Euro begrenzt.[537] Für die Vorbereitung der Beitrittskandidaten und für die erwarteten neuen Mitgliedstaaten ab 2002 wurden für den Zeitraum 2000–2006 insgesamt rund 80 Mrd. Euro bereitgestellt.[538] Die neuen Mitgliedstaaten mit einem geringen BIP pro Einwohner sollten zu den Ziel-1-Gebieten der Strukturförderung gehören. So

---

532 Das Bundesfinanzministerium unter Theo Waigel hat 1997 das so genannte Kappungsmodell zur Korrektur der Finanzierungsverteilung des EU-Haushalts vorgelegt; vgl. Busch, Berthold: Zur künftigen Finanzierung, S. 37ff.

533 Vgl. Heinemann, Friedrich: EU-Finanzreform 1999. Eine Synopse der politischen und wissenschaftlichen Diskussion und eine neue Reformkonzeption. Gütersloh 1998, S. 14.

534 Agenda 2000: Legislativvorschläge der Europäische Kommission. In: Wittschorek, Peter (Hrsg.): Agenda 2000. Herausforderungen an die Europäische Union und an Deutschland, S. 381.

535 Koecke, Johannes Christian: Der Rat der Europäischen Union. In: Weidenfeld, Werner/Wessels, Wolfgang (Hrsg.): Jahrbuch der Europäischen Integration 1998/1999, S. 65.

536 Lippert, Barbara: Erweiterung und Agenda 2000. In: Weidenfeld, Werner /Wessels, Wolfgang (Hrsg.): Jahrbuch der Europäischen Integration 1998/1999, S. 39.

537 Ebd., S. 39.

538 Kraff, Manfred: Wohin führt die Agenda 2000? Tabelle 1 auf S. 2.

sollten zu den bestehenden strukturschwachen Ziel-1-Gebieten der EU-15 mit 94 Millionen Einwohnern noch ca. 100 Millionen Menschen aus den neuen Beitrittsländern kommen.[539] Mit der Osterweiterung sollten also die Anforderungen an die Finanzierung der Kohäsions- und Strukturfonds steigen. In Kenntnis dieser Tatsache konnte behauptet werden, dass die Obergrenze der EU-Ausgaben erhöht werden müsste. Stattdessen wurde geplant, die Obergrenze von 1,27 % des BIP der Mitgliedstaaten der EU nicht auszuschöpfen und die strukturelle Hilfeleistung pro Land auf maximal 4 % seines BIP zu begrenzen.[540] Diese 4 %-Grenze für die Strukturhilfen konnte als pragmatisches Mittel zur Begrenzung der Strukturfondausgaben gesehen werden. [541] Das Ergebnis dieser Regelung sollte sein, dass die gewährten Mittel aus den nationalen Kassen kofinanziert und gleichfalls effektiv eingesetzt werden.[542]

Später, auf dem Gipfel von Nizza im Dezember 2000, wurde im Zusammenhang mit der Finanzreform sogar das seit Jahren in Wissenschaftskreisen diskutierte Modell für einen Finanzausgleich aufgegriffen.[543] Ein europäischer Finanzausgleich wäre eine Lösung für den Bereich des „wirtschaftlichen und sozialen Zusammenhalts" (Kohäsion) der EU. Die Strukturfonds würden dann keine Finanzquelle für Ausgleichszuweisungen darstellen und nur der Finanzierung einer „echten" gemeinsamen regionalen Entwicklungspolitik dienen.[544] Die Nettozahler- und Nettoempfängerdiskussion würde nicht mehr die Re-

---

539 Steinitz, Klaus: EU-Osterweiterung-Chanzen und Risiken. In: Bierbaum, Heinz/ Bischoff, Joachim/Deppe, Frank et al.: Soziales €uropa. Hamburg 2001, S. 74.

540 Kraff, Manfred: Perspektiven zur Schaffung eines Finanzausgleichs in der europäischen Union. Fachbereich IV, Arbeitspapier Nr. 55, Trier 2001, S. 65; Die Transfers der Strukturfonds sowie des Kohäsionsfonds durften den maximalen Wert von 4 % des nationalen BIP eines Jahres in den einzelnen Mitgliedstaaten nicht überschreiten.

541 Im Grunde sollten die ärmsten Länder die geringste Hilfe je Einwohner erhalten. Zur kritischen Auffassung: Steinitz, EU-Osterweiterung, In: Bierbaum, Heinz/Bischoff, Joachim/Deppe, Frank et al.: Soziales €uropa, S. 75.

542 Bestätigt im Gespräch mit Dr. Otto Schmuck, Leiter der Abteilung Europa, Vertretung des Landes Rheinland-Pfalz beim Bund und der europäischen Union, Berlin, am 9. Mai 2003.

543 Ausführlich zu den Fragen des Finanzausgleichs in der EU: Kraff, Manfred: Perspektiven zur Schaffung eines Finanzausgleichs in der Europäischen Union. Trier 2001.

544 Die Strukturfonds in der geltenden Ausgestaltung 1999 konnten nach Rolf Caesar als Teil eines „rudimentären" Finanzausgleichs interprätier werde; näher Caesar, Rolf: Einführung in die Thematik. In: Caesar, Rolf (Hrsg.): Zur Reform der Finanzverfassung und Strukturpolitik der EU. Baden-Baden 1997, S. 12.

formbemühungen in anderen Bereichen belasten. Dies war allerdings eine politische Frage. Darüber hinaus wären derartige Ausgleichszahlungen innerhalb der vergrößerten EU politisch unrealistisch.[545]

8.5 Die deutsche Forderung nach Senkung des Nettobeitrags und die europapolitische Strategie – Hypothesen und Realität

Mit der Untersuchung der Position der deutschen Politik bei den Verhandlungen über die Agenda 2000 kann die Frage beantwortet werden, ob es eine signifikante Änderung in der deutschen Europapolitik seit 1990 oder 1998 gegeben hat. Um das feststellen zu können, muss von den am Anfang dieser Fallstudie genannten Hypothesen ausgegangen werden. Die deutsche Forderung nach finanzieller Entlastung kam seit Mitte der 1990er Jahre neu auf und erreichte ihren Höhepunkt während der deutschen Ratspräsidentschaft unter Gerhard Schröder. Schon diese Tatsache an sich kann als Hinweis auf ein verändertes europapolitisches Verhalten der Bundesrepublik Deutschland gesehen werden. Im Hinblick auf diese Studie ist von Interesse, ob dies das Ergebnis einer Machtposition, einer Änderung der Normen oder eines innenpolitischen (haushaltspolitischen) Drucks war. Gleichzeitig muss bestimmt werden, wo sich die Osterweiterung, die zentrale Fragestellung dieser Arbeit, auf der deutschen europapolitischen Prioritätenskala befand. Hatte der deutsche Nettobeitrag oder die Osterweiterung im Rahmen der deutschen Europapolitik Vorrang?

Auf dem Gipfel von Berlin im März 1999 trat Deutschland gleichzeitig als nationaler Gastgeber und Träger der EU-Ratspräsidentschaft auf. Die Verfolgung der deutschen Interessen stand in diesem Fall in einem gewissen Widerspruch zur Rolle der EU-Präsidentschaft. Dies kann erklären, warum die deutschen Regierungspolitiker schon im Vorfeld des Gipfels taktisch auf die Nettozahlerposition hingewiesen haben.[546] Sie starteten die Verhandlungen mit vier Zielsetzungen, die an sich für die Herausbildung einer politischen Kompromissgrundlage zu widersprüchlich waren. Unter deutscher Ratspräsidentschaft sollten erstens die Initiativvorstellungen der Kommission aufgegriffen

545   Bei einem EU-Finanzausgleich in der erweiterten Union müsste zum Beispiel Luxemburg auf 70 % seines BSP verzichten.

546   Vgl. Jessen, Christoph: Agenda 2000. *Integration*, Jg. 22, Nr. 3/1999, S. 170.

werden, zweitens die Mittel für die Osterweiterung gesichert werden, drittens die EU-Haushaltsstabilität gewährleistet und gleichzeitig viertens der deutsche Nettobeitrag gesenkt werden.[547]

Die Durchsetzung des deutschen Ziels, den eigenen Nettobeitrag deutlich zu senken, schien von Anfang an unrealistisch zu sein.[548] Die Bundesrepublik Deutschland hätte von der Notwendigkeit einer Änderung der EU-Finanzierung alle Mitgliedstaaten überzeugen müssen. Besonders im Hinblick auf die Kombination der Senkung des Nettobeitrages und der Osterweiterung war auf den ersten Blick unmöglich, dass die deutsche Europapolitik beide Ziele gleichzeitig erreicht.[549] Trotzdem bevorzugte die Bundesregierung während der Verhandlungen eine deutliche Senkung des Nettobeitrages.[550] War überhaupt eine solche Positionierung mit dem deutschen Interesse an der Osterweiterung vereinbar?[551]

Prüfung der konstruktivistischen Hypothese

Laut Christoph Jessen, Verantwortlicher für die Verabschiedung der *Agenda 2000* im Auswärtigen Amt, war das Vertrauen entscheidend für den Sinn der Integration Europas. Dies spiegelte sich auch in der deutschen Erweiterungspolitik wider: „Die wichtigste Komponente an der Osterweiterung war das Frieden schaffende Moment. Und dies war für Deutschland besonders wichtig. Die Osterweiterung stellte eine logische Fortführung der Integration dadurch dar, dass sie das Vertrauen schuf."[552] Wenn die Argumentation der deutschen Verhandlungsführer mit den tatsächlichen Ergebnissen des Gipfels verglichen

547 Vgl. Ebd., S. 170.

548 Denn eine Änderung der EU-Finanzierung bedarf laut Vertrag des Einstimmigkeitsprinzips; vgl. Caesar, Rolf: Die deutsche Nettozahlerposition. In: Caesar, Rolf (Hrsg.): Zur Reform der Finanzverfassung und Strukturpolitik der EU, S. 174.

549 Vgl. Hyde-Price, Adrian: Germany and the European order. Enlarging NATO and the EU. Manchester/New York 2000, S. 185.

550 Wagner, Wolfgang: German EU constitutional foreign policy. In: Rittberger, Volker (ed.): German foreign policy since unification, S. 218.

551 Vgl. Kreile, Michael: Eine Erweiterungsstrategie für die Europäische Union. In: Weidenfeld, Werner (Hrsg.): Europa öffnen. Anforderungen an die Erweiterung. Gütersloh 1999, S. 241.

552 Gespräch mit dem Botschafter Dr. Christoph Jessen, Beauftragter für die Osterweiterung, Auswärtiges Amt, Berlin, am 19. Juni 2003.

wird, kann festgestellt werden, dass die normative Komponente eher für einen Kontinuitätskurs spricht. Eine Änderung der normativen Basis in diesem Fall der deutschen Europapolitik war nur zum Teil zu verzeichnen. Auf dem Gipfel in Berlin hat sich keine „neue deutsche Europapolitik" aufgrund eines gewandelten Grundverständnisses angekündigt.[553] Zur Forderung nach Senkung des Nettobeitrags führte lediglich eine Änderung der innerdeutschen Normen. Die konstruktivistische Hypothese begründet deshalb keine derart rigorose Forderung nach Verringerung der finanziellen Belastung Deutschlands, dass Deutschland dabei die europäischen Normen brechen würde. Die Bundesregierung bemühte sich zwar massiv darum, eine Nettoentlastung zu erreichen, gab aber letztlich der europäischen Integration Vorrang.

Prüfung der realistischen Hypothese

Die realistische Hypothese (Autonomiemaximierung) wurde anhand der deutschen Verhandlungsstrategie auf dem Gipfel im Verhältnis zu den deutschen Zielen überprüft. Die Bundesrepublik Deutschland zeigte in Berlin große Aktivität zur Verfolgung ihrer Ziele und die Fähigkeit, Koalitionen zwischen Mitgliedstaaten zu bilden, um eigene Auffassungen durchzusetzen. Die gemeinsamen Interessen der Mitgliedstaaten ergaben sich aus den Nettozahlerpositionen in der EU. Die Ausgaben für die neuen EU-Mitglieder sollten nicht durch eine Erhöhung des EU-Etats, sondern durch Umschichtungen zu Lasten der Altmitglieder finanziert werden. Außerdem sollte der deutsche Nettobeitrag deutlich gesenkt werden. Die Durchsetzung der deutschen Vorstellungen durfte allerdings nicht zu stark die Interessen der anderen EU-Partner (Frankreichs) und damit den im deutschen Interesse liegenden Integrationsfortschritt gefährden. „Deutschland zahlte viel in die EU-Kasse, weil die Bundesrepublik als Ziel ein starkes und integriertes Europa hatte. Nun war die Osterweiterung auch ein deutsches Ziel und für dieses Ziel wollte Deutschland etwas geben," so Christoph Jessen.[554] Einerseits deuteten die zunehmenden Unstimmigkeiten wäh-

553 Lippert, Barbara: Die EU-Erweiterungspolitik nach 1989 – Konzeptionen und Praxis der Regierungen Kohl und Schröder. In: Schneider, Heinrich/Jopp, Mathias/Schmalz, Uwe (Hrsg.): Eine neue deutsche Europapolitik? Rahmenbedingungen – Problemfelder – Optionen. Berlin 2001, S. 384.
554 Gespräch mit dem Botschafter Dr. Christoph Jessen, Beauftragter für die Osterweite-

rend der Verhandlungen in der traditionell starken deutsch-französischen Allianz eine Verschiebung in diesem Verhältnis an,[555] andererseits kann nicht behauptet werden, dass Deutschland nach mehr Autonomie strebte. Folglich kann eine realistische Auffassung in diesem Fall nicht angenommen werden.

Prüfung der utilitaristisch-liberalen Hypothese

Aus der utilitaristisch-liberalen Sicht wollte die Bundesrepublik Deutschland mit Hilfe Berliner Verhandlungen über die *Agenda 2000* die finanziellen Verluste (Zahlungen in die EU-Kasse) reduzieren. Schon während der 1990er Jahre haben die deutschen innenpolitischen Akteure (Parteien, Interessenverbände, Bundesländer) zunehmend auf die Tatsache der enormen Beitragslast hingewiesen und eine Korrektur verlangt. Im Oktober 1998 konstatierte der Finanzminister der konservativ-liberalen Koalition Theo Waigel noch vor seinem Ausscheiden aus dem Amt, dass eine akzeptable Lösung des Nettozahlerproblems für Deutschland aus drei Komponenten bestehen würde: aus der nationalen Kofinanzierung der Gemeinsamen Agrarpolitik, der Reduzierung des britischen Beitragsrabatts und der Einführung eines allgemeinen Rabatts für alle Nettozahler.[556]

Nach dem Sieg der rot-grünen Koalition schien das Ausscheiden der CSU aus einer künftigen Regierung innenpolitisch eine Konstellation für eine Forderung nach einer radikalen Reform der europäischen Agrarpolitik gegeben zu sein. Auch die Spitzenmandatare der SPD vertraten die Meinung, dass die Fortschritte der europäischen Integration nicht mehr mit erhöhter finanzieller Belastung der Bundesrepublik Deutschland zu sichern seien.[557] Der Grund für keine weitere Fortsetzung der „Check-Buch-Diplomatie" waren die enormen finanziellen Kosten der deutschen Einheit und die steigenden deutschen Haushaltsdefizite. Dies war schon während der Regierung Kohl erkennbar. Gerhard Schröder knüpfte lediglich an diese politische Linie an. Die immer prekärere

---

rung, Auswärtiges Amt, Berlin, am 19. Juni 2003.

555 Laffan, Brigid: The Agenda 2000 Negotiations: La présidence Coûte Cher? *German Politics*, Vol. 9, No. 3/2000, S. 2, 11.

556 Ebd., S. 6.

557 Bestätigt im Gespräch mit Günter Gloser, europapolitischer Sprecher der SPD-Bundestagsfraktion, Deutscher Bundestag, Berlin, am 26. Mai 2003.

Lage der deutschen Finanzen wurde auf der Ebene des Bundes, in den Ländern und Kommunen spürbar. Die Bundesregierung konnte diese Stimmung nicht ignorieren. Die Berücksichtigung der innenpolitisch bedingten Präferenzen spricht in diesem Fall überzeugend für die liberal-utilitaristische Auffassung. In diesem Punkt ist eine taktische Änderung in der deutschen Europapolitik im Vergleich zu der Periode vor der deutschen Wiedervereinigung festzustellen.

Die Bundesregierung hatte auch langfristige Interessen besonders im Hinblick auf die Erweiterung zu wahren. Aus der deutschen Positionierung am Anfang des Gipfels 1999 waren sie allerdings nicht abzulesen. Im Laufe der Verhandlungen wurde aber klar, dass weitere Bemühungen zur Durchsetzung einer radikalen Senkung des deutschen Nettobeitrags gegen den Widerstand anderer EU-Mitglieder die zentralen Ergebnisse des Gipfels gefährden können. Der Erfolg bei einer raschen Verabschiedung der *Agenda 2000* in Berlin sollte einerseits die Position der neuen Bundesregierung innenpolitisch festigen, andererseits dem langfristigen Ziel der Osterweiterung dienen. Darüber hinaus war zu vermuten, dass die Bundesrepublik Deutschland von der Erweiterung im Vergleich zu den anderen Mitgliedstaaten überproportional profitiert.[558] Aus finanzieller Sicht war für Deutschland auch außerdem wichtig, dass eine Stabilisierung der ostmitteleuropäischen Länder im Zuge der Heranführung an die EU stattfand. Bei einer nicht erfolgten Osterweiterung hätte Deutschland, um das eigene Interesse an der Stabilität in Zentraleuropa konsequent verfolgen zu können, beispielsweise die nötigen Mittel für eine ökonomische Transformation in Polen allein aufbringen müssen.[559]

In der entscheidenden Verhandlungsphase setzte die Bundesregierung auf einen Kompromiss, um den Integrationsfortschritt in Europa nicht zu gefährden. In der deutschen Einstellung während des Gipfels überwog die europäische Perspektive. Hiermit kann nachgewiesen werden, dass keine fundamentale Änderung in der deutschen europapolitischen Strategie stattfand. Durch die

---

558   Die einzelnen Mitgliedstaaten der EU haben in unterschiedlichem Maße von der Ausdehnung des Binnenmarktes nach Osten profitiert. In der BRD sollte nach der Öffnung des Binnenmarktes nach Osten das BIP um 0,5 % und Österreich um bis zu 1,2 % steigen, vgl. *EU-Nachrichten* vom 27. 10. 1999.

559   Vgl. Kreile, Michael: Eine Erweiterungsstrategie für die Europäische Union. In: Weidenfeld, Werner (Hrsg.): Europa Öffnen, S. 235.

rasche Verabschiedung der *Agenda 2000* wurde gesichert, dass der Erweiterungsprozess vorankommen konnte.

Das „Berliner Paket" brachte zwar direkt keine erhebliche deutsche Entlastung, es fand aber eine Trendumkehr des deutschen Nettosaldos statt.[560] Nach dem Finanzplan sollte es zu einer Verbesserung des deutschen Nettosaldos um 900 Millionen Euro im Jahre 2006 gegenüber 1999 kommen.[561] Die Nettozahler wurden auch dadurch entlastet, dass sie künftig nur noch 25 % ihres Anteiles an der Finanzierung des britischen Rabattes leisten mussten.[562] In den Verhandlungen über das Finanzierungssystem der Europäischen Union haben die Vertreter der Bundesregierung die Position bezogen, die für das Jahr 1999 festgelegte Eigenmittelobergrenze in Höhe 1,27 % des BSP der Gemeinschaft als Obergrenze der EU-Gesamtausgaben auch für den Zeitraum über das Jahr 1999 hinaus beizubehalten. Das war eine klare Forderung nach Haushaltsdisziplin auf europäischer Ebene. Bei einer konsequenten Analyse der unmittelbaren Kosten der Erweiterung kann vermutet werden, dass diese deutsche Forderung auch nicht dem deutschen Interesse an der Osterweiterung widersprach.

Die Verhandlungen über die *Agenda 2000* waren ein Kompromisspaket. Die wichtigen Mitgliedstaaten mussten darauf verzichten, nationale Maximalpositionen zu vertreten, und gaben so der Weiterentwicklung Europas den Vorrang. Die deutsche Strategie wollte durch die Beschlüsse von Berlin die Osterweiterung vorantreiben, aber zugleich den eigenen Nettobeitrag verringern. Dies hätte eine Umverteilung von Haushaltsmitteln zu Gunsten Deutschlands und der neuen Beitrittsländer bedeutet. Das war aber in dieser Kombination politisch kaum durchsetzbar. Die deutsche Politik musste die Positionen der ursprünglich weitergehenden Sparmaßnahmen und Entlastungsziele „leise" räumen, um den Kompromiss zu retten.[563] Obwohl es der Bundesregierung gelang, nur eine immanente, keine strukturelle Verbesserung der

---

560 Eine Trendumkehr fand allerdings schon vor dem Berliner Gipfel statt. Der deutsche Nettobeitrag war im Zeitraum 1994–98 kontinuierlich gefallen, trotzdem finanzierte die BRD weiterhin beinahe ein Drittel des EU-Haushalts.

561 Jessen, Christoph: Agenda 2000. *Integration*, Jg. 22, Nr. 3/1999, S. 174.

562 Lippert, Barbara: Erweiterung und Agenda 2000. In: Weidenfeld, Werner /Wessels, Wolfgang (Hrsg.): Jahrbuch der Europäischen Integration 1998/1999, S. 40.; Der britischen Delegation war es allerdings gelungen, den Beitragsrabatt für Großbritannien zu verteidigen; vgl. *Frankfurter Allgemeine Zeitung* vom 27. März 1999.

563 Janning, Josef: Bundesrepublik Deutschland. In: Weidenfeld, Werner/Wessels, Wolfgang (Hrsg.): Jahrbuch der Europäischen Integration 1998/1999. Bonn 2000, S. 329.

Nettozahlerposition durchzusetzen, waren die Gesamtauswirkungen der ausgehandelten Ergebnisse positiv, vor allem im Hinblick auf das schwierige Dilemma der deutschen „nationalen" Interessen und der Ratspräsidentschaft in der Europäischen Union.

Zusammenfassung

Die Verhandlungen über die Finanzierungsfragen im Rahmen der *Agenda 2000* haben gezeigt, dass die deutsche europapolitische Strategie sowohl Kontinuität als auch Änderung aufwies: 1. Die Kontinuität in der allgemeinen Unterstützung des Erweiterungs- und Integrationsprozesses. 2. Eine Änderung in der Betonung der finanziellen Interessen der Bundesrepublik Deutschland und der Minimierung der haushaltsbedingten Folgen der Integration für Deutschland. Die Forderung nach der Senkung des Nettobeitrags war auf den innenpolitischen Druck und die veränderte wirtschaftliche Lage zurückzuführen. Die Art der Präsentation hing aber eher mit dem politischen Stil der neuen rot-grünen Bundesregierung zusammen. Die deutschen Verhandlungsführer in Berlin mussten sich allerdings klar machen, welcher europapolitischen Forderung auf dem Gipfel stärkere Priorität eingeräumt werden sollte. Der deutsche Einsatz für die Osterweiterung war sowohl mit den europäischen Normen als auch mit den langfristigen deutschen Interessen im Einklang. Mithin war es produktiver, die Osterweiterung zu sichern, als auf einer deutlichen Senkung des deutschen Nettobeitrags zu beharren. Aus dieser Grundposition stammte auch das Berliner Kompromisspaket vom März 1999.

9. Deutschland und die Reform der Institutionen der Europäischen Union

Fallbeschreibung

Mit dem fortschreitenden Erweiterungsprozess und dem Beginn der Beitrittsverhandlungen 1998[564] verschärfte sich der Konstellationswandel in der Europäischen Union.[565] Es wurde offensichtlich, dass sich das institutionelle Ungleichgewicht zwischen den großen und kleinen Mitgliedstaaten durch den Beitritt der überwiegend kleinen Mitgliedstaaten vertiefen würde.[566] Allein aufgrund der größeren Zahl der Mitglieder konnte vermutet werden, dass bei der nächsten Erweiterungsrunde der Union eine Entscheidungsunfähigkeit gedroht hätte. Die institutionellen Reformen waren damit eine unabdingbare Voraussetzung (viertes Kriterium von Kopenhagen) der erfolgreichen Osterweiterung.

Neben einer Änderung der Stimmgewichtung im Ministerrat, der Zusammensetzung der Kommission und der Begrenzung der Abgeordnetenzahl im Europäischen Parlament war es besonders notwendig, gerade die erweiterungsrelevanten Aspekte der Reformen – die Ausweitung der Mehrheitsentscheidungen und die Einschränkung von Einstimmigkeit – zu berücksichtigen. Dies waren nicht nur technische Fragen, sondern im wesentlichen Machtfragen.[567] Vom 14. Februar 2000 bis zum Gipfel in Nizza setzte sich mit diesem Thema eine Regierungskonferenz auseinander.[568] Den Mitgliedstaaten wurde zunehmend klar, dass eine Klärung der oben genannten Fragen unterhalb der Ebene

---

564 Näher zu den Betrittsverhandlungen: Lippert, Barbara: Erweiterung und Agenda 2000. In: Weidenfeld, Werner/Wessels, Wolfgang (Hrsg.): Jahrbuch der Europäischen Integration 1998/1999, Bonn 1999, S. 44ff.

565 Weidenfeld, Werner: Erweiterung ohne Ende? Europa als Stabilitätsraum strukturieren. *Internationale Politik*, Jg. 55, Nr. 8/2000, S. 9.

566 Weidenfeld, Werner/Jung, Christian: Osterweiterung und Handlungsfähigkeit der Europäischen Union: Zwang zur Reform. In: Weidenfeld, Werner: Europa Öffnen. Anforderungen an die Erweiterung. Gütersloh 1999, S. 14.

567 Vgl. Pernice, Ingolf: Die Notwendigkeit institutioneller Reformen. Aussichten für die Regierungskonferenz. *Internationale Politik*, Jg. 55, Nr. 8/2000, S. 11.

568 Näher zum Verlauf der Regierungskonferenz: Beach, Derek: The Dynamics of European Integration. Why and when EU institutions matters. New York 2005, S. 147ff.

des Europäischen Rates unwahrscheinlich wird. Aus deutscher Sicht wurde der Gipfel von Nizza im Dezember 2000 zur Bühne Gerhard Schröders. Der deutsche Bundeskanzler wollte während der französischen Ratspräsidentschaft sowohl deutsche Interessen als auch eigene Europavorstellungen verteidigen.

Die erste Fallstudie zur Frage der deutschen Beiträge zum EU-Haushalt wurde vorrangig auf das deutsche Engagement auf der Ebene der *regulative politics"* in der Europäischen Union konzentriert.[569] In diesem Punkt nutzte Gerhard Schröder den innenpolitischen Druck aus und verteidigte heftig die deutschen finanziellen Interessen auf dem Gipfel in Berlin. Im vorliegenden Fallbeispiel betreffend Nizza wird für den Autor von Interesse sein, ob sich die Europapolitik der rot-grünen Bundesregierung auch auf der Ebene der *"constitutive politics"* geändert hat. Die *"constitutive politics"* betrifft die Gründungsverträge und ihre Revisionen, bezieht sich also auf die EU-Verfassungspolitik. Zu diesem Bereich gehören im Wesentlichen auch die institutionellen Fragen.

Die Regierungskonferenz und der Gipfel zum Vertrag von Nizza waren für die Bundesrepublik Deutschland aus mehreren Gründen strategisch bedeutsam. An erster Stelle stand die Sicherung des Erweiterungsprozesses. Zweitens wollte Deutschland die institutionelle Handlungsfähigkeit der EU tatsächlich stärken. Drittens stand die Bundesregierung unter innenpolitischem Druck durch die Bundesländer. Die Ministerpräsidenten der Länder wollten eine klare und rechtlich verbindliche Kompetenzabgrenzung zwischen der europäischen Ebene und der Ebene der Mitgliedstaaten und ihrer Gliedstaaten (hier die deutschen Bundesländer) durchsetzen.[570]

Den Länder- und Regionalinteressen (Einfluss der innenpolitischen Akteure auf die amtliche Erweiterungspolitik) wird Platz im Rahmen einer gesonderten Fallstudie in dieser Arbeit gewidmet. Obwohl die beiden anderen oben genannten strategischen Sachfragen auch teilweise aus einem europapolitischen Diskurs hervorgingen, war ihre Handhabung auf der Ebene des Europäischen

---

569 Jeffrey Anderson unterscheidet zwischen „*constitutive"* und „*regulative politics"* in der EU und stellte fest, dass die Bundesrepublik Deutschland bis hinein in die 1990er Jahre Fortschritte auf der „konstitutiven Ebene" (Vertiefung der EG/EU) durch Zugeständnisse auf der „regulativen Ebene" erzielte; Anderson, Jeffrey J.: Hard Interests, Soft Power, and Germany´s Changing Role in Europe. In: Katzenstein, Peter J. (ed.): Tamed Power: Germany in Europe. Ithaca, N.Y. 1997, S. 82f.

570 Janning, Josef: Die Bundesrepublik Deutschland. In: Weidenfeld, Werner /Wessels, Wolfgang (Hrsg.): Jahrbuch der Europäischen Integration 2001/2002, Bonn 2002, S. 319.

Rates voll in der Hand des Bundeskanzlers Gerhard Schröder. Deshalb wird die deutsche Verhandlungsstrategie bezüglich der institutionellen Reform und der damit zusammenhängenden Osterweiterung theoretisch nur aus dem realistischen und konstruktivistischen Blickwinkel behandelt.

Hypothesen

Ein langfristiges Merkmal der deutschen Europapolitik seit der Gründung der Gemeinschaft stellte der Einsatz für eine Stärkung der supranationalen Ebene in der EG/EU dar. Die realistische Hypothese würde von dem allgemeinen Machtzuwachs des vereinigten Deutschlands ausgehen.[571] Entweder wird die Bundesrepublik versuchen, eine unabhängige Außenpolitik zu betreiben und sich aus den multilateralen Bindungen zu lösen (Autonomiemaximierung). Oder sie wird versuchen, ihren Einfluss in internationalen Organisationen zu erhöhen (Einflussmaximierung), beispielsweise in den EU-Organen die Abstimmungsregeln so zu ändern, dass ihr eigener Einfluss steigt. Da in der ersten Fallstudie festgestellt wurde, dass Deutschland nicht nach Autonomie in der Europäischen Union strebte und die Westbindung nach 1990 nicht in Frage stellte (dies ging auch aus dem außenpolitischen Diskurs im dritten Kapitel dieser Studie hervor), wird sich die vorliegende Darstellung auf deutsche Einflusschancen innerhalb der EU konzentrieren.

Die konstruktivistische Auffassung behauptet gegenüber der realistischen Sicht, dass die Bundesrepublik Deutschland kontinuierlich eine Verfassungspolitik in der Europäischen Union betrieb, die sowohl auf den europäischen als auch den innerdeutschen „europäisierten" Grundsatznormen basierte.[572] Nach dieser Ansicht kann angenommen werden, dass die Bundesrepublik Deutschland auf dem Gipfel in Nizza multilateral handelte, die weiteren Integrationsschritte förderte und sich folglich für die Stärkung der supranationalen Entscheidungsmechanismen einsetzte.

---

571 Vgl. Rittberger, Volker/Schimmelfennig, Frank: Deutsche Außenpolitik nach der Vereinigung. Realistische Prognosen auf dem Prüfstand. Tübinger Arbeitspapiere zur Internationalen Politik und Friedensforschung. Tübingen 1997, S. 10.

572 Vgl. Anderson, Jeffrey J.: Hard Interests, Soft Power, and Germany´s Changing Role in Europe. In: Katzenstein, Peter J. (ed.): Tamed Power, S. 82–85.

9.1 Die institutionelle Ausgangslage im Vorfeld der Regierungskonferenz 2000

Zum Zeitpunkt der Aufnahme der Beitrittsverhandlungen unterschieden sich die europäischen Institutionen nach Art der Zusammensetzung und der Aufgaben dieser Gremien. Die Kommission und das Europäische Parlament hatten die Interessen der Gemeinschaft zu vertreten. Das Europäische Parlament war ein Organ mit „gemeinschaftlichem" (föderalem) Charakter. Der Europäische Rat, der von den Staats- und Regierungschefs gebildet wurde, hatte einen rein „intergouvernementalen" Status und fasste die Beschlüsse einstimmig. Er hatte allgemeine Leitlinienfunktion, bestimmte die politischen Schwerpunkte der Gemeinschaftspolitiken und war damit faktisch ein zentrales Entscheidungsgremium der Union.[573] Demgegenüber verfügte der Ministerrat (Rat der EU) sowohl über „föderale" als auch „intergouvernementale" Kompetenzen. Der Rat handelte nach dem EG-Vertrag als Gemeinschaftsorgan,[574] bestand aber gemäß der Vor-Nizza-Regelung im Art. 203 EGV/Amsterdam aus je einem Vertreter jedes Mitgliedstaates auf Ministerebene.[575]

Die entscheidende Frage im Hinblick auf die Zukunft der erweiterten Union war, wie das Grundprinzip der Gleichheit (ein einstimmiges Abstimmungsverfahren) bei wachsender Mitgliederzahl bewahrt bleiben kann. Das zweite problematische Prinzip, das die Europäische Gemeinschaft befolgte, war die überproportionale Vertretung kleinerer Staaten in den EG/EU-Organen. Diese Regelung garantierte am Anfang der Integration den kleinen Beneluxstaaten, dass sie in den Organen der EG nicht leicht überstimmt werden konnten. Es war klar, dass diese beiden Prinzipien im Zuge der Erweiterung eine Relativierung hätten erfahren müssen, zur Wahrung der Handlungsfähigkeit der Union.[576]

---

573 Weidenfeld, Werner/Giering, Klaus: Die Europäische Union nach Amsterdam – Bilanz und Perspektive. In: Weidenfeld, Werner (Hrsg.): Amsterdam in der Analyse: Strategien für Europa. Gütersloh 1998, S. 66.

574 Koenig, Christian/Haratsch, Andreas: Europarecht. Tübingen 1998, Rn. 608.

575 Koenig, Christian/Haratsch, Adreas: Europarecht, Rn. 129 (Aufgrund der im Maastrichter Vertrag vereinbarten Änderung des EG-Vertrages genügte auch ein Vertreter auf Ministerebene der Bundesländer).

576 Weidenfeld, Werner/Jung, Christian: Osterweiterung und Handlungsfähigkeit der Europäischen Union: Zwang zur Reform. In: Weidenfeld, Werner: Europa Öffnen. Anforderungen an die Erweiterung. Gütersloh 1999, S. 14.

9.1.1 Die Europäische Kommission

Die Kommission wachte über die Anwendung des EG-Vertrages und wurde oft als „Hüterin der Verträge" charakterisiert. Sie hatte das ausschließliche Vorschlagsrecht für Rechtsakte der Gemeinschaft und begleitet die Vorschläge während des legislativen Prozesses. Darin bestand nach Günther Schäfer die Managementfunktion der Kommission.[577] Mit der Erweiterung sollte sich der Schwerpunkt der Kommissionsarbeit gerade auf dieses Feld verlagern. Im Vordergrund der Reformüberlegungen stand die Frage nach der Größe der Kommission. Bei einer Osterweiterung unter Beibehaltung der „alten" Regelung hätte die Zahl der Mitglieder der Kommission 30 weit überschritten. Bezüglich der Arbeitsweise der Kommission stellte auch das Anwachsen der Mitglieder in den Ausschüssen durch die Erweiterungsrunden ein zusätzliches Problem dar.[578] Es bestanden zwei Reformmöglichkeiten: Entweder die Gesamtzahl der Kommissionsmitglieder erhöhen oder die Verpflichtung aufheben, nach welcher der Kommission mindestens ein Vertreter jedes Mitgliedstaates angehören muss.[579] Für die erste Erweiterungsrunde wäre inzwischen ein Provisorium möglich gewesen. Die großen Mitglieder hätten auf ihren zweiten Kommissar verzichten können. Eine andere Option wäre eine doppelte Gewichtung der Stimmen der Kommissare der „großen" Länder gewesen.

Die deutsche Bundesregierung hielt die Beseitigung der Garantie, dass alle Staaten in der Kommission vertreten sind, für möglich.[580] Die Begrenzung der Größe der Kommission wäre dann mit einem gleichberechtigten Rotations-

---

577 Schäfer, Günther F.: Die institutionellen Herausforderungen einer EU-Osterweiterung. In: Weidenfeld, Werner (Hrsg.): Europa öffnen. Anforderungen an die Erweiterung. Gütersloh 1999, S. 58.

578 Schäfer, Günter F.: Die institutionellen Herausforderungen einer EU-Osterweiterung. In: Weidenfeld, Werner (Hrsg.): Europa öffnen, S. 70; Die Sitzungsteilnehmer in den Ausschüssen der Kommission waren Sachverständige aus den Mitgliedstaaten. Viele Staaten hatten mehrere Mitglieder in den Ausschüssen. Mit dem Beitritt der neuen 10 bis 12 Mitgliedstaaten hätte sich die Anzahl der Teilnehmer pro Ausschuß auf 60 bis 100 pro Ausschuss verdoppelt, was die Effektivität der Arbeit deutlich verringert hätte.

579 Bieber, Roland/Bieber, Florian: Institutionelle Voraussetzungen der Osterweiterung der Europäischen Union. In: Weidenfeld, Werner (Hrsg.): Europa öffnen. Anforderungen an die Erweiterung. Gütersloh 1999, S. 122;

580 Die Kommission war nach Auffassung der deutschen Regierung nicht vorrangig eine Vertretung der Mitgliedstaaten in Brüssel.

prinzip zu kombinieren gewesen.[581] Die deutschen Bundestagsfraktionen von CDU/CSU, FDP und PDS schlossen sich der Forderung der Bundesregierung nach Festlegung einer Obergrenze für die Anzahl der Kommissare an.[582]

9.1.2 Das Europäische Parlament

Mit Inkrafttreten des Vertrages von Amsterdam am 1. Mai 1999 wurde die Stellung des Europäischen Parlaments in dem legislativen Prozess und bei der Einsetzung der neuen Kommission gestärkt.[583] In den legislativen Bereichen, wo bisher der Rat und das Europäische Parlament zusammenarbeiten mussten, wurde in Amsterdam ein gemeinsames Mitentscheidungsverfahren eingeführt. Mit der Osterweiterung durfte nach Meinung der deutschen Bundesregierung vor allem die zentrale Kontrollfunktion des Parlaments nicht gefährdet werden und die Legislativfunktion sollte gestärkt werden.[584] Auch die Legitimationsfunktion des Parlaments hätte beispielsweise durch die Einführung eines einheitlichen Wahlrechts verbessert werden können. Für ein einheitliches europäisches Wahlrecht auf proportionaler Basis setzte sich in den deutschen Diskussionen während der Regierungskonferenz 2000 neben der SPD auch die Bundestagsfraktion der FDP ein.[585]

Das Europäische Parlament vertrat die Völker der Union, nicht aber die Bürger.[586] Das Hauptproblem bezüglich der Osterweiterung bestand darin,

---

581 Gerhard Schröder, in: Deutscher Bundestag, Stenographischer Bericht der 135. Sitzung am 28. November 2000, amtliche Seiten 13023A–13058D (Abgabe einer Erklärung der Bundesregierung zum bevorstehenden Europäischen Rat in Nizza vom 7.-9. Dezember 2000), S. 13028.

582 Sekretariat Europaausschuss: Haltung der Fraktionen zu den institutionellen Reformen der EU, in: Europaausschuss und die institutionellen Reformen der Europäischen Union, Deutscher Bundestag, Europaausschuss (Hrsg.), Berlin 2000, S. 29.

583 Vgl. Schmuck, Otto: Das Europäische Parlament. In: Weidenfeld, Werner/Wessels, Wolfgang (Hrsg.): Jahrbuch der Europäischen Integration 1998/1999, Bonn 1999, S. 81.

584 Stenographischer Bericht der 135. Sitzung des Deutschen Bundestags am 28. November 2000, S. 13027.

585 FDP-Position zur Reform der Organe der EU, in: Europaausschuss und die institutionellen Reformen der europäischen Union. Deutscher Bundestag, Europaausschuss (Hrsg.), Berlin 2000 S. 32.

586 Vgl. Koenig, Christian/Haratsch, Andreas: Europarecht, Rn. 156; Die mit dem

dass wie im Rat und in der Kommission auch im Europäischen Parlament die kleinen Mitglieder überrepräsentiert waren. Beispielsweise vertrat ein Abgeordneter Luxemburgs 67.000 Luxemburger, ein deutscher Parlamentarier 800.000 Deutsche.[587] Entsprechend seines Bevölkerungsanteils in der Europäischen Union hätte Deutschland 137 Abgeordnete statt der vorhandenen 99 Vertreter im Europäischen Parlament haben müssen.[588] Nach dem bisherigen Prinzip der Verteilung der Sitze hätte die Zahl der Abgeordneten nach der Erweiterung 800 überstiegen und das Parlament wäre dann kaum noch handlungsfähig gewesen. Aus diesem Grund wurde in Art. 189 Abs. 2 EGV/Amsterdam die Zahl der Sitze im Europäischen Parlament auf 700 begrenzt.[589]

Für die deutsche Position in Nizza war von Bedeutung, dass das Proportionalitätsprinzip im Europäischen Parlament verstärkt wurde, ohne deshalb die Obergrenze von 700 Mitglieder zu übersteigen. Der Grundsatz der Proportionalität zur Bevölkerungszahl wurde neben der rot-grünen Bundesregierung auch von der CDU/CSU hervorgehoben.[590] Der Standpunkt der deutschen Delegation zu den Verhandlungen in Nizza bestand darin, dass Deutschland seine 99 Sitze im Europäischen Parlament behalten sollte, während die Abgeordnetenzahl für die anderen „großen" Mitglieder verringert werden sollte. Fraglich war vor diesem Hintergrund, ob Deutschland in diesem Fall bereit gewesen wäre, eine Kompromisslösung bezüglich der Stimmgewichtung im Ministerrat zuzulassen und den Verlust von Einfluss im Rat mit der Beibehaltung oder Stärkung der Position gerade im Europäischen Parlament zu kompensieren.

Vertrag von Maastricht eingeführte Unionsbürgerschaft ergänzte die nationale Staatsbürgerschaft, ersetzte sie aber nicht.

587 Weidenfeld, Werner/Giering, Klaus: Die Europäische Union nach Amsterdam – Bilanz und Perspektive. In: Weidenfeld, Werner (Hrsg.): Amsterdam in der Analyse: Strategien für Europa. Gütersloh 1998, S. 71.

588 Schäfer, Günther F.: Die institutionellen Herausforderungen einer EU-Osterweiterung. In: Weidenfeld, Werner (Hrsg.): Europa öffnen, S. 78; Laut G. Schäfer ist die überproportionale Vertretung der kleineren Nationen gerechtfertigt, solange im Europäischen Parlament die Völker und nicht die Bürger vertreten sind.

589 Vgl. Koenig, Christian /Haratsch, Andreas: Europarecht, Rn. 712.

590 Sekretariat Europaausschuss: Haltung der Fraktionen zu den institutionellen Reformen der EU, in: Europaausschuss und die institutionellen Reformen der EU, S. 32.

9.1.3 Der Ministerrat

Eine Zwischenstellung des Ministerrates im Gefüge der EU-Organe wurde darin deutlich, dass Beschlüsse in vielen Bereichen mit der Mehrheit, in anderen jedoch einstimmig gefällt wurden. Grundsätzlich wurden diese im Rat mit einfacher Mehrheit gefasst.[591] Für viele Politikfelder schrieb der Vertrag ausdrücklich eine qualifizierte Mehrheit oder eine einstimmige Beschlussfassung vor.[592] Das Einstimmigkeitsprinzip traf vor dem Gipfel in Nizza insgesamt auf ca. 60 materielle Bereiche des EU-Vertrages zu und war unmittelbarer Ausdruck der Gleichheit der EU-Mitglieder als souveräne Staaten. Schon bei der ersten Erweiterungsrunde hätte der numerische Zuwachs an Ministerratsmitgliedern die Entscheidungen in diesem Gremium wesentlich erschwert.[593]

Eine Ausweitung des Mehrheitsprinzips erschien deshalb besonders im Zusammenhang mit der Osterweiterung unumgänglich. Hierin waren sich die deutschen Parteirepräsentanten einig. Beispielsweise sollte nach Auffassung der FDP die qualifizierte Mehrheitsentscheidung alle Bereiche des EU- und des EG-Vertrages umfassen. Das Einstimmigkeitserfordernis sollte zu einer seltenen Ausnahme werden.[594] Die rot-grüne Regierungskoalition schlug die Einstimmigkeit nur für bestimmte Bereiche vor: für die Bereiche konstitutioneller Natur, Sicherheits- und Verteidigungspolitik oder für die Entscheidungen, die einen Rückschritt für die europäische Integration bedeutet hätten. Alle Mehrheitsentscheidungen sollten an die Mitentscheidung des Europäischen Parlaments gebunden werden.[595] Der Bundesregierung gelang es aber nicht, ihre ur-

---

591   Diese Regelung blieb auch nach Nizza bestehen, Art. 205 EGV/Nizza.
592   Die Einstimmigkeit bedeutete die Zustimmung aller Mitglieder, wobei die Stimmenenthaltung dem Zustandekommen eines Beschlusses nicht entgegenstand. Vor dem Inkrafttreten des Vertrags von Nizza war dies im Art. 205, Abs. 3 EGV/Amsterdam geregelt.
593   Weidenfeld, Werner/Jung, Christian: Osterweiterung und Handlungsfähigkeit der Europäischen Union: Zwang zur Reform. In: Weidenfeld, Werner: Europa Öffnen, S. 15; Der Reformdruck in der Frage der Zusammensetzung des Ministerrats resultierte aus der Gefahr, dass 20 bis 27 Mitglieder nur schwer zu einem einstimmigen Ergebnis kommen können.
594   Sekretariat Europaausschuss: Haltung der Fraktionen zu den institutionellen Reformen der EU, in: Europaausschuss und die institutionellen Reformen der EU, S. 31.
595   Ebd., S. 31.

sprüngliche Absicht, die Mehrheitsentscheidungen auf möglichst viele Bereiche anzuwenden,[596] in den Nizza-Verhandlungen durchzusetzen.[597]

Ein zusammenhängendes Problemfeld stellte die Stimmengewichtung im Ministerrat dar. Bei der neuen Erweiterungsrunde bestand die Gefahr für die „großen" Staaten, dass sie vom Zusammenschluss von Mitgliedstaaten überstimmt werden könnten, die nur eine Minderheit der Bevölkerung der Union repräsentierten.[598] In einer europäischen Zukunft mit 27 Ländern konnte es theoretisch zu dem Fall kommen, dass eine Bevölkerungsminderheit von 47 % eine qualifizierte Mehrheit darstellt.[599] Bei der Konstellation vor Nizza betrug der Mindestbevölkerungsanteil für die Herausbildung einer qualifizierten Mehrheit nur 58,16 %. Am Anfang der 1980er Jahre waren es noch über 70 % der EG-Bevölkerung.[600] Der Bericht der Kommission zur Ratsreform vom Januar 2000 sah zwei Reformoptionen vor, eine Neugewichtung der Stimmen oder die Einführung einer „doppelten einfachen Mehrheit".[601] Die Kommission empfahl, dass ein Beschluss mit qualifizierter Mehrheit im Rat zustande kommt, wenn er mit einfacher Mehrheit der Mitgliedstaaten gefasst wird, die einer Mehrheit der Gesamtbevölkerung der Union entsprechen würde. Durch bloße Einführung der doppelten Mehrheit aber wäre das Problem der Sperrminorität im Rat durch einen potenziellen Zusammenschluss kleiner Staaten nicht beseitigt gewesen.[602] Um diesem effektiv zu begegnen, wäre eine Erhöhung des Stimmengewichts der größeren Staaten vonnöten gewesen.[603]

---

596 Zur Position der Bundesregierung, in: Stenographischer Bericht der 135. Sitzung des Deutschen Bundestages am 28. November 2000, S. 13027.

597 Zum Beispiel nach der Meinung des Deutschen Industrie- und Handelstags (seit 2001 Deutscher Industrie- und Handels*kammer*tag, DIHK) war die Ausweitung der Mehrheitsentscheidungen in Nizza weit hinter den Erfordernissen zurückgeblieben (Quelle: http://www.diht.de, 23. Januar 2001). Es gab aber auch Bereiche, in welchen die Bundesrepublik Deutschland selber das Einstimmigkeitsprinzip nicht aufgeben wollte.

598 Stark, Hans/Guérot, Ulrike/Defarges, Philippe Moreau: Währungsunion, Außen- und Sicherheitspolitik und EU-Reform im Spannungsfeld der deutsch-französischen Beziehungen. In: Weidenfeld, Werner (Hrsg.): Deutsche Europapolitik. Optionen wirksamer Interessenvertretung. Bonn 1998, S. 163; Nur drei der zwölf Beitrittsbewerber waren bevölkerungsreicher als der Durchschnitt der „alten" EU-Mitgliedstaaten.

599 Falkner, Gerda/Nentwich, Michael: Regierungskonferenz 1996 – Zur Diskussion institutioneller Reformen. *Integration*, Jg. 18, Nr. 4/1995, S. 232.

600 http://ec.europa.eu/archives/igc2000/geninfo/fact-sheets/fact-sheet8/index_de.htm

601 http://ec.europa.eu/archives/igc2000/geninfo/fact-sheets/fact-sheet8/index_de.htm

602 Das Problem der Überrepräsentation der kleinen Staaten war eng mit den Sperrmino-

Die deutsche Bundesregierung vertrat in den Verhandlungen der Regierungskonferenz 2000 die Position, dass sowohl eine reine Neugewichtung der Stimmen als auch das Prinzip der doppelten Mehrheit akzeptabel wären. Diese Auffassung wurde auch von Gerhard Schröder im Vorfeld des Gipfels von Nizza ausdrücklich betont.[604]

9.2   Die Ergebnisse des Gipfels von Nizza 2000

Aus institutioneller Hinsicht wurde auf dem Gipfel von Nizza im Dezember 2000, der die am 14. Februar 2000 begonnene Regierungskonferenz abgeschlossen hat, unter anderem über die drei „*left overs*" von Amsterdam 1997 – Mehrheitsentscheidung, Stimmengewichtung im Rat und die Zusammensetzung der Kommission – verhandelt. Diese drei Bereiche betrafen die Osterweiterung der Europäischen Union. Dass gerade die institutionelle Reform ein besonderes deutsches Anliegen war, kann aus den Erklärungen im Vorfeld des Europäischen Rates in Nizza abgelesen werden. Die Fraktionen der SPD und Bündnis 90/Die Grünen im Deutschen Bundestag äußerten sich, dass die Staats- und Regierungschefs „mit dem erfolgreichen Abschluss der Reformen ihre Zusage gegenüber den Beitrittskandidaten einlösen, die Erweiterungsfähigkeit der Europäischen Union so rechtzeitig herzustellen, dass ab dem Jahr 2003 die Europäische Union zur Aufnahme neuer Mitglieder in der Lage

ritäten verbunden; ausführlich dazu: Deubner, Christian: Deutsche Europapolitik, S. 127, Tabelle 2; Mit 26 Gegenstimmen konnte bei der Mehrheitsentscheidung nach der Regelung vor Nizza eine Koalition der Mitglieder einen Beschluss verhindern. Der Bevölkerungsanteil einer Sperrminorität war von ursprünglich 34,8 % auf 12 % im Jahre 2000 gesunken. Nach der nächsten Erweiterungsrunde hätten nach der urprünglichen Stimmverteilung zum Beispiel Ungarn und Tschechien je 5 Stimmen im Ministerrat bekommen. Bereits der Beitritt dieser beider Länder hätte theoretisch die Möglichkeit geschafft, dass eine Koalition der „armen" Länder in der Europäischen Union (die Empfängerstaaten der Hilfe aus dem so genannten Kohäsion-Programm wie Spanien, Griechenland, Portugal und Irland) mit den neuen Mitgliedern eine permanente Sperrminorität (Mindestzahl für die Sperrminorität wäre 29 Stimmen) von 31 Stimmen hätte erreichen können.

603   Schäfer, Günther F.: Die institutionellen Herausforderungen einer EU-Osterweiterung. In: Weidenfeld, Werner (Hrsg.): Europa öffnen, S. 54.

604   Gerhard Schröder, in: Stenographischer Bericht der 135. Sitzung des Deutschen Bundestages am 28. November 2000, S. 13027.

ist."[605] Wurden mit den institutionellen Reformen von Nizza seitens der Europäischen Union tatsächlich die notwendigen Voraussetzungen für die Erweiterung geschaffen?

Am 18. Oktober 2001 ratifizierte der Deutsche Bundestag mit einer Mehrheit von 570 zu 32 Stimmen den Vertrag von Nizza.[606] Die Einschätzungen des Vertrags waren in der Bundesrepublik Deutschland von Anfang an ambivalent. Auch europaweit löste der Gipfel von Nizza große Enttäuschung aus. Der deutsche Außenminister stellte gleich nach seiner Rückkehr aus Frankreich fest, dass „mit Nizza die Osterweiterung wirklich definitiv geworden sei".[607] Er hielt den Vertrag von Nizza für einen guten Vertrag, der die Tür zur Erweiterung der EU geöffnet hatte.[608] Im Regierungslager hieß es: „Obwohl es nicht gelang, alle Reformvorschläge in den Verhandlungen durchzusetzen, die vor dem Gipfel diskutiert waren, hat der Vertrag eine enorme politische Bedeutung."[609] Teile der Opposition begrüßten zwar ausdrücklich, dass „die Erweiterungsfähigkeit formal hergestellt wurde, inhaltlich hat man sich, was die Voraussetzungen für die Osterweiterung angeht, doch noch ganz andere Dinge [durchgreifende Reformen] gewünscht."[610] Aus den FDP-Oppositionsreihen wurde massive Kritik am Vertrag geübt: „In Nizza hat sich noch einmal das alte Denken durchgesetzt, keine Kompromissbereitschaft für gemeinsame Lösungen. [...] Keine Regierung hat dafür gesorgt, dass es einen Fortschritt hinsichtlich Mehrheitsentscheidungen und einer stärkeren Rolle des Europäischen Parlamentes gab, [...] denn ohne Mehrheitsentscheidungen wird die Erweiterung nicht funktionieren."[611]

---

605   BT-Drucksache 14/4733; Entschließungsantrag der Fraktion der SPD und Bündnis 90/Die Grünen zur Abgabe einer Erklärung der Bundesregierung zum bevorstehenden Europäischen Rat in Nizza am 7./8. Dezember 2000, S. 1.

606   *Das Parlament*, Jg. 51, Nr. 44 vom 26. 10. 2001.

607   Joschka Fischer, in: Protokoll der 58. Sitzung (öffentliche Sondersitzung) des Ausschusses für die Angelegenheiten der Europäischen Union am 15. Dezember 2000.

608   Joschka Fischer in der Bundestagsdebatte am 18. 10. 2001, *Das Parlament*, Jg. 51, Nr. 44 vom 26. 10. 2001.

609   Günter Gloser (SPD) in der Bundestagsdebatte am 18. 10. 2001, *Das Parlament*, Jg. 51, Nr. 44 vom 26. 10. 2001.

610   Abg. Peter Hinzte, in: Protokoll der 58. Sitzung (öffentliche Sondersitzung) des Ausschusses für die Angelegenheiten der Europäischen Union am 15. Dezember 2000.

611   Helmut Hausmann (FDP) in der Bundestagsdebatte am 18. 10. 2001, *Das Parlament*, Jg. 51, Nr. 44 vom 26. 10. 2001.

Die Kritik ging nicht an der Tatsache vorbei, dass es in Nizza nur teilweise gelungen war, diesen institutionellen Problemkomplex zu lösen.[612] Nach Werner Weidenfeld wurden „weder bei der Gestaltung der Kommission noch bei der Neugewichtung der Stimmen im Rat Ergebnisse erzielt, die ein wesentlich effizienteres Arbeiten der Europäischen Union auch unter 28 Mitgliedern ermöglichten".[613] Das Ergebnis von Nizza wurde auch vom Europäischen Parlament kritisiert, das sich von der Regierungskonferenz eine erneute Stärkung seiner eigenen Rechte erhofft hatte.

Die Regierungskonferenz beschloss bezüglich der Reform der Gemeinschaftsorgane eine Reihe von Reformmaßnahmen. Die Europäische Kommission sollte ein Kommissionsmitglied je Mitgliedstaat beibehalten, bis der 27. Staat der Union beitritt. Mit der Amtsübernahme der ersten Kommission nach dem Beitritt des 27. Mitgliedsstaates sollten die Mitglieder auf der Grundlage der paritätischen Rotation ausgewählt werden.[614] Die Zahl der Kommissare für die erweiterte Union wurde in Nizza für die erste Erweiterungsrunde auf 20 begrenzt. Das bedeutete, dass die fünf „großen" Mitgliedstaaten Deutschland, Frankreich, Großbritannien, Italien und Spanien auf einen ihrer beiden Kommissare verzichten mussten.[615] Durch die Beschlüsse der Regierungskonferenz wurden die Befugnisse des Kommissionspräsidenten gestärkt, der zukünftig vom Rat mit qualifizierter Mehrheit ernannt werden sollte.[616]

---

612 In der Entwicklung der Europäischen Gemeinschaft war es gelungen, die Gemeinschaft schrittweise zu vertiefen. Dies geschah meistens durch die Ausgestaltung supranationaler Elemente. Die geplante Osterweiterung sollte schon aufgrund der großen Zahl der neuen Mitglieder zu desintegrativen Tendenzen führen. Deshalb waren die supranationalen Elemente der Kooperation und der Erweiterung von Kompetenzbereichen der Institutionen zu stärken.

613 Weidenfeld, Werner: Zwischen Anspruch und Wirklichkeit – die europäische Integration nach Nizza. In: Weidenfeld, Werner (Hrsg.): Nizza in der Analyse. Gütersloh 2001, S. 24.

614 http://ec.europa.eu/archives/igc2000/geninfo/fact-sheets/fact-sheet7/index_de.htm Die genaue Anzahl der Mitglieder und die Reihenfolge der Rotation sollten vom Rat einstimmig erst nach der Unterzeichnung der Beitrittsakte des 27. Staates festgelegt werden. Im Zusammenhang mit den Schwierigkeiten bei der Ratifizierung des Vertrags von Lissabon wurde die künftige Zahl der Kommissare endgültig noch nicht festgelegt.

615 Vgl. *Süddeutsche Zeitung* vom 11. Dezember 2000.

616 Art. 214 EGV/Nizza; In die Beschlussfassung mit qualifizierter Mehrheit im Rat wurden auch einige andere Entscheidungen einbezogen, welche die institutionellen Fragen betrafen.

Die Regierungskonferenz hob auch die Höchstzahl der Sitze im Europäischen Parlament von 700 auf 732[617] an, ohne das Europäische Parlament zu konsultieren.[618] Gleichzeitig wurden auch die Zahlen der Abgeordneten für die einzelnen Länder geändert. Die mittelgroßen Staaten wie Spanien und Polen erhielten jeweils 50 Sitze.[619] Die Anzahl der Europa-Abgeordneten der drei großen Mitglieder Großbritannien, Frankreich und Italien sollte in der nächsten Legislaturperiode nicht mehr 87, sondern nur 72 betragen, die Bundesrepublik Deutschland behielt allerdings als das bevölkerungsreichste Land der EU seine bisherigen 99 Abgeordneten im Europäischen Parlament auch in Zukunft.[620]

Die Änderung der Stimmgewichtung der einzelnen Länder im Rat der Europäischen Union sollte eine effektive Beschlussfassung dieses Organs gewährleisten. Bei der Neugewichtung der Stimmen sollte die Überproportionalität der Vertretung der kleinen Mitgliedstaaten reduziert werden. Irland hatte zum Beispiel nach der „alten" Stimmengewichtung 3 Stimmen im Ministerrat. Im Vergleich dazu verfügte Deutschland über die dreifache Anzahl von Stimmen (10). Gemäß dem Vertrag von Nizza sollte in Zukunft Irland 7 und Deutschland 29 Stimmen erhalten – Deutschland sollte also viermal so viele Stimmen wie Irland bekommen. Die mittelgroßen Staaten wie Spanien und Polen bekamen im Ministerrat je 27 Stimmen.[621] Die Änderung der Stimmengewichtung im Minis-

---

617 Art. 189 EGV/Nizza; Diese Zahl 732 Mitglieder galt allerdings nur für die sechste Wahlperiode des Europäischen Parlaments, die sich am 20. Juli 2004 konstituierte. Die Zahl änderte sich schon beim Beitritt Rumäniens und Bulgariens im Januar 2007.

618 *Das Parlament*, Nr. 52–53, 22.-29. Dezember 2000; Aus Sicht des Europäischen Parlaments war schon mit der Zahl 700 die Grenze der Handlungsfähigkeit dieser Institution erreicht. Die Beschlüsse von Nizza bezüglich der künftigen Sitzverteilung im Parlament wären ein Verstoß gegen die Grundsätze der Gleichbehandlung. Als Beispiel wurden die Zahlen der zukünftigen Abgeordneten von Tschechien und Ungarn (nur 20 Sitze) und Belgien und Portugal (22 Sitze) im Verhältnis zu den Bevölkerungszahlen verglichen. Die Verteilung von Sitzen an Tschechien und Ungarn wurde allerdings als Fehler erkannt und nachträglich korrigiert.

619 Zur deutschen Diskussion: BT-Drucksache 14/5232 (Antwort der Bundesregierung auf die Große Anfrage der Fraktion der CDU/CSU vom 7. Februar 2001).

620 http://ec.europa.eu/archives/igc2000/geninfo/fact-sheets/fact-sheet12/index_de .htm Dabei wurden auch die zukünftigen Zahlen der Abgeordneten der Beitrittsländer festgelegt: so sollte Rumänien zum Beispiel 33 Abgeordnete und Polen 50 (die gleiche Zahl wie Spanien) bekommen. Die Zahl der zukünftigen Abgeordneten von Bulgarien sollte mit der Zahl der österreichischen Europa-Abgeordneten (17) übereinstimmen. Die Slowakei sollte in Zukunft 13 Abgeordnete wie Finnland und Dänemark haben.

621 Art. 205 EGV/Nizza; vgl. BT-Drucksache 14/5232 (Antwort der Bundesregierung

terrat war bei den Verhandlungen nicht unproblematisch. Die vier größten Staaten einschließlich der Bundesrepublik Deutschland sollten nach intensiver Diskussion (ausführlicher dazu im Text unten) zukünftig paritätisch 29 Stimmen im Ministerrat erhalten. Die deutschen Interessen wurden allerdings bei der Verteilung der Sitze im Europäischen Parlament berücksichtigt.

Die neuen Regelungen zur Beschlussfassung mit qualifizierter Mehrheit traten erst am 1. Januar 2005 in Kraft.[622] Danach galt die qualifizierte Mehrheit als erreicht, wenn die Mehrheit der Mitgliedstaaten einem Beschluss zustimmt und sich gleichzeitig mindestens 73,4 % (für den Zeitraum vor der Erweiterung galt 71,26 %) der gewichteten JA-Stimmen hinter dem Beschluss vereinigen.[623] Es konnte also nicht der Fall eintreten, dass ein Beschluss gefasst wird, der nicht mindestens von der Hälfte der Mitglieder unterstützt wird. Darüber hinaus durfte jeder Staat beantragen, dass überprüft wird, ob die qualifizierte Mehrheit mindestens 62 % der Gesamtbevölkerung der Union entspricht. Sollte dies nicht der Fall sein, galt der Beschluss als nicht gefasst. Als Schwachstelle der Nizza-Vereinbarungen wurden gerade die Beschlussverfahren im Rat, insbesondere die Anhebung der Schwelle für die qualifizierte Mehrheit auf fast ¾ der Stimmen, gesehen.[624]

Eine weitere Priorität der Verhandlungen in Nizza war die Ausdehnung der Abstimmungen mit qualifizierter Mehrheit. Doch ist es in Nizza in der Frage der Ausdehnung von Mehrheitsentscheidungen nicht zum ganz großen Durchbruch gekommen.[625] Nur etwa 30 weitere Verfügungen unterlagen nunmehr der qualifizierten Mehrheit. In den Bereichen der Steuern, des Asylrechts und der sozialen Angelegenheiten ist es aber nicht gelungen, Mehrheitsentscheidungen durchzusetzen. Auch bei den deutschen Verhandlungsführern überwogen in diesen Fragen letztlich nationale Interessen auf Kosten des gemeinsamen europäischen Interesses. Der deutsche Widerstand gegen die Einführung von Mehrheitsentscheidungen im Bereich der Asylpolitik löste als Re-

---

auf die Große Anfrage der Fraktion der CDU/CSU vom 7. Februar 2001), Tabelle bei der Frage 6.

622 http://ec.europa.eu/archives/igc2000/geninfo/fact-sheets/fact-sheet8/index_de.htm
623 Ebd.
624 *Das Parlament*, Nr. 52–53, 22.-29. Dezember 2000.
625 Näher zur Frage der Mehrheitsentscheidungen: Maurer, Andreas: Entscheidungseffizienz und Handlungsfähigkeit nach Nizza: die neuen Anwendungsfelder für Mehrheitsentscheidungen. *Integration*, Jg. 24, Nr. 2/2001, S. 133–145.

aktion aus, dass andere Mitgliedstaaten auch eigene wichtige Bereiche verteidigten.[626]

Wie oben festgestellt wurde, entsprachen die Ergebnisse nicht vollständig den Reformvorschlägen, die in den Debatten in Deutschland vor der Eröffnung des Gipfels diskutiert wurden.[627] Aber auch ein solch bescheidenes Ergebnis war für die deutsche Erweiterungsstrategie wichtig. Die Vollziehung der Erweiterung lag im deutschen Interesse und deshalb wäre ein Scheitern der Konferenz ein schwerer Schlag für die deutsche europapolitische Konzeption gewesen. Der Abschluss der Regierungskonferenz über die institutionelle Reform sollte die Union in die Lage versetzen, ab Ende 2002 neue, entsprechend vorbereitete Mitgliedstaaten aufzunehmen. Der Europäische Rat begrüßte auch, dass die Beitrittsverhandlungen mit den Bewerberländern intensiviert wurden.[628] Die Schwächen des Nizza-Gipfels wurden in der Bundesrepublik Deutschland oft auch als Schwächen des Instruments der Regierungskonferenz bewertet. Diese Kritik brachte positive Impulse in die Debatte des Post-Nizza-Prozesses und trug zur Durchsetzung der Konventsmethode als Reformforum für die künftige Vertragsrevision bei.

9.3 Überprüfung der Hypothesen

In diesem Abschnitt ist das deutsche Verhalten in Nizza unter Berücksichtigung der oben aufgestellten Hypothesen zu beleuchten und zu bewerten. Einige Kommentatoren sahen „Deutschland als Gewinner",[629] als Mitgliedstaat, der

---

626 Vgl. Kyaw, Dietrich von: Weichenstellungen des EU-Gipfels von Nizza. *Internationale Politik*, Jg. 56, Nr. 2/2001, S. 8.

627 Vgl. BT-Drucksache 14/3514 (Antrag der Fraktion SPD und der Fraktion Bündnis 90/Die Grünen Europäischer Rat in Feira – Europa entschlossen voranbringen); vgl. BT-Drucksache 14/3522 (Antrag der Fraktion der FDP: Mutige EU-Reform als Voraussetzung füer eine erfolgreiche Erweiterung.); BT-Drucksache 14/3377 (Antrag der Fraktion der CDU/CSU Innere Reform der Europäischen Union).

628 Schlussfolgerungen des Vorsitzes, Europäischer Rat in Nizza, 7., 8. und 9. Dezember 2000 (II. Erweiterung, Punkte 4, 6); Konkrete Verhandlungsergebnisse von Nizza, welche die neuen Beitrittskandidaten betrafen, wurden im „Protokoll über die Erweiterung der Europäischen Union" sowie in der „Erklärung zur Erweiterung der Europäischen Union für die Schlussakte der Konferenz" veröffentlicht.

629 Küntzel, Matthias: Die sanfte Vormacht. Deutschland-Frankreich 4:0. Wie die Deutschen auf dem EU-Gipfel in Nizza von der indirekten zur direkten Hegemonialpolitik

seine Vorstellungen in großem Maße auf der europäischen Ebene realisieren wollte und letztendlich sich auch in vielen Punkten durchsetzen konnte. Diese Ansicht zog zur Bewertung des deutschen Verhaltens einen viel breiteren Rahmen als die deutschen Regierungsträger und Abgeordneten heran. Die Deutschen erzielten bei der Durchsetzung des Bevölkerungsprinzips im Rat und Europäischen Parlament einen klaren Durchbruch. Darüber hinaus wurden durch die Sicherung der Regierungskonferenz 2004 alle Optionen für eine künftige Neubestimmung des EU-Zwecks vorbereitet. Und Frankreich fiel die undankbare Aufgabe zu, den Einfluss der kleinen Staaten zu beschneiden, was die Bundesrepublik Deutschland für „die eigene Imagepflege als Anwalt der kleinen Mitgliedstaaten ausnutzte".[630]

Bei Betrachtung der Ergebnisse wird ersichtlich, dass der Erfolg für die Bundesrepublik Deutschland vor allem in der Absicherung des Beitrittsprozesses lag. Dies wird auch durch die Tatsache belegt, dass die Ergebnisse von Nizza in den Beitrittsländern als positives Signal wahrgenommen wurden.

Für den Integrationsfortschritt der Gemeinschaft waren in der Regel die gemeinsamen deutsch-französischen Initiativen entscheidend. Frankreich und Deutschland stellten den Motor der Integration dar. Das französische Verhalten auf dem Gipfel drückte allerdings die Sorge Frankreichs aus, dass Deutschland durch die Osterweiterung mehr Gewicht in Europa gewinnen könnte und die Balance zwischen beiden Ländern nicht mehr funktionieren würde. Den deutschen Regierungsträgern gelang es nicht, die Franzosen davon zu überzeugen, dass der ganze Prozess der Osterweiterung im Interesse aller Mitgliedstaaten war, die den Kontinent stabilisieren wollten.[631] Bundesaußenminister Joschka Fischer war sich der außerordentlichen Bedeutung des deutsch-französischen Verhältnisses wohl bewusst: „Das deutsch-französische Verhältnis ist zentral, und an seiner Zukunftsfähigkeit zu arbeiten und zu bauen wird eine der zentralen Pflichten der Bundesregierung sein, der wir uns verbunden wissen."[632] Wie kann dann aber erklärt werden, dass die deutschen Entscheidungsträger – allen voran Gerhard Schröder – auf dem Gipfel von Nizza gera-

---

übergingen. *Konkret*, Nr. 2, 2001, S. 24–27.
630 Ebd., S. 26.
631 Vgl. Abg. Friedbert Pflüger (CDU/CSU), in: Protokoll der 58. Sitzung (öffentliche Sondersitzung) des Ausschusses für die Angelegenheiten der Europäischen Union am 15. Dezember 2000, S. 28.
632 Joschka Fischer, in: Ebd., S. 42.

de auf die französischen Vorstellungen und Wünsche nicht zumindest mit einem solchen Maß an Rücksicht reagierten, wie es der deutsch-französischen Tradition in der Integrationsgeschichte entsprochen hätte?

Prüfung der realistischen Hypothese

Die Bundesrepublik Deutschland setzte sich auch auf dem Gipfel von Nizza für den Ausbau der gemeinschaftlichen Elemente in den Institutionen der Europäischen Union ein. Schon im Vorfeld der Verhandlungen forderte Bundeskanzler Schröder, unterstützt von den Regierungsfraktionen im Deutschen Bundestag, eine Stärkung der Kommission, einen Übergang von der Einstimmigkeit zur Abstimmung mit einer qualifizierten Mehrheit im Rat sowie eine Stärkung des Europäischen Parlaments.[633] Damit wurde die Linie des traditionell starken Engagements für die Vertiefung der Integration durch Übertragung der Souveränitätsrechte auf die supranationale Ebene verfolgt.[634] Aus Sicht der realistischen Theorie brachte diese Politik der Bundesrepublik Deutschland keine Autonomie, sondern eher einen stärkeren Einfluss in der Gemeinschaft. Fraglich ist vor diesem Hintergrund, ob Deutschland seinen Einfluss in den europäischen Organen vergrößern wollte, nachdem durch die geographische und demographische Vergrößerung das deutsche Machtpotenzial nach der Wiedervereinigung gestiegen war.

Bei der institutionellen Reform in Nizza hatten die deutschen Entscheidungsträger unter Führung Gerhard Schröders die Absicht, die Stimmengewichtung im Rat, aber auch die Sitzverteilung im Europäischen Parlament, mit stärkerer „Rücksicht auf demographische Tatsachen" zu korrigieren.[635] In Nizza wurden die deutsch-französischen Verhandlungen durch das Problem der Größenproportion begleitet. In der Anfangsphase der europäischen Integration wurde die Gleichrangigkeit beider Länder durch eine politische Entscheidung

---

633 Vgl. BT-Drucksache 14/4733; Entschließungsantrag der Fraktion der SPD und der Fraktion Bündnis 90/Die Grünen zur Abgabe einer Erklärung der Bundesregierung zum bevorstehenden Europäischen Rat in Nizza am 7./8. Dezember 2000, S. 2.

634 Bestätigt im Gespräch mit Axel Schäfer, SPD, Mitglied des Deutschen Bundestages, 1994–1999 Mitglied des Europäischen Parlaments, Berlin, am 3. Juli 2003.

635 Janning, Josef: Die Bundesrepublik Deutschland. In: Weidenfeld, Werner/Wessels, Wolfgang (Hrsg.): Jahrbuch der Europäischen Integration 2001/2002. Bonn 2001, S. 320.

festgelegt. Durch die Wiedervereinigung hatte sich die Bevölkerungsdifferenz zwischen beiden Staaten verschärft. Aus deutscher Sicht wäre in Nizza als Korrekturmethode entweder die Neugewichtung der Stimmen oder eine doppelte Mehrheit bei der Ratsentscheidung akzeptabel gewesen.

Als die Bundesregierung in Nizza die Aufstockung der gewichteten Stimmen im Ministerrat forderte, bestätigte sich die französische Angst vor Änderung der bisherigen deutsch-französischen Parität. Auf Seiten der Franzosen wurde dies als eine Verhandlungsstrategie betrachtet, die Deutschland eine herausragende Stellung in den Institutionen der Europäischen Union sichern sollte. Frankreich widersetzte sich erfolgreich den deutschen Forderungen, obwohl die Bundesrepublik Deutschland über 23 Millionen Einwohner mehr als Frankreich hatte.[636] Für die Verteidigung der formalen deutsch-französischen Parität zahlte Jacques Chirac einen hohen Preis. Um den Gipfel „zu retten", musste er die Lösung einer fakultativen doppelten Mehrheit akzeptieren.[637] Bei der Ratsabstimmung mit qualifizierter Mehrheit muss künftig (auf Antrag) der Stimmenanteil mindestens 62 % der Gesamtbevölkerung der EU entsprechen. Die Bundesrepublik Deutschland wurde damit in die Lage versetzt, zusammen mit zwei „mittelgroßen" Staaten wie Spanien oder Polen jede Entscheidung zu verhindern.[638] Darüber hinaus bekam Deutschland die höchste Zahl der Sitze im Europäischen Parlament. Deutschland und Frankreich wurden mithin weiter im Ministerrat gleich behandelt, dem demographischen Faktor wurde in Nizza allerdings Rechnung getragen.

Folglich kann aus theoretischer Sicht des einflussorientierten Realismus das deutsche Verlangen nach mehr gewichteten Stimmen als eine viel intensivere – in der Art der Präsentation sogar aggressive – Betonung der eigenen Machtinteressen als in der Vergangenheit bewertet werden.[639] Die realistische Hypothese trifft deshalb soweit zu, dass eine Änderung in der deutschen Europapolitik

---

636 *Süddeutsche Zeitung* vom 9./10. Dezember 2000.

637 Müller-Brandeck-Bocquet, Gisela: Frankreichs Europapolitik unter Chirac und Jospin: Abkehr von einer konstruktiven Rolle in und für Europa? *Integration*, Jg. 24, Nr. 3/2001, S. 266.

638 Kyaw, Dietrich von: Weichenstellungen des EU-Gipfels von Nizza. *Internationale Politik*, Jg. 56, Nr. 2/2001, S. 8.

639 Vgl. Guérin-Sendelbach, Valérie/Schild, Joachim: French Perceptions of Germany´s Role in the EU and Europe. In: Jopp, Mathias/Schneider, Heinrich/Schmalz, Uwe (eds.): Germany´s European Policy: Perceptions in Key Partner Countries. Bonn 2002, S. 45.

während der Kanzlerschaft Schröder vollzogen wurde. Da aber weder ein absoluter Zuwachs an Gewicht Deutschlands noch eine deutsche Hegemonieposition neu in der Europäischen Union zu verzeichnen war, kann von keiner substantiellen Änderung der deutschen Außenpolitik ausgegangen werden.

In der Tat sollte die Osterweiterung das deutsche institutionelle Gewicht noch weiter relativieren. Sein Stimmenanteil im Ministerrat sollte in einer EU-27 über 8,41 % im Vergleich mit 11,5 % der gesamten Stimmen gemäß der bisher geltenden Regelung enthalten.[640] Am deutsch-französischen Konflikt bezüglich der Stimmgewichtung im Rat und der Zahl der Sitze im Europaparlament konnte gesehen werden, wie sehr die Machtpositionen der Mitgliedstaaten mit der institutionellen Ausgestaltung verbunden waren. Die einzelnen Reformbestimmungen von Nizza bezüglich des Abstimmungsverfahrens im Ministerrat hingen eng zusammen: die Frage der Gewichtung, der qualifizierten Mehrheit, Mehrheit der Bevölkerung und Mehrheit der Mitgliedstaaten.

Prüfung der konstruktivistischen Hypothesen

Mit der realistischen Theorie kann bestätigt werden, dass Deutschland in Nizza versucht hat, entsprechend dem eigenen gestiegenen Machtpotenzial (Größe, Bevölkerungszahl) auch seine Vertretung in den EU-Organen auszubauen. Zu einer wesentlichen Verbesserung der deutschen Machtposition führte das aber nicht. Die konstruktivistische Auffassung hilft dem Autor zu beleuchten, ob die deutschen politischen Forderungen in Nizza auf eine normative Veränderung in der deutschen Europapolitik hinweisen können.

Der eine Teil der Prüfung der konstruktivistischen Hypothesen besteht in der Analyse des deutsch-französischen Verhältnisses. Der Gipfel im Dezember 2000 legte tiefere Konstellationsverschiebungen zwischen Deutschland und Frankreich offen. Dass die Bundesrepublik Deutschland die symbolische Parität in der Frage der Stimmengewichtung angetastet hatte, erschien „geschichtsvergessend".[641] Dieser Verhandlungsschritt der Bundesregierung blieb nicht

---

640 Lippert, Barbara: Die Erweiterung der Europäischen Union. In: Weidenfeld, Werner/Wessels, Wolfgang (Hrsg.): Jahrbuch der Europäischen Integration 2001/2002. Bonn 2001, S. 417 (Eckpunkte von Nizza für die EU-27).
641 Janning, Josef: Die Bundesrepublik Deutschland. In: Weidenfeld, Werner/Wessels,

ohne massive Kritik der Oppositionsparteien im Deutschen Bundestag: „...
Man hat jetzt also nicht nur ein Micky-Maus-Ergebnis in Nizza, sondern man
hat auch ein kaputtes deutsch-französisches Verhältnis."[642] Insgesamt schadete
dies dem Image eines deutsch-französischen Motors in der Integration. Sowohl
Schröders „nationale" Forderungen als auch Chiracs Beharren auf Stimmen-
gleichheit Frankreichs und Deutschlands im Rat sahen wenig nach europäischen Lösungen aus.

Seit Anfang der Integration war das europäische Integrationsprojekt von
der so genannten „kooperativen Hegemonie" zwischen der Bundesrepublik
Deutschland und Frankreich gekennzeichnet.[643] Die neuen Integrationsschritte
wurden regelmäßig als eine gemeinsame Initiative vorgestellt. Auch Helmut
Kohl war sich bewusst, dass der deutsche „nationale Einfluss" gerade durch die
Kooperation bei weiteren Integrationsschritten gestärkt wird. „Bei Helmut
Kohl als Europapolitiker fanden wir einen starken emotionalen Impuls. [...]
Als geborener Rheinland-Pfälzer versuchte er immer die deutsch-französischen
Interessen zu bündeln."[644] In Nizza wurde dieser von der Tradition und von
den gemeinsamen Normen untermauerte deutsch-französische „Koordinati-
onsreflex" von Gerhard Schröder in Frage gestellt.[645] Obwohl sich die Bundesregierung in Nizza bewusst war, dass es für Frankreich eine „ganz entscheidende politische Frage ist, ob das Verhältnis trotz der numerischen
Bevölkerungsdifferenz gleichrangig bleibt",[646] war Bundeskanzler Schröder
nicht bereit, die normativen Verpflichtungen im deutsch-französischen Ver-

---

Wolfgang (Hrsg.): Jahrbuch der Europäischen Integration 2001/2002. Bonn 2001,
S. 321.

642 Abg. Helmut Hausmann (FDP), in: Protokoll der 58. Sitzung (öffentliche Sondersitzung) des Ausschusses für die Angelegenheiten der Europäischen Union am 15. Dezember 2000, S. 24; bestätigt im Gespräch mit Peter Altmaier, CDU, Mitglied des
Bundestages, Berlin, am 14. Juli 2003.

643 Näher im Aufsatz: Schukraft, Corina: Die Anfänge deutscher Europapolitik in den
50er und 60er Jahren: Weichenstellungen unter Konrad Adenauer und Bewahrung des
Status quo unter seinen Nachfolgern Ludwig Erhard und Kurt Georg Kiesinger. In:
Müller-Brandeck-Bocquet, Gisela u.a. (Hrsg.): Deutsche Europapolitik von Konrad
Adenauer bis Gerhard Schröder. Opladen 2002, S. 9–62.

644 Gespräch mit einem hohen Beamten der CDU-Bundesgeschäftsstelle.

645 Vgl. Hyde-Price, Adrian/Jeffery, Charlie: Germany in the European Union. *Journal of
Common Market Studies*, Vol. 39, No. 4/2001, S. 699ff.

646 Joschka Fischer, in: Stenographischer Bericht der 135. Sitzung des Deutschen Bundestages am 28. November 2000, S. 13038.

hältnis wahrzunehmen. Auch die deutschen Integrationsvorstellungen wurden eher unilateral (Fischers Rede an der Humboldt-Universität Berlin) oder in von Fall zu Fall gebildeten Koalitionen (Schröder-Blair-Papier) präsentiert, und nicht mehr im deutsch-französischen Tandem.

Der konstruktivistische Ansatz deutet mithin eine Änderung der normativen Leitlinien vom Verständnis der deutsch-französischen Beziehungen an. In Nizza handelte es sich nicht nur um eine Verhandlungstaktik, sondern um eine normative Erneuerung im Hinblick auf die neuen Umstände seit 1990/1998.

Der folgende Teil der Hypothesenprüfung wird der deutschen Unterstützung für den Ausbau der supranationalen Ebene in der EG/EU gewidmet. Der Konstruktivismus geht von der Behauptung aus, dass die Europäische Union eine Wertegemeinschaft sei.[647] Auch die deutsche Europapolitik ist nach dieser Hypothese eine normengeleitete Außenpolitik, die bei den Verhandlungen die europäischen Wertegrundlagen berücksichtigt. Bezüglich der Ausweitung der Mehrheitsentscheidungen vertrat die Bundesregierung in den Verhandlungen von Nizza die Position einer generellen Einführung von Mehrheitsentscheidungen in allen nichtkonstitutiven Bereichen.[648] Deutschland nahm in diesem Bereich im Vergleich zu Frankreich oder Großbritannien eine insgesamt aufgeschlossenere Haltung ein.[649] Dies entsprach der Linie des traditionellen deutschen Interesses an der Stärkung der supranationalen Entscheidungsmechanismen und auch dem deutschen Interesse an der Osterweiterung.

Reformen zur Erhöhung der Handlungsfähigkeit der Union waren in jedem Fall nötig – die Erweiterung lieferte in Nizza ein zusätzliches Motiv. In diesem Punkt kann eine überparteiliche Zustimmung in der Bundesrepublik Deutschland festgestellt werden. Der CDU-Bundesfachausschuss Europapolitik äußerte sich dazu folgendermaßen: „Nach Überzeugung der CDU müssen die supranationalen Strukturen der Europäischen Union gefestigt und die Handlungsfähigkeit der Union im Innern und nach außen gestärkt werden."[650]

---

647 Schimmelfennig, Frank/Sedelmeier, Ulrich: Theorizing EU enlargement: research focus, hypotheses, and the state of research. *Journal of European Public Policy*, Vol. 9, No. 4/2002, S. 513.

648 Allerdings mit einigen Ausnahmen; näher unten im nächsten Absatz.

649 Kyaw, Dietrich von: Weichenstellungen des EU-Gipfels von Nizza. *Internationale Politik*, Jg. 56, Nr. 2/2001, S. 6.

650 „Die Erweiterung der Europäischen Union – die große Chance unserer Zeit", Beschluss des CDU-Bundesfachausschusses Europapolitik vom 19. Januar 2001 unter dem Vorsitz von Elmar Brok MdEP, vorgelegt von Dr. Martina Krogmann MdB.

Die Bundesrepublik Deutschland war allerdings auf dem Gipfel in Nizza nicht bereit gewesen, in einigen Bereichen wie dem Asylrecht oder der Bildungspolitik auf das nationale Vetorecht zu verzichten. Die deutschen Verhandlungsführer standen, wie es in Amsterdam der Fall war, in Opposition zu Mehrheitsentscheidungen in den Bereichen, in denen Deutschland oft extreme Positionen vertrat.[651] Deshalb kann diese Verweigerung von Mehrheitsentscheidungen in begrenzten Fällen in Nizza als eine Ausnahme betrachtet werden. Deutschland forderte auch kontinuierlich sowohl vor 1998 als auch danach den Ausbau der Mitwirkungsrechte des Europäischen Parlaments und setzte oft seine Vorstellungen um. Die SPD forderte 2001 sogar die Einführung eines einheitlichen europäischen Wahlrechts mit „europäischen Spitzenkandidaten".[652] Darüber hinaus waren die deutschen Entscheidungsträger in Nizza für eine starke Europäische Kommission. Die konstruktivistische Hypothese gilt gleichfalls für den Bereich der deutschen Unterstützung der Rechte des Europäischen Parlaments und der Kommission und bejaht mithin die normativ bestimmte Kontinuität der deutschen Europapolitik in diesen Bereichen über den Gipfel von Nizza hinaus.

9.4 Die Post-Nizza-Perspektive und die deutschen Reformvorstellungen im Konvent

Wie im ersten Teil der Studie bereits analysiert, wurde die deutsche Europapolitik während der 1990er Jahre vom so genannten Rollenkonflikt begleitet. Ausgehend von diesem Dilemma zwischen der Osterweiterung und der Vertiefung der Union, wollte die rot-grüne Bundesregierung die Osterweiterung nicht zur „Geisel" des schleppenden Prozesses der EU-Reform machen.[653] Deshalb veranlasste sie die Staats- und Regierungschefs in Nizza zu zwei Schritten. Ei-

---

651 Vgl. Wagner, Wolfgang: German EU constitutional foreign policy. In: Rittberger, Volker (Hrsg.): German foreign policy since unification, S. 201.

652 Gespräch mit Axel Schäfer, SPD, Mitglied des Deutschen Bundestages, 1994–1999 Mitglied des Europäischen Parlaments, Berlin, am 3. Juli 2003.

653 Vgl. Lippert, Barbara: Die EU-Erweiterungspolitik nach 1989 – Konzeptionen und Praxis der Regierungen Kohl und Schröder. In: Schneider, Heinrich/Jopp, Mathias/Schmalz, Uwe (Hrsg.): Eine neue deutsche Europapolitik? Rahmenbedingungen – Problemfelder – Optionen. Berlin 2001, S. 386.

nerseits sollte nach der Ratifizierung des Vertrags von Nizza[654] die Union vorbereitet sein, die neuen Kandidatenländer aufzunehmen, andererseits sollte der Europäische Rat auf der Tagung in Laeken im Dezember 2001 eine Erklärung vereinbaren, welche die Initiativen für die Fortsetzung des Reformprozesses festhielt.[655] Weiterhin wurde auf deutsches Drängen festgeschrieben, dass im Jahre 2004 eine weitere Regierungskonferenz zu den Reformvorschlägen stattfinden sollte. Auf diese Weise ist es der Bundesregierung gelungen, praktisch zwei parallel laufende Prozesse zu sichern: die Osterweiterung und die institutionelle Vertiefung der Union. Die Bundesrepublik Deutschland drückte so gleichzeitig sein Interesse an der Fortsetzung der Reformbestrebungen in der EU aus. Die Bundesregierung spielte eine wesentliche Rolle im ganzen Verfassungsprozess. Die Diskussion über die künftige Gestaltung der EU wurde bereits im Mai 2000 von Außenminister Fischer bei seiner Humboldt-Rede angestoßen.

Im Dezember 2001 erteilte der Europäische Rat in Laeken ein umfassendes Mandat für den geplanten Konvent über die institutionelle Reform.[656] Die Schlüsselfragen des Konvents waren die gemeinsamen Aufgaben der Mitgliedstaaten in der künftigen Europäischen Union sowie die Verbesserung der demokratischen Legitimation und Leistungsfähigkeit der Union. Die so genannte Konventsmethode unter Beteiligung der Vertreter der nationalen Parlamente[657] und des Europäischen Parlaments sollte zur Transparenz der Reformdiskussion beitragen und die Öffentlichkeit in den Mitgliedstaaten für den Prozess gewinnen. Diese Methode bewährte sich bereits bei der Erarbeitung des Entwurfs für die Grundrechtscharta der Europäischen Union.[658] Der EU-Konvent

---

654   Der Vertrag ist nach der Überwindung des Vetos im zweiten Referendum in Irland erst am 1. Februar 2003 in Kraft getreten.

655   Anlage IV, Erklärung für die Schlussakte der Konferenz zur Zukunft der Union, abgedruckt, in: *Internationale Politik*, Jg. 56, Nr. 2/2001, S. 99f.

656   Eine allgemeine Übersicht der Konventsverhandlungen: Beach, Derek: The Dynamics of European Integration. Why and when EU institutions matters. New York 2005, S. 176 ff.

657   Für die Stärkung der Beteiligung der nationalen Parlamentarier an der Europapolitik setzte sich die SPD-Bundestagsfraktion ein; Bestätigt im Gespräch mit Michael Roth MdB im Juni 2003, Mitglied der AG-Europa und AG-Europäische Verfassung der SPD-Bundestagsfraktion.

658   Bestätigt im Gespräch mit Peter Altmaier, CDU, Mitglied des Bundestages, Berlin, am 14. Juli 2003; Peter Altmaier war 1999–2000 stellvertretendes Mitglied im Konvent zur Grundrechtscharta und 2002 stellvertretendes Mitglied im Konvent zur Zukunft

sollte einen Verfassungsentwurf als Grundlage für die Verfassungskonferenz 2004 vorbereiten.

Die Vorstellungen der Bundesregierung bezüglich der institutionellen Reform wurden unmittelbar vor der Einsetzung des Konvents formuliert. Nach der Berliner Rede Joschka Fischers kam es 2001 damit zu einer weiteren unilateral ausgerichteten deutschen europapolitischen Initiative. Die Grundsatzüberlegungen zu den europäischen Institutionen enthielt der Entwurf (Mai 2001) für den europapolitischen Leitantrag der SPD, der auf Antrag von Gerhard Schröder auf dem SPD-Bundesparteitag in Nürnberg im November 2001 verabschiedet wurde. Schon vor der Tagung des Europäischen Rates in Laeken am 14. und 15. Dezember 2001 wurden die wichtigsten Reformanliegen der deutschen Sozialdemokratie aufgegriffen, die über die Forderungen in Nizza hinausgingen.[659] Der SPD-Leitantrag ging von der Voraussetzung aus, dass die Europäische Union ein „politischer Zusammenschluss eigener Art ist, der über eindeutig föderale Elemente verfügt".[660] Die SPD-Thesen betrafen den Kern der späteren sozialdemokratischen Diskussionsbeträge zu den allgemeinen Fragen und zu den Institutionen im Rahmen der Konventsverhandlungen: klare Kompetenzverteilung zwischen der Union und den Mitgliedstaaten, Transparenz der Verfahren, Ausbau der Europäischen Kommission zu einer starken Exekutive und Stärkung des Europäischen Parlaments mittels Ausweitung der Mitentscheidung.[661]

Die Vorschläge im Schröder-Papier wurden in Europa kritisiert und brachten vor allem Frankreich (Jospin-Rede vom Mai 2001) in Verlegenheit. Es war nicht verwunderlich, dass das Papier mit keinem anderen Mitgliedstaat vorher konsultiert wurde. Dies gehörte zum politischen Stil Gerhard Schröders. In-

---

der Europäischen Union.

659 Kreile, Michael: Zur nationalen Gebundenheit europapolitischer Visionen: Das Schröder-Papier und die Jospin-Rede. *Integration*, Jg. 24, Nr. 3/2001, S. 250–257.

660 Gloser, Günter: Zum europapolitischen Leitantrag der SPD. Integration, Jg. 24, Nr. 3/2001, S. 304; vgl. Sloam, James: Responsibility for Europe: the EU policy of the German Social Democrats since unification. *German Politics*, Vol. 12, No. 1/2003, S. 59–78.

661 Leitantrag der SPD-Parteivorstandes zur Europapolitik „Verantwortung für Europa" für den Parteitag am 19. 11. 2001, Quelle: http://www.iep-berlin.de/fileadmin/website /03_Forschung/Verfassung/spdleitantrag.pdf

haltlich wurde der Bundesrepublik Deutschland vor allem vorgeworfen, das eigene föderale Modell auf Europa anzuwenden.[662]

Die einzelnen SPD-Reformpunkte knüpften teilweise an die Forderungen an, die schon im Vorfeld der deutschen Ratspräsidentschaft im Jahre 1999 erörtert wurden. Laut Joschka Fischer sollten schon vor Nizza die Rechte des Europäischen Parlaments weiter ausgeweitet werden und das Parlament bei der Wahl der Kommission mit weitreichenderen Kompetenzen ausgestattet werden, als dies der Vertrag von Amsterdam vorsah.[663] Eine wichtige Forderung der rot-grünen Koalition in der Reformdebatte im Rahmen der Regierungskonferenz 2000 war das Ziel, ein Modell anzustreben, das die demographischen Unterschiede zwischen den Mitgliedstaaten stärker zum Ausdruck bringen würde.[664] Dies war auch ein wesentliches Merkmal der Vorschläge der CDU/CSU-Opposition in Deutschland. Nach ihrer Auffassung sollte im Europäischen Parlament jeder Abgeordnete in etwa die gleiche Anzahl von Bürgern repräsentieren. Dabei sollte aber eine Mindestrepräsentanz der kleinen Mitgliedstaaten gewahrt bleiben.[665]

Als Konstante der deutschen Reformdebatte war die Betonung des Zusammenhangs zwischen der Erweiterung und der Vertiefung der Union zu sehen. In der *Agenda 2000* hieß es: „Die Erweiterungs- und Beitrittsfähigkeit muss parallel vorankommen."[666] Die Bundesrepublik Deutschland wollte sich

---

662   Kreile, Michael: Zur nationalen Gebundenheit europapolitischer Visionen: Das Schröder-Papier und die Jospin-Rede. *Integration*, Jg. 24, Nr. 3/2001, S. 252; vgl. Guérin-Sendelbach, Valérie/Schild, Joachim: French Perceptions of Germany´s Role in der EU and Europe. In: Jopp, Mathias/Schneider, Heinrich/Schmalz, Uwe (eds.): Germany´s European Policy: Perceptions in Key Partner Countries, S. 47.

663   Programmrede des Vorsitzenden des Rates der Europäischen Union, Bundesaußenmimister Joschka Fischer vor dem Europäischen Parlament in Straßburg am 12. Januar 1999, Auswärtiges Amt (Hrsg.), Januar 1999, Bonn, S. 12.

664   Näher zu den deutschen Reformplänen: Piepenschneider, Melanie: Deutsche Prioritäten bei der Reform der europäischen Institutionen und Verfahren. In: Schneider, Heinrich/Jopp, Matthias/Schmalz, Uwe (Hrsg.): Eine neue deutsche Europapolitik? Rahmenbedingungen – Problemfelder – Optionen. Berlin 2001, S. 341f.

665   BT-Drucksache 15/918; Antrag der Fraktion CDU/CSU vom 6. Mai 2003 (Ein Verfassungsvertrag für eine bürgernahe, demokratische und handlungsfähige Europäische Union).

666   Programmrede des Vorsitzenden des Rates der Europäischen Union, Bundesaußenmimister Joschka Fischer vor dem Europäischen Parlament in Straßburg am 12. Januar 1999, Auswärtiges Amt (Hrsg.), Januar 1999, Bonn, S. 8.

auf das Herstellen der Erweiterungsfähigkeit der EU-Strukturen konzentrieren. Gleichwohl wurde bei der Einsetzung des Konvents auf den Zusammenhang der Vertiefung der Union mit der bevorstehenden Erweiterung hingewiesen und eine Erweiterung ohne Vertiefung als kein überzeugendes Konzept bezeichnet.[667] Die künftige Gestaltung der Union betraf selbstverständlich auch die erweiterte Union. Die deutsche Hauptsorge war, dass die Handlungsfähigkeit der Union bei der künftigen Erweiterung nicht gefährdet werden darf.[668] Es lag allerdings im übergeordneten deutschen Interesse, dass der Erweiterungsprozess durch die Finalitätsdiskussion in der EU begleitet und nicht verlangsamt wird.

Die im Vorfeld der *Agenda 2000*-Verhandlungen angesprochenen Punkte der institutionellen Reform wurden in den weiteren Koalitionsanträgen aufgegriffen.[669] Das Ziel der Sicherung demokratischer Legitimation und Transparenz spiegelte sich in den Vorschlägen zu den Organen der EU wider. Zur Stärkung des Europäischen Parlaments sollte die Ausweitung des Mitentscheidungsverfahrens in allen Fällen beitragen, in denen der Rat Legislativakte mit einer qualifizierten Mehrheit annimmt. Zu den ständigen deutschen Bemühungen gehörte auch die Unterstützung der Durchsetzung von qualifizierten Mehrheitsentscheidungen im Rat. Noch bevor der Konvent am 20. Juni 2003 die beiden ersten Teile des Verfassungstextes (Teil I und II) vorlegen konnte, wurden am 19. Mai 2003 auf der Konferenz der SPD-Bundestagsfraktion „Europas Verfassung Gestalt geben" die Reformanliegen der Regierungspartei wie folgt zu den einzelnen EU-Institutionen zusammengefasst:

1. Das Europäische Parlament sollte nach der sozialdemokratischen Reformauffassung als „Bürgerkammer" im Rahmen des Mitentscheidungsverfahrens gleichberechtigt mit dem Rat an der Gesetzgebung in der Europäischen

---

667 Jürgen Meyer (SPD), in: Stenographischer Bericht der 219. Plenarsitzung des Deutschen Bundestages am 22. Februar 2002; abgedruckt, in: Der Weg zum EU-Verfassungskonvent. Berichte und Dokumentationen mit einer Einleitung von Michael Fuchs, Sylvia Hartleif und Vesna Popovic. Herausgegeben vom Deutschen Bundestag. Referat Öffentlichkeitsarbeit. Berlin 2002, S. 350.

668 Joschka Fischer in der öffentlichen Anhörung zum Thema „Stand der Beratungen im Europäischen Konvent", 19. Sitzung des Auschusses für die Angelegenheiten der Europäischen Union am 21. Mai 2003, Quelle: eigene Notizen des Autors.

669 BT-Drucksache 14/7788; Entschließungsantrag der Fraktionen SPD und Bündnis 90/Die Grünen zu der Abgabe einer Regierungserklärung des Bundeskanzlers zur Tagung des Europäischen Rates in Laeken am 14./15. Dezember 2001.

Union mitwirken. Künftig sollte der Präsident der Europäischen Kommission auf der Grundlage der Ergebnisse der Europawahlen von der Mehrheit der Mitglieder des Europäischen Parlaments gewählt und vom Europäischen Rat bestätigt werden. Die Europäische Kommission war insgesamt zu stärken und zu einer handlungsfähigen Exekutive mit einem demokratisch legitimierten und mit der Richtlinienkompetenz ausgestatteten Präsidenten auszubauen.

2. Die Reform des EU-Ratssystems stellte eine der größten Herausforderungen für den Konvent dar. Damit der Rat auch künftig seine wichtige Aufgabe als europäische Legislative gemeinsam mit dem Europäischen Parlament erfüllen könnte, müssten Mehrheitsentscheidungen in allen Politikfeldern zur Regel werden. Im erweiterten Kreis von 25 und auch mehr Mitgliedstaaten würde Einstimmigkeit zur Handlungsunfähigkeit führen.

3. Der Europäische Rat spielte immer die Rolle des politischen Impulsgebers für die Weiterentwicklung der Integration. Zu mehr Kontinuität und Sichtbarkeit in der Arbeit des Europäischen Rates sollte der „Präsident des Europäischen Rates" beitragen. Der Deutsche Bundestag war sich einig, dass ein Mehr an Kontinuität im Europäischen Rat nicht durch ein Weniger an Gemeinschaftsmethode und die Schwächung insbesondere der Europäischen Kommission erkauft werden dürfte."[670]

Am 10. Juli 2003 schloss der EU-Reformkonvent seine Arbeit mit der Vorlage eines Entwurfs für den ersten Vertrag über die Verfassung der Europäischen Union ab. Der Text sollte eine Grundlage für die Beratungen einer Regierungskonferenz der Mitgliedstaaten im Jahre 2004 darstellen. Laut Joschka Fischer widerlegte der Konvent mit seiner Arbeit die Auffassung, dass die gleichzeitige Erweiterung und Vertiefung der Union nicht möglich sei.[671] Allerdings wurden nicht alle deutschen Wünsche berücksichtigt, beispielsweise der Wunsch nach einer Ausweitung der Mehrheitsentscheidungen auf die Steuerpolitik oder auf die Außen- und Sicherheitspolitik. Das Hauptanliegen der deutschen Position wurde allerdings erfüllt: Die Bestimmungen des Verfas-

---

670 BT-Drucksache 15/548; Antrag der Fraktionen SPD und Bündnis 90/Die Grünen Der Europäischen Verfasung Gestalt geben – Demokratie stärken, Handlungsfähigkeit erhöhen, Verfahren vereinfachen; zusammenfassend wiedergelegt im Referat von Günter Gloser MdB, europapolitischer Sprecher der SPD-Bundestagsfraktion auf der Konferenz der SPD-Bundestagsfraktion am 19. Mai 2003 im Deutschen Bundestag.
671 *Frankfurter Allgemeine Zeitung* vom 11. Juli 2003.

sungsentwurfs schlugen eine Stärkung der Institutionen vor und machten ihre Arbeit transparenter und damit bürgernaher.

Zusammenfassung

Das strategische Ziel, die Europäische Union auf die Osterweiterung vorzubereiten, konnte in Nizza erreicht werden. Der Gipfel von Nizza trug dazu bei, dass die Handlungsfähigkeit der Europäischen Union nach der Erweiterungsrunde 2004/2007 nicht deutlich geschwächt wurde, zu einer weit reichenden Reform der europäischen Institutionen ist es aber nicht gekommen.[672] Das deutsche Engagement bewies, dass die Europäische Union weiterhin einen zentralen Stabilitätsanker für die deutsche Außenpolitik darstellte. Die Fragen der Osterweiterung, der Ausdehnung von Mehrheitsentscheidungen und der Stärkung des Europäischen Parlaments waren klare Belege für die deutsche europapolitische Kontinuität. Doch ist festzustellen, dass die Bundesregierung in Nizza assertiver als je zuvor die nationalen Interessen sowie die formale Stellung der Bundesrepublik Deutschland in den EU-Institutionen hervorhob. Dies wirkte sich negativ vor allem auf das deutsch-französische Verhältnis aus. In dieser Hinsicht bestätigte sowohl der realistische als auch der konstruktivistische Ansatz Änderungen in der deutschen Europapolitik.

Im Post-Nizza-Prozess bekräftigte die Bundesregierung den langfristigen deutschen Einsatz für den Ausbau supranationaler Elemente der Europäischen Union. Die deutschen Vorschläge wurden allerdings gegenüber den bisherigen Integrationsperioden unilateral präsentiert. Bei den deutschen Partnern in der EU riefen diese Initiativen ein Misstrauen mit der Begründung hervor, die Bundesrepublik Deutschland wolle die institutionelle Ausgestaltung des eigenen föderalen politischen Systems auf Europa anwenden.

---

672 Dass die Erwartungen in Deutschland bezüglich der Reform nicht erfüllt wurden, belegt die Kritik an Nizza. Vgl. die Argumente bei: Weidenfeld, Werner: Zwischen Anspruch und Wirklichkeit – die europäische Integration nach Nizza. In: Weidenfeld, Werner (Hrsg.): Nizza in der Analyse. Gütersloh 2001, S. 19–50.

10. Die Arbeitnehmerfreizügigkeit aus deutscher Sicht und die Osterweiterung

Die Beitrittsverhandlungen

Auf dem Gipfel von Nizza wurde der Verhandlungsplan für die Beitrittsverhandlungen beschlossen, die unter schwedischer, belgischer und spanischer Ratspräsidentschaft in den Jahren 2001 und 2002 zügig vorangetrieben werden sollten. Erst der Europäische Rat in Göteborg fasste den Abschluss der Verhandlungen bis Ende 2002, also unter der dänischen Ratspräsidentschaft, ins Auge.[673] Zum politischen Zieldatum für den effektiven Beitritt wurde das Jahr 2004. Der Prozess hing einerseits von der Entwicklung der Beitrittsländer ab. Die Europäische Kommission bewertete die Beitrittsreife der Kandidatenländer gemäß den in Kopenhagen im Frühsommer 1993 gestellten politischen und wirtschaftlichen Kriterien in regelmäßigen Fortschrittsberichten, die jährlich vorgestellt wurden.[674] Andererseits mussten sich die Mitgliedstaaten der Europäischen Union zu jedem der 31 Verhandlungskapitel auf einen gemeinsamen Standpunkt einigen.[675]

Mit der Verhandlungsführung der Europäischen Union war grundsätzlich die Europäische Kommission beauftragt. Sie brauchte für jedes Kapitel allerdings ein Mandat des Ministerrates. Hier lag der Entscheidungsspielraum für die nationale Politik und mithin auch für die Einbringung deutscher Interessen in die gemeinsame EU-Position.[676]

---

673 Lippert, Barbara: Erweiterungspolitik der Europäischen Union. In: Weidenfeld, Werner/Wessels, Wolfgang (Hrsg.): Jahrbuch der Europäischen Integration 2000/2001. Bonn 2001, S. 409ff.

674 Näher folgende Studie: Altmann, Franz-Lothar: EU-Osterweiterung: eine komparative Bewertung der Fortschrittsberichte von zehn Kandidaten. FES Bibliothek (elektronische Herausgabe). Bonn 2001.

675 Eine Übersicht der Verhandlungskapitel und die Analyse vom Verhandlungsprozess in der tschechischen Fachliteratur: Černoch, Pavel: Cesta do EU – východní rozšíření Evropské unie a Česká republika v období 1990–2004 [Der Weg in die EU – die Osterweiterung und die Tschechische Republik 1990–2004]. Praha 2004.

676 Vgl. Tewes, Henning: Rot-Grün und die Osterweiterung der Europäischen Union. In: Maull, Hans/Harnisch, Sebastian/Grund, Constantin (Hrsg.): Deutschland im Ab-

Fallbeschreibung

Ein Teilgebiet der erweiterungsrelevanten europapolitischen Agenda der Europäischen Union war der Problemkomplex der Arbeitnehmerfreizügigkeit. Für die Bundesrepublik Deutschland wurde er aus mehreren Gründen zum zentralen Gegenstand der Beitrittsverhandlungen mit den Kandidatenländern. Darüber hinaus wies die arbeitsmarktpolitische Dimension der Osterweiterung auf wichtige Aspekte der deutschen Erweiterungspolitik unter Gerhard Schröder hin. Deshalb wurde sie zum Gegenstand einer der Fallstudien in dieser Arbeit gewählt.

Die Arbeitnehmerfreizügigkeit gehörte zum „psychologischen Faktor" und damit zur problematischen Materie der Beitrittsverhandlungen. In dieser Hinsicht war sie mit der öffentlichen Wahrnehmung des „Bodenerwerbs" durch Privatpersonen aus der „alten" EU in den MOE-Ländern (die größten Befürchtungen gab es vor allem in Polen) nach dem Beitritt zu vergleichen.[677] Einerseits stellte die Arbeitnehmerfreizügigkeit für die Beitrittsländer einen hohen symbolischen Wert dar. Von großen Teilen der Bevölkerung in den MOEL wurde sie für die wichtigste Errungenschaft des EU-Beitritts gehalten.[678] Andererseits bestanden auf der Seite der EU-Nachbarstaaten die Befürchtungen einer massiven Zuwanderung. Deutschland lag, zusammen mit Österreich, an der unmittelbaren Grenze zu den mitteleuropäischen Beitrittsländern und konnte als reicher Industriestaat zum Ziel einer Migrationswelle[679] aus den neuen Mitgliedstaaten werden.

Rein ökonomisch wäre eine schnelle Einführung der Arbeitnehmerfreizügigkeit sinnvoll gewesen und hätte aufwändige Arbeitsgenehmigungsverfahren vereinfachen können. Politisch war allerdings wegen der Befürchtungen in der Bevölkerung der EU-15 die volle Arbeitnehmerfreizügigkeit von Beginn an

---

seits? Rot-grüne Außenpolitik 1998–2003. Baden-Baden 2003, S. 84.

677 Gespräch mit Dr. Jutta Tiedtke, SPD-Fraktion im Deutschen Bundestag, Referentin für Europapolitik, Berlin, am 26. Mai 2003.

678 Bierbaum, Heinz/Bischoff, Joachim/Deppe, Frank/Huffschmid, Jörg/Steinitz, Klaus: Soziales €uropa. Hamburg 2001, S. 79.

679 Die vorliegende Fallstudie beschäftigt sich ausschließlich mit der Migration, die mit der Öffnung der Arbeitsmärkte im Zuge der Osterweiterung direkt zusammenhing. Zu der Frage der Migration von Antragstellern auf Asyl ausführlich: Lavenex, Sandra: Asylum, Immigration, and Central-Eastern Europe: Challenges to EU Enlargement. *European Foreign Affairs Review,* Vol. 3, No. 3/1998, S. 275–294.

ambivalent einzuschätzen. Sie hätte auf jeden Fall die Akzeptanz der Osterweiterung in den Beitrittsländern erhöht.[680] Es war jedoch fraglich, ob die Befürchtungen in der Bundesrepublik Deutschland begründet waren. Jedenfalls hielt die Bundesregierung diese Frage für sehr wichtig. Dies war beispielsweise anhand folgender Äußerung von Gerhard Schröder erkennbar. Er betonte am 2. April 2001, dass die Übergangsfristen „wirtschaftlich eine existentielle Frage darstellen".[681] Folglich versuchte die BRD, die Verhandlungen der Europäischen Union mit den Beitrittskandidaten bezüglich des freien Personenverkehrs zu beeinflussen.

Hypothese

Im Zusammenhang mit der deutschen Positionierung zur Arbeitnehmerfreizügigkeit während der Beitrittsverhandlungen wird in dieser Fallstudie ausschließlich die liberale (liberal-utilitaristische) Hypothese geprüft. Die Entscheidung, sich nur auf diese Theorie zu begrenzen, ging aus mehreren Feststellungen hervor. Wie in dieser Arbeit im siebten Kapitel zur „Koordinierung der Europapolitik" aufgezeigt wurde, spielten die sektoralen Interessen oft eine nicht unbedeutsame Rolle in den deutschen europapolitischen Entscheidungen. An diesem konkreten Fall wird belegt, dass die deutsche Erweiterungspolitik in bestimmten Fällen von innenpolitischen Interessen stark abhing.

Die Beitrittsverhandlungen im Allgemeinen („Ob"-Frage) riefen keine intensive innenpolitische Kontroverse in der deutschen politischen Elite hervor. Der Erweiterungsprozess wurde zwischen 1998–2002 von der Bundesregierung innenpolitisch erfolgreich flankiert[682] und deswegen auch in der öffentlichen Debatte nie für politische Zwecke eingesetzt. Über Einzelheiten und

---

680 Norbert Cyrus, Universität Oldenburg, in: Auropaausschuss, Drucksache 14/1485,
     S. 11.
681 Äußerung von Gerhard Schröder am 2. April 2001 nach der SPD-Präsidiumssitzung;
     vgl. Regierungserklärung von Bundeskanzler Gerhard Schröder zu den Ergebnissen
     des Europäischen Rates in Nizza vor dem Deutschen Bundestag am 19. Januar 2001
     in Berlin; verfügbar unter: http://www.bundesregierung.de/nn_1514/Content/DE/
     Bulletin/2001__2005/2001/01/2001-01-19-regierungserklaerung-von-bundeskanzler-
     gerhard-schroeder-zu-den-ergebnissen-des-europaeischen.html
682 Die innenpolitische Flankierung der Osterweiterung wird der Untersuchungsgegenstand der nächsten Fallstudie.

sektorale Interessen („Wie"-Frage) gab es durchaus Diskussionen.[683] Die Arbeitnehmerfrage gehörte gerade zu diesen Themen und gleichzeitig zu den Risiken der EU-Osterweiterung.

Erstens wird zu untersuchen sein, aus welchen Gründen und wie innenpolitische Einflussfaktoren in Deutschland in dieser Frage eine überragende Rolle spielten. Dabei wird berücksichtigt, ob für den deutschen Arbeitsmarkt tatsächlich eine unaufhaltsame Situation nach der Osterweiterung zu entstehen drohte, oder ob eher psychologische Faktoren eine Rolle spielten. Zweitens wird von Interesse sein, ob und wie es der Bundesrepublik Deutschland gelang, den gemeinsamen Standpunkt der Europäischen Union zu beeinflussen.

10.1 Die Rechtsgrundlagen und Prognosen bezüglich der Migration

Die Rechtgrundlagen werden an dieser Stelle anhand der geltenden Rechtslage am Anfang der Beitrittsverhandlungen 1998 beleuchtet. Die Freiheit des Personenverkehrs stellte ein Grundrecht der Europäischen Gemeinschaft dar und war fester Bestandteil des europäischen Einigungsprozesses. Gemäß Art. 39 EGV/Amsterdam war „innerhalb der Gemeinschaft die Freizügigkeit der Arbeitnehmer gewährleistet." Es hätte allerdings in diesem Fragenkomplex zwischen Arbeitnehmerfreizügigkeit, Dienstleistungsfreiheit und der Niederlassungsfreiheit differenziert werden müssen.[684] Der Vertrag unterschied zwischen dem Niederlassungsrecht, das laut Art. 43 EGV/Amsterdam die Aufnahme und Ausübung selbstständiger Erwerbstätigkeit einschloss, und dem freien Dienstleistungsverkehr. Dienstleistungen im Sinne der Vertragsbestimmungen waren gewerbliche, handwerkliche, kaufmännische und freiberufliche Tätigkeiten, deren Beschränkungen für Angehörige der Mitgliedstaaten gemäß Art. 49 EGV/Amsterdam verboten waren. Fraglich war, ob überragende Gründe bestanden, die eine Begrenzung von diesen Grundfreiheiten, der Arbeitnehmerfreizügigkeit oder der Dienstleistungsfreiheit, mittels einer Übergangsregelung rechtfertigen konnten.

---

683 Persönliches Gespräch mit Prof. Dr. Thomas Risse, Professor für internationale Politik, Freie Universität Berlin, Otto-Suhr Institut, Berlin, am 8. Juli 2003.

684 Norbert Cyrus, in: Protokoll der 67. Sitzung des Ausschusses für die Angelegenheiten der Europäischen Union; Öffentliche Anhörung zum Thema „EU-Erweiterung und Arbeitnehmerfreizügigkeit" am 4. April 2001, S. 18.

Nach dem Deutschen Institut für Wirtschaftsforschung (DIW) war die Freizügigkeit für Personen und Arbeitskräfte derjenige Bereich der ökonomischen Integration, der sich am stärksten im Zuge eines Beitritts verändern sollte.[685] Es wurde von einer Zunahme der ausländischen Bevölkerung um ca. 335.000 Personen pro Jahr in der EU-15 unmittelbar nach der Einführung der Freizügigkeit ausgegangen. Nach Deutschland wären nach dieser Auffassung rund 220.000 Personen pro Jahr (davon 35–40 % Arbeitnehmer) eingewandert. In 30 Jahren sollte der Anteil der ausländischen Wohnbevölkerung aus den mittel- und osteuropäischen Ländern insgesamt ca. 3,5 % der Gesamtbevölkerung Deutschlands ausmachen.[686]

Diese eher vorsichtigen Prognosen wurden von der deutschen Bundesregierung aufgegriffen und als Bestätigung für ihre Auffassung herangezogen.[687] Die Schätzungen des Migrationspotentials waren aber selbst nach Herbert Brücker, Leiter der DIW-Studie, unter Vorbehalt zu betrachten. Die genauen Zuwanderungsprognosen waren nur für die Länder erstellbar, in denen man sich auf die früheren Erfahrungen mit Freizügigkeit stützen konnte. Das war aber bei den Beitrittskandidaten nicht der Fall.[688] Das Ergebnis der DIW-Studie zeigte, dass „die Effekte der Zuwanderung auf die Arbeitsmärkte geringer zu erwarten waren, als in der Öffentlichkeit wahrgenommen wurde".[689] Folglich waren die Ängste vor einem starken Zulauf von Migranten aus den Transformationsländern nach der Einführung der Freizügigkeit unbegründet.[690]

---

685 Vgl. Boeri, Tito/Brücker, Herbert et al.: The Impact of Eastern Enlargement on Emloyment and Labour Markets in the EU Member States, DIW, Final Report, Berlin, Milano 2000; Diese Studie stellte die Forschung des European Integration Consortium unter Führung von DIW dar. Ein persönliches der Exemplar Originalstudie vom Dr. Herbert Brücker (DIW) ist im Archiv des Autors; verfügbar unter: http://www.diw-berlin.de/english/produkte/projekte/docs/ EIC_Employment.pdf

686 Ebd.

687 BT-14/5232 (Antwort der Bundesregierung auf die Große Anfrage der Fraktion der CDU/CSU vom 7. Februar 2001), S. 48; Es wurden mehrere Studien zu diesem Problem erstellt. Die Schätzungen gingen von den Zahlen 120.000 bis 380.000 Migranten aus. Den verschiedenen Untersuchungen lagen keine einheitlichen Kriterien zugrunde, deshalb gab es große Differenzen in den Prognosen.

688 Herbert Brücker (DIW), in: Protokoll der 67. Sitzung des Ausschusses für die Angelegenheiten der EU des Deutschen Bundestages am 4. April 2001, S. 16f.

689 Persönliches Gespräch mit Dr. Herbert Brücker, Deutsches Institut für Wirtschaftsforschung (DIW), Berlin, am 11. Juni 2003.

690 Vgl. DIW-Studie The Impact of Eastern Enlargement on Emloyment and Labour

10.2 Die Faktoren für und gegen eine erhöhte Ost-West Migration

Um die deutsche Zuwanderungsdebatte im Hinblick auf die Osterweiterung zu begreifen, muss zuerst über einige Fragen nachgedacht werden. Wovon hängt das Migrationspotential in den neuen Beitrittsländern ab? Ist die Zuwanderung nur anhand ökonomischer Kriterien zu erfassen? Welche Faktoren sind für eine Migrationsentscheidung maßgeblich?

Thomas Straubhaar erklärte die Wahrscheinlichkeit einer Migrationsoption mit dem Konzept der so genannten Immobilität.[691] Nach dieser Auffassung ist die Immobilität ein Gegensatz zur Mobilitätsbereitschaft. Eine wichtige Rolle spielten dabei im Zeitraum 2004–2009 soziologische und psychologische Faktoren, sowie kulturelle Unterschiede zwischen dem Heimat- und Gastland. Die Unsicherheit und hohe Anfangskosten einer Auswanderung hätten für eine Verschiebung der Migrationsentscheidung gesprochen. Ob tatsächlich jährlich 220.000 ausländische Arbeitnehmer aus den MOE-Ländern nach Deutschland gekommen wären – wie prognostiziert wurde – hinge nicht nur von der Arbeitsmarktsituation in Deutschland, sondern auch von der Wirtschaftslage in den MOE-Staaten sowie von der Qualifikation und den sprachlichen Voraussetzungen der potentiellen Migranten ab.[692] Im Fall einer vollständigen Einführung der Freizügigkeit für Arbeitnehmer wären die Vorteile des „Bleibens" (Immobilität) desto höher gewesen, je besser sich die mittel- und osteuropäischen Länder entwickelt hätten. Ein langsames, aber stetiges Wachstum in den Transformationsländern hätte das Migrationspotential verringern können.

Der entscheidende ökonomische Anreiz zu einer Ost-West-Wanderung waren die Lohnunterschiede zwischen dem Lohnniveau in der EU (im vorliegenden Fall Deutschland) und den Löhnen der Transformationsökonomien. Die Unterschiede zwischen dem Lohnniveau in der „alten" EU-15 und in mit-

---

Markets in the EU Member States, Zusammmenfassung, S. 11.

691 Straubhaar, Thomas: Osterweiterung der Europäischen Union und Migration aus Ost- nach Westeuropa. Zu große Hoffnung hier, zu starke Ängste dort und zu wenig gelernt aus der Erfahrung der EG-Süderweiterung. In: Zohlnhöfer, Werner (Hrsg.): Perspektiven der Osterweiterung und Reformbedarf der Europäischen Union. Berlin 1998, S. 147.

692 Vgl. Wolfgang Quaisser, Osteuropainstitut München, in: Europaausssschuss, Drucksache 14/1408; Die Netzwerke im Ausland wie beispielsweise die im Aufnahmeland vorhandenen nationalen Minoritäten spielen eine wichtige Rolle bei der Migrationsentscheidung.

tel- und osteuropäischen Ländern waren und sind noch heute fünf Jahre nach dem Beitritt beträchtlich. Das DIW ging bei seinen ursprünglichen Prognosen von durchschnittlichen Lohnunterschieden zwischen 1:7 und 1:11 aus.[693] Das erhebliche Einkommensgefälle zwischen der EU und den Beitrittskandidaten charakterisierte die ökonomischen Bedingungen der Osterweiterung.[694] Die Unterschiede der Pro-Kopf-Einkommen vor der Erweiterung können am Beispiel des verarbeitenden Gewerbes gut demonstriert werden. Der Bruttostundenlohn für einen Facharbeiter in Westdeutschland betrug im Jahre 2000 rund 28.50 DM (€ 14.57).[695] Der gleiche Stundenlohn in Westpolen betrug 4.80 DM (€ 2.45), im Osten Polens gebietsweise sogar nur 2.70 DM (€ 1.38).[696]

Im Hinblick auf das Thema der vorliegenden Arbeit ist es fraglich, wie sich aber die Steigerung des Pro-Kopf-Einkommens auf die Migration auswirkte. Auch finanzielle Transfers, beispielsweise Strukturfonds, die zur Erhöhung der Einkommen in den ostmitteleuropäischen Ländern beitrugen, hatten sehr wahrscheinlich nur geringe Effekte auf die Stärke der Wanderungsbewegungen. Der einkommensbedingte ökonomische Anreiz zur Migration ist besonders zu untersuchen, wenn ein Vergleich hinsichtlich des Migrationspotentials mit der Süderweiterung der Europäischen Union vorgenommen wird.

10.3 Gibt es eine Analogie zur Süderweiterung?

Am Anfang des 21. Jahrhunderts gab es ein deutlich größeres Lohngefälle zwischen der Europäischen Union und den Beitrittskandidaten als in den vergangenen Erweiterungsrunden. Zur Zeit des Beitritts Spaniens und Portugals in den 1980er Jahren zur EU lag der Durchschnittslohn in diesen Ländern bei 47 % des EU-Durchschnitts, bei den mittel- und osteuropäischen Staaten lag er

---

693   Vgl. DIW-Studie The Impact of Eastern Enlargement on Emloyment and Labour Markets in the EU Member States, Zusammmenfassung, S. 2.

694   Laut einigen Analysen sollte das bereits in der EU existierende Lohngefälle mit dem Beitritt neuer Mitgliedstaaten sogar zunehmen; Dauderstädt, Michael: Wege, Umwege und Dritte Wege zu einem sozialen und demokratischen Europa. Reihe Eurokolleg 44/2000, Bonn, S. 17.

695   Noch vor Einführung des EURO als Bargeld.

696   Hauptverband der Deutschen Bauindustrie, in: Europaausschuss, Drucksache 14/1487.

im Vorfeld der Osterweiterung lediglich bei 13 %.[697] Trotzdem lagen bei der Süderweiterung in der 1980er Jahren die Staaten Griechenland, Spanien und Portugal weit hinter der Wirtschaftskraft Deutschlands und Frankreichs zurück. Grund dafür war unter anderem die späte innenpolitische Transformation in Griechenland, Spanien und Portugal.[698]

Bei der Betrachtung dieser Ausgangslage können Analogien zur Erweiterungsrunde 2004 festgemacht werden. Fraglich wäre natürlich, ob die empirischen Erfahrungen aus der Süderweiterung für die Osterweiterung relevant sein könnten. Im Fall des Beitritts von Spanien und Portugal wurde die Arbeitskräftemobilität bis 1991 eingeschränkt. Nach dem Abbau der Migrationsbeschränkungen fand aber keine starke Wanderungsbewegung vom Süden in den Norden Europas statt, obwohl sich die ökonomischen Daten in den Südstaaten nicht wesentlich verbessert hatten. Die durchschnittliche Arbeitslosenquote in Spanien lag in den Jahren 1986–1997 weiterhin zwischen 16 % und 23 %.[699] Dieses Beispiel zeigt, dass ein Abbau von Mobilitätsbeschränkungen allein nicht genügt, eine große Arbeitskräftewanderung auszulösen.[700] Im Zusammenhang damit ist zu betonen, dass trotz aller Freizügigkeit in der alten Europäischen Union nur weniger als 2 % der EU-Bevölkerung die Staatsbürgerschaft eines anderen Landes besaßen.[701] Dies spricht auch für die These, dass die Befürchtungen in Teilen der deutschen Arbeitnehmerschaft unbegründet waren.

Das Thema Arbeitnehmerfreizügigkeit wurde trotzdem von der Bundesregierung als ein Risikofaktor in Bezug auf die Osterweiterung angesehen und ausdrücklich am Ende des Jahres 2000 angesprochen.

---

697   Vgl. beispielsweise Statistiken des Hauptverbandes der Deutschen Bauindustrie, in: Europaausschuss, Drucksache 14/1487.
698   Vgl. Straubhaar, Thomas: Osterweiterung der Europäischen Union und Migration aus Ost- nach Westeuropa. In: Zohlnhöfer, Werner (Hrsg.): Perspektiven der Osterweiterung und Reformbedarf der Europäischen Union, S. 150.
699   Vergleichende Tabelle bei Thomas Straubhaar, Ebd., S. 153, Tabelle 2.
700   Ebd., S. 154.
701   Straubhaar, Thomas: Osterweiterung der EU. In: Zohlnhöfer, Werner (Hrsg.): Perspektiven der Osterweiterung, S. 146; Selbst innerhalb eines kulturell sehr ähnlichen Lebensraumes, welchen die EU darstellt, blieb die innergemeinschaftliche Wanderung auch in den 1990er Jahren gering.

10.4 Die Position der Bundesregierung und die innenpolitische Debatte über die Migration – Überprüfung der Hypothese

Der liberale Ansatz geht von der Behauptung aus, dass die Politik von Regierungen die Interessen der Gesellschaft repräsentiert.[702] Im vorliegenden Fall werden die innenpolitischen Einflussnetzwerke in der Bundesrepublik Deutschland untersucht. Ihre Anliegen wollte die rot-grüne Bundesregierung bei eigener Positionierung auf der EU-Ebene berücksichtigen und verlangte deshalb von der Europäischen Union, im Zuge der Osterweiterung entsprechende Übergangsregelungen bezüglich der Arbeitnehmerfreizügigkeit einzuführen.[703]

Die Initiative des Bundeskanzlers

Die Belastung der Arbeitsmärkte nach Einführung der Arbeitnehmerfreizügigkeit wurde von den beiden Volksparteien CDU und SPD schon vor der Bundestagswahl 1998 thematisiert.[704] Gerhard Schröder erwähnte das Thema auch unmittelbar vor dem Gipfel in Nizza. Die politische Frage „Erweiterung Ja oder Nein" war laut Schröder klar. Niemand aus der deutschen politischen Elite bezweifelte die Notwendigkeit der Erweiterung.[705] Die Arbeitnehmerfreizügigkeit gehörte eindeutig zur ökonomischen Frage nach dem „Wie?" der Erweiterung: „Es gibt längs der Grenze zu Polen und zu Tschechien eine Reihe wirklich wichtiger Industrieunternehmen. [...] Die Erweiterung liegt auch im Interesse der Grenzregionen, durch die Integration der Staaten Mittel- und Osteuropas entstehen für uns wichtige Märkte. Das liegt auch im deutschen

---

702 Moravcsik, Andrew: Liberalism and International Relations Theory. Harvard University: Working Paper Series, 92–6, Cambridge 1992, S. 2.

703 Vgl. BT-Drucksache 14/5232 (Antwort der Bundesregierung auf die Große Anfrage der Fraktion der CDU/CSU vom 7. Februar 2001), S. 44.

704 Tewes, Henning: Rot-Grün und die Osterweiterung der EU. In: Maull, Hans/Harnisch, Sebastian/Grund, Constantin (Hrsg.): Deutschland im Abseits? S. 83.

705 Vgl. Gerhard Schröder, in: Deutscher Bundestag, Stenographischer Bericht der 135. Sitzung am 28. November 2000, amtliche Seiten 13023A–13058D (Abgabe einer Erklärung der Bundesregierung zum bevorstehenden Europäischen Rat in Nizza vom 7.-9. Dezember 2000), S. 13030.

ökonomischen Interesse [...] Wir wollen und wir werden aber kein Lohndumping zulassen," so der deutsche Kanzler.[706] Aus diesen Äußerungen wird ersichtlich, dass die Bundesregierung die möglichen Belastungen regionaler und sektoraler Arbeitsmärkte abfedern wollte.

Bereits am 18. Dezember 2000 gab der deutsche Bundeskanzler in Weiden/Oberpfalz eine genauere deutsche Verhandlungsposition bekannt.[707] Übergangsregelungen sollten kurzfristig die Zuwanderung von Arbeitskräften regeln. Deshalb sollten die Übergangsfristen so flexibel gehandhabt werden, wie es der Situation entspreche. Welche genauen Lösungen sah die deutsche europapolitische Regierungsstrategie für diesen Fragenkomplex vor? Die Bundesregierung schlug der Europäischen Kommission vor, eine angemessene Übergangsfrist mit einer Beschränkung der Arbeitnehmerfreizügigkeit für sieben Jahre einzuführen. Eine mögliche Verkürzung der Übergangsfrist für einzelne Beitrittsländer sollte den einzelnen Mitgliedstaaten überlassen werden.

Jedes Mitgliedsland könnte folglich bei einem allgemeinen und fachlichen Arbeitskräftemangel kontrollierte Zugangsmöglichkeiten schaffen. Darüber hinaus sollte die Dienstleistungsfreiheit insbesondere in der Baubranche und im Handwerk eingeschränkt werden.[708] So lautete die grundsätzliche deutsche Regierungsposition bezüglich des Kapitels der Arbeitnehmerfreizügigkeit in den Beitrittsverhandlungen. Diese Ansicht stützte sich auf die Ergebnisse der von der Kommission in Auftrag gegebenen und veröffentlichten Studie des Deutschen Instituts für Wirtschaftsforschung (DIW) und des Instituts für Zukunft der Arbeit (IZA).[709]

---

706 Gerhard Schröder, in: Ebd., S. 13031.
707 Rede von Bundeskanzler Gerhard Schröder auf der Regionalkonferenz Oberpfalz, gehalten am 18. Dezember 2000; vgl. Schneider, Christina J.: Differenzierte Mitgliedschaft und die EU-Osterweiterung: Das Beispiel der Arbeitnehmerfreizügigkeit. *Swiss Political Science Review*, Vol. 12, No. 2/2006, S. 67-94 (78), verfügbar unter: http://www.polsci.org/schneider/articles/pdf/LaborMove-O03D.pdf
708 BT-Drucksache 14/5232 (Antwort der Bundesregierung auf die Große Anfrage der Fraktion der CDU/CSU vom 7. Februar 2001), S. 46.
709 DIW-Studie „The Impact of Eastern Enlargement on Emloyment and Labour Markets in the EU Member States"; vgl. Die Modelle und ausführlichen Lösungsvorschläge bei Herbert Brücker (Leiter der DIW-Studie), in: Europaausschuss Drucksache 14/1483.

Bundeskanzler Schröder griff das Thema der Arbeitnehmerfreizügigkeit selbst auf und bestimmte damit, wann das Problem in den öffentlichen Diskurs kommen würde.[710] Es ist zu hinterfragen, was ihn dazu bewegte, selbst in der Sache aktiv zu sein. Nach Ansicht einer analytischen Quelle der CDU spiegelte sich in Schröders Europapolitik ein taktisches innenpolitisches Kalkül wider. Gerhard Schröder wollte den Gewerkschaften (DGB) entgegenkommen, deren Unzufriedenheit nach dem Ausscheiden Oskar Lafontaines aus der Bundesregierung wuchs. Darüber hinaus verstärkte nach dieser Meinung Gerhard Schröder mit seiner Rede in Weiden die Ängste der Bevölkerung. Auch die Vorschläge von konkreten Fristen seien übereilt und falsch gewesen.[711]

Eine Gegenansicht wäre, dass die SPD die Situation psychologisch entschärfte, indem der Bundeskanzler das Thema aufgriff.[712] Es wäre auch zu erwägen, ob ein Grund für die Aktivität Schröders nicht die Überlegung gewesen sein könnte, was die Opposition im Wahlkampf bei der nächsten Bundestagswahl 2002 gemacht hätte, wenn die Bundesregierung nicht rechtzeitig auf die Risiken der Osterweiterung reagiert hätte.[713] Einige Beobachter aus den MOE-Ländern hielten die Freizügigkeit der Arbeitnehmer eher für ein psychologisches als ein praktisches Problem.[714]

Wie stellten sich die politischen Reaktionen dar? Die Regierungsposition zur Arbeitnehmerfreizügigkeit wurde von der Opposition im Grundsatz für vernünftig gehalten. In vielen Punkten hat die Bundesregierung sogar die For-

---

710 Bestätigt im Gespräch mit Rainer Rudolph, Legationsrat I. Klasse, Bundeskanzleramt, Referat 521, Koordinierung der Europapolitik, Berlin, am 13. Mai 2003.

711 Persönliches Gespräch mit einem Abgeordneten der CDU/CSU-Bundestagsfraktion (Interview durchgeführt im Mai 2003); vgl. Dokument der CDU: „Die Erweiterung der Europäischen Union – die große Chance unserer Zeit", Beschluss des CDU-Bundesfachausschusses Europapolitik vom 19. Januar 2001 unter dem Vorsitz von Elmar Brok MdEP, vorgelegt von Dr. Martina Krogmann MdB, S. 5.

712 Persönliches Gespräch mit Günter Gloser, europapolitischer Sprecher der SPD-Bundestagsfraktion, Deutscher Bundestag, Berlin, am 26. Mai 2003.

713 Vgl. mit der Überlegung zur Rolle des Bundeskanzleramtes im Kapitel zur Koordinierung der Europapolitik in diesem Buch; vgl. Diskussion des Autors während des Gesprächs mit Martin Kremer, M.C. L., Vortragender Legationsrat, Auswärtiges Amt, Planungsstab, Berlin, am 20. Juni 2003.

714 Persönliches Gespräch mit Wojciech Wieckowski, Gesandter, Botschaft der Republik Polen, Berlin, am 13. Juni 2003.

derungen der CDU/CSU aufgegriffen, vor allem in der Frage länderspezifisch differenzierter und flexibler Übergangsfristen.[715] Solche Übergangsfristen wären dann jährlich überprüfbar und könnten verkürzt werden, wenn die Voraussetzungen dafür gegeben wären. Jedoch schien es, dass nicht alle Oppositionspolitiker die Diskussion in diesem Punkt auf ökonomische Fragen hinsichtlich der Erweiterung reduzieren wollten. Aus einem völlig anderen Blickwinkel gesehen, sollte das Thema vorrangig unter integrationspolitischen Gesichtspunkten betrachtet und Rücksicht darauf genommen werden, dass „es sich um die Einschränkung einer sehr wesentlichen europäischen Grundfreiheit handelte".[716]

Diskussion

In den Erklärungen Gerhard Schröders wurde bei der Debatte auch darauf hingewiesen, dass es nicht im Interesse der Beitrittsländer sei, wenn sie im Zuge der Erweiterung ihre bestqualifizierten Arbeitskräfte verlieren sollten.[717] Es war fraglich, ob es dem Bundeskanzler wirklich um den „Schutz der Beitrittsländer" vor einem „*brain drain*" ging, oder ob dieses Argument als eine Stütze seiner Konzeption von Übergangsfristen zu betrachten wäre. Die Position des Bundeskanzlers schien zwiespältig zu sein. Auf der einen Seite waren kontrollierte Zugangsmöglichkeiten (flexibles Modell) vor Ablauf der Übergangsfrist vorgesehen, auf der anderen Seite wurde betont, dass die Beitrittsländer im Zuge der Erweiterung ihre qualifizierten Arbeitskräfte nicht verlieren dürften.[718] Die damit zusammenhängende Frage lautete: Würden eher hoch qualifizierte Fachkräfte oder weniger qualifizierte Arbeitnehmer nach Deutschland einwan-

---

715 Dokument der CDU: „Die Erweiterung der Europäischen Union – die große Chance unserer Zeit", S. 5; vgl. Volker Rühe (CDU/CSU), in: Stenographischer Bericht der 155. Sitzung des Deutschen Bundestages am 8. März 2001, S. 15155.
716 Helmut Hausmann (FDP), in: Protokoll der 67. Sitzung des Ausschusses für die Angelegenheiten der Europäischen Union am 4. April 2001.
717 Vgl. Regierungserklärung von Bundeskanzler Gerhard Schröder zu den Ergebnissen des Europäischen Rates in Nizza vor dem Deutschen Bundestag am 19. Januar 2001 in Berlin; verfügbar unter: http://www.bundesregierung.de/nn_1514/Content/DE/Bulletin/2001__2005/2001/01/2001-01-19-regierungserklaerung-von-bundeskanzler-gerhard-schroeder-zu-den-ergebnissen-des-europaeischen.html
718 Ebd.

dern? Kommt es zur Massenwanderung unqualifizierter Arbeitnehmer? Nach einigen wissenschaftlichen Studien sollte vielmehr die Migration von Fachkräften zum Hauptproblem der Ost-West Wanderung werden.[719] Osteuropäische Fachkräfte hätten dank der Freizügigkeit nach Westeuropa wandern können. Das oben angesprochene Problem hätte vor allem darin bestanden, dass diese dann jedoch auf den Arbeitsmärkten der Herkunftsländer gefehlt und einen so genannten *„brain drain"* verursacht hätten.

Die Wanderung von Hochqualifizierten hätte zwar positive Impulse in den Zielgebieten erzeugt, aber die Auswanderungsregionen hätten in vielerlei Hinsicht verloren.[720] Das Herkunftsland finanziert in der Regel mit öffentlichen Mitteln eine qualifizierende Ausbildung, und diese Investitionen gehen dann mit der Auswanderung dieser Person verloren. Die Entstehung einer solchen Situation hätte nach 2004 den Transformationsprozess in Osteuropa verlangsamt und hätte dann langfristige Auswirkungen auf die wirtschaftlichen Aspekte der Osterweiterung gehabt. Eine Entschädigung für die Kosten durch den *„brain drain"* in den Auswanderungsländern wären beispielsweise Transferleistungen aus den Gewinnen aus dem effizienten Einsatz hochqualifizierter Zuwanderern in der deutschen Wirtschaft gewesen.[721] Diese Leistungen könnten zwar langfristig zu einer positiven Entwicklung in den Transformationsländern beitragen, mittelfristig hätte der *„brain drain"* jedoch den Anpassungsprozess verlangsamt.[722]

Aus Sicht der Bundesregierung sollten die Übergangsfristen flexibel gestaltet werden. In Deutschland gab es einerseits Angst vor Migration in einigen Branchen, andererseits bestand in der deutschen Wirtschaft großer Bedarf an qualifizierten Arbeitskräften, vor allem im Bereich der Elektro- oder Metallindustrie. Jedenfalls verneinte der Bundeskanzler die Tatsache, dass Deutschland ein „objektives Interesse an vielen qualifizierten Zuwanderern hätte, die sowohl

---

719   Straubhaar, Thomas: Osterweiterung der EU. In: Zohlnhöfer, Werner (Hrsg.): Perspektiven der Osterweiterung, S. 157.
720   Ebd., S. 158.
721   Vgl. Herbert Brücker, DIW, in: Europausschuss, Drucksache 14/1411.
722   Das Problem ist jedoch differenzierter zu betrachten. Einige Wissenschaftler gehen davon aus, dass große Teile der Migration oft nur einen temporären Charakter haben. Die Rückwanderung von hochqualifizierten Arbeitskräften in die Transformationsländer wäre ein unterstützendes Argument für den Gewinn durch die Öffnung der Arbeitsmärkte für die osteuropäischen Länder; vgl. Herbert Brücker, DIW, in: Europausschuss, Drucksache 14/1411.

die wirtschaftliche als auch die demographische Bilanz der BRD verbessern würden".[723] Die deutsche Regierung wollte zwar in bestimmten Bereichen, wie schon bei der „Green-Card-Regelung" sichtbar wurde, den Zufluss von dringend benötigten hochqualifizierten Fachkräften fördern. Ihre Argumentation war jedoch aus politischen Gründen genau umgekehrt. Um einen Diskussionsbeitrag zu nennen: Der Bundesverband der Deutschen Industrie (BDI) sprach von einem Bedarf von über 400.000 Arbeitnehmern in Deutschland.[724] Eine frühzeitige Herstellung der Arbeitnehmerfreizügigkeit in den Branchen, in denen sich der Fachkräftemangel bemerkbar machte, wurde folglich für sinnvoll gehalten.

Die Bundesregierung wollte mit ihrer Initiative eher einem anderen Problem begegnen. Nämlich der Situation, dass in ein Einwanderungsland wie die Bundesrepublik Deutschland hochqualifizierte Zuwanderer kommen und im Durchschnitt in unterqualifizierten Berufen eingesetzt werden.[725] Eine Folge wäre eine Konkurrenzsituation mit den geringer qualifizierten Beschäftigten gewesen, wie etwa im Bereich der Bauwirtschaft.[726] Nach Deutschland könnten bei der Gewährung voller Freizügigkeit die Arbeitnehmer kommen, die vom Strukturwandel in der osteuropäischen Landwirtschaft und Industrie betroffen wären. Das wären vor allem die Beschäftigten aus dem Bergbau, der Landwirtschaft oder der Schwerindustrie.[727] Dieser Fall löste wahrscheinlich eine große Besorgnis bei den weniger qualifizierten Arbeitnehmern in den Grenzregionen aus. Der Bundeskanzler reagierte mit seiner Rede vor allem auf diese Ängste.[728]

723 Persönliches Gespräch mit Roland Freudenstein, Leiter der Abteilung Außenpolitikforschung, Leiter der Außenstelle in Warschau 1995–2001, Konrad-Adenauer-Stiftung, Berlin, am 2. Mai 2003.

724 Toni Hinterdobler, Handwerkskammer Niederbayern-Oberpfalz, in: Europaausschuss, Drucksache 14/1482; vgl. Christoph Kannengießer, BDA, in: Protokoll der 67. Sitzung des Ausschusses für die Angelegenheiten der Europäischen Union am 4. April 2001.

725 Erschwerend ist die Tatsache, dass für schlechter ausgebildete Arbeitskräfte sehr viel höhere Mobilitätshemmnisse gelten; vgl. Wolfgang Quaisser, Osteuropa-Institut München, in: Europaausschuss, Drucksache 14/1408.

726 Herbert Brücker, in: Protokoll der 67. Sitzung des Ausschusses für die Angelegenheiten der Europäischen Union am 4. April 2001.

727 Elmar Hönekopp, Bundesanstallt für Arbeit, in: Protokoll der 67. Sitzung des Ausschusses für die Angelegenheiten der Europäischen Unionam 4. April 2001.

728 Vgl. Persönliches Gespräch mit Günter Gloser, europapolitischer Sprecher der SPD-Bundestagsfraktion, Deutscher Bundestag, Berlin, am 26. Mai 2003.

Abgesehen davon, dass es in bestimmten Branchen einen hohen Bedarf an qualifizierten Arbeitskräften gab, baute die Bundesregierung ihre Argumentation darauf, dass die mittel- und osteuropäischen Migranten über ein höheres Qualifikationsniveau verfügen und gleichzeitig eine hohe Flexibilität zeigen, auch unterhalb ihrer Qualifikation zu arbeiten.[729] Das würde eine schon bestehende Konkurrenz auf bestimmten Arbeitsmärkten in der Bundesrepublik Deutschland verstärken. Diese Arbeitsmärkte, die vor allem in den Grenzregionen lagen, waren laut Bundesregierung mit Übergangsvorschriften im Bereich der Arbeitnehmerfreizügigkeit und der Dienstleistungsfreiheit zu schützen.

Deutscher Gewerkschaftsbund und Bundesverband der Deutschen Industrie – Beiträge zur Debatte

Auf der innenpolitischen Bühne wurden verschiedene Positionen bezüglich der Regierungsvorschläge vertreten. Überwiegend wurde die geplante Verhandlungsposition der Bundesregierung vereinzelt ergänzt oder korrigiert.

Der Deutsche Gewerkschaftsbund (DGB) betonte die Folgen der wirtschaftlichen und sozialen Anpassungsprobleme für die deutschen Arbeitnehmer. Insbesondere die Auswirkungen der Migrationsbewegungen auf die regionalen und sektoralen Arbeitsmärkte und eine mögliche Verringerung der Arbeitsmarktchancen gering bzw. nicht qualifizierter Arbeitnehmer wurden in diesem Zusammenhang hervorgehoben.[730] Diese Auffassung kann nur teilweise als richtig betrachtet werden. Denn die Arbeitsmarkteffekte einer Arbeitnehmermigration waren für einheimische Arbeitskräfte geringer, als häufig betont wird.[731] Solange die Einhaltung der tariflichen und arbeitsrechtlichen Standards durchgesetzt werden kann, sollte die reguläre Arbeitnehmerfreizügigkeit keine Verdrängung bereits beschäftigter inländischer Arbeitnehmer verursachen.[732] Eine Ausnahme bildeten allerdings Bereiche mit geringen Qualifi-

729 BT-Drucksache 14/5232 (Antwort der Bundesregierung auf die Große Anfrage der Fraktion der CDU/CSU vom 7. Februar 2001), S. 45.
730 DGB-Stellungnahme vom 7. November 2000: Die Zukunft der Europäischen Union: Osterweiterung, institutionelle Reformen, soziale Grundrechte, S. 2.
731 Vgl. DIW-Studie The Impact of Eastern Enlargement on Emloyment and Labour Markets in the EU Member States, Zusammmenfassung, S. 11.
732 Norbert Cyrus, Universität Oldenburg, in: Auropaausschuss, Drucksache 14/1485, S. 10.

kationsanforderungen und hoher Arbeitsintensität, wie zum Beispiel der Agrarbereich und das Baugewerbe. Als Beispiel können die polnischen Saison-arbeiter im Bereich Landwirtschaft, Weinanbau oder Obst- und Gemüseanbau genannt werden, die bereits vor dem Beitritt in Deutschland Saisonarbeiten durchführten. Durch das geringere Lohnniveau der polnischen Arbeitnehmer entstand laut DGB Druck auf den deutschen Arbeitsmarkt.[733] Die Gewerk-schaften waren der Auffassung, dass Übergangsfristen zwischen 7 und 10 Jah-ren notwendig wären. Dabei wurde eine flexible Behandlung nach einzelnen Branchen vorgeschlagen. Das Kriterium sollte in diesem Fall die Aufnahmefä-higkeit für Arbeitskräfte einzelner Branchen sein. Eine differenzierte Öffnung für hochqualifizierte Fachkräfte schien laut DGB keine gute Lösung zu sein. Denn die Abwanderung hochqualifizierter Fachkräfte hätte für einzelne Bei-trittsländer zum Problem werden können.[734]

Der flexible Ansatz in der Verhandlungsposition der Bundesregierung wurde vom Bundesverband der Deutschen Industrie (BDI) unterstützt. Gemäß seinen Äußerungen sollte gerade dieser Aspekt der Regierungsvorschläge wei-ter ausgebaut werden. Die deutschen Großunternehmen hielten zwar die vor-gesehene Flexibilität der Übergangsregelungen für positiv, der Übergangszeit-raum von sieben Jahren wäre allerdings zu lang bemessen.[735] Für die Dienstleistungsfreiheit sollten aus der Sicht des BDI keine Übergangsfristen vorgesehen werden. Die Fristen für so genannte „sensible Branchen" sollten so kurz wie möglich gestaltet werden. Die Dienstleistungsfreiheit und die Nieder-lassungsfreiheit wären Voraussetzungen, dass ein „gegenseitiges Interesse für-einander gefunden werde".[736]

Die Auffassungen des BDI wurden aber nicht von allen Interessengruppen in Deutschland geteilt. Anders als der BDI und einige Kritiker der Regierungs-

---

733 Petra Hintze, Industrie- und Handelskammer zu Neubrandenburg, in: Europaaus-schuss, Drucksache 14/1484; Allerdings in Österreich hält die Saisoneinstellung von osteuropäischen Arbeitnehmern in der Landwirtschaft langfristig diese Branche über-haupt konkurrenzfähig.

734 Karin Alleweldt, DGB Bundesvorstand, in: Europaausschuss, Drucksache 14/1412.

735 Ludolf-Georg von Wartenberg, BDI, Geschäftsführung, in: Europaausschuss, Druck-sache 14/1410.

736 Ludolf-Georg von Wartenberg, BDI, Geschäftsführung, in: Protokoll der 62. Sitzung des Ausschusses für die Angelegenheiten der Europäischen Union; öffentliche Anhörung zum Thema „Wirtschaftliche Chanzen und Herausforderungen der EU-Erweiterung" am 14. Februar 2001.

position aus Wissenschaftskreisen sahen das Problem die einzelnen Branchen. Beispielsweise schilderte der Hauptverband der Deutschen Bauindustrie: „Für das Baugewerbe halten wir eine Aussetzung der Dienstleistungsfreiheit für mindestens 10 Jahre für unabdingbar."[737] Auch bei der Arbeitnehmerfreizügigkeit wurde zumeist eine Übergangsfrist von 10 Jahren gefordert. Bei der endgültigen Regelung sollte die regionale Arbeitsmarktsituation in jedem Fall berücksichtigt werden. Auch der DGB setzte sich für eine Einschränkung der Tätigkeit von Einzelselbstständigen und Dienstleistungsfirmen aus den Beitrittsstaaten in Westeuropa ein. Es sollten dabei differenzierende Einschränkungen nach Sektoren und Regionen vorgenommen werden. Die öffentlichen Auftragsvergaben und die Ausschreibungen von öffentlichen Dienstleistungen sollten laut DGB im Zusammenhang mit der Osterweiterung an die vor Ort geltenden Tarifverträge und Sozialbestimmungen gebunden werden.[738]

Als ein besonderes Problem der Regionen wurde das Pendlerproblem angesehen. Als Pendler wurden in diesem Kontext Arbeitnehmer genannt, die in einem Land der „alten" EU-15 arbeiten und in einem Transformationsland wohnen. Die Bundesregierung sah aber das Pendlerproblem als nicht so dramatisch an. Nach ihrer Auffassung würden sich die Pendler weniger auf Grenzregionen konzentrieren, sondern als Wochen- oder Monatspendler wirtschaftlich attraktivere Gebiete (wie Hamburg oder Frankfurt am Main) suchen.[739] Da die Pendler den ständigen Wohnort stets im Herkunftsland haben, wären sie besonders flexibel und könnten auf Angebot und Nachfrage in den Grenzregionen reagieren.

Das Thema der Arbeitnehmerfreizügigkeit beherrschte die Diskussionen zahlreicher Gremien in der Bundesrepublik Deutschland. Das Bündnis für Arbeit, Ausbildung und Wettbewerbsfähigkeit hat sich in seinem 7. Spitzengespräch am 4. März 2001 zur Osterweiterung geäußert. Die Bündnispartner verstanden die Osterweiterung als eine Chance zur Schaffung neuer Arbeitsplätze. Sie nahmen dabei auch die Sorgen zur Kenntnis, die im Hinblick auf die ver-

---

737 Hauptverband der Deutschen Bauindustrie, in: Europaausschuss, Drucksache 14/1487.

738 DGB-Bundesvorstand, Stellungnahme vom 9. Juli 2000: EU-Erweiterung sozial gestalten: Arbeitnehmerfreizügigkeit und Dienstleistungsfreiheit, S. 2.

739 Bestätigt im Gespräch mit Botschafter Dr. Christoph Jessen, Beauftragter für die Osterweiterung, Auswärtiges Amt, Berlin, am 19. Juni 2003; vgl. BT-Drucksache 14/5232 (Antwort der Bundesregierung auf die Große Anfrage der Fraktion der CDU/CSU vom 7. Februar 2001), S. 76.

stärkte Konkurrenz auf dem deutschen Arbeitsmarkt durch Zuzug von Arbeitskräften entstehen könnten. Die Bündnispartner sprachen sich, in Anlehnung an die Position der Bundesregierung, für die flexiblen und differenzierten Übergangsfristen aus. Die Fristen sollten dazu beitragen, den Anpassungsprozess sozialverträglich zu gestalten. Langfristig gesehen wäre aber die vollständige Arbeitnehmerfreizügigkeit ein für die Gestaltung des sozialen Europas notwendiges Recht.[740]

Wie bereits oben erwähnt wurde, benannten die Gewerkschaften das Problem im komplexen Zusammenhang mit den rechtlichen Grundlagen. Hervorzuheben war vor allem die Gefahr von Aushöhlungen des Tarifsystems und der untertariflichen Bezahlung. Nicht alle Interessenträger in der Bundesrepublik sprachen sich für die Beschränkung der Arbeitnehmerfreizügigkeit aus. Die nationalen Arbeitgeberverbände unterstützten eine schnelle Erweiterung.[741] Sie sahen die Möglichkeit, die Produktionskapazitäten und die Investitionen in die osteuropäischen Länder zu verlagern, um niedrige Löhne und geringe Arbeitnehmerrechte auszunutzen.

Bestätigung der Hypothese

Am Anfang der Debatte stand die Rede des Bundeskanzlers Gerhard Schröder in Weiden. Er reagierte auf psychologisch bedingte Ängste in Teilen der deutschen Bevölkerung. Parteitaktisch gesehen bestimmte der Kanzler den Zeitpunkt der Diskussion. Bei der Behandlung dieses Themas waren die sektoralen Interessen der Bundesrepublik Deutschland klar zu erkennen. Es bestand zwar ein Risiko, dessen Größe allerdings vor der Vollziehung der Osterweiterung empirisch schwer zu bemessen war. Es kann vermutet werden, dass eine Handhabung dieses Themas in der Regie des Auswärtigen Amtes höchstwahrscheinlich anders (liberaler) ausgesehen hätte, wenn das Bundeskanzleramt in Zusammenarbeit mit dem Bundessozialministerium keine eigenen Vorschläge unterbreitet hätte. Das Problem war teils durch die strukturellen Bedingungen des deutschen Arbeitsmarktes, teils durch die geographische Nähe zu den Staa-

---

740 Vgl. Steinitz, Klaus: EU-Osterweiterung. In: Bierbaum, Heinz/Bischoff, Joachime/Deppe, Frank et al.: Soziales €uropa, S. 79.

741 Vgl. Gowan, Peter: Unsicherheiten der EU-Osterweiterung. *Prokla*, Jg. 28, Nr. 112/1998, S. 441.

ten Mittel- und Osteuropas gekennzeichnet. Die Bundesregierung setzte das innerdeutsche Problem auf der Verhandlungsebene der EU in eine für Deutschland ausreichende Lösung um. Gerhard Schröder präsentierte die Beschränkung der Arbeitnehmerfreizügigkeit als deutsches „nationales" Interesse. Dabei wollte er gleichzeitig den Erweiterungsprozess auf der EU-Ebene zum Erfolg bringen. Auch aus diesem Grund sah er die Notwendigkeit, die Osterweiterung gerade in Bezug auf dieses sensible Thema rechtzeitig noch vor der Schlussphase der Beitrittsverhandlungen zu flankieren.

10.5 Deutschland und der europäische Standpunkt – das Ergebnis

Das Thema der Arbeitnehmerfreizügigkeit wurde von der Bundesrepublik Deutschland während der mittleren Phase der Beitrittsverhandlungen auf die Tagesordnung in Brüssel gebracht.[742] Die Europäische Kommission nahm die möglichen Risiken wahr und beschäftigte sich intensiv mit dem deutschen Anliegen.[743] Bei der Betrachtung der Arbeitnehmerfreizügigkeit war zu berücksichtigen, dass dieses Problem von regionalen Aspekten und dem Grad der möglichen Betroffenheit geprägt war. Dies sprach für die Berücksichtigung der Ansichten von Staaten wie Deutschland und Österreich, die mit den MOE-Ländern gemeinsame Grenzen hatten.

Für die Kommission boten sich allerdings mehrere Lösungen an, wie die Einwanderung geregelt werden konnte. Für eine Übergangszeit konnte eine Wanderung durch Quoten reguliert werden. Der Vorteil der europaweit geltenden Quoten wäre eine Informationsfunktion über das tatsächliche Wanderungspotential.[744] Wären die Quoten nicht ausgeschöpft worden, wäre das ein

---

742   Gleichfalls beeinflusste die BRD die gemeinsame Position der EU der Frage der Kabotage. Die Kabotage-Problematik betraf einen Bereich der Dienstleistungsfreiheit und wurde während der Beitrittsverhandlungen lange ins Jahr 2002 hineindiskutiert. Zum Beispiel weigerte sich die Tschechische Republik, die EU-Position in dem Kapitel „Verkehr", die von der BRD maßgeblich beeinflusst wurde, bis in die Kopenhagener Schlussverhandlungen hinein zu akzeptieren; Dem Autor wurde es von einer diplomatischen Quelle der Tschechischen Mission in Brüssel bestätigt.

743   Bestätigt im Gespräch mit Petra Erler, Mitglied des Kabinetts, Günter Verheugen, Europäische Kommisson, Generaldirektion Erweiterung, Brüssel, am 18. März 2003.

744   Persönliches Gespräch mit Dr. Herbert Brücker, Deutsches Institut für Wirtschaftsforschung (DIW), Berlin, am 11. Juni 2003; vgl. Herbert Brücker, DIW, in: Europaus-

Hinweis dafür, dass das Wanderungspotential insgesamt gering gewesen wäre und die Quoten hätten aufgehoben werden können.[745] Der Regierung Schröder gelang es, die Übergangsfristen mit einer flexiblen Regelung in die EU-Position einzubringen. Sie wurden insgesamt als eine bessere Lösung als Quoten angesehen. Die tatsächliche Arbeitsmarktsituation, die in verschiedenen Regionen recht unterschiedlich war, konnte auf diese Weise am besten berücksichtigt werden.[746] In diesem Sinne wurde das von Gerhard Schröder vorgeschlagene Modell von der Europäischen Kommission als eine der fünf möglichen Optionen zur Lösung der Frage des freien Personenverkehrs aufgenommen.[747] Auf der AStV-Sitzung am 28. Mai 2001 wurde folglich ein gemeinsamer Standpunkt der 15 Mitgliedstaaten über die Arbeitnehmerfreizügigkeit verabschiedet.[748]

Der Europäische Rat bestätigte in Göteborg im Juni 2001 die einheitliche EU-Position.[749] Die Europäische Union hat sich, unter anderem auch dem Beispiel der Übergangsfristen bei der Süderweiterung folgend, auf eine allgemeine Übergangsfrist von fünf Jahren geeinigt (für den Zeitraum 2004–2009). Diese Übergangsfrist sollte zwei Jahre nach der Osterweiterung einer Überprüfung unterzogen werden. Während der Frist können die einzelnen Mitgliedstaaten der „alten" EU-15 den Zugang zu den Arbeitsmärkten national regeln. Allerdings wurde den Staaten, die nach der Beendigung der allgemeinen Übergangsfrist weiterhin ihren Arbeitsmarkt schützen wollen, eine zusätzliche zweijährige Übergangsfrist zur Verfügung gestellt (bis 2011). Nach längeren Auseinandersetzungen während der schwedischen Präsidentschaft haben bereits mehrere Beitrittskandidaten (Ungarn, Lettland, die Slowakei) im Sommer 2001 der vorgegebenen Beschränkung der vollen Arbeitnehmerfreizügigkeit bis zu sieben

---

schuss, Drucksache 14/1411.

745 Die Quotenregelung wurde aber von einem Teil der Fachleute für nicht flexibel genug gehalten.

746 Dabei würde allerdings die Rolle der regionalen Arbeitsverwaltungen aufgewertet, denn sie würden die Arbeitserlaubnisse entsprechend der Bedürfnisse des Marktes erteilen.

747 Am 7. März 2001 stellte die Europäische Kommission ein Informationspapier zur Arbeitnehmerfreizügigkeit vor.

748 Lippert, Barbara: Erweiterungspolitik der Europäischen Union. In: Weidenfeld, Werner/Wessels, Wolfgang (Hrsg.): Jahrbuch der Europäischen Integration 2000/2001. Bonn 2001, S. 411.

749 Schneider, Christina J.: Differenzierte Mitgliedschaft und die EU-Osterweiterung: Das Beispiel der Arbeitnehmerfreizügigkeit. *Swiss Political Science Review*, Vol. 12, No. 2/2006, S. 82.

Jahre nach dem Beitritt zugestimmt.[750] Polen allerdings stimmte beispielsweise erst im Dezember 2001 der Regelung zu.[751] Die Beitrittsländer, die mit der Annahme dieser Regelung zögerten, konnten eine Reihe von Zugeständnissen technischer Art erreichen, zum Beispiel, dass sie die eigenen Arbeitsmärkte gegenüber den anderen MOE-Ländern während des Geltungszeitraums der EU-Übergangsregelung schützen dürfen. Die Tschechische Republik akzeptierte die europäische Position als einer der letzten Beitrittskandidaten.[752]

10.6 Prognosen versus Realität: fünf Jahre nach der Osterweiterung

Die rot-grüne Bundesregierung wollte mit der Einführung der Übergangsfrist für die Arbeitnehmerfreizügigkeit das ganze Problem in die Zukunft um 5–7 Jahre nach dem Beitritt verschieben (die so genannte 2+3+2 Regel). Großbritannien, Irland und Schweden haben für die acht neuen Mitgliedstaaten aus Mittel- und Osteuropa (ohne Bulgarien und Rumänien), die zum 1. Mai 2004 beigetreten sind, ihre Arbeitsmärkte bereits unmittelbar nach dem Beitritt geöffnet.[753] Während der zweiten Phase nach 2006 führten die meisten Staaten die Freizügigkeit ein. Die Beschränkungen galten weiterhin in Deutschland, Österreich, Belgien und Dänemark. Im Jahr 2009 begann eine neue Phase der Übergangsfristen für die Arbeitnehmerfreizügigkeit, bei derer die einzelnen Mitgliedstaaten der „alten" EU-15 bei „erheblichen Störungen auf den Arbeitsmärkten" ihre Beschränkungen bis 2011 aufrechthalten dürfen.[754]

Die Zahl der ausländischen Bürger aus den MOEL (ohne Bulgarien und Rumänien) in der EU-15 ist von 0,9 Millionen im Jahre 2003 auf 1,9 Millionen im Jahre 2007 gestiegen. Das waren durchschnittlich 250.000 Personen pro Jahr in der ganzen EU, also viel weniger, als vor der Erweiterung prognostiziert wurde.[755] Es ist zu fragen, ob nach Ablauf der Frist 2009/2011 doch nicht eine

---

750 Für Malta und Zypern galt die Übergangsfrist nicht.
751 *Süddeutsche Zeitung* vom 22./23. 12. 2001.
752 Diplomatische Quelle der Tschechischen Republik.
753 Baas, Timo/Brücker, Herbert/Hauptmann, Andreas: Positive Effekte durch Arbeitsmigration. *IAB-Kurzbericht* Nr. 9/2009, S. 2.
754 Ebd., S. 2.
755 Ebd., S. 2; Die Nettozuwanderung aus den MOEL nach Deutschland verlief auch moderat. Beispielsweise im Jahr 2004 sind im Saldo 36.000 und im Jahr 2005 63.000 Personen zugewandert; vgl. Baas, Timo/Brücker, Herbert/Hönekopp, Elmar: Beacht-

rasante Wanderung vom Osten nach Westen stattfinden wird. Eine Einführung der Arbeitnehmerfreizügigkeit in allen Ländern der EU-15 soll nach Analysen nur einen geringen Anstieg der Zuwanderung bewirken.[756] Die tatsächliche Wanderung wird allerdings von mehreren Faktoren abhängen. Es kann gut passieren, dass die soziologischen, kulturellen und sprachlichen Faktoren im mitteleuropäischen Raum nicht in solchem Maße migrationshemmend wirken, wie sie im Fall der Süderweiterung hemmend gewirkt haben.[757] Abgesehen von der ökomischen Lage könnten kulturelle Faktoren beispielsweise im Fall der Migration von tschechischen Arbeitnehmern von Bedeutung sein. Die kulturelle und geographische Nähe der Bundesrepublik Deutschland zu Tschechien und Polen, welche für die deutschen Unternehmen und Investoren eine positive Rolle seit 1990 spielte (Kapitel 4 in dieser Studie), könnten die Migrationshemmungen abbauen.[758] Allerdings ist feststellbar, dass die unmittelbare Nachbarschaft für die Migrationsentscheidung nicht der wichtigste Faktor war. Tschechische Arbeitnehmer wanderten zwischen 2004 und 2008 in Länder wie Großbritannien oder Irland ab, welche die volle Arbeitnehmerfreizügigkeit von Anfang an ermöglichten. Bei der vollständigen Öffnung der Arbeitsmärkte könnte sich aber eine Umverteilung der Wanderungsströme nach Deutschland und Österreich ergeben.[759]

Ökonomisch gesehen wurden für den Zeitraum nach der EU-Osterweiterung vor allem positive Auswirkungen für die Beschäftigung in der BRD erwartet.[760] Laut Wirtschaftsprognosen haben sich die positiven Beschäf-

---

liche Gewinne für die deutsche Volkswirtschaft. *IAB-Kurzbericht* 6/2007, S. 2.

756   Brücker, Herbert/Damelang, Andreas: Labour Mobility within the EU in the Context of Enlargement an the Functioning of the Transitional Arrangements: Analysis of the scale, direction and structure of labour mobility. Background Report, IAB, Nürenberg 2009.

757   Vgl. Toni Hinterdobler, Handwerkskammer Niederbayern-Oberpfalz, in: Europaausschuss, Drucksache 14/1482; Hinsichtlich der Lage auf beiden Seiten der Grenzregionen wurde allerdings betont, dass die Situation der EU-Osterweiterung mit den Erfahrungen aus der Süderweiterung kaum vergleichbar sei.

758   Die geschichtlichen Belastungen in den gemeinsamen Beziehungen spielen bei der jüngeren Generation keine entscheidende Rolle. In der Tschechischen Republik ist die deutsche Sprache oft die zweite Fremdsprache, die neben Englisch unterrichtet wird. Dieser „Sprachvorteil" würde allerdings eher für eine Migration sprechen.

759   Baas, Timo/Brücker, Herbert/Hauptmann, Andreas: Positive Effekte durch Arbeitsmigration. *IAB-Kurzbericht* Nr. 9/2009, S. 5.

760   Durch den Außenhandelsüberschuss mit den MOEL sollten mindestens 114.000 Ar-

tigungseffekte aus dem erhöhten EU-Handel mit der ersten Gruppe der mittel- und osteuropäischen Kandidaten bestätigt. Die Erweiterung führte tatsächlich zu einer Erhöhung der Exporte in die neuen EU-Länder um 10 %, wodurch nach Schätzungen der DIHK 80.000 Arbeitsplätze geschaffen wurden.[761]

Im Bereich der Dienstleistungen, wo keine generelle Übergangsfrist bestand, lässt sich jedoch nicht bestreiten, dass die Entwicklung nicht auf alle Branchen gleichsam zutraf. Die sich daraus ergebenden Auswirkungen bekam vor allem das Fleischerhandwerk in der Bundesrepublik Deutschland zu spüren, da hierfür auch keine Sonderregelung bestand. Allein im Zeitraum 2004–2005 verloren 26.000 Fleischarbeiter ihren Arbeitsplatz und wurden durch billigere Arbeitskräfte aus den MOEL ersetzt,[762] welche für einen Subunternehmer (Dienstleister) arbeiteten und daher nicht an deutsche Tarifbestimmungen, sondern nur an die Regelungen aus ihrem Herkunftsland gebunden waren.

Allerdings werden auch Stimmen laut, nach denen die osteuropäischen Arbeitskräfte gebraucht werden und die Übergangsfrist mehr Nachteile als Vorteile mit sich bringt. So wären manche kleine und mittelständische Betriebe längst insolvent gegangen, wenn sie nicht auf Arbeitskräfte aus dem Osten zurückgreifen könnten.[763] Viele Unternehmer fordern deshalb bereits eine Streichung der Übergangsfrist in den Grenzgebieten. Des Weiteren sind zum Beispiel polnische Arbeitnehmerinnen wichtig für die Pflege alter Menschen, die sich die hohen deutschen Pflegesätze nicht leisten können. Außerdem führte der Verzicht auf eine Öffnung des Marktes dazu, dass sich die Arbeitnehmer andere Möglichkeiten der Beschäftigung suchen und in die Scheinselbstständigkeit rutschen oder sogar Schwarzarbeit nachgehen, wodurch wiederum Einnahmen für den Staat verloren gehen.[764] Weiterhin wurden durch unterschied-

beitsplätze in der EU (davon ca. 77.000 in Deutschland) im Bereich der verarbeitenden Industrie gesichert werden; vgl. Wolfgang Quaisser, Osteuropainstitut München, in: Europaausschuss, Drucksache 14/1408.

761 www.dihk.de/inhalt/themen/international_neu/meldung1/meldung049.html (Umfrage vom Juni 2005); Die Exporte Deutschlands in die MOEL (ohne Rumänien und Bulgarien) sind von 56,2 Mrd. Euro im Jahr 2003 auf 64 Mrd. Euro im Jahr 2005 gestiegen; näher: Baas, Timo/Brücker, Herbert/Hönekopp, Elmar: Beachtliche Gewinne für die deutsche Volkswirtschaft. *IAB-Kurzbericht* Nr. 6/2007, S. 2.

762 Vgl. Deggerich, Markus: Der Osten kommt. *Der Spiegel,* Nr. 7/2005, S. 32.

763 Vgl. Vetter, Reinhold: Polnische Politiker warnen vor Hysterie in der Arbeitsmarktdebatte. *Handelsblatt* vom 25. April 2005.

764 Vgl. Brücker, Herbert: EU-Osterweiterung: Übergangsfristen führen zu Umlenkung der Migration nach Großbritannien und Irland. *DIW-Wochenbericht* Nr. 22/2005,

liche Übergangsregelungen der alten EU-Staaten Migrationsströme in die Länder umgeleitet, in denen es einfacher ist, eine Arbeitserlaubnis zu bekommen. Dadurch wurden die Arbeitskräfte nicht dort eingesetzt, wo sie den meisten Nutzen gebracht hätten und es gingen der EU 0,3 bis 0,5 % BIP-Wachstum verloren.[765] Trotzdem hat laut Schätzungen des Instituts für Arbeitsmarkt- und Berufsforschung (IAB) die schrittweise Beseitigung von Migrationsbarrieren im Zuge der Osterweiterung langfristig das BIP der erweiterten EU um 0,2 % (24 Milliarden Euro) erhöht.[766]

Von Anfang an war klar, dass die zunächst von 2004 bis 2006 und weiterhin bis 2009/2011 laufende flexible Übergangsfrist das Problem nicht lösen kann. Auch nach fünf Jahren werden beträchtliche Lohnunterschiede weiter bestehen.[767] Der Lage kann aber Schritt für Schritt durch effiziente Beschäftigungs- und Sozialpolitik, durchgeführt auf beiden Seiten der Grenzen zwischen den alten und neuen EU-Mitgliedern, begegnet werden. Entscheidend sind auch die zukünftigen Wachstumsraten der Wirtschaft in Mittel- und Osteuropa. Die Konvergenz von Löhnen kann durch steigenden Handel und Kapitalverkehr gefördert werden. Vor allem muss es zur Erhöhung der Produktivität in den Transformationsländern kommen.[768]

Zusammenfassung

Das Thema der Arbeitnehmerfreizügigkeit war nicht nur ein umstrittenes Kapitel der Beitrittsverhandlungen, sondern hing mit den schwierigen innerdeutschen strukturellen Bedingungen zusammen. Die Durchsetzung der Regelung

---

S. 359.

765 Brücker, Herbert: EU-Osterweiterung: Übergangsfristen. *DIW-Wochenbericht* Nr. 22/2005, S. 358.

766 Baas, Timo/Brücker, Herbert/Hauptmann, Andreas: Positive Effekte durch Arbeitsmigration, *IAB-Kurzbericht* Nr. 9/2009, S. 4.

767 Steinitz, Klaus: EU-Osterweiterung. In: Bierbaum, Heinz/Bischoff, Joachime/Deppe, Frank et al.: Soziales €uropa, S. 81.

768 Der Konvergenzprozess der Lohnverhältnisse kann auch durch die reale Aufwertung der Währungen der Beitrittsstaaten verkürzt werden, allerdings unter der Bedingung des dauernden Wirtschaftswachstums in den Transformationsökonomien; vgl. Wolfgang Quaisser, Osteuropainstitut München, in: Europasuasschuss, Drucksache 14/1408; vgl. Karin Alleweldt, DGB-Bundesvorstand, in: Europaausschuss, Drucksache 14/1412.

von Arbeitnehmerfreizügigkeit innerhalb der Europäischen Union war eindeutig auf den Druck Deutschlands zurückzuführen.[769] Der Bundesregierung gelang es, erfolgreich eine der potenziell negativen Folgen einer Osterweiterung zu minimieren.

Da die Regierung in diesem Punkt die innenpolitischen Unsicherheiten wahrgenommen hat, liefert die liberale Theorie dafür eine überzeugende Erklärung. Ausgehend von der Hypothese einer substantiellen Veränderung der deutschen Europapolitik, muss im Hinblick auf diese Fallstudie festgestellt werden, dass die rot-grünen Entscheidungsträger kurzfristig gegen die langfristige deutsche Erweiterungsstrategie steuerten. Die Interessensgegensätze zeigten sich im vorgelegten Fall im Bereich der Arbeitnehmerfreizügigkeit. Die Teilstudie bestätigt ebenso die Hypothese, dass die Regierung Schröder die deutschen Interessen mit einer neuen Deutlichkeit geltend machte, allerdings unter Beibehaltung einer positiven Haltung zur europäischen Integration.

---

769 Bestätigt im Gespräch mit Petra Erler, Mitglied des Kabinetts Günter Verheugen, Europäische Kommisson, Generaldirektion Erweiterung, Brüssel, am 18. März 2003; vgl. Steinitz, Steinitz, Klaus: EU-Osterweiterung. In: Bierbaum, Heinz/Bischoff, Joachime/Deppe, Frank et al.: Soziales €uropa, S. 79.

11. Die innenpolitische Flankierung der Osterweiterung

Fallbeschreibung

Die deutsche Europapolitik unterliegt einer Reihe von außen- und innenpolitischen Einflussfaktoren. Im Vergleich zur klassischen Außenpolitik ist die Europapolitik allerdings wesentlich abhängiger von der Innenpolitik.[770] Diese Aussage trifft insbesondere auf den deutschen Fall zu, was bereits aus der Untersuchung der Koordinations- und Entscheidungsmechanismen deutscher Europapolitik in dieser Studie hervorgegangen ist. Die offiziellen deutschen Interessen können folglich nicht automatisch mit den Interessen der einzelnen Deutschen als Bürger seines Staates gleichgesetzt werden. Obwohl die Exekutive der Bundesrepublik Deutschland eine starke Kontrolle über die Außenpolitik hat, besteht ein möglicher Einfluss auf die Europapolitik durch die Interessenverbände, die politischen Parteien und durch die Akteure der Bundesländer.[771]

Die politische Grundsatzentscheidung, die Europäische Union nach Osten zu erweitern, traf die Regierung Kohl gemeinsam mit anderen Regierungen der EU-Mitgliedstaaten. Die rot-grüne Bundesregierung hatte seit 1998 die praktischen Schritte im Verlauf der Beitrittsverhandlungen zu koordinieren. Die Meinungen, Positionen und Interessen aller beteiligten innenpolitischen Akteure wirkten sich selbstverständlich auf die deutsche Erweiterungspolitik aus. In diesem Kapitel soll deswegen die Osterweiterung aus innenpolitischer Sicht thematisiert werden.

---

770 Näher Korte, Karl-Rudolf/Maurer, Andreas: Innenpolitische Grundlagen der deutschen Europapolitik: Konturen der Kontinuität und des Wandels. In: Schneider, Heinrich/Jopp, Mathias/Schmalz, Uwe (Hrsg.): Eine neue deutsche Europapolitik? Rahmenbedingungen – Problemfelder – Optionen. Berlin 2001, S. 199; Zu den Erklärungen der zentralen Variablen der Außen- und Europapolitik vgl. Lübkemeier, Eckhard: Interdependenz und Konfliktmanagement. Deutsche Außenpolitik am Beginnn des 21. Jahrhunderts. Friedrich Ebert Stiftung, Bonn 1998.

771 Vgl. Hellmann, Gunther (unter Mitarbeit von Rainer Baumann und Wolfgang Wagner): Deutsche Außenpolitik. Eine Einführung. Wiesbaden 2006, S. 172 ff. (185).

Das Hauptaugenmerk dieses Teiles der Untersuchung ist der öffentliche Diskurs in der Bundesrepublik Deutschland, welcher die relevanten Fragen der Osterweiterung betraf. In Betracht kommt vor allem der Zeitraum um 2001, in dem einerseits nach Nizza klar wurde, dass die Osterweiterung ein unumkehrbarer Prozess ist,[772] andererseits sich die innerdeutschen Akteure der konkreten Probleme bezüglich der Osterweiterung bewusst wurden. Sie präsentierten ihre Auffassungen und versuchten, soweit es möglich war, sie auch durchzusetzen. Bei der folgenden Betrachtung wird von Interesse sein, wie die politischen Parteien, die Industrieverbände, die Bundesländer und vor allem die Vertreter der Grenzregionen, welche die Erweiterung besonders betraf, auf den fortschreitenden Erweiterungsprozess reagierten. Es lag in den Händen der rot-grünen Bundesregierung, die verschiedenen Ansichten und Interessen zu bündeln und eine Kommunikationsstrategie durchzusetzen. Die Aufgabe der hohen politischen Entscheidungsträger bestand darin, sowohl die Osterweiterung und die damit verbundenen Reformen mit und gegenüber den anderen Mitgliedern der Union durchzusetzen, als auch den Beitrittsprozess innenpolitisch zu flankieren.

Hypothesen und Ziel

Gehen wir von der Hypothese aus, dass Deutschland ein enormes Interesse an der Osterweiterung hatte.[773] Dies wurde von den obersten offiziellen Regierungsträgern stets betont.[774] Um ein aussagekräftiges Gesamtbild der deutschen Motivation (bzw. partieller Einwände) zur Unterstützung der Osterweiterung zu bekommen, sind aber auch die Äußerungen und Beiträge der politischen, wirtschaftlichen und regionalen Interessenträger der BRD zu analysieren.

---

772 Pleuger, Gunter: Der Vertrag von Nizza: Gesamtbewertung der Ergebnisse. *Integration*, Jg. 24, Nr. 1/2001, S. 1–7 (5).

773 Die Bundesrepublik Deutschland setzte sich als einziger Mitgliedstaat sowohl für die Erweiterung als auch für die Vertiefung der europäischen Integration in jeder Phase des Erweiterungsprozesses ein. Belege sind in zahlreichen Veröffentlichungen beispielsweise von Barbara Lippert; Die Behauptung wurde im persönlichen Gespräch des Autors mit Dr. Barbara Lippert bestätigt (B. L., stellvertretende Direktorin, Institut für Europäische Politik, Berlin, Gespräch durchgeführt am 25. März 2003).

774 Die deutschen „nationalen" Interessen an der Osterweiterung sind ausführlich im Kapitel 6.1 der vorliegenden Studie behandelt.

Bei der Diskursanalyse werden die Argumentationslinien der einzelnen Akteure auf der Basis ausgewählter theoretischer Gesichtspunkte betrachtet. Einerseits wird eine Konzentration auf die normativen Argumente (konstruktivistische Erklärung) erfolgen, die zur ideologischen oder nicht-materiellen (affektiven) Unterstützung der Osterweiterung führten. Andererseits werden auch die Aussagen zu beleuchten sein, die auf der Überzeugung basierten, dass die Osterweiterung ökonomische oder andere Vorteile bringt (utilitaristische Erklärung).

Im Hinblick auf die Frage der Kontinuität der deutschen Europapolitik über das Jahr 1990/1998 hinaus wird beleuchtet, ob in den Fällen, in denen „nationale" (oder regionale) Interessen betont wurden, diese Interessen gegensätzliche Wertelemente darstellten oder neue Wertvorstellungen von den Akteuren in die endgültige Entscheidungsfindung mit einbezogen.

11.1   Die Positionen der deutschen Wirtschaft[775]

An der innenpolitischen Präferenzbildung bezüglich der Osterweiterung nahmen in Deutschland auch die Vertreter der Wirtschaftsverbände teil.[776] Für die deutsche Industrie war die Osterweiterung ein Schlüsselprojekt für die Zukunftsfähigkeit des europäischen Kontinents. Der eigentliche Beitritt der MOE-Länder brachte nach Meinung eines Teils der Industrievertreter allerdings gesamtwirtschaftlich keine dramatischen Auswirkungen mit sich, weder im positiven noch im negativen Sinne.[777] Eine ganze Reihe von Prozessen in Handel und Wirtschaft hat schon mit den Europa-Abkommen und der schrittweisen Beseitigung der Handelshemmnisse seit Anfang der 90er Jahre des 20. Jahrhunderts angefangen.

---

775   Die Positionen der Gewerkschaften bezogen sich vorrangig auf die Frage der Arbeitnehmerfreizügigkeit und wurden im Kapitel 10 dieser Studie ausführlich dargelegt. Deshalb werden die Ansichten der Gewerkschaften an dieser Stelle nur am Rande erwähnt und ihnen kein eigenständiges Kapitel gewidmet.

776   BDI (Bundesverband der Deutscher Industrie), DIHK (Deutsche Industrie- und Handelskammer), ZDH (Zentralverband des Deutschen Handwerks).

777   Ausführliche Analyse hat der DIW durchgeführt. Die These wurde im Gespräch mit Dr. Herbert Brücker bestätigt, Deutsches Institut für Wirtschaftsforschung (DIW), Berlin, am 11. Juni 2003.

In der Übergangsphase unmittelbar nach dem Beitritt waren aus Sicht der deutschen Unternehmer Anpassungsprozesse zu erwarten, insbesondere in den Grenzregionen und für spezielle Branchen wie Baugewerbe oder Handwerk. Es sollte zur Ausweitung des Handels, zu Standortverlagerungen sowie zu verstärkten Arbeitsmarktwanderungen kommen.[778] Die Prognosen zeigten, dass nach dem Beitritt der neuen Kandidatenländer weiterhin zunehmend im Osten investiert werden wird.[779] Die Investitionstätigkeit in die MOE-Länder wird gefördert durch die mit dem Beitritt erfolgte Übernahme des gemeinsamen Rechtsbestands der EU, die einen sicheren Rechtsrahmen für Unternehmen in Mittel- und Osteuropa herausbildet. Die deutsche Industrie plädierte in diesem Zusammenhang für die Übernahme und Umsetzung der gemeinsamen Wettbewerbsregeln, der Umweltstandards und des sozialpolitischen Besitzstandes der EU.[780] Für eine funktionierende gesamteuropäische Wirtschaft war von zentraler Bedeutung, dass die mittel- und osteuropäischen Unternehmen künftig dem Wettbewerbsdruck im Binnenmarkt standhalten können. Außerdem sah die deutsche Industrie Handlungsbedarf beim Aufbau leistungsfähiger Verwaltungen und Gerichtsbarkeiten in den Beitrittsländern.[781]

Mit der Erweiterung entstand auch eine verstärkte Konkurrenz, die mittelfristig die Unternehmen zu Innovationen mit positiven Effekten zwang.[782] Die

---

778 Schleef, Andreas: Die Osterweiterung der Europäischen Union aus unternehmerischer Perspektive. In: Die Osterweiterung der EU und ihre Folgen für Deutschland. 39. Kolloquium der Walter-Raymond-Stiftung Berlin, 25.-27. März 2001. Walter-Raymond-Stiftung (Hrsg.), mit Beiträgen von Hans-Gert Pöttering, Norbert Wieczorek, Michael Gahler. Berlin 2001, S. 180.

779 Baas, Timo/Brücker, Herbert/Hönekopp, Elmar: Beachtliche Gewinne für die deutsche Volkswirtschaft. *IAB-Kurzbericht* Nr. 6/2007, S. 2.

780 Bestätigt im persönlichen Gespräch mit Fabian Wehnert, Bund der Deutschen Industrie, Abteilung Europapolitik, Berlin, am 28. Mai 2003; weitere Belege in den Positionsdokumenten: „EU-Erweiterung zügig und mit realistischen Perspektiven vorantreiben", Positionspapier des BDI, Bundesverband der deutschen Industrie (Hrsg.), Berlin (Februar) 2001, S. 4; vgl. „Prioritäten für eine wettbewerbsfähige Europäische Union. Handlungsempfehlungen für die Europapolitik der kommenden Jahre", Bundesverband der Deutschen Industrie (Hrsg.), Köln 1999, S. 3.

781 EU-Erweiterung zügig und mit realistischen Perspektiven vorantreiben, Positionspapier des BDI, Bundesverband der deutschen Industrie (Hrsg.), Berlin (Februar) 2001, S. 5.

782 Persönliches Gespräch mit Roland Freudenstein, Leiter der Abteilung Außenpolitikforschung, Leiter der Außenstelle in Warschau 1995–2001, Konrad-Adenauer-Stiftung, Berlin, am 2. Mai 2003.

wachsende Konkurrenz sollte zu einer weiteren Flexibilisierung der Märkte bei-tragen, zunächst allerdings in einigen Branchen zumindest in der ersten Umset-zungs- oder Startphase Schwierigkeiten mit sich bringen. Der Zwiespalt zwi-schen Markterschließung und Konkurrenzsituation lässt sich gut am Beispiel der deutschen Dünger- und Salzindustrie darstellen. Die mit der Erweiterung verbundenen Hoffnungen auf neue Märkte beachtlicher Dimension wurden deutlich durch schwache Nachfrage nach Düngermitteln in Osteuropa ge-dämpft. Die deutschen Produzenten, die schon auf dem westeuropäischen Markt einer starken Konkurrenz ausgesetzt waren, sollten auf den osteuropäi-schen Märkten zusätzlich unter den starken Wettbewerbsdruck der russischen und weißrussischen Kaliproduzenten kommen. Vom Beitritt der MOE-Länder versprachen sie sich deshalb den schrittweisen Aufbau leistungsfähiger Agrar-wirtschaften in den Beitrittsländern (mit Hilfe von EU-Subventionen), damit die Nachfrage steigt, und seit 1. Mai 2004 auch die Sicherung des fairen Wett-bewerbs durch die Inkraftsetzung der Antidumpingregelung gegen die russi-schen Lieferungen.[783]

Die deutsche Bauwirtschaft sah sich als Verlierer der EU-Osterweiterung, weil sie besonders von der Öffnung der Dienstleistungsmärkte betroffen sein wird. Neben der Angst vor billigen Arbeitskräften war die Hauptsorge, dass die osteuropäischen Dienstleister direkt auf dem deutschen Markt tätig würden.[784] Aus gewerkschaftlicher Sicht wurde als Ziel genannt, dass für alle Unterneh-men und Subjekte, die auf dem deutschen Baumarkt tätig werden, einheitliche gesetzliche und tarifvertragliche Regelungen gelten sollten. Besonders die ille-gale Beschäftigung wurde als wettbewerbsverzerrender Faktor angesehen.[785] Auch in der Baubranche könnte allerdings die andere Seite der Medaille gese-hen werden, nämlich, dass Märkte für die Bauindustrie in den Beitrittsländer deutlich schneller als in Westeuropa wachsen und somit neue Chancen in Ost-europa entstehen.

Nach der vorherrschenden Meinung der deutschen Regierungselite wurden vor allem die Standortverlagerungen wegen des Verlustes von Arbeitsplätzen

---

783 Brockhoff, Arne: Die EU-Erweiterung aus der Sicht der deutschen Dünger- und Salz-industrie. *Kali und Steinsalz*, 1/2003, S. 44.
784 *Handelsblatt* vom 23. Oktober 2002.
785 Näher BT-Drucksache 14/6488; Antwort der Bundesregierung auf die Kleine Anfra-ge der Abgeordneten der Fraktion der FDP „Wettbewerbsbedingungen auf dem deut-schen Bausektor im Hinblick auf die Osterweiterung der Europäischen Union".

als Risiko gesehen. Aber die Unternehmer betrachteten die neuen kostengünstigen Produktionsstandorte anders, zumeist sahen sie die Möglichkeit, die Konkurrenzfähigkeit ihrer Betriebe zu erhalten, damit sie durch die komparativen Vorteile im globalen Wettbewerb standhalten können. In diesem Bereich gab es mithin keine Interessenübereinstimmung zwischen der Regierung und der Industrie.[786] Einer der wichtigsten Gründe für den Ausbau der Produktion deutscher Betriebe beispielsweise in Tschechien war und ist gerade der Erhalt der Wettbewerbsfähigkeit in Deutschland.[787] Laut Bundesverband der Deutschen Industrie wurden gerade auf diese Weise im Endeffekt Arbeitsplätze in Europa gesichert.[788] Im Hinblick auf die oben genannten Tatsachen sollte die Frage zum Thema „Wechsel der Standorte" eher in folgender Weise gestellt werden: „Ist es vorteilhafter für Deutschland und Europa, wenn die Unternehmen nach China und Brasilien oder nach Tschechien gehen?"[789] Das deutsche wirtschaftliche Engagement in den MOEL stellte auch eine kultur- und medienpolitische Dimension der EU-Osterweiterung dar, zum Beispiel im Pressebereich. Die deutsche Bundesregierung erklärte, dass „der Binnenmarkt die Möglichkeiten für deutsche Medienunternehmen, mit Partnern in den Beitrittsländern zu kooperieren oder dort zu investieren, nachhaltig verbessern wird."[790]

Neben den regierungsnahen politischen Akteuren sahen auch die Vertreter der deutschen Industrie bei der Zwischenbilanzierung des Erweiterungsprozesses Anfang 2001 die öffentliche Akzeptanz als eine unentbehrliche Voraussetzung der erfolgreichen Vollziehung der Osterweiterung. Deshalb sagten sie den Plänen der Europäischen Kommission und der Bundesregierung, eine Informationskampagne einzuleiten, ihre Unterstützung zu.[791] Die Spitzenorganisati-

---

786 Zur Standortproblematik näher persönliches Gespräch des Autors mit Fabian Wehnert, Bund der Deutschen Industrie, Abteilung Europapolitik, Berlin, am 28. Mai 2003.

787 Stimmungsumfrage der Deutsch-tschechischen Industrie- und Handelskammer. Stimmung unter den deutschen Investoren in Tschechien, 2003.

788 EU-Erweiterung zügig und mit realistischen Perspektiven vorantreiben, Positionspapier des BDI, Berlin (Februar) 2001, S. 2.

789 Persönliches Gespräch mit Roland Freudenstein, Leiter der Abteilung Außenpolitikforschung, Leiter der Außenstelle in Warschau 1995–2001. Konrad-Adenauer-Stiftung, Berlin, am 2. Mai 2003.

790 BT-Drucksache 14/5232; Antwort der Bundesregierung auf die Große Anfrage der Fraktion der CDU/CSU vom 7. Februar 2001, S. 60.

791 EU-Erweiterung zügig und mit realistischen Perspektiven vorantreiben, Positionspa-

onen der deutschen Wirtschaft betonten allerdings, dass die Kommunikationsstrategie nicht ausschließlich auf die grenznahen Regionen ausgerichtet sein
dürfte, sondern vielmehr einen fachübergreifenden öffentlichen Diskurs her-
vorzurufen habe. Eine breite Zustimmung bei der Bevölkerung sollten die Bemühungen der Bundesregierung hin zu einer effektiven und zügigen Erweiterungspolitik innenpolitisch sichern.

Der Bundesverband der Deutschen Industrie (BDI) sah eine gründliche
Durchführung der Beitrittsverhandlungen als Mittel zur Ausdehnung eines
funktionierenden europäischen Binnenmarkts. Folglich wäre Deutschland at-
traktiver für Investoren und würde seine Zukunftschancen in einem friedlichen
Milieu von Innovation, Wachstum und Beschäftigung realisieren. Die Schaffung eines „Gesamteuropa" durch die Osterweiterung wurde aber im Zusam-
menspiel mit den wirtschaftlichen Reformen in Deutschland gesehen. Der BDI
plädierte für weniger Intervention, keine Überregulierung sowie Umverteilung
und niedrigere Steuern und Abgaben.[792] Auch die arbeitsmarktpolitischen
Probleme, die in der Bundesrepublik Deutschland bei der Frage der Arbeitnehmerfreizügigkeit und der Dienstleistungsfreiheit intensiv seit der Rede des
Bundeskanzlers in Weiden im Dezember 2000 diskutiert wurden, betrafen vor
allem die Lohn- und Tarifpolitik.[793]

Zusammenfassung der Ansichten der deutschen Wirtschaft

Im Hinblick auf die theoriegeleitete Fragestellung konnte festgestellt werden,
dass die Industrie die Osterweiterung deutlich unterstützte. Ihre Ansichten
stützten die nationalen Verbände auf das liberale Verständnis der Union als
Wirtschafts- und Stabilitätszone. Die Osterweiterung sollte diesen Raum, in
welchem die gemeinsamen fairen Wettbewerbsregeln respektiert werden, insti-

---

pier des BDI, Berlin (Februar) 2001, S. 15; Am 15. Februar 2001 organisierten die
BDI und die BDA eine Konferenz mit dem Motto „Was bringt die EU-
Osterweiterung der Wirtschaft".

792 Für ein attraktives Deutschland: Freiheit wagen – Fesseln sprengen. Zur Sanierung
der Staatsfinanzen und zur Entfesselung von Innovation, Wachstum und Beschäftigung, Kompaktpapier 2003, Bundesverband der Deutschen Industrie (Hrsg.), Berlin
2003, S. 13.

793 Bei diesen Überlegungen muss die Tatsache miteinbezogen werden, dass der Arbeitsmarkt in Deutschland als der teuerste und am wenigsten flexible der Welt galt.

tutionell noch ausdehnen (*horizontal institutionalization*).[794] Neben dieser grundsätzlichen Argumentation wurde aber auch die Bedeutung der langfristigen Verbesserung der materiellen Bedingungen für Handel und Wirtschaft durch die Erweiterung betont. In den Meinungen der einzelnen Branchen (zum Beispiel der Baubranche) war sowohl das Gefühl der Unsicherheit als auch das Bestreben, vorrangig die eigenen Interessen zu sichern, auszumachen. Die Einstellung der Industrie zum Erweiterungsprozess kann folglich durch eine Kombination von konstruktivistischen (soziologischer Institutionalismus) und rationalistischen Ansätzen (liberal-utilitaristische Auffassung) erklärt werden.

11.2 Der Bundesrat und die deutschen Länder

Mit den grundlegenden Themen der Osterweiterung beschäftigten sich die Vertreter der Bundesländer im Bundesrat und auf den Treffen der Europaministerkonferenz (EMK). Aufgrund des großen Interesses des Bundesrats am Erweiterungsprozess wurden insgesamt drei Entschließungen zur Erweiterung der Europäischen Union verfasst. Im März 2001 äußerte er sich im Zusammenhang mit dem Vertrag von Nizza: „Durch diesen Vertrag werden auf Seiten der EU notwendige institutionelle Voraussetzungen für einen Beitritt der Reformstaaten Mittel- und Osteuropas geschaffen."[795] Darüber hinaus bestand für den Bundesrat ein Reformbedarf in den Bereichen der Landwirtschafts- und Strukturpolitik, sowie des Eigenmittelsystems der Europäischen Union. Was die MOE-Länder betraf, so betonte der Bundesrat ausdrücklich, dass dem Ausbau rechtsstaatlicher und personell leistungsfähiger Verwaltungen und Justizbehörden in den beitrittswilligen Ländern besondere Bedeutung zukommt.[796]

Im Frühjahr 2001 wurde die Frage der Arbeitnehmerfreizügigkeit in das Programm der Beitrittsverhandlungen aufgenommen. Nach Auffassung des Bundesrates sollten maßvolle Übergangsregelungen ein berechtigtes Interesse

---

794 Schimmelfennig, Frank/Sedelmeier, Ulrich: Theorizing EU enlargement: research focus, hypotheses, and the state of research. *Journal of European Public Policy*, Vol. 9, No. 4/2002, S. 502, (zu den rationalistischen und konstruktivistischen Ansätzen S. 508ff.).

795 BR-Drucksache 170/01; Entschließung des Bundesrates zum Erweiterungsprozess der Europäischen Union vom 9. März 2001, S. 2.

796 Ebd., S. 3ff.

der Beitrittsländer, aber auch der alten EU-Mitgliedstaaten, darstellen. Allerdings sollten nationale Spielräume für eine flexible, regionale und den lokalen Bedürfnisse angepasste Ausgestaltung der Übergangsregelungen gewährleistet bleiben werden. In der Frage der Arbeitnehmerfreizügigkeit unterstützten die Bundesländer die Bundesregierung in ihrem Anliegen.[797] Der Bundesrat hielt in seiner ersten Entschließung fest, dass flankierende Maßnahmen bei der Erweiterung auf Seiten der Europäischen Union, des Bundes und der Länder nötig seien. Er hielt es für erforderlich, dass das Engagement der deutschen Länder im Bereich der interregionalen und transnationalen Zusammenarbeit mit Regionen in den Beitrittsländern durch die Europäische Union wirksam unterstützt werden muss: „Das heiß auch, dass die bestehenden Programme zielgenauer und effizienter gestaltet und aufeinander abgestimmt werden."[798] Derselbe Beschluss erinnerte auch an die Forderung des Bundesrates vom November 1999, die Beitrittsländer in die Arbeit des Ausschusses der Regionen mit einzubeziehen. Der Bundesrat beauftragte erneut die Europaminister der Länder, dieses Anliegen weiterhin zu verfolgen.

Die zweite Bundesratsentschließung zur Erweiterung konzentrierte sich vorwiegend auf Wettbewerbspolitik, Verkehr, Justiz und Inneres.[799] Die darauf folgende Entschließung vom März 2002 wurde kurz nach Beginn der Verhandlungen über die entscheidenden finanzrelevanten Kapitel Landwirtschaft, Regionalpolitik sowie Finanz- und Haushaltsbestimmungen bis 2006 gefasst. Der Bundesrat erinnerte die Bundesregierung daran, dass hinsichtlich der Erweiterungskosten die Obergrenzen der in der *Agenda 2000* für die Jahre 2004 bis 2006 bereitgestellten Beträge eingehalten werden müssen. Im Sinne einer strikten Haushaltsdisziplin seien nicht nur die ausgabenintensiven Politiken zu reformieren, sondern auch das EU-Finanzierungssystem, insbesondere auch unter dem Gesichtspunkt einer gerechten Lastenverteilung zwischen den Mitgliedstaaten.

Nach dieser Entschließung des Bundesrates sollten die Länder in den Reformprozess eingebunden werden. Die eigentlichen Beitrittsverhandlungen

---

797 Bestätigt im persönlichen Gespräch mit Dr. Otto Schmuck, Leiter der Abteilung Europa, Vertretung des Landes Rheinland-Pfalz beim Bund und der europäischen Union, Berlin, am 9. Mai 2003.

798 BR-Drucksache 170/01; Entschließung des Bundesrates vom 9. März 2001, S. 6.

799 BR-Drucksache 711/01; Zweite Entschließung des Bundesrates zum Erweiterungsprozess der Europäischen Union vom 27. September 2001.

sollten mit einer Vorbereitungsstrategie ergänzt werden, welche die Rahmenbedingungen für den Aufbau wettbewerbsfähiger Strukturen (neue Wachs-
tumsbranchen, zukunftsorientierte Technologien, erfolgreiche Forschungs-
und Bildungspolitik), vor allem in den angrenzenden Regionen schaffen würde.[800]

Der Bundesrat hat in seiner Entschließung auch die für die Länder besonders interessante Frage der strukturpolitischen Instrumente mit folgenden
Schwerpunkten thematisiert: die Strukturfonds auf Grundlage der geltenden
Vorschriften für die Planungsperiode bis 2006 fortsetzen; die Vereinbarung
von vereinfachten administrativen Regelungen für die Strukturfondspolitik in
den Beitrittsländern für die Restzeit der Periode bis 2006 einführen; die Bestimmung der förderfähigen Gebiete für die Beitrittsländer auf Grundlage der
entsprechenden und derzeit vorhandenen BIP-Zahlen vornehmen.[801]

Auch die Europaministerkonferenz beschäftigte sich regelmäßig mit der
Frage der Osterweiterung. Im Dezember 2002, ausgehend vom schnellen Abschluss der Beitrittsverhandlungen auf dem Gipfel in Kopenhagen, bezeichnete
die 34. Europaministerkonferenz die anstehende Erweiterung der EU als einen
entscheidenden Schritt zur langfristigen Sicherung einer stabilen europäischen
Friedensordnung.[802] Damit bekräftigten die Länder das wichtigste politische
Motiv zur Vollziehung der Erweiterung, nämlich eine Erweiterung des friedlich
geeinten Europas. Auch die Vertreter der Länderadministrativen waren sich
dieser normativen Dimension der Osterweiterung bewusst: „Europa braucht
eine Wertebestimmung, eine Grundlage, die von den Bürgern akzeptiert wird.
[…] Den Beitrittsstaaten sollte klar gemacht werden, dass sie keiner reinen
Wirtschaftsgemeinschaft beitreten."[803]

Die Europaminister der Länder nahmen des Weiteren die Schlussfolgerungen der Kommission in den aktuellen Fortschrittsberichten zum Stand der An-
gleichung der Rechtsvorschriften zur Kenntnis und ermutigten die Beitrittsländer bei der Umsetzung des *acquis communautaire*. Zur Vorbereitung der EU-

---

800 BR-Drucksache 209/02; Entschließung des Bundesrates zum Erweiterungsprozess
     der EU vom 22. März 2002.
801 Ebd., S. 3.
802 Protokoll der 34. Europaministerkonferenz der Länder vom 5. Dezember 2002 in
     Berlin, TOP 2: Erweiterung der EU.
803 Persönliches Gespräch mit Dr. Otto Schmuck, Leiter der Abteilung Europa, Vertre-
     tung des Landes Rheinland-Pfalz beim Bund und der europäischen Union, Berlin, am
     9. Mai 2003.

Institutionen und der Handlungsfähigkeit der erweiterten Union verwiesen sie auf die hierzu gefassten Bundesratsentschließungen.[804] Die Europaminister widmeten sich auch der Kommunikationsstrategie für das Jahr 2003. Sie wiesen dabei auf die Notwendigkeit einer besseren Abstimmung der Dienststellen der Europäischen Institutionen und der Bundesregierung mit den Ländern hin und forderten eine aktive Wahrnehmung und Vertretung der Länderinteressen im Rahmen dieser Kampagne zur Erweiterung.[805]

Exkurs: Die Europabeauftragten der Länder am Beispiel Hamburg und Berlin

Im Erweiterungsprozess spielten die Europabeauftragten als politische Vertreter der Bundesländer eine bedeutsame Rolle. Ihre Positionen sind mithin in der Regel wenigstens indirekt in die Gesamtstrategien der deutschen Bundesregierung eingeflossen. Der Staatsrat der Freien Stadt Hamburg, Reinhard Stuth, nahm an den regelmäßigen Bund-Länder-Gesprächen zum Thema Osterweiterung teil.[806] Nach seiner Auffassung waren die Fragen technischer Natur zunächst als politische Fragen gestellt: „Die fundamentale Grundsatzfrage „Ob der Erweiterung" ist unter Helmut Kohl positiv beantwortet worden. [...] Bei Gerhard Schröder ging es um die Technik „Wie der Osterweiterung". Aber auch die Technik wurde im Einzelfall politisch, wie zum Beispiel bei den Übergangsregelungen zur Arbeitnehmerfreizügigkeit oder zukünftigen Verteilung der Fördermittel aus den Strukturfonds."[807]

Bei der Betrachtung des Erweiterungsprozesses kam in der Regel die politische Zugehörigkeit des jeweiligen Beauftragten zum Ausdruck. Reinhard

---

804 Das Thema der institutionellen Ausgestaltung von Europa nach Nizza wurde zum Beispiel auf der 30. Europaministerkonferenz der Länder am 10. Oktober 2001 in Goslar behandelt; TOP 4: Post-Nizza-Prozess. Beschlussfassung zur Kompetenzabgrenzung.

805 Vgl. Text „Beispiel der europapolitischen Informations- und Kommunikationsarbeit zum Thema: EU-Erweiterung" in der Anlage zum Protokoll der 34. Europaministerkonferenz der Länder vom 5. Dezember 2002.

806 Zur Rolle der Stadt Hamburg in der deutschen Europapolitik allgemein: www.hamburg.de/fhh/behoerden/staatskanzlei/hamburg_und_europa

807 Telephonisches Gespräch des Autors mit dem Staatsrat Reinhard Stuth, Europabeauftragter und Bevollmächtigter der Freien und Hansestadt Hamburg beim Bund (CDU), Gespräch Berlin – Hamburg am 14. Juli 2003 (15.05–15.35 Uhr).

Stuth sah die Osterweiterung allerdings als ein Projekt aller politischen Kräfte auf europäischer Ebene, darüber hinaus hob er namentlich die Aufgabe der Christdemokraten, wie des EVP-Fraktionsvorsitzenden Hans-Gert Pöttering im Europäischen Parlament, und der ganzen Fraktion der Europäischen Volkspartei (EVP) in diesem Prozess hervor.[808] Er betonte auch die äußerst konstruktive Rolle, die der niederländische Christdemokrat Hans van den Broek und der deutsche Sozialdemokrat Günter Verheugen gespielt hatten. Bei der Vollziehung der Osterweiterung war nach Meinung Reinhard Stuths wichtig, dass erweiterungsbedingte Ängste rechtzeitig aufgegriffen werden und keine breite Strömung in der europäischen Öffentlichkeit gegen die Osterweiterung zustande kommt.[809]

Aus der Sicht des eigenen Bundeslandes bekräftigte Staatsrat Stuth, dass Hamburg bereits von der Osterweiterung ökonomisch profitierte: „In den 90er Jahren wurde Hamburg zum größten Hafen von Tschechien und Ungarn.“[810] Hamburg war deshalb stets positiv gegenüber der Osterweiterung eingestellt. Im Vergleich dazu waren die Bundesländer wie Sachsen oder Bayern zwar nicht gegen die Osterweiterung, legten aber größeren Wert auf die praktischen Probleme. Ihre Vorbehalte betrafen meistens die Arbeitnehmerfreizügigkeit, die Kabotage und die innere Sicherheit.

Die Vertreter der neuen Bundesländer inklusive des Beauftragten von Berlin, Gerd Wartenberg, vertraten eine gesonderte Meinung zur Osterweiterung.[811] Sie sahen sowohl im ökonomischen als auch im politischen Bereich einen Zusammenhang der Osterweiterung mit der deutschen Wiedervereinigung. Der Staatssekretär für Europa von Berlin a. D., Gerd Wartenberg, sagte: „Durch die Vereinigung ist Deutschland schwächer geworden! […] Deutsch-

---

808   Erklärung von Helsinki (erarbeitet von Hans-Gert Pöttering) zum Thema „Die Erweiterung der Europäischen Union“, Studientage der EVP-Fraktion, 1996.

809   Telephonisches Gespräch des Autors mit dem Staatsrat Reinhard Stuth am 14. Juli 2003.

810   Ebd.

811   Eine andere Schwerpunktsetzung zur Frage der Osterweiterung war auch in den persönlichen Gesprächen mit den ehemaligen hochrangigen Politikern der DDR festzustellen; beispielsweise das Gespräch des Autors mit Markus Meckel, stellvertretender außenpolitischer Sprecher der SPD-Bundestagsfraktion, Außenminister a. D., Berlin, am 23. Juni 2003; oder mit Dr. Hans Modrow, Mitglied des Europäischen Parlaments, Ehrenvorsitzender der PDS, stellvertretender Vorsitzender der gemischten Kommission des Europäischen Parlaments und der Nationalversammlung der Tschechischen Republik, Berlin, am 11. Juli 2003.

land ist in der Krise und die Osterweiterung kumuliert manche Probleme."[812] Nach seiner Auffassung war im deutschen Fall zwischen den politischen Notwendigkeiten und der ökonomischen Realität zu unterscheiden. „Die politisch notwendige Osterweiterung kann kurzfristig nur sehr bedingt direkte wirtschaftliche Vorteile für Deutschland bringen," äußerte sich Gerd Wartenberg.[813] Dies war umso mehr zu spüren, sofern die Lage der deutschen Arbeitnehmer in diese Überlegungen mit einbezogen wird. Gerade dieses Argument, dass die Bundesrepublik Deutschland von der Osterweiterung ökonomisch profitiert, wurde oft zur Begründung der Unterstützung für die Erweiterung genutzt.[814]

Was die Hauptstadt Berlin betraf, so war laut Gerd Wartenberg das oft diskutierte Problem der Arbeitnehmerfreizügigkeit schon vor der Osterweiterung vorhanden. Die Wettbewerbsverzerrungen beispielsweise im Handwerk wurden durch die polnischen „Schwarzarbeiter" verursacht und wurden durch die Osterweiterung und die Übergangsfristen nur zum Teil gelöst. Als einen eigenständigen Problembereich betrachtete Gerd Wartenberg die Verlagerung von Produktionskapazitäten in die MOE-Länder. Als gutes Beispiel diente die Firma Siemens, die ihren neuen Standort in Tschechien fand und dort auch die technologisch anspruchsvollen Entwicklungs- und Koordinationszentren ansiedelte. In diesem Falle handelte es sich nicht mehr um für die Bundesrepublik Deutschland günstige Arbeitsteilung, sondern um Abwanderung von ganzen Industrien an die kostengünstigeren Standorte Osteuropas.[815]

Die deutschen Länder leisteten durch den Bundesrat dem Erweiterungsprozess eine aktive politische Unterstützung, vor allem in der entscheidenden Phase der Beitrittsverhandlungen. Die normativen und politischen Argumentationsstränge der Bundesregierung für eine rasche Osterweiterung wurden im Grundsatz von den Vertretern der Bundesländer sowohl unter Helmut Kohl als auch unter Gerhard Schröder geteilt. Die potenziellen Vorbehalte gegen die einzelnen erweiterungsbedingten Aspekte hingen meistens stark von den geo-

---

812 Persönliches Gespräch mit Gerd Wartenberg, Staatssekretär a. D., Bevollmächtigter des Landes Berlin beim Bund und der Europäischen Union 1995–2002 (SPD), Vorsitzender der Europa Union e. V., Berlin, am 19. Mai 2003.
813 Ebd.
814 Vgl. Zahlreiche europapolitische Debatten des Deutschen Bundestages, zum Beispiel am 15. Mai 2002, Fragestunde zur Erweiterung der Europäischen Union.
815 Persönliches Gespräch mit Gerd Wartenberg am 19. Mai 2003; vgl. mit der Analyse der deutschen Investitionen in den MOEL, Kapitel 4.1.2 in diesem Buch.

graphisch oder sektoral bedingten negativen Erfahrungen ab. Deshalb waren sie besonders in den Grenzregionen spürbar.

11.3 Die Grenzregionen und die Osterweiterung

Die bevorstehende Osterweiterung beschäftigte sowohl die Bevölkerung als auch die politischen Repräsentanten in den Grenzregionen zu den Beitrittsländern. Formal waren für die entscheidenden Bereiche wie Wirtschaftsstruktur, Umwelt und Bildung vorwiegend die Bundesländer zuständig. Die Regionalpolitik war und ist nach der föderalen Zuständigkeitsverteilung des Grundgesetzes in erster Linie Aufgabe der Länder.[816] Sie waren deshalb verantwortlich für die Bewältigung des Strukturwandels in Folge der Osterweiterung.

Aufgrund des Ausmaßes von Auswirkungen der Osterweiterung und der politischen Bedeutung der Sache war die Bundesregierung auch an einer raschen und konstruktiven Bewältigung der erweiterungsbedingten Probleme entlang der Grenzen zu Polen und Tschechien interessiert. Sowohl Bayern als auch die Gebiete in den neuen Bundesländern in Sachsen und Brandenburg waren und sind kurzfristig den negativen Auswirkungen der Osterweiterung am stärksten ausgesetzt. Die Grenzregionen erwarteten die Unterstützung des Bundes und der Länder zur Überwindung der Anpassungsschwierigkeiten, welche angesichts des erheblichen Wohlstandsgefälles zwischen den alten Mitgliedstaaten und den Beitrittsländern auf sie zukamen.

Die Bundesregierung sicherte den Zufluss von Bundesmitteln für die vier Grenzländer Bayern, Mecklenburg-Vorpommern, Brandenburg und Sachsen. Dazu kamen die EU-Förderung und die vom Bund zur Verfügung gestellten Zulagen für Investitionen in den ostdeutschen Grenzregionen. Seit dem 1. Januar 2001 machten sie 15 Prozent für Großunternehmen und 27,5 Prozent für kleine und mittelständische Unternehmen aus.[817] Diese Maßnahmen waren aber alleine nicht in der Lage, eine positive Stimmung und Akzeptanz der Osterweiterung an den deutschen Ostgrenzen zu sichern.

---

816 Jarass, Hans D./Pieroth, Bodo: Grundgesetz für die Bundesrepublik Deutschland. Kommentar. 5. Auflage. München 2000, Art. 71 ff.

817 Vgl. Rede „Die Erweiterung der Europäischen Union als innenpolitische Aufgabe" gehalten am 3. April 2001 von Bundeskanzler Gerhard Schröder auf der Veranstaltung der SPD-Bundestagsfraktion, Berlin (Druckversion S. 6).

Den Spitzenpolitikern der SPD war klar, dass den Grenzregionen im Vorfeld des Beitritts der östlichen Nachbarn der BRD in die Europäische Union stärker das Gefühl vermittelt werden muss, dass sie nicht allein gelassen werden. Deshalb fanden in Grenzregionen Regionalgespräche der Abgeordneten unter Federführung des europapolitischen Sprechers der SPD-Bundestagsfraktion, Günter Gloser, statt.[818] Die Gespräche sollten feststellen, welche Sorgen oder Ängste die Bürger mit der Osterweiterung verbinden. Die Bundesregierung, unterstützt von der SPD-Bundestagsfraktion, wollte vorrangig den Dialog mit Multiplikatoren in den Regionen führen, um den Kommunikationseffekt zu verstärken und schrittweise ein Kommunikationsnetzwerk aufzubauen. Es wurden Bürgermeister und Landräte sowie Vertreter der Kammern und der Gewerkschaften beispielsweise in Frankfurt/Oder, Görlitz, Schwandorf, Marktredwitz und Deggendorf befragt.[819]

Das Ergebnis dieser Gesprächsrunde war sehr informativ. In den Regionen stand das „Ob" der Erweiterung nicht in Frage. Dies war für die Bundesregierung wichtig. Es gab jedoch viele Fragen zum „Wie" der Erweiterung in Bezug auf die wirtschaftlichen Auswirkungen, die Situation auf den Arbeitsmärkten, die Verkehrsinfrastruktur, die innere Sicherheit und die Bekämpfung der organisierten Kriminalität.[820] Die Frage der Arbeitnehmerfreizügigkeit und der Dienstleistungsfreiheit war besonders für das Baugewerbe von Bedeutung. Die Vertreter der Industrie- und Handelskammern sahen vor allem zwei Aspekte: Einerseits die Steigerung des Wettbewerbs- und damit des Anpassungsdrucks für die Unternehmer, andererseits neue Investitions- und Absatzchancen in den neuen Beitrittsländern. Als positiv wurde von den Unternehmern gesehen, dass das niedrige Lohnniveau im Osten so genannte Mischkalkulationen erlaubt und damit die Wettbewerbsfähigkeit der deutschen Unternehmen auf den globalen Märkten stärkt.[821]

---

818   Persönliches Gespräch mit Günter Gloser, europapolitischer Sprecher der SPD-Bundestagsfraktion, Deutscher Bundestag, Berlin, am 26. Mai 2003.

819   Rede „Die Erweiterung der Europäischen Union als innenpolitische Aufgabe – Ergebnisse der Regionalgespräche" gehalten am 3. April 2001 von Günter Gloser, europapolitischer Sprecher der SPD-Bundestagsfraktion, auf der Veranstaltung der SPD-Bundestagsfraktion, Berlin (Druckversion S. 7).

820   Vgl. Persönliches Gespräch mit Günter Gloser am 26. Mai 2003.

821   Rede „Die Erweiterung der Europäischen Union als innenpolitische Aufgabe – Ergebnisse der Regionalgespräche" gehalten am 3. April 2001 von Günter Gloser auf der Veranstaltung der SPD-Bundestagsfraktion (Druckversion S. 11).

Seit Beginn der Kampagne in den Regionen wies die Regierung darauf hin, dass die positiven gesamtwirtschaftlichen Effekte die eventuellen negativen Auswirkungen des Beitritts der neuen MOE-Länder zur Europäischen Union bei Weitem überwiegen würden. Gleichzeitig wollte sich die Regierung den Risiken in bestimmten Branchen (zum Beispiel in der Baubranche) und Grenzregionen stellen und zeigen, dass sie kontrollierbar sind.[822] Die Maßnahmen, die vorwiegend während des Jahres 2000 begannen und teilweise schon 2001 realisiert wurden, bestanden in der Absicherung des Erweiterungsprozesses in den deutschen Regionen, in der Erstellung eines detaillierten Argumentationspapiers (Broschüre) zu wichtigen Fragen der EU-Osterweiterung und in der Organisation öffentlicher, politischer Diskussionsforen zu den sensiblen Fragen.[823]

11.3.1 Die neuen Bundesländer

Der Bedarf einer regionalen Flankierungsstrategie entstand vor allem in den neuen Bundesländern, wo sich die Grenzlage mit der noch mit der deutschen Einheit zusammenhängenden Strukturschwäche dieser Regionen verband. Diese Regionen waren durch ein relativ geringes Pro-Kopf-Einkommen und durch eine überdurchschnittlich hohe Arbeitslosigkeit gekennzeichnet. Auf der polnischen Seite handelte es sich ebenfalls um strukturschwache Regionen.[824]

In den neuen Bundesländern gab es Sorgen, dass nach der EU-Erweiterung die ehemaligen ostdeutschen Regionen noch zusätzlich durch die Entstehung eines Fördergefälles belastet werden. Für sie bestand die Gefahr, dass sie aus der Höchstförderung der Europäischen Union (Ziel-1-Gebiete) herausgenommen werden und dass die Strukturförderung voll auf die ärmeren Regionen der Beitrittsländer konzentriert werden könnte. Die Ziel-1-Gebiete der ehemaligen DDR sollten in den Jahren 2000 bis 2006 noch 12 Mrd. Euro bekommen. Die Frage war, wie es in der Finanzperiode nach 2006 weiter gehen würde. Diese Regionen wurden nach der Erweiterung statistisch gesehen

---

822 Persönliches Gespräch mit Martin Kremer, M.C.L., Vortragender Legationsrat, Auswärtiges Amt, Planungsstab, Berlin, am 20. Juni 2003.

823 BT-Drucksache 14/474; vgl. Positionspapier der SPD-Bundestagsfraktion zur Osterweiterung der Europäischen Union, Juni 2000, S. 4.

824 Es handelte sich um die polnischen *Woiwodschaften* an der polnisch-deutschen Grenze.

reicher, wenn die neuen armen Mitgliedstaaten zur EU kamen und den BIP-Durchschnitt der gesamten Union wesentlich verringerten.[825] Dieses Fördergefälle hätte die Standortkonkurrenz erhöht und dazu geführt, dass mehr Unternehmen in die neuen Höchstfördergebiete Tschechiens und Polens abwandern. Ebenso fürchteten die Ziel-2-Gebiete in Bayern wie zum Beispiel die Landkreise Cham und Hof, dass sie aus der Förderung herausfallen.[826] Darüber hinaus bestand ein erhebliches Wohlstands- und Lohngefälle zwischen der Bundesrepublik Deutschland und den Beitrittsländern Tschechien und Polen, was sich besonders künftig auf die Regionen auswirken sollte.

11.3.2 Europäische Hilfsprogramme

Seit 2000 kam es zum Erfahrungsaustausch im Rahmen der kontinuierlichen Bund-Länder-Gespräche und der Wirtschaftsministerkonferenzen.[827] Dies führte zu erhöhter Aktivität des Wirtschaftsministeriums und zur Vorbereitung einer Studie zum Grenzregionenprogramm.[828] Vor dem Hintergrund der realen Situation in den Grenzregionen beschloss auch die Europäische Kommission im Juli 2001 erste zusätzliche Maßnahmen zur Unterstützung dieser Gebiete. Ungefähr 20 Einzelmaßnahmen für die fünf betroffenen Mitgliedstaaten (Finnland, Deutschland, Österreich, Italien, Griechenland) wurden als „Gemeinschaftsaktion für Grenzregionen" bezeichnet und in einer „Mitteilung über die Auswirkungen der Erweiterung für die an die Beitrittsländer angrenzenden Regionen" vorgestellt sowie mit einer Summe in Höhe von rund 255 Millionen Euro ausgestattet. Außerdem konnten die Grenzregionen an den Fördermitteln

825 Ausführlich BT-Drucksache 14/6638; Antrag der Abgeordneten der Fraktion der CDU/CSU „Förderung der Grenzregionen zu den Beitrittsländern".
826 Persönliches Gespräch mit Andreas Kottwitz, Referent (Büro Klaus Hofbauer MdB, Landesgruppe Bayern), Berlin, am 7. Juli 2003.
827 EU-Osterweiterung: Beitrittsvoraussetzungen aus wirtschaftspolitischer Sicht, Zwischenbericht der Arbeitsgruppe EU-Osterweiterung für die Wirtschaftsministerkonferenz am 2./3. 11. 2000 in Stuttgart.
828 Dokumentation „Förderung der Grenzregionen zu den Beitrittsländern – die Hilfen von EU, Bund, Länder" des Bundesministeriums für Wirtschaft und Technologie, Berlin 2002.

im Rahmen der drei Strukturfonds (EFRE, EAGFL, ESF) in Höhe von rund 16 Mrd. Euro teilhaben.[829]

Von den Landesregierungen der betreffenden Regionen und auch vom Europäischen Parlament wurde diese Aktivität der Europäischen Kommission als unzureichend eingestuft. Auch laut SPD-Bundestagsfraktion war die Finanzausstattung für dieses europäische Maßnahmenpaket für die betroffenen Regionen eher bescheiden. Der EU-Aktionsplan entsprach jedoch nicht voll den hohen Erwartungen, die aus Kreisen der Kommission geweckt worden waren. Erst die Zusammenwirkung der Fördermittel auf kommunaler, landes- und bundespolitischer Ebene sollte die gewünschte Hilfeleistung für die Grenzregionen bringen.[830]

Der Bund stellte im Rahmen der Gemeinschaftsaufgabe „Verbesserung der regionalen Wirtschaftsstruktur" allein für das Jahr 2002 (Höhepunkt der Beitrittsverhandlungen) rund 977 Millionen Euro für die vier Grenzländer Brandenburg, Mecklenburg-Vorpommern, Sachsen und Bayern zur Verfügung.[831] Auf Druck des Europäischen Parlaments und der deutschen Seite wurden den Grenzregionen am 22. November 2001 zusätzliche Finanzmittel vom Haushaltsrat und EP bereitgestellt.

Wesentlich trugen auch die EU-Förderprogramme Interreg III A und Phare/CBC zur Steigerung der Wirtschaftskraft der Regionen und damit zur Vorbereitung auf den Beitritt bei. Mit beiden Programmen wurden Projekte mit grenzübergreifender Zusammenarbeit gefördert. Vor der Antragstellung eines Projekts (zumeist auf lokaler Ebene) an wurde das Vorhaben auf beiden Seiten der Grenze abgestimmt. In diese Aktivitäten der deutsch-polnischen und deutsch-tschechischen Programme wurden rechtzeitig die Euroregionen fest

---

829 Eine Übersicht in der BT-Drucksache 14/9497; Antwort der Bundesregierung auf die Große Anfrage der Abgeordneten der Fraktion der CDU/CSU „Wirtschaftspolitische Auswirkungen der EU-Osterweiterung", Ausführungen zu Frage 4; Das ganze Spektrum an Förderinstrumenten ausführlich in der Dokumentation Nr. 502 „Förderung der Grenzregionen zu den Beitrittsländern – die Hilfen von EU, Bund, Länder" des Bundesministeriums für Wirtschaft und Technologie.

830 Europapolitik, Informationsbrief der SPD-Bundestagsfraktion. SPD-Bundestagsfraktion, Arbeitsgruppe Europäische Union (Hrsg.), Unterkapitel 11.2., S. 9.

831 BT-Drucksache 14/9498; Antwort der Bundesregierung auf die Große Anfrage der Abgeordneten der Fraktion der PDS „Vorbereitung der Grenzregionen auf die Osterweiterung der EU", Bemerkungen zu Frage 4, ausführlich Tabelle zur Förderung von Gemeinschaftsaufgaben für den Zeitraum 2002–2005 (Antwort auf die Frage 26).

eingebunden. Mit den oben genannten Maßnahmen der EU wurden auch die Mittel gerade für diese Programme der grenzüberschreitenden (Ausrichtung A – Interreg III A) und transnationalen Zusammenarbeit (Interreg III B) und für das Programm „Transeuropäische Netze" (TEN) aufgestockt.[832] Dabei schlug die Europäische Kommission auch Maßnahmen zur Verbesserung der Koordinierung der Programme Interreg und Phare/CBC vor.

Anhand des Bundeslands Sachsen kann beispielhaft aufgezeigt werden, dass schon vor der Erweiterung erfolgreiche Anstöße zur grenzüberschreitenden Zusammenarbeit existierten, die maßgebend von der Europäischen Union gefördert wurden (Interreg II in den Jahren 1994–1999).

11.3.3 Beispiel Sachsen

Als Beispiel zur detaillierten Darstellung von grenzüberschreitender Kooperation im Zuge der Osterweiterung lassen sich das sächsisch-niederschlesische und das sächsisch-tschechische Interreg III A – Programm aufführen. Für den Förderzeitraum 2000–2006 standen dem erstgenannten Programm 44 Millionen Euro, dem sächsisch-tschechischen Programm sogar rund 176 Millionen Euro EU-Mittel zur Verfügung.[833] Die Projektvorschläge mit grenzüberschreitender Wirkung wurden in den Geschäftsstellen der vier sächsischen Euroregionen eingereicht.[834] Die regionalen Lenkungsausschüsse für Interreg III A leitete die Sächsische Staatskanzlei. Die Delegationen setzten sich aus Vertretern der Ministerien der beteiligten Länder (im tschechischen Fall leitete die Delegation das Ministerium für Regionalentwicklung) sowie Vertretern der Euroregionen zusammen.

Im Jahre 2003 begannen beispielsweise im gemeinsamen sächsisch-tschechischen Raum elf Projekte in den Bereichen Umwelt (Hauptwassersammler im Verbandsgebiet Leutersdorf, Seifhennersdorf, Rumburk (Rumburg), Varnsdorf (Warnsdorf), Berufsbildung, Strafverfolgung (Projekt „Pythagoras" – eine Kooperation zwischen Strafverfolgungsbehörden in der

---

832 BT-Drucksache 14/9498, Tabelle 4 bei der Antwort auf Frage 18.

833 Pressemitteilung der Sächsischen Staatskanzlei vom 18. Mai 2003.

834 Weiterführende Informationen zur grenzüberschreitenden Regionalentwicklung nach dem EU-Beitritt Tschechiens und Polens 2004 verfügbar unter http://www. landesentwicklung.sachsen.de/2344.htm

Woiwodschaft Niederschlesien und der Tschechischen Republik), das Deutsch-Polnische Wirtschaftsforum sowie grenzüberschreitende Zusammenarbeit im Bereich der Bergrettung.[835]

Die deutsch-polnische Kooperation entwickelte sich seit der Entstehung der vier Euroregionen Pomerania, Pro Europa Viadrina, Spree-Neiße-Bober und Neiße zunehmend. Auf dieser Basis konnte regelmäßig eine Förderung länderübergreifender Projekte bei der EU beantragt werden. Im Grenzraum der fünf Stadtregionen Berlin-Dresden-Breslau-Posen-Stettin wurden die Weichen für einen künftigen Wirtschaftsaufschwung gestellt, zum Beispiel mit der Initiative „Deutsch-Polnisches Haus", welche die Zusammenarbeit von Gebietskörperschaften der Wirtschaft, kultureller Einrichtungen und gesellschaftlicher Gruppen in Gang gesetzt hat.[836]

Die oben genannten Aktivitäten reichten aber bei weitem nicht aus, um die strukturellen Schwächen der Grenzregionen abzubauen und ihre Prosperität im zusammenwachsenden Europa langfristig zu sichern. Die europäischen Fördermittel alleine konnten allerdings nicht Konzepte und tragbare Gesamtlösungen für die spezifische Lage der Grenzregionen bringen. Die Unzufriedenheit der politischen Vertreter der ostdeutschen Grenzregionen kam beispielsweise in der Großen Anfrage der Fraktion der PDS-Bundestagsfraktion an die Bundesregierung zum Ausdruck. Laut der Fraktion der PDS sollte der Einsatz von Mitteln viel stärker unter dem Gesichtspunkt der längerfristigen Entwicklung der Gesamtregion bewertet werden. In den Diskussions- und Umsetzungsprozess von regionalen Entwicklungsplänen sollten danach neben Verwaltungen, politischen Mandatsträgern, Wirtschaftskammern und Gewerkschaften mehr zivilgesellschaftliche Akteure wie Umwelt-, Sozial- und Erwerbsloseninitiativen sowie Frauenprojekte und Wohlfahrtsverbände einbezogen werden.[837]

---

835 Beispiele der Maßnahmen wurden dem Autor am 22. Mai 2003 im persönlichen Gespräch mit Jens Acker mitgeteilt (Sächsische Staatskanzlei, Vertretung des Freistaates Sachsen beim Bund, Referat Europapolitik, Regionale und Internationale Beziehungen, Berlin).

836 BT-Drucksache 15/275; Antwort der Bundesregierung auf die Kleine Anfrage der Abgeordneten der Fraktion der FDP „Vorbereitung Deutschlands auf die EU-Osterweiterung", S. 2.

837 BT-Drucksache 14/8001; Große Anfrage der Abgeordneten der Fraktion der PDS „Vorbereitung der Grenzregionen auf die Osterweiterung der EU".

11.3.4 Die Strukturpolitik

Die Osterweiterung brachte erhebliche Impulse für die deutsche Diskussion über die künftige Ausgestaltung der EU-Strukturpolitik. Die Förderung der strukturschwachen Gebiete in Europa ist gemeinsam mit der Gemeinsamen Agrarpolitik (GAP) der größte Ausgabenposten im Haushalt der Europäischen Union. Es lag im Interesse der deutschen Regierung, die Ausgaben der Union nicht weiter auszudehnen und die Haushaltsdisziplin strikt einzuhalten.

Die Position der Bundesländer allerdings entsprach vorrangig dem Wunsch, dass die Regionen, die auch nach 2006 den Anpassungsprozess noch nicht bewältigt haben, weiterhin Zugang zu EU-Mitteln behalten.[838] In diesem Punkt gab es Interessensübereinstimmungen der deutschen Länder mit der Europäischen Kommission, aber nicht mit der Bundesregierung.[839] Auch die Opposition im Deutschen Bundestag wies auf die veränderte Situation mit der Beendigung der Förderperiode im Jahre 2006 und dem EU-Beitritt neuer, förderfähiger Regionen in Mittel- und Osteuropa hin. Mit der Osterweiterung war klar, dass bei gleich bleibendem Finanzrahmen zukünftig weniger Fördermittel auf die deutschen Fördergebiete entfallen würden.

Obwohl die Bundesregierung die Geldforderungen der EU-Kommission für Strukturfonds seit Regierungsantritt 1998 einzudämmen versuchte und damit gesamtwirtschaftlich das gleiche Ziel wie zum Beispiel Bayern verfolgte, war sie der Ansicht, dass die Fördermaßnahmen in den neuen Mitgliedstaaten weitgehend durch Einsparungen in der alten Gemeinschaft finanziert werden sollten. Die Bundesregierung ging vor allem von der schwierigen Verhandelbarkeit ihrer Position innerhalb der EU aus (auch gegenüber den Empfängern der Strukturhilfen in der EU-15) und wollte im Frühjahr 2003 den mühsam durchgesetzten Konsens bezüglich der schnellen Osterweiterung nicht gefährden. Sie schlug deshalb ein „Konzentrationsmodell" für die EU-Strukturpolitik vor, nach dem künftig nur die „ärmsten" Gebiete (in der Regel

---

838 EU-Osterweiterung: Beitrittsvoraussetzungen aus wirtschaftspolitischer Sicht, Zwischenbericht der Arbeitsgruppe EU-Osterweiterung für die Wirtschaftsministerkonferenz am 2./3. 11. 2000 in Stuttgart, Teil V. 5: Förderung nach 2006 fortsetzen, S. 40.

839 Bestätigt im persönlichen Gespräch mit Jens Acker am 22. Mai 2003; gleiche Ansicht auch Dr. Otto Schmuck, Leiter der Abteilung Europa, Vertretung des Landes Rheinland-Pfalz beim Bund und der Europäischen Union, Berlin; Die Behauptung wurde im Gespräch des Autors mit Dr. Schmuck am 9. Mai 2003 bestätigt.

Ziel-1-Gebiete) eine Förderung erhalten sollten. Diese Position der Bundesregierung wurde von den Bundesländern Bayern, Baden-Württemberg, Hessen und Hamburg unterstützt, in der Opposition gegen diesen Vorschlag stand die Gruppe der Länder unter Führung von Rheinland-Pfalz, die teilweise noch auf die Ziel-2 und Ziel-3 Förderung angewiesen waren.[840]

Ein Teil der christlich-demokratischen Opposition im Bundestag schlug auf Initiative des Vorsitzenden des Unterausschusses für regionale Wirtschaftspolitik im Deutschen Bundestag, Klaus Hofbauer (CDU/CSU), ein so genanntes „Nettofondsmodell" vor.[841] Nach diesem Vorschlag sollten sich die Fördermittel ausschließlich auf die besonders schwachen Regionen konzentrieren. Damit sollten sich die Einzahlungen und Rückflüsse reduzieren. Begleitend sollten die Mitgliedstaaten mehr Handlungsspielraum für eigene nationale Regionalpolitik erhalten.[842] Damit hätte Deutschland einen Teil seiner Handlungskompetenzen zurückbekommen und es wäre zukünftig möglich gewesen, selbstständigere und adressatennähere Strukturpolitik in den Mitgliedstaaten zu machen.

Auch der bayerische Staatsminister und Beauftragter für Bundes- und Europafragen, Reinhold Bocklet, hielt am „Nettofondsmodell" fest und warf der Bundesregierung vor, nicht bereit zu sein, Bayerns „Nettofondsmodell" gegenüber der EU zu unterstützen.[843] Die bayerischen Vertreter hielten es für sinnvoller, wenn Deutschland von der Europäischen Union nichts zurückbekommt, aber dafür weniger einzahlt. Laut Bocklet hätte das eingesparte Geld für nationale Förderungen selbst eingesetzt werden können.

Die strukturpolitischen Maßnahmen zu Gunsten der neuen Bundesländer waren ein eigenes Thema, das in der innerdeutschen Diskussion auch nach der Unterschrift der Beitrittsverträge im April 2003 auf der Tagesordnung blieb. Im Mai 2003 sagte der EU-Kommissar für Regionalpolitik Michel Barnier den Ministerpräsidenten der neuen Bundesländer eine gerechte Lösung zu. Die Regionen sollten für den Zeitraum nach 2006 einen neuen „Ziel-1b-Status" be-

---

840   Persönliches Gespräch mit Dr. Otto Schmuck, Berlin, am 9. Mai 2003.

841   Vorschlag von Klaus Hofbauer „Reform der europäischen Strukturpolitik. Auswirkungen auf die Nettozahlerposition Deutschlands", ausgeführt im Gespräch mit Andreas Kottwitz, persönlicher Referent (Büro Klaus Hofbauer MdB, Landesgruppe Bayern CSU), Berlin, am 7. Juli 2003.

842   BT-Drucksache 15/749; Antrag der Fraktion der CDU/CSU „Strukturpolitik zukunftsfähig gestalten", S. 2.

843   *Welt am Sonntag* vom 22. Juni 2003.

kommen, mit dem sie die Förderungshöhe „so nahe wie möglich am Höchstsatz" erhalten sollten.[844] Die andere Seite der Medaille war allerdings, dass mit der Ausdehnung der Strukturmittel eine Mehrbelastung für Deutschland von mindestens 18 Mrd. Euro entstanden wäre. Barniers Zusage war im Frühling 2003 noch nicht mit Zahlen untermauert und sollte Gegenstand der Verhandlungen um den neuen Finanzrahmen eines erweiterten Europas für den Zeitraum 2007 bis 2013 sein.[845] Die Bundesregierung hatte dabei vor allem zwei Interessen: möglichst wenig einzuzahlen und möglichst viel für die eigenen strukturschwachen Gebiete zu erhalten.

11.3.5 Sonderfall Bayern

Bayern ist ein Beispiel dafür, dass innerhalb der deutschen Länder unterschiedliche Vorstellungen und Interessen bezüglich der Europapolitik vorhanden waren. Dieser Trend im deutschen Föderalismus verstärkte sich nach der deutschen Wiedervereinigung. Mit der geplanten EU-Osterweiterung kam noch zusätzlicher Druck hinzu. Neue Herausforderungen wirkten sich in unterschiedlicher Intensität auf die einzelnen Bundesländer und ihre Besitzstände und Interessen je nach geographischer Lage des jeweiligen Landes aus. Die bayerische Landesregierung reagierte rasch auf die Veränderungen seit 1989 und gab der EU-Erweiterung ihre klare und eindeutige Unterstützung. Dabei wurde sie von einem Komplex von Sicherheitsinteressen und historisch-moralischen Verpflichtungen geleitet. Die bayerische Einstellung zur Osterweiterung hatte seit Mitte der 1990er Jahre einige Gemeinsamkeiten mit den britischen euroskeptischen Positionen. Bayern sah im Erweiterungsprozess die Chance, durch die Ausdehnung der Gemeinschaft nach Osten dem Interventionismus aus Brüssel entgegenzuwirken, und die Vertiefung der Union schrittweise zu verhindern. Ein zusätzlicher politischer Aspekt der Osterweiterung für die CSU und vor allem für die „Heimatvertriebenen" wäre auch gewesen, dass „eine europäische Einigung die Wunden der Geschichte heilen kann".[846]

---

844 Die Welt vom 6. Mai 2003.
845 Vergleich Pressekommentare in Sachsen, Sächsische Zeitung vom 6. Mai 2003.
846 Bestätigt im persönlichen Gespräch mit Dr. Wolfgang Schäuble, stellvertretender Fraktionsvorsitzender der CDU/CSU Fraktion im Deutschen Bundestag, Berlin, am

In den 1990er Jahren wurde einerseits die Länderrolle im deutschen europapolitischen Entscheidungsprozess durch eine Verfassungsänderung (Art. 23 GG) aufgewertet, andererseits wurden die Länder gezwungen, auf die veränderten Umstände zu reagieren. Im Zusammenhang mit der Vorbereitung des Gipfels von Nizza wurde deutlich, dass die Länder zahlreiche neue Forderungen im Bereich der Europapolitik stellten. Die Ministerpräsidenten der Länder beauftragten die Bundesregierung, einen rechtlich verbindlichen Einstieg in die Kompetenzabgrenzung zwischen der europäischen Ebene und der Ebene der Nationalstaaten zu erreichen. Die Länder wollten vor allem eigene Zuständigkeiten im Bereich der Förderung der Landwirtschaft und der Regionalpolitik erhalten.[847] Die Länderrepräsentanten signalisierten sogar, dass sie im Fall negativer Ergebnisse in Nizza die Ratifizierung eines veränderten Vertrages im Bundesrat scheitern lassen würden.[848]

Dieses Auftreten der Länder während der Regierungskonferenz 2000 war ein Hinweis auf eine Änderung der europapolitischen Präferenzen sowie der Art der Durchsetzung eigener Interessen. Zu einem Vorreiter dieser Strömung wurde die bayerische Landesregierung von Edmund Stoiber, die bereit war, die Identität und den Wohlstand des Freistaates gegen Berlin sowie die „Brüsseler Bürokratie" zu verteidigen.[849] Die bayerische Position spiegelte sich auch in den Reaktionen auf die Regierungspolitik Schröders im Vorfeld der Osterweiterung wider. Die von der Bundesregierung vorgeschlagene Einführung des „Konzentrationsmodells" betraf negativ besonders Bayern, dessen Gebiete zur Ziel-2-Förderung gehörten. Nach dem Modell sollten die Finanzmittel auf die Ziel-1-Gebiete, deren regionales BIP pro Kopf unter 75 % des Durchschnitts der EU-25 liegt, konzentriert werden.[850] Die Ziel-2-Förderung in Regionen mit

---

25. Juni 2003.

847   Janning, Josef: Die Bundesrepublik Deutschland. In: Weidenfeld, Werner/Wessels, Wolfgang (Hrsg.): Jahrbuch der Europäischen Integration 2000/2001. Bonn 2001, S. 319.

848   Hrbek, Rudolf: Deutscher Föderalismus als Hemmschuh für die europäische Integration? Die Länder und die deutsche Europapolitik. In: Schneider, Heinrich/Jopp, Mathias/Schmalz, Uwe (Hrsg.): Eine neue deutsche Europapolitik? Rahmenbedingungen – Problemfelder – Optionen. Berlin 2001, S. 293.

849   Vgl. Hyde-Price, Adrian/Jeffery, Charlie: Germany in the European Union. *Journal of Common Market Studies*, Vol. 39, No. 4/2001, S. 709.

850   Die Eckpunkte der Bundesregierung für die EU-Strukturpolitik nach 2006, Quelle: Dokumentensammlung zur Struktur- und Regionalpolitik im Büro von Klaus Hofbauer MdB, S. 2 des Dokuments.

Strukturproblemen sowie die Ziel-3-Förderung sollten als eigenständige Ziele wegfallen. In diesem Fall sollte es zeitlich eng begrenzte Übergangsregelungen in Bezug auf die Strukturpolitik außerhalb von Ziel-1-Gebieten geben.

Die Vertreter Bayerns kritisierten die Bundesregierung vor allem unter dem Gesichtspunkt, dass der Spielraum der eigenständigen nationalen Strukturpolitik eingeengt worden wäre und dass das von Bayern vorgeschlagene „Nettofondsmodell" auf der europäischen sowie innerstaatlichen Ebene besser durchsetzbar wäre, als das „Konzentrationsmodell" der Bundesregierung.[851] Die bayerische Position wurzelte in den Bemühungen, die Subventionspolitik möglichst in eigener Hand zu haben und sich der „Überregulierung" aus Brüssel zu widersetzen.[852] Die Argumentation stellte eine Mischung von globalen und regionalen Aspekten dar, nämlich eine Sicht auf die Europäische Union, die einerseits den Regionen in der Vorbereitung für den globalen Wettbewerb durch Vorgaben in der Förder- und Innovationspolitik hilft, andererseits ihre spezifischen Probleme wie die Landwirtschaft berücksichtigt und damit ihre Eigenart in Europa bewahrt.[853]

Einen weiteren Kritikpunkt gegen die Europäische Union, der die gesamtstaatliche Verschlechterung des deutschen Nettosaldos betraf, hatte die bayerische Landesregierung gemeinsam mit der Bundesregierung. Die Nettozahlerposition Deutschlands war ein dauerhaftes Problem der deutschen Europapolitik seit Mitte der 1990er Jahre und die knappe Finanzlage der öffentlichen Haushalte war auf allen Ebenen zu spüren.

Weitere Vorschläge zur Behandlung der Lage in den Grenzregionen kamen vom Bundestagsabgeordneten der CSU, Klaus Hofbauer. Die deutschen Grenzregionen sollten durch einen geschlossenen Fördergürtel auf die Osterweiterung vorbereiten werden. Mittels des so genannten Grenzgürtelprogramms sollten annähernd gleiche Förderbedingungen beiderseits der Grenze hergestellt werden. Damit wären wirtschaftliche Strukturbrüche im Grenzland verhindert worden. Das Programm sollte auch stärker auf die Bedürfnisse der

---

851 Die Bewertung der Eckpunkte der Bundesregierung für die EU-Strukturpolitik nach 2006; Dokument der Bayerischen Staatskanzlei, Quelle: Dokumentensammlung zur Struktur- und Regionalpolitik im Büro von Klaus Hofbauer MdB.

852 Vgl. Bulmer, Simon/Jeffery, Charlie/Paterson, William E.: Germany´s European Diplomacy: Shaping the Regional Milieu. Manchester 2000, S. 113.

853 Vgl. Hyde-Price, Adrian/Jeffery, Charlie: Germany in the European Union. *Journal of Common Market Studies*, Vol. 39, No. 4/2001, S. 710f.

Unternehmen zugeschnitten sein.[854] Die Bundesländer, in denen die von der Osterweiterung am stärksten betroffenen Regionen lagen, forderten, dass die Bundesregierung ihre Lage bei der Verteilung der nationalen Förderung bevorzugt. Diese Forderung fand ihren Ausdruck zum Beispiel in einem Antrag der CDU/CSU-Bundestagsfraktion. Die Bundesregierung sollte eine Neuabgrenzung der Gebiete im Rahmen der „Gemeinschaftsaufgabe Verbesserung der regionalen Wirtschaftsstruktur" unter einem zusätzlichen Regionalindikator vornehmen, der die Grenzlage zu den Beitrittsländern berücksichtigt.[855]

11.3.6 Die Verkehrspolitik und die Osterweiterung

Eine notwendige Voraussetzung der erfolgreichen Ausgestaltung der Osterweiterung war der Ausbau grenzüberschreitender Verkehrsinfrastruktur. Es ging vor allem um bislang fehlende Ost-West-, aber auch um Nord-Süd-Verbindungen. Die Bundesrepublik Deutschland diente schon vor der Osterweiterung als Haupttransitland und die schon stark belasteten Verkehrsverbindungen sollten zu Transitachsen für den transeuropäischen Verkehr werden.[856] Die Regierung Schröder wurde deshalb von der Opposition wiederholt aufgefordert, die Investitionen und Planung in diesem Bereich in die eigene Hand zu nehmen.

In einem Antrag aus dem Frühjahr 2002 ersuchte die CDU/CSU-Fraktion die Bundesregierung um Bedarfsplanungen, deren Abstimmung mit den Anrainerstaaten und den Abschluss gegebenenfalls erforderlicher zwischenstaatlicher Verträge. Der Verkehrsausschuss empfahl mit den Stimmen der Koalitionsfraktionen und den Stimmen der PDS dem Plenum, diesen Antrag abzulehnen. Die Begründung lautete, dass die Fachplanung für die Entwicklung der Verkehrsinfrastruktur für die Osterweiterung zügig vorangetrieben wurde und die

---

854 *Chamer Zeitung* vom 10. März 2003; gleichfalls persönliches Gespräch mit Andreas Kottwitz, persönlicher Referent (Büro Klaus Hofbauer MdB, Landesgruppe Bayern CSU), Berlin, am 7. Juli 2003.

855 BT-Drucksache 15/749; Antrag der Bundestagsfraktion der CDU/CSU „Strukturpolitik zukunftsfähig gestalten", S. 4.

856 Zur Problemlage ausführlich: EU-Osterweiterung: Beitrittsvoraussetzungen aus wirtschaftspolitischer Sicht, Zwischenbericht der Arbeitsgruppe EU-Osterweiterung für die Wirtschaftsministerkonferenz am 2./3. 11. 2000 in Stuttgart, Teil III. Ausbau der grenzüberschreitenden Infrastruktur.

Forderungen der Antragsteller durch Regierungshandeln überholt waren.[857] Außerdem funktionierte laut Bundesregierung in diesem Bereich bereits 2002 eine vorbildliche Zusammenarbeit zwischen Polen und Deutschland. Weiterhin forderte die CDU/CSU die Bundesregierung auf, analog zu den Verkehrsprojekten „Deutsche Einheit" Verkehrsprojekte „Europäische Einigung" aufzulegen.[858] Eine Sonderfrage in diesem Problemfeld Verkehr stellten der Schienenverkehr sowie die Tatsache dar, dass sich der in den 90er Jahren des vorigen Jahrhunderts noch relativ hohe Anteil des Schienenverkehrs in den osteuropäischen Ländern zu Gunsten des Straßenverkehrs verringerte.

Die Hauptverantwortung für den Ausbau der deutschen Verkehrsinfrastruktur lag bei der Bundesregierung. Die von der Regierung bereitgestellten und geplanten Investitionsmittel reichten allerdings nicht aus, den Ausbaubedarf zu decken. Laut Prognosen wird der grenzüberschreitende Straßengüterverkehr zwischen der EU und den Beitrittsländern bis 2015 um rund 200 % steigen.[859] Gleichfalls zeichnete sich schon vor der Erweiterung als Folge der engen Wirtschaftsbeziehungen zu Osteuropa eine erhebliche Steigerung des Waren- und Dienstleistungsaustausches ab.

Die Bundesregierung war deshalb in Übereinstimmung mit der Opposition bereit, einerseits in dem neuen Bundesverkehrswegeplan 2003 den Verkehrsinfrastrukturbedarf darzustellen, andererseits die Unterstützung der EU-Fonds intensiv für diese Zwecke zu nutzen und die Mittel für die nationale Kofinanzierung für vorgesehene Projekte der so genannten Transeuropäischen Netze (TEN) sicher zu stellen.[860] Als die wichtigste Maßnahme der Europäischen Union für Deutschland galt die Aufstockung der Sonderfinanzierung für die TEN in Höhe von 150 Millionen Euro. Diese Mittel wurden für dringend benötigte Verkehrsprojekte in den Grenzregionen in den Jahren 2003 bis 2006 bereitgestellt.[861]

---

857 BT-Drucksache 14/9118; Beschlussempfehlung und Bericht zu dem Antrag der Abgeordneten der Fraktion der CDU/CSU „Deutsche Verkehrsinfrastruktur auf die EU-Osterweiterung vorbereiten".

858 Die gleiche Forderung stellte Klaus Hofbauer MdB (einziger Abgeordneter Ostbayerns im Verkehrsausschuss des Deutschen Bundestages) bei seiner Öffentlichkeitsarbeit in den Grenzregionen; vgl. *Chamer Zeitung* vom 10. März 2003.

859 BT-Drucksache 15/467; Antrag der Fraktion der CDU/CSU „Verkehrsinfrastruktur auf die EU-Osterweiterung vorbereiten".

860 Trans-European-Transport-Network (TEN)

861 BT-Drucksache 14/9498, Tabelle 4.

Um die Osterweiterung aktiv zu gestalten, hieß es für die rot-grüne Bundesregierung, die Aufmerksamkeit auf die Grenzregionen zu konzentrieren. Die Osterweiterung kumulierte kurzfristig die Probleme, aber langfristig konnte sie helfen, die angespannte Situation an den Grenzen zu lösen. An der Frage „Wie der Osterweiterung?" war am bayerischen Beispiel wohl zu sehen, dass gerade die Politik der Bundesländer künftig ein Einfallstor für eine veränderte Sicht auf die europäische Integration sein kann.

11.4 Die deutschen Parteien und die innenpolitische Flankierung des Erweiterungsprozesses

Parallel zu der technisch-administrativen Arbeit, die in Brüssel in der Phase zwischen Frühling 1999 und Herbst 2001 erfolgte, bekam die Osterweiterung in Deutschland Unterstützung durch eine innenpolitische Kampagne der Bundesregierung. Der Erweiterungsprozess blieb bis zur Bundestagsabstimmung im Frühsommer 2003 über den am 16. April 2003 in Athen unterschriebenen Beitrittsvertrag ein Thema in der tagespolitischen Diskussion. Der Zweck einer Informationskampagne war, die Akzeptanz der Bürger für dieses Projekt zu gewinnen. Einerseits wurden die Möglichkeiten der Osterweiterung dargestellt und sachliche Aufklärung über die Vorteile der Osterweiterung geleistet, andererseits wurde auf die potentiellen Risiken hingewiesen, um die Ängste bei der Bevölkerung rechtzeitig aufzugreifen.

Der innenpolitische Flankierungsprozess der Osterweiterung spiegelte den typischen Charakter der Europapolitik als einer Querschnittaufgabe und den institutionellen Pluralismus im Entscheidungsprozess der Bundesrepublik Deutschland wider. Einer der wichtigsten Akteure waren die politischen Parteien mit ihren Fraktionen im Deutschen Bundestag. Die Europapolitik gehörte zu den Themen, in denen zwischen den Regierungsparteien und der Opposition im Grundsatz ein Konsens bestand.[862] Dies war auch der Fall bei der Ost-

---

862 Bestätigt im Gespräch mit Dr. Eckart Cuntz, Ministerialdirigent, Stellvertretender Leiter der Europa-Abteilung (E-V), Auswärtiges Amt, Berlin (gezielte Fragestellung im Rahmen der Diskussion nach der Gastvorlesung am 5. April 2004 am Institut für Internationale Studien der Karlsuniversität Prag).

erweiterung, die von allen Bundestagsfraktionen als politische Notwendigkeit angesehen wurde.[863]

Die Sozialdemokratische Partei Deutschlands betrachtete die EU-Erweiterung als Fortsetzung der Ideen von Willy Brandt: „Mit der Osterweiterung wird ein sozialdemokratisches Projekt Wirklichkeit. Willy Brandt versuchte, zuerst bei bestehenden Grenzen, die Mauern zu überwinden. [...] und damit die Spaltung Europas zu überwinden. Die sozialdemokratische Unterstützung für die Osterweiterung ist eine Fortsetzung der Ost- und Friedenspolitik. [...] Die SPD hat keinen Alleinvertretungsanspruch [auf die Idee der Osterweiterung], aber betont, dass viele Dinge von der höchst umstrittenen Ostpolitik von Willy Brandt eingeleitet worden waren."[864]

Nach Botschafter Christoph Jessen war die deutsche Unterstützung für die Osterweiterung unter anderem aus der geopolitischen Lage der Bundesrepublik Deutschland abzuleiten: „Deutsches nationales Interesse ist das integrierte Europa. Im deutschen Interesse ist, dass Europa funktioniert, weil Deutschland in der Mitte von Europa liegt. [...] Die Osterweiterung ist ein gesamteuropäisches Projekt, aber betrifft vor allem Deutschland, weil es in der Mitte des Kontinents ist. [...] Durch die Orientierung Deutschlands nach Westen kamen die Werte der Aufklärung zurück. Die Werte wie Rechtsstaat, Demokratie ... und das sind die Kopenhagener Kriterien."[865]

Für die Parlamentarier von Bündnis 90/Die Grünen stellte die europäische Integration den wichtigsten Punkt in der Außenpolitik dar. „Joschka Fischer war und ist vom tiefen Herzen von der europäischen Idee überzeugt".[866] Die Grünen betrachteten die Osterweiterung vorrangig vom wertegeleiteten Ansatzpunkt her. Für die Abgeordnete Anna Lührmann war die Osterweiterung beispielsweise ein Ausdruck der „zivilen Konfliktprävention" und damit auch ein Mittel zur dauerhaften Befriedung von Europa: „Wenn die Demokratie in Osteuropa stabilisiert wird, wird Deutschland damit auch dem eigenen Interes-

---

863 Bestätigt im persönlichen Gespräch mit Susanne Szech-Koundouros, Fachreferentin der CDU/CSU Fraktion im Deutschen Bundestag, Arbeitsgruppe Europäische Union (Büro Peter Hintze MdB), Berlin, am 15. Mai 2003.

864 Persönliches Gespräch mit Günter Gloser am 26. Mai 2003.

865 Persönliches Gespräch mit dem Botschafter Christoph Jessen, Beauftragter für die Osterweiterung, Auswärtiges Amt, Berlin, am 19. Juni 2003.

866 Persönliches Gespräch mit Anna Lührmann, Bündnis 90/Die Grünen, Mitglied des Deutschen Bundestages, Berlin, am 15. Juli 2003.

se Genüge tun."[867] Auch der gemeinsame Antrag der Regierungsparteien vom 1. März 2001 beinhaltete normative Argumente. Er hob neben den politischen, sicherheitspolitischen und wirtschaftlichen Interessen der EU-Mitglieder an der Osterweiterung eine Notwendigkeit der Stärkung der Identität Europas hervor, die gerade auf der Vielfalt der europäischen Kulturen basiert. Aus dem abschließenden Teil des Antrags konnte erkannt werden, dass die politische Zielsetzung der SPD und der Grünen war, auch diese nicht-materielle Dimension der Erweiterung der Bevölkerung näher zu bringen.[868]

Die Koalitionsparteien forderten die Bundesregierung ausdrücklich auf, im Rahmen ihrer Kommunikationsstrategie zur EU-Erweiterung die Akzeptanz der Erweiterung in der Öffentlichkeit zu stärken.[869] Die Regierung fürchtete, dass führende Kräfte der CDU/CSU vor der Bundestagswahl 2002 aus parteipolitischen Gründen auf einen populistischen Kurs gegen die europäische Integration einschwenken könnten.[870] Gerhard Schröder betonte zudem, dass die Osterweiterung auf gar keinen Fall zum Gegenstand parteitaktisch motivierter Auseinandersetzungen gemacht werden dürfe, da dies nach seiner Auffassung nur der extremen Rechten in Deutschland nützen würde.[871] Das Thema durfte deshalb nicht defensiv angegangen werden, vielmehr sollte sich die Regierungskoalition in den Wahlkreisen als diejenige politische Kraft präsentieren, welche die Lösung der Probleme im Rahmen einer Erweiterung der EU in Angriff nehmen würde.[872]

Die Christdemokraten standen in der praktischen Phase der Beitrittsverhandlungen im Bundestag in der Regierungsopposition. Sie hatten aber die Osterweiterung unter Helmut Kohl politisch in Gang gesetzt. Die CDU/CSU

---

867 Ebd.
868 Auf diese Dimension wurde auch während der zahlreichen überparteilichen fachlichen Podiumsdiskussionen hingewiesen; zum Beispiel die Diskussion mit dem Titel: „Was sag ich meinem Volke? Umgang mit Erweiterungsängsten" gehalten am 17. Juni 2003 in der Vertretung der Europäischen Kommission in Berlin.
869 BT-Drucksache 14/5447; Antrag „Die Weichen für die Erweiterung der Europäischen Union richtig stellen", zur Kommunikationsstrategie näher S. 8.
870 Vgl. BT-Drucksache 14/474; vgl. Positionspapier der SPD-Bundestagsfraktion zur Osterweiterung der Europäischen Union, Juni 2000.
871 Tickerdienstmeldung des Deutschen Bundestags vom 3. 4. 2001.
872 Protokoll der 12. Sitzung der Kommission „Europäische Union" beim SPD-Parteivorstand am 1. Dezember 2000 in Berlin, SPD-Parteivorstand, Abteilung internationale Politik, 2000, TOP 3: Erweiterung der Europäischen Union und Sprachfähigkeit der SPD.

teilte im Grundsatz die Bemühungen Schröders und Fischers, dass Europa möglichst rasch zu einer Erweiterung kommen soll.[873] Die Positionspapiere und Beschlüsse der CDU beweisen eine kontinuierliche Unterstützung der Partei für die Idee der Osterweiterung. Eine wesentliche Rolle spielte dabei der europäische geschichtliche Hintergrund: „Deutschland hatte ein besonderes Interesse an der Einigung Europas. Seine Mittellage hat es immer wieder im Zentrum europäischer Auseinandersetzungen stehen lassen. Erst das klare Bekenntnis zu den kulturellen und politischen Grundwerten der westlichen Demokratien und die Integration in die Gemeinschaft europäischer Staaten hat alte Rivalitäten überwunden."[874] Auf die Chancen (und Risiken) einer Erweiterung wies die CDU/CSU-Gruppe in der Fraktion der Europäischen Volkspartei (EVP) des Europäischen Parlaments hin und bekräftigte schon in der Mitte der 1990er Jahre ihren Einsatz für „einen möglichen Beitritt eines MOE-Staates um das Jahr 2000".[875]

Bei dem politischen Erweiterungsdiskurs kamen natürlich auch die Interessensargumente zum Vorschein, obwohl die Osterweiterung „gesamtwirtschaftlich keine dramatischen Auswirkungen haben sollte."[876] Dass Deutschland künftig profitiert, ergab sich aus der deutschen geographischen Lage. Ein Antrag der Oppositionsparteien der CDU/CSU stellte beispielsweise fest: „Deutschland liegt so nahe an den dynamischen Wachstumsmärkten Mittel- und Osteuropas und an den neuen Produktions- und Investitionsstandorten wie keine andere Industrienation. Deshalb wird besonders die Bundesrepublik Deutschland von der Erweiterung profitieren."[877] Obwohl sich um das Jahr 2000 die gemeinsamen Äußerungen der CDU und der CSU zunehmend den

---

873   Bestätigt im persönlichen Gespräch mit Michael Stübgen, CDU, Mitglied des Deutschen Bundestages, Vorsitzender der Landesgruppe Brandenburg der CDU/CSU Fraktion, Berlin, am 24. Juni 2003.

874   „Wie wir uns Europa denken", Beschluss Nr. A1, Beschlüsse des 3. Parteitages der CDU Deutschlands, Düsseldorf 25.-28. oktober 1992.

875   „Die Erweiterung der Europäischen Union nach Osten – Chancen und Risiken", Berliner Erklärung der CDU/CSU-Gruppe in der EVP-Fraktion des Europäischen Parlaments anlässlich des Europapolitischen Kongresses, Berlin 1995, S. 1.

876   Schleef, Andreas: Die Osterweiterung der EU aus unternehmerischer Perspektive, S. 195.

877   BT-Drucksache 14/5448; Entschließungsantrag der Fraktion der CDU/CSU zu der Beratung der Großen Anfrage der Fraktion der CDU/CSU „Erweiterung der Europäischen Union".

konkreten erweiterungsbedingten Problemen widmeten,[878] verschwand aus den Stellungnahmen eine überzeugende normative Dimension nicht. Die Osterweiterung wurde als ungeteilter Bestandteil einer neuen „künftigen Architektur Europas" gesehen.[879] Die Bedeutung der Impulse aus Zentraleuropa, die zum Fall des Eisernen Vorhangs und zur Herstellung der deutschen Einheit geführt hatten, würdigte die Bundestagsfraktion der FDP.[880] Die FDP setzte sich traditionell für freien Wettbewerb ein und hob deshalb in der Debatte um die Osterweiterung regelmäßig diesen wirtschaftspolitischen Aspekt hervor.[881]

Die PDS präsentierte ihre Ansichten bezüglich der Osterweiterung sowohl in den Landesparlamenten und im Bundestag als auch bei zahlreichen öffentlichen Veranstaltungen.[882] Für die PDS war während des ganzen Erweiterungsprozesses die künftige Lage in den strukturschwachen Gebieten in den neuen Bundesländern von Bedeutung. Dies war auch das Thema der PDS-Bundestagsabgeordneten in der Debatte bei der Ratifizierung des Beitrittsvertrags im Deutschen Bundestag.[883] Den Beitrittsprozess unterstützten auch die deutschen Parlamentarier in der Fraktion der Vereinten Europäischen Linken. André Brie verwies auch auf „die sozialen und beschäftigungspolitischen Erfordernisse" bezüglich der Osterweiterung.[884] Weitere Themen, welche die PDS im Zusammenhang mit der Osterweiterung betont hat, waren die sozialen Konsequenzen der Transformationsprozesse in Osteuropa und regionale Ent-

---

878 Vgl. Die Erweiterung der Europäischen Union – die große Chance unserer Zeit, Beschluss des CDU-Bundesfachausschusses Europapolitik vom 19. Januar 2001 unter dem Vorsitz von Elmar Brok MdEP, vorgelegt von Dr. Martina Krogmann MdB.

879 Europa 2010. Gemeinsame Thesen von CDU und CSU zur künftigen Architektur Europas, Berlin/München, September 2000, S. 2.

880 BT-Drucksache 15/216; Antrag der Fraktion der FDP „Historischer Erweiterungsgipfel verstärkt Druck auf innere Reformen der Europäischen Union".

881 Bestätigt im persönlichen Gespräch mit Birgit Lamm, Liberales Institut der Friedrich Naumann Stiftung, Theodor-Heuss-Akademie, Gummersbach, am 10. März 2003.

882 Osterweiterung der Europäischen Union – die soziale Dimension. Internatinale Konferenz Berlin 16./17. Juni 2000. Rosa-Luxemburg-Stiftung (Hg.), Berlin 2000. (verfügbar u. http://www.rosalux.de/cms/fileadmin/rls_uploads/pdfs/Texte3.pdf).

883 Abg. Petra Pau (fraktionslos), in: Stenographischer Bericht der 56. Sitzung des Deutschen Bundestages vom 3. Juli 2003.

884 André Brie, Rede im Namen der Fraktion der Vereinten Europäischen Linken in der Debatte des Europäischen Parlaments zur Osterweiterung der EU am 19. November 2002 (verfügbar unter http://www.andrebrie.de).

wicklung an der Grenze zwischen den alten EU-Mitgliedstaaten und den neuen Beitrittskandidaten.[885]

Die Analyse des parteipolitischen Diskurses zur Osterweiterung hat beleuchtet, dass bei der Europapolitik die Innenpolitik wichtig ist.[886] Für die Parteien im Deutschen Bundestag spielte die entscheidende Rolle, dass die Osterweiterung stattfindet. Dies betraf vor allem die Regierungskoalition, die die Verantwortung für diese Aufgabe trug. Die Bundesregierung hatte die Osterweiterung auch innenpolitisch zu flankieren. Das Verhalten der Opposition aber verdeutlichte, dass die Erweiterung der Europäischen Union sowohl ein gesamtdeutsches als auch ein gesamteuropäisches Projekt darstellte.

11.5 Die Kommunikationsstrategie der rot-grünen Bundesregierung zur Osterweiterung

Die Osterweiterung wurde zu Ende des Jahres 2000 in den SPD-Spitzengremien aus mehreren Gründen verstärkt diskutiert. Die deutsche Sozialdemokratie ergriff die Initiative und brachte im Dezember 2000 eine ausführliche Informationsbroschüre zur Osterweiterung heraus.[887] Die zunächst interne Diskussion sollte zeigen, welche Forderungen sich im Verhandlungsprozess speziell aus deutscher Sicht noch ergeben würden. Es wurde auch der Dialog über das Thema Osterweiterung mit den Partnerparteien und der SPE-Fraktion im Europäischen Parlament verstärkt. Die SPD äußerte sich zur Erweiterung zusammen mit den französischen Sozialisten. Die gemeinsamen Kontakte intensivierten sich im Jahre 2002 im Hinblick auf die bevorstehenden Parlamentswahlen in beiden Ländern.[888] Auf die besondere Rolle des europäischen

885   Bestätigt im persönlichen Gespräch mit Dr. Hans Modrow, Mitglied des Europäischen Parlaments, Ehrenvorsitzender der PDS, Berlin, am 11. Juli 2003.

886   Vgl. persönliches Gespräch mit Martin Kremer, M.C.L., Vortragender Legationsrat, Auswärtiges Amt, Planungsstab, Berlin, am 20. Juni 2003.

887   Die Osterweiterung der Europäischen Union. Das Projekt für Frieden, Stabilität und Wachstum in Europa. 25 Antworten auf die wichtigsten Fragen, SPD-Bundestagsfraktion (Hrsg.), Dezember 2000. Berlin.

888   Gemeinsam die Zukunft der Europäischen Union gestalten. Text der bilateralen Arbeitsgruppe „Europa, Wirtschaft, Soziales und Finanzen" von PS Franreich und SPD, 21. Januar 2002, konkrete Vorschläge zur Erweiterung S. 2; Nähere Ausführungen zur Europapolitik der SPD und Parti Socialiste im Dokument: „Vergleich der Vorschläge von Parti Socialiste und SPD zu Europa auf der Basis der Leitanträge beider Parteien,

Rahmens für die Lösung der Probleme an den Grenzen zwischen den alten und neuen Mitgliedstaaten hat auch Bundeskanzler Gerhard Schröder hingewiesen, indem er betonte, dass es die meisten Risiken in den Bereichen Umwelt, Arbeitsmarkt und innere Sicherheit auch ohne die Erweiterung gäbe und die Kosten der Bewältigung dieser Probleme auf jeden Fall zu tragen wären.[889]

Aus den Regionalgesprächen, die um die Jahreswende 2000/2001 vom europapolitischen Sprecher der SPD Günter Gloser in den bayerischen und sächsischen Grenzregionen sowie in Brandenburg geführt wurden,[890] ergab sich ein weiteres wichtiges Signal. Es wurde die Tatsache klar, dass ein großes Informationsdefizit über die Erweiterung der Europäischen Union bestand. Deshalb forderte Günter Gloser die SPD-Fraktion auf, Vermutungen und Spekulationen bezüglich der unklaren künftigen Entwicklungen mit rascher und zielgerichteter Informationsarbeit zu verhindern.[891] Dieser politische Appell war umso richtiger, wenn man sich vor Augen führt, wie die deutschen Bürger in Umfragen die Erweiterung der Europäischen Union bewertet haben.

Im Jahre 2000 bezeichneten nur 20 % der Deutschen die Osterweiterung als eine Priorität. Bei den Umfragen im Frühjahr 2001 stimmten nur 35 % der Deutschen der Aussage zu, dass „die Europäische Union durch die Aufnahme neuer Länder gewinnt". Diese Zustimmungsraten waren nur in Großbritannien und Frankreich vergleichbar niedrig, während sie in Spanien, Italien, Irland und Dänemark bei derselben Umfrage die 50-Prozent-Grenze überstiegen.[892] Noch im Oktober 2002 war rund ein Viertel der Deutschen gegen die Osterweiterung und 51 % der Befragten fürchteten, dass die Erweiterung ihren Wohlstand hätte mindern können.[893] In einigen Regionen wie beispielsweise Ostbayern, das in unmittelbarer Nachbarschaft zur Tschechischen Republik liegt, standen die

---

zusammengestellt von Valerie Schneider, internes Dokument des SPD-Parteivorstands, September 2001.

889 Rede „Die Erweiterung der Europäischen Union als innenpolitische Aufgabe" gehalten am 3. April 2001 von Bundeskanzler Gerhard Schröder auf der Veranstaltung der SPD-Bundestagsfraktion, Berlin.

890 Ausführliche Darstellung der Ergebnisse dieser Gespräche im Unterkapitel 11.3 (Grenzregionen und die Osterweiterung) im vorliegenden Buch.

891 Rede „Die Erweiterung der Europäischen Union als innenpolitische Aufgabe – Ergebnisse der Regionalgespräche" gehalten am 3. April 2001 von Günter Gloser, Europasprecher der SPD-Bundestagsfraktion, auf der Veranstaltung der SPD-Bundestagsfraktion, Berlin (Druckversion, S. 19).

892 *Eurobarometer*, Vol. 55/2001, vgl. *Eurobarometer*, Vol. 56/2002.

893 *Frankfurter Allgemeine Zeitung* vom 24. Oktober 2002.

Menschen noch im Frühjahr 2003 der Osterweiterung eher pessimistisch (57 % der Befragten) gegenüber. Noch skeptischer antworteten die Bewohner im Raum Weiden, fast zwei Drittel standen der Osterweiterung eher ablehnend gegenüber und sahen Risiken für die Region.[894] Noch im April 2003 bestand in diesen Gebieten weiterhin trotz der Öffentlichkeitsarbeit der Bundesregierung noch erheblicher Informationsbedarf zur EU-Osterweiterung.

Die Bundesregierung war der Auffassung, dass alle Versuche, die Ängste vor der Osterweiterung zu schüren und zu instrumentalisieren, mit einer europapolitischen Offensive beantwortet werden sollten. Auch die Regierungsparteien waren initiativ bei der Unterstützung der Erweiterung. Ihre Aktivitäten kamen in gemeinsamen Anträgen ihrer Fraktionen im Deutschen Bundestag im Frühjahr 2001 zum Ausdruck. Schon der Antrag der Fraktionen der SPD und Bündnis 90/Die Grünen vom Dezember 2000 widmete sich dem zentralen Punkt, dass die Informationsdefizite über die mittel- und osteuropäischen Partner in der deutschen Bevölkerung nach wie vor zu hoch waren. Deshalb sollten laut Antrag alle politisch Verantwortlichen ihre Anstrengungen verstärken und die Bürger für die Osterweiterung gewinnen.[895] Der Antrag forderte weiterhin die Bundesregierung auf, ihre Arbeit auf die drei wesentlichen Bereiche zu konzentrieren: die Vorteile der Erweiterung zu betonen, die strukturpolitischen Instrumente zur Flankierung der Osterweiterung einzusetzen und zu prüfen, wie die Osterweiterung arbeitsmarkpolitisch flankiert werden kann.

Im April 2001 fand in Berlin eine Europa-Konferenz der SPD-Bundestagsfraktion zum Thema „Die Erweiterung der Europäischen Union als innenpolitische Aufgabe" statt. Mit dieser Veranstaltung setzten Regierung und SPD-Fraktion ein klares Signal, dass sie die Osterweiterung als historische Chance begreifen und sich den innenpolitischen Herausforderungen gezielt widmen wollen.[896] Das hohe Engagement der Regierung kam durch die Teilnahme von Bundeskanzler Gerhard Schröder und des für die Erweiterung zu-

---

894 Die Ergebnisse einer Umfrage in den Bundeswahlkreisen Schwandorf/Cham und Weiden vom 25. April bis 12. Mai 2003 auf Initiative von Klaus Hofbauer MdB (CSU) und Albert Rupprecht MdB (CSU); bestätigt im persönlichen Gespräch mit Andreas Kottwitz, persönlicher Referent (Büro Klaus Hofbauer MdB, Landesgruppe Bayern CSU), Berlin, am 7. Juli 2003.

895 BT-Drucksache 14/4886; Antrag der Fraktion der SPD „Flankierung der Erweiterung der Europäischen Union als innenpolitische Aufgabe".

896 Persönliches Gespräch mit Dr. Jutta Tiedtke, SPD-Fraktion im Deutschen Bundestag, Referentin für Europapolitik, Berlin, am 26. Mai 2003.

ständigen EU-Kommissar Günter Verheugen zum Ausdruck. Die SPD-regierten Bundesländer repräsentierte Sachsen-Anhalts Ministerpräsident Reinhard Höppner.

Es gab allerdings auch kritische Stimmen in Bezug auf die von der SPD begonnene öffentliche Kampagne. Es wurde als nicht gut angesehen, dass die Sorgen der Bevölkerung nicht ernst genommen werden, solange die Nachteile und Probleme sichtbar sind. Im Zusammenhang mit den Argumenten der Regierung, welche die Vorschläge zur Einführung von Übergangsfristen im Bereich der Arbeitnehmerfreizügigkeit rechtfertigen sollten, wurde die Zuwanderungspolitik der Regierung Schröder angegriffen. Kritikern zu Folge wäre eine solche Regierungsinitiative eher nur ein wahltaktisches Kalkül. Die *Green-Card*-Regelung für Arbeitskräfte von außerhalb Europas hätte sich nur schwer mit der geplanten Begrenzung der Einwanderung aus Mittel- und Osteuropa auf eine Argumentationsplattform bringen lassen.[897]

Zu den erfolgreichen Veranstaltungsreihen unter der Schirmherrschaft der Bundesregierung gehörte auch das Projekt „Nachbarn treffen – Europa gestalten". Diese Art von Öffentlichkeitsarbeit in der Form von Bürgerfesten und Podiumsdiskussionen war sehr publikumswirksam. Im Jahre 2001 fanden in acht Städten entlang der deutsch-polnischen und deutsch-tschechischen Grenze Veranstaltungen mit dem Titel „Europa geht weiter – die Osterweiterung der EU" statt.[898] Ins Programm wurden die Landesregierungen, Abgeordneten des Deutschen Bundestages und des Europäischen Parlaments, örtliche Vertreter aus Verbänden und andere Beteiligte aus der Wirtschaft und dem Bündnis für Arbeit eingebunden. Bei der Öffentlichkeitsarbeit der Bundesregierung wurden zumeist folgende Kernargumente zum Thema Osterweiterung vermittelt: „1. Die Integration der neuen Mitgliedstaaten einigt Europa, 2. Die Erweiterung bietet Chancen für die wirtschaftliche und soziale Entwicklung, 3. Die Erweiterung ist ein Gewinn für die innere Sicherheit, 4. Rechtsstaatlichkeit und Umwelt bedarf aktiver Gestaltung."[899]

An der innenpolitischen SPD-Strategie zur Erweiterung war zu erkennen, dass sie auf eine Rückendeckung für die laufenden Beitrittsverhandlungen und

---

897 Kritisch dazu: *Frankfurter Allgemeine Zeitung* vom 4. April 2001.
898 BT-Drucksache 14/9497; Antwort der Bundesregierung auf die Große Anfrage der Abgeordneten der Fraktion der CDU/CSU „Wirtschaftspolitische Auswirkungen der EU-Osterweiterung", Antwort auf die Frage Nr. 48.
899 BT-Drucksache 14/9497.

die konkreten oft kontroversen Entscheidungen zielte, welche die Bundesregierung in dieser Phase traf. Die Bedeutung der Osterweiterung bewiesen nicht nur die Initiativen des Bundeskanzlers,[900] sondern auch die zahlreichen Veranstaltungen (Tagungen, Konferenzen, Informationstreffen) der SPD-Bundestagsfraktion.

Exkurs: Die Europäische Kommission und die deutsche Strategie

Die Europäische Kommission hat ihrerseits ihre Kommunikationsstrategie zur Osterweiterung bereits im Mai 2000 festgelegt. Nach der Einführung des Euro (dritte Stufe der Wirtschafts- und Währungsunion) konzentrierten sich die Vertretungen der Kommission in den Mitgliedstaaten zunehmend auf die Erweiterung und die Informationen über die künftigen neuen Mitgliedstaaten. Die Hauptaufgaben und die Art der Umsetzung deckten sich mit den Herausforderungen einer solchen Strategie in der Bundesrepublik Deutschland.[901] Neben der Erstellung von Internet-Seiten sowie der Organisation von Informationsnetzen und Konferenzen ging es in der BRD darum, die nationalen, regionalen und lokalen Behörden und vor allem die spezifischen Gruppen anzusprechen und einzubeziehen. Gerade die konkreten Probleme wie Arbeitslosigkeit, Kriminalität und Umwelt, mit denen die Jugendlichen, Kleinunternehmer, Landwirte und Gewerkschafter konfrontiert waren, weckten die meisten Ängste und Sorgen. Die Menschen in den Grenzregionen verbanden die Schwierigkeiten auf diesen Gebieten direkt mit der Osterweiterung, obwohl sie zum Beispiel in den neuen Bundesländern strukturbedingt und langfristiger Natur waren. Das zentrale Diskussionsthema war die von deutscher Seite vorgeschlagene Begrenzung der Arbeitnehmerfreizügigkeit nach dem Beitritt der neuen Mitgliedstaa-

---

900 Beispielsweise war es die Rede von Gerhard Schröder in Weiden im Jahre 2000; vgl. Antwort von dr. Eckart Cuntz, stellvertretender Leiter der Europa-Abteilung im Auswärtigen Amt, auf eine gezielte Fragestellung des Autors im Rahmen der Diskussion nach der Gastvorlesung am 5. April 2004 am Institut für Internationale Studien der Karlsuniversität Prag. Eckart Cuntz äußerte sich dazu: „Wir forderten die Übergangsfristen im Bereich der Arbeitnehmerfreizügigkeit, weil wir die Osterweiterung wollten".

901 Vgl. Bericht der Kommission an den Rat. Erläuterungen zur Erweiterung Europas. Dokument KOM, 281/2002, S. 3ff.

ten. Sie wurde in den deutschen Medien unmittelbar aufgegriffen[902] und beschäftigte die Europäische Kommission vorwiegend im Jahre 2001. Der Kommissar für die Osterweiterung Günter Verheugen kündigte im Frühling 2001 auf der SPD-Konferenz in Berlin an, dass sich die Europäische Kommission mit dieser Frage bereits befasse und die Position der Bundesregierung zur Arbeitnehmerfreizügigkeit unterstütze.[903] Dass die BRD Unterstützung der Europäischen Kommission in dieser Frage bekam, war auch ein Erfolg der Verhandlungsstrategie Gerhard Schröders.

Die Europäische Kommission betrachtete das kontinuierliche deutsche Engagement für die Osterweiterung mit vollem Verständnis. Aus der Sicht der Kommission war Deutschland das erste Land, das die Osterweiterung politisch thematisierte.[904] Für die deutsche Einstellung zur Osterweiterung waren sowohl Werte als auch ökonomische Interessen von Bedeutung. Obwohl die Bundesrepublik Deutschland ihre Position in der EU beispielsweise in der Frage der Arbeitnehmerfreizügigkeit und Dienstleistungsfreiheit konsequent vertrat, zeigte sie Kompromissbereitschaft in den Europafragen. Deutschland war laut der Kommission an europäischen Lösungen interessiert und war dann auch naturgemäß auf der europäischen Ebene kompromissbereit. Ein hoher Vertreter der Europäischen Kommission in der Bundesrepublik Deutschland stellte fest: „Meines Erachtens fällt Deutschland unter jene Staaten, die kompromissbereiter sind als die anderen großen Mitgliedstaaten der Europäischen Union."[905]

Zusammenfassung

Die Untersuchung des Diskurses, der die Zustimmung zur Osterweiterung auf der innenpolitischen Bühne der Bundesrepublik Deutschland sicherte, führt zu

---

902 *Süddeutsche Zeitung* vom 4. April 2001 („Schröder: Sorgen der Bürger ernst nehmen"), *Berliner Zeitung* vom 4. April 2001 („Brüssel will Arbeitsmärkte stufenweise öffnen"), *Frankfurter Rundschau* vom 4. April 2001 („EU-Kommission für eine Übergangsfrist").

903 *Stuttgarter Zeitung* vom 4. April 2001 („EU-Kommission plant Übergangsfristen").

904 Persönliches Gespräch mit Petra Erler, Mitglied des Kabinetts Günter Verheugen, Europäische Kommisson, Generaldirektion Erweiterung, Brüssel, am 18. März 2003.

905 Persönliches Gespräch mit Stefan Forester, Stellvertreter des Leiters der Vertretung der Europäischen Kommission in der Bundesrepublik Deutschland, Berlin, am 13. Juni 2003.

folgender Behauptung. Die innenpolitischen Gegebenheiten üben einen eindeutigen Einfluss auf die Handlungen der hohen politischen Repräsentanten der Bundesrepublik aus. Der vorliegende Fall hat gezeigt, dass die Präferenzen der Regionen und der Interessengruppen zum Teil von unmittelbaren materiellen Interessen ausgingen, zum Teil Reaktionen auf die strukturellen Herausforderungen waren. Bei den meisten Akteuren wie bei den Vertretern der politische Elite des Bundes, der Industrie und der Länder waren sowohl interessengeleitete als auch ideengeleitete Argumente für die Osterweiterung feststellbar. Besonders die Ansichten der deutschen Parteien erwiesen eine hohe Kompatibilität der materiellen und nicht-materiellen Motive im Hinblick auf das gleiche Ziel – eine schnelle Osterweiterung. Werte und Interessen wären damit keine gegensätzlichen Elemente deutscher Erweiterungspolitik. Es kann deshalb von einem „ethischen Pragmatismus" gesprochen werden.[906]

Das Engagement der deutschen innenpolitischen Akteure für die Osterweiterung kann folglich durch eine Kombination von rationalistischen (liberaler Utilitarismus) und konstruktivistischen (soziologischer Institutionalismus) Ansätzen erklärt werden. Weiterhin schloss die Diskursanalyse aus, dass die Leitmotive für die Akzeptanz des Beitritts der Mittel- und Osteuropäer zur EU primär aus einer realistischen Erwartung entstanden waren, dass die Osterweiterung die deutsche Machtposition in Europa verstärkt hätte und dem Land neue Handlungsmöglichkeiten verliehen hätte.[907]

Bei einigen Beispielen (die Ängste in den Grenzregionen) ist nicht klar zu erkennen, wie sich die Situation entwickelt hätte, wenn die starken strukturellen

---

906 Zum Begriff des „ethischen Pragmatismus" näher: Kampf, Karl-Heinz/Weilemann, Peter R.: Deutsche Außenpolitik für das 21. Jahrhundert: Plädoyer für eine neue außenpolitischen Kultur. Bonn 2000, S. 3.

907 Vgl. persönliches Gespräch mit Roland Freudenstein, Leiter der Abteilung Außenpolitikforschung, Leiter der Außenstelle in Warschau 1995–2001, Konrad-Adenauer-Stiftung, Berlin, am 2. Mai 2003; Die Richtigkeit der These, die von der Abwesenheit machtgeleiteter Erwägungen in Bezug auf die Osterweiterung ausgeht, bewies die reale außenpolitische Konstellation im Hinblick auf die Irak-Frage in den Jahren 2002–2003. Durch die transatlantischen Meinungsverschiedenheiten, die im Sommer 2002 mit der deutschen Ablehnung einer Beteiligung an einer militärischen Aktion gegen den Irak angefangen hatten, entstand eine völlig neue europapolitische Lage. Die deutsche Bundesregierung befand sich mit ihren Positionen im Gegensatz zu den meisten Beitrittskandidatenländern, welche die USA unterstützten. Der Beitritt der MOEL in die EU hätte mithin die deutsche Machposition in Europa im Bereich der Sicherheitspolitik nicht gestärkt, sondern geschwächt.

Präferenzen, die oft im Gegensatz zur Erweiterung standen, nicht durch eine primär politisch und normativ formierte Erweiterungspolitik des Bundes gebündelt worden wären.[908] Besonders deutlich wurde dies im Fall des Freistaates Bayern.[909] Edmund Stoiber stellte sich nicht gegen die Osterweiterung. Er nutzte aber den europapolitischen Diskurs dazu, dem deutschen „Einsatz für Europa" klare Grenzen zu setzen. Die bayerischen Eliten brachten in die Debatte eigene Vorstellungen über das deutsche (und „regionale") Engagement im Mehrebenensystem der Europäischen Union. Dies bedeutete nicht nur eine Änderung der traditionellen Verhaltensweisen in Bezug auf Europa, sondern leitete eine „graduelle normative Anpassung" an die veränderten Rahmenbedingungen ein.

---

908 Vgl. Jachtenfuchs, Marcus: Deepening and widening integration theory. *Journal of European Public Policy*, Vol. 9, No. 4/2002, S. 656.

909 Vgl. Hyde-Price, Adrian/Jeffery, Charlie: Germany in the European Union. *Journal of Common Market Studies*, Vol. 39, No. 4/2001, S. 709 und 711.

12. Streitpunkt 2002: die Gemeinsame Agrarpolitik und die Osterweiterung

Anfang 2002 begann eine neue Phase im Prozess der Beitrittsverhandlungen. Die Kommission wollte in der ersten Hälfte des Jahres 2002 die verbleibenden Kapitel abschließen, die bereits mit einzelnen Bewerberländern eröffnet wurden. Für das Jahr 2002 standen die finanzstarken Kapitel für die Beitrittsverhandlungen an: außer Kapitel 7 „Landwirtschaft" handelte es sich auch um Kapitel 21 „Regional- und strukturpolitische Instrumente" und Kapitel 29 „Finanz- und Haushaltsvorschriften". Die Europäische Union sollte ihre Verhandlungspositionen zu den letzten fünf Kapiteln in der ersten Hälfte des Jahres festlegen. Kapitel 30 „Institutionen" und Kapitel 31 „Sonstige Fragen" sollten erst nach Abschluss aller übrigen Kapitel angegangen werden.[910] Das Jahr 2002 gehörte zur politischen Phase des Erweiterungsprozesses. Es handelte sich nicht nur um eine rasche Fortsetzung administrativer Vorgänge, sondern auch um eine endgültige Konsensfindung bezüglich der Finanzierung der Osterweiterung. Die „alten" Mitgliedstaaten standen unter besonderem Zeitdruck, weil die Union die hohen Erwartungen der Beitrittsländer nicht enttäuschen wollte.

Fallbeschreibung

Im Zuge der Erweiterungsverhandlungen zwischen der Europäischen Union und den Beitrittskandidaten im Zeitraum 1998–2002 wurden zunehmend Fragen der Finanzierung in der öffentlichen Diskussion in der Bundesrepublik Deutschland laut. Die wichtigsten Entscheidungen zum Finanzrahmen für die Jahre 2000–2006 fielen in Berlin während der Verhandlungen über *die Agenda* 2000. Eine ebenso finanzrelevante Frage war die Einbeziehung der Länder Mittel- und Osteuropas in die Gemeinsame Agrarpolitik (GAP). Im Rahmen der

---

910 Arbeitsdokument Nr. 2 über die finanziellen Auswirkungen der EU-Erweiterung, Berichterstatter: Reimer Böge, 13. März 2002, Haushaltsausschuss, Europäisches Parlament, S. 2.

Analyse der letzten Phase der Beitrittsverhandlungen im Jahre 2002 wurde der deutschen Einstellung zur Frage der Direktbeihilfen für die osteuropäischen Landwirte besondere Aufmerksamkeit geschenkt. Die Agrarfrage wurde bis in die Schlussverhandlungen in Kopenhagen hinein heftig diskutiert. Es ging um die Interpretation der *Agenda 2000*. Dieses Dokument ging von dem Beitritt von sechs Ländern im Jahre 2002 aus. Es war die Frage zu klären, was mit den Geldern für die Jahre 2002 und 2003 geschehen sollte und wie hoch die Summe im Jahr 2004 sein sollte.

Hypothese

Diese Fallstudie ist als Ergänzung zum Thema des achten Kapitels dieser Arbeit zu betrachten, das die rigorose deutsche Forderung nach einer Senkung des Nettobeitrags in den EU-Haushalt thematisierte. Die Ergebnisse der ersten Fallstudie in Kapitel 8 dieser Arbeit zeigten in Bezug auf die deutsche Europa- und Erweiterungspolitik: 1. eine Kontinuität in der allgemeinen Unterstützung des Erweiterungs- und Integrationsprozesses; 2. eine Änderung in der Betonung der finanziellen Interessen der BRD und der Minimierung der haushaltsbedingten Folgen der Integration für Deutschland. Ausgehend von dieser Feststellung werden auch die Hypothesen der letzten vorliegenden Fallstudie formuliert.

Die Debatte um die Direktbeihilfen im Rahmen der Beitrittsverhandlungen symbolisierte nicht nur das deutsche Streben nach einer Reduzierung der kostenträchtigen Gemeinsamen Agrarpolitik der Europäischen Union, sondern auch zunehmend die unterschiedlichen Ansichten Deutschlands in Bezug auf die grundlegenden europäischen Belange. So wagte die Regierung Schröder viel öfter als die Regierung Kohl eine offene Konfrontation mit anderen Mitgliedstaaten der Europäischen Union. Dies soll diese Fallstudie am Beispiel der Agrarfragen bezüglich der Osterweiterung beleuchten.

12.1 Die Kommissionsvorschläge zur Agrarreform

Die Verhandlungen über das Kapitel „Landwirtschaft" begannen schon im Juni 2000 mit der so genannten Luxemburg-Gruppe der Beitrittskandidaten. Seit Juni 2001 liefen auch die Verhandlungen über die Agrarfragen mit der so genannten Helsinki-Gruppe, mit Lettland, Litauen und der Slowakei. Allerdings sollte die Lösung der schwierigen Aspekte der Gemeinsamen Agrarpolitik (Verhandlungskapitel 7) verschoben und erst im Jahr 2002 in Angriff genommen werden. Die Europäische Kommission ging dabei weiterhin von dem gewünschten Szenario aus, dass mit den 10 Ländern (ohne Bulgarien und Rumänien) die Beitrittsverhandlungen Ende 2002 abgeschlossen seien und diese Länder im Jahre 2004 der Europäischen Union beitreten würden.

Die Europäische Union musste Anfang 2002 im Bereich der Agrarpolitik eine gemeinsame Verhandlungsposition gegenüber den Beitrittsländern suchen und gemeinsame Standpunkte zu den Direktzahlungen, den Produktionsquoten sowie zur Entwicklung des ländlichen Raums festlegen. Die Agrarfragen waren im Zusammenhang mit der Osterweiterung aus mehreren Gründen von besonderer Bedeutung. Die geplanten Lösungen in der Agrarpolitik wurden vom Charakter der Erweiterung entscheidend beeinflusst.[911] Die Landwirtschaft stellte auch nach der Wende 1989/1990 weiterhin einen wichtigen Faktor in den Wirtschafträumen der Beitrittskandidaten dar. Noch im Jahr 2001 waren beispielsweise in Polen 18 % der Arbeitskräfte im landwirtschaftlichen Sektor beschäftigt, wohingegen in der Europäischen Union im Durchschnitt nur 4,5 % der Arbeitskräfte Landwirte waren.[912] Die EU-Erweiterung um die MOE-Länder war eine „grüne Erweiterungsrunde". Es kamen klassische Agrarländer hinzu, die großes Interesse daran hatten, den erreichten Stand der Errungenschaften der Gemeinsamen Agrarpolitik zu erhalten.[913]

Die gemeinsamen Standpunkte der EU sollten so gestaltet werden, dass sie die Anstrengungen der Beitrittsländer zur Umstrukturierung und Modernisierung ihrer Agrarwirtschaften unterstützen. Die Reformen in der Europäischen

---

911 Die Lösungsalternativen für die Gemeinsame Agrarpolitik bezüglich der Osterweiterung: Daugbjerg, Carsten/Swinbank, Alan: The CAP and the EU Enlargement: Prospects for an Alternative Strategy to Avoid the Lock-In of CAP Support. *Journal of Common Market Studies*, Vol. 42, Issue 1/2004, S. 99–119.

912 http://lehrerfortbildung-bw.de/faecher/gkg/bsg-gk/themen/europa/material/eu_agrarpolitik.htm; Beispielsweise in Tschechien stellten Beschäftigte in der Landwirtschaft 5,3 % aller Beschäftigten, in Slowenien 10,2 %; in Litauen aber 20,2 %; demgegenüber in Deutschland waren es 2,6 %, in Belgien 1,9 % und in Österreich 6,1 %.

913 Vgl. Dr. Banse, Institut für Agrarökonomie, in: Protokoll der 59. Sitzung (öffentliche Anhörung) des Ausschusses für die Angelegenheiten der Europäischen Union und der 57. Sitzung des Ausschusses für Ernährung, Landwirtschaft und Forsten am 17. Januar 2001, zum Thema „Auswirkungen der EU-Osterweiterung auf die Gemeinsame Agrarpolitik und die Regionen", S. 52.

Union in den Jahren 1992 und 1999 brachten eine Kürzung der Stützungspreise für die landwirtschaftlichen Produkte. Zum Ausgleich für die Senkung der Stützungspreise wurden Direktzahlungen eingeführt.[914] Die Direktzahlungen wurden im Anhang zur Verordnung des Rates (EG) Nr. 1259/1999 aufgeführt. Sie schlugen konsequenterweise stärker in Frankreich und Spanien zu Buche und summierten sich in der deutschen Nettobilanz zu einem Defizit von jährlich 4,3 Mrd. Euro.[915]

Ende Januar 2002 stellte Erweiterungskommissar Günter Verheugen ein Finanzkonzept für die Erweiterung vor. Sein Konzept sah Ausgaben von 40,2 Mrd. Euro für die ersten drei Jahre nach der geplanten Erweiterung 2004 vor. Die beschlossene *Agenda 2000* veranschlagte für die Erweiterung 42,6 Mrd. Euro. Die EU ging damals davon aus, dass der Union bereits 2002 sechs Staaten beitreten würden. Nach neueren Vereinbarungen war die Aufnahme von zehn Ländern erst im Jahre 2004 geplant. Die dadurch 2002 und 2003 nicht genutzten Mittel konnten folglich auf die Jahre 2004–2006 umgelegt werden. In den Beschlüssen des Europäischen Rates von Berlin 1999 über den Finanzplan der Osterweiterung wurden die Direktzahlungen allerdings nicht ausdrücklich erwähnt.[916] Damit stellte sich 2002 erneut die Frage, wie die Einführung der Direktzahlungen in den neuen Mitgliedstaaten gestaltet werden sollte.

Die Bewerberländer verlangten in ihren Verhandlungspositionen, dass ihren Landwirten nach dem Beitritt Direktzahlungen im gleichen Umfang gewährt werden sollten wie den Landwirten in den fünfzehn „alten" EU-Staaten. Obwohl die Direktzahlungen im Finanzrahmen für die Erweiterung nicht direkt berücksichtigt wurden, schlossen die Vereinbarungen vom März 1999 nicht aus, dass die Direktzahlungen für die neuen Mitglieder künftig eingeführt würden.

Die EU-Kommission schlug zuerst vor, bereits 2004 in die Direktzahlungen für osteuropäische Bauern einzusteigen. Sie wies allerdings auf das Risiko hin, dass die hohen Direktzahlungen eine Verlangsamung der notwendigen

---

914 Erweiterung und Landwirtschaft: Die erfolgreiche Integration der neuen Mitgliedstaaten in die GAP. Diskussionspapier, Dokument SEK(2002) 95, Brüssel, den 30. Januar 2002, S. 5.

915 Ausführlich: *Europa Aktuell*, Jg. 2, Nr. 11/2002, zusammengestellt vom Wissenschaftlichen Dienst des Deutschen Bundestages, S. 52.

916 Europäischer Rat, Sondertagung am 24. und 25. März in Berlin, Schlussfolgerungen des Vorsitzes.

Restrukturierung der Landwirtschaft in Osteuropa herbeiführen könnten. Die Kommission bevorzugte deshalb die Einführung der Direktzahlungen auf einem niedrigen Niveau. Die Zahlungen hätten somit zur Stabilisierung der landwirtschaftlichen Einkommen beitragen können, ohne den Restrukturierungsprozess zu beeinträchtigen.[917] Laut Kommissionsvorschlag sollte das Niveau für 2004 bei 25 % und für 2005 bei 30 % der Zahlungen in der „alten" EU liegen und schrittweise bis 2013 auf 100 % des geltenden Stützungsniveaus aufgestockt werden.[918]

In den Fällen, in denen die vor dem Beitritt gewährten nationalen Beihilfen höher waren als die für das jeweilige Jahr geplanten Direktzahlungen, hätte jeder Mitgliedstaat die Möglichkeit erhalten, die nach dem geplanten Muster gewährten Direktzahlungen bis zu dem vor dem Beitritt geltenden Gesamtniveau zu ergänzen. Das ursprüngliche Niveau der Zahlungen in den gegenwärtigen Mitgliedstaaten hätte dabei nicht überschritten werden dürfen.[919] Diese oben genannte Ausnahmeregelung sollte nach Ansicht der Kommission Kritik verhindern, die den EU-Beitritt für die Reduzierung der Subventionen für die Landwirte verantwortlich machte. Die Pläne der Europäischen Kommission blieben aber besonders hinter den polnischen Forderungen zurück. Der Kommission war bewusst, dass die Erweiterung in Polen ohne die Direktzahlungen scheitern würde. Deshalb blieb sie bei einer Kompromissposition der schrittweisen Einführung der direkten Einkommenszahlungen.[920]

Die deutsche Regierung interpretierte die *Agenda 2000* allerdings nachteilig für die Beitrittsländer und stellte sich gegen die Ausdehnung von Direktzahlungen auf die Landwirte der neuen Mitgliedstaaten. Sie führte das Argument an, dass die Landwirte in den EU-Beitrittsländern von der Senkung der Stützpreise in der Europäischen Union nicht betroffen sind und daher auf die Ausgleichszahlungen keinen Anspruch hätten. Dies war der Kern der offiziellen deutschen Position.[921] Auch die anderen Nettozahler kündigten Protest an.

---

917 Erweiterung und Landwirtschaft. Diskussionspapier. Dok SEK 95/2002, Brüssel, 30. Januar 2002, S. 7.

918 Näher zum finanzpolitischen Hintergrund: Monitor EU-Erweiterung. Mittel- und Osteuropa, Nr. 7 vom 26. März 2002, Deutsche Bank Research, S. 17f.

919 Erweiterung und Landwirtschaft. Diskussionspapier. Dok SEK 95/2002, Brüssel, 30. Januar 2002, S. 8.

920 *Frankfurter Allgemeine Zeitung* vom 30. Januar 2002.

921 Vgl. Tewes, Henning: Rot-Grün und die Osterweiterung der Europäischen Union. In: Maull, Hans/Harnisch, Sebastian/Grund, Constantin (Hrsg.): Deutschland im Ab-

Außer Deutschland verlangten Großbritannien, die Niederlande und Schweden eine Verringerung der Agrarausgaben. Die Position von Großbritannien bezüglich der Agrarpolitik wird verständlicher, wenn sie im Kontext der Nettozahlerdebatte betrachtet wird. Die Briten hatten eine effiziente und exportorientierte Landwirtschaft, die allerdings nur 1,5 % der Arbeitskräfte des Landes bei einer Nutzfläche von 15,7 Millionen ha beschäftigte.[922] Die Rückflüsse aus der EU-Kasse, die in der Form der Agrarsubventionen nach Großbritannien geflossen sind, waren wie im Fall Deutschlands sehr niedrig. Die Regierung Blair wollte die Direktzahlungen zeitlich begrenzen und ihre Verteilung im Hinblick auf die Produktion degressiv gestalten. Eine radikale Reform der Gemeinsamen Agrarpolitik hätte laut britischer Meinung die finanziellen Lasten erträglicher gemacht und gleichzeitig verhindert, dass die neuen Unionsmitglieder anders behandelt werden als die Mitglieder der alten EU-15. Tony Blair bevorzugte auch die Variante einer Kofinanzierung der Agrarpolitik aus den nationalen Haushalten.[923] Im Hintergrund der britischen Reformbemühungen stand die Absicht, die deutschen Nettobeiträge zu senken, ohne allerdings den britischen Beitragsrabatt anzutasten.[924]

Die EU-Haushaltskommissarin Michaele Schreyer stellte zu der deutschen und britischen Position fest, dass der Kommissionsvorschlag zwar Direktzahlungen an Landwirte vorsehe, die in der *Agenda 2000* nicht eingeplant waren, gleichzeitig aber volle Beitragszahlungen der neuen Mitglieder in den EU-Haushalt verlange.[925] Die spanische Ratspräsidentschaft begrüßte die Kommissionsvorschläge, Direktbeihilfen im begrenzten Maß in den Beitrittsländern einzuführen. Laut dem spanischen Ministerpräsidenten José Maria Aznar wären die Einkommensbeihilfen für die Bauern ein fester Bestandteil der europäi-

---

seits? Rot-grüne Außenpolitik 1998–2003. Baden-Baden 2003, S. 85f.

922 Die o. g. Angaben sind für das Jahr 2001, vgl. http://lehrerfortbildung-bw.de/faecher /gkg/bsg-gk/themen/europa/material/eu_agrarpolitik.htm

923 Dieses Konzept der „nationalen Kofinanzierung" bevorzugte auch der bayerische Ministerpräsident Edmund Stoiber.

924 Zu den britischen Positionen zur Reform der GAP näher: Lippert, Barbara/Hughes, Kirsty/Grabbe, Heather/Becker, Peter: British and German Interests in EU Enlargement. Conflict and Cooperation. London/New York 2001, S. 90 ff.

925 Rede der EU-Haushaltskommissarin Michaele Schreyer vor dem Ecofin, Treffen der Finanzminister am 12. Februar 2002.

schen Gesetzgebung.[926] Die Spanier wandten sich damit gegen die Forderungen der Nettozahler in der Europäischen Union, vor allem gegen die Vorschläge der niederländischen Regierung, die Agrar-Direktbeihilfen künftig zu reduzieren.

Die spanische Ratspräsidentschaft wollte keine Grundsatzdebatte über die europäische Agrarpolitik und keine Verknüpfung der Agrarreform mit den Erweiterungsverhandlungen. Im Interesse der Präsidentschaft lag eine schnelle Herausbildung einer gemeinsamen Position der Europäischen Union in der Agrarfrage gegenüber den Beitrittsländern. Damit wandten sich die Spanier gegen das Vorhaben der Bundesrepublik Deutschland.

12.2 Deutschland und die Direktzahlungen für die Landwirte

Im Hintergrund der politischen Äußerungen oberster deutscher Repräsentanten zu den Agrarfragen stand die Angst vor der bevorstehenden steigenden finanziellen Belastung für Deutschland, die nach der Übertragung der bisherigen Gemeinsamen Agrarpolitik auf die Beitrittsländer nach 2006 drohte. Der führenden Regierungspartei SPD zufolge hätte Deutschland in der Agrarpolitik und in der Erweiterung nicht die eigene künftige Nettozahlerposition ignorieren dürfen.[927] Das Ergebnis der deutschen Kalkulation machte deutlich, dass die Einführung der Direktzahlungen für die Beitrittskandidatenländer den in Berlin beschlossenen Finanzrahmen um 7,6 Milliarden Euro überschreiten würde. Davon hätte künftig rund 2 Milliarden Euro die Bundesrepublik Deutschland zu tragen gehabt.[928] Eine derartige Verschlechterung der Nettozahlerposition erklärte die Bundesregierung für unannehmbar.[929]

---

926 *Handelsblatt* vom 4. 2. 2002.
927 Erklärung vom europapolitischen Sprecher der SPD-Bundestagsfraktion Günter Gloser vom 17. Juli 2002.
928 Die Zahl 2 Mrd. Euro geht auf die eigenen deutschen Berechnungen zurück; vgl. *Frankfurter Allgemeine Sonntagszeitung* vom 16. 6. 2002 (G. Schröder: Neue Direktbeihilfen sind für Deutschland zu teuer!).
929 Vgl. Müller-Brandeck-Bocquet, Gisela: Deutsche Leadership in der Europäischen Union? Die Europapolitik der rot-grünen Bundesregierung 1998–2002. In: Müller-Brandeck-Bocquet, Gisela et al. (Hrsg.): Deutsche Europapolitik von Konrad Adenauer bis Gerhard Schröder. Opladen 2002, S. 190.

Die Regierung Schröder-Fischer war vor der Bundestagswahl 2002 in einer finanziell schwierigen Lage und wollte deshalb die deutschen Nettobeiträge in die EU-Kasse nicht weiter ausbauen. Die Prognosen der Finanzsituation der öffentlichen Haushalte in Deutschland deuteten zwar an, dass die Einnahmen des Staates 2002 insgesamt um 1,2 % höher sein würden als im Vorjahr. Dennoch sollte das Verhältnis von Einnahmen und Ausgaben im Jahr 2002 ein Finanzierungssaldo von rund 68 Mrd. Euro aufweisen.[930] Außerdem verpflichtete sich die Bundesrepublik Deutschland mit der Ratifizierung des Stabilitäts- und Wachstumspaktes im Jahre 1997 zu einem ausgeglichenen Haushalt. Die Neuverschuldung der öffentlichen Haushalte von Bund, Ländern und Gemeinden schnellte 2001 bereits auf 2,6 % des Sozialprodukts hoch. Aus der Sicht des für die Währungspolitik zuständigen EU-Kommissar Pedro Solbes war das deutsche Defizit zu nahe an der zulässigen Obergrenze von 3 % und damit Auslöser für eine Frühwarnung der Europäischen Kommission an Deutschland.[931] Die Bundesregierung konnte Anfang 2002 nur mit dem Versprechen, einen nahezu ausgeglichenen Haushalt bis 2004 zu erreichen, einen „blauen Brief" aus Brüssel abwenden.[932] Im Streit mit der Kommission um die deutsche Einhaltung des Stabilitätspaktes verteidigte Deutschland unter Gerhard Schröder mit erheblichem Einsatz seine Interessen in Brüssel. Von der Forderung der Kommission, die Bundesrepublik Deutschland müsse bis 2004 einen ausgeglichenen Haushalt erreichen, blieb am Ende lediglich die Verpflichtung zu einer „nahezu ausgeglichenen Haushaltsposition".[933]

Die hohen deutschen Budgetdefizite und die Gefahr, die für eine funktionierende Währungsunion vorgegebenen Regeln nicht einhalten zu können, spiegelten sich in den deutschen Reaktionen bezüglich der Zukunft der kostenträchtigen Gemeinsamen Agrarpolitik und des direkten Beihilfensystems wider. Die Beihilfen machten über 60 % der Agrarausgaben in Europa aus. Die Bundesregierung strebte nach einer Reform der EU-Agrarpolitik für die Zeit nach 2007, die noch vor der definitiven Aufnahme neuer Mitglieder im Frühjahr

---

930 Statistisches Bundesamt (Fachserie 18: Volkswirtschaftliche Gesamtrechnungen); Prognose der Institute; ausführliche Analyse, DIW-*Wochenbericht* Nr. 43/2002, S. 734 ff.

931 Näher Janning, Josef: Die Bundesrepublik Deutschland. In: Weidenfeld, Werner/Wessels, Wolfgang (Hrsg.): Jahrbuch der Europäischen Integration 2001/2002. Bonn 2002, S. 306.

932 Vgl. DIW-*Wochenbericht* Nr. 43/2002, S. 750.

933 Janning, Josef: Die Bundesrepublik Deutschland. In: Weidenfeld, Werner/Wessels, Wolfgang (Hrsg.): Jahrbuch der Europäischen Integration 2001/2002, S. 307.

2004 beschlossen werden sollte. Die Reformverhandlungen im Kreis der um zehn Staaten erweiterten EU wären laut Bundesregierung noch schwieriger als in der EU-15.[934] Nach ihrer Ansicht ließen sich die Direktzahlungen nur einführen, wenn sie gleichzeitig in der gesamten EU gekürzt würden.

Langfristig wollte die Bundesregierung die Direktzahlungen in der ganzen EU kürzen und den Anteil der Agrarausgaben am EU-Gesamthaushalt verringern. Auf dieses Ziel hatten sich schon im Januar 2002 Kanzleramtschef Frank-Walter Steinmeier, Finanzminister Hans Eichel, Verbraucherschutzministerin Renate Künast und Außenminister Joschka Fischer in einer Ressortabstimmung geeinigt.[935] Ein weiterer Grund, warum Deutschland die Vorschläge der Europäischen Kommission zur schrittweisen Einführung von Direktzahlungen in den neuen Beitrittsländern ablehnte, war der Versuch, die Zustimmung Frankreichs für den eigenen Plan zur Agrarreform zu gewinnen. *In puncto* der Nichtgewährleistung von Direktbeihilfen für die osteuropäischen Landwirte waren sich Bundeskanzler Gerhard Schröder und Frankreichs Staatspräsident Jacques Chirac einig. Der potenzielle Konflikt zwischen Deutschland und Frankreich um die Agrarpolitik war damit aber nicht bereinigt. Die Franzosen fürchteten vor allem eine Debatte um die Kürzung der für Frankreich wichtigen Tier- und Flächenprämien im Zusammenhang mit den Direktzahlungen an die Länder Mittel- und Osteuropas.

Frankreich war der größte Nutznießer der Agrarhilfen und betrachtete die Gemeinsame Agrarpolitik (*Politique Agricole Commune*) als historischen *acquis* der Europäischen Union. Wenn jemand versuchte, die Gemeinsame Agrarpolitik anzutasten, wurde dies in Frankreich damit gleichgesetzt, er wolle den Kernbestand der Gemeinschaft angreifen.[936] Der deutsche Ansatz, die finanziellen Lasten der Unionsmitglieder zu reduzieren, stieß deshalb auf entscheidenden Widerstand in Frankreich. Deutschland und Frankreich waren seit der Gründung der Gemeinschaft der Motor für die Integration gewesen. Am Anfang der Gemeinschaft, bei den Römischen Verträgen 1957, hatte es einen Kompromiss gegeben. Frankreich hatte eigene landwirtschaftliche Interessen, Deutschland seine industriepolitischen Interessen realisiert. Mit der deutsch-französischen Ablehnung von Direktzahlungen für Osteuropa wurde die Osterweiterung *de*

---

934   *Handelsblatt* vom 6. Februar 2002.
935   *Handelsblatt* vom 5. Februar 2002.
936   *Handelsblatt* vom 13. Juni 2002 (besonders: Eric Bonse: Schröders eskapaden irritieren Europa.).

facto mit der Reform der Gemeinsamen Agrarpolitik verzahnt. Dies geschah weniger als ein Jahr vor dem geplanten Abschluss der Beitrittsverhandlungen in Kopenhagen im Dezember 2002. Damit entstand die Gefahr, dass eine parallele Debatte beide Themenkomplexe blockieren würde.

Die Bundesregierung versprach sich von der Halbzeitbewertung der *Agenda 2000*, die 2002 stattfinden sollte, einschneidende Reformschritte in der GAP. Die deutsche Regierung forderte in diesem Zusammenhang eine grundlegende Neuausrichtung der EU-Agrarpolitik aufgrund veränderter Rahmenbedingungen. Die Direktzahlungen sollten von der Produktion entkoppelt und die finanziellen Mittel zur Verstärkung der Maßnahmen der ländlichen Entwicklung eingesetzt werden. Was die Osterweiterung betraf, sollte die in Berlin bis 2006 beschlossene Finanzobergrenze strikt eingehalten werden.[937] In der laufenden Periode von 2000 bis 2006, die durch die Verabschiedung der *Agenda 2000* eingeleitet wurde, sollten sogar stufenweise die Ausgaben der Gemeinsamen Agrarpolitik verringert und die größten Einsparungen gerade im Bereich der Direktzahlungen vorgenommen werden.

12.3 Die Agrarreform und die Osterweiterung – ein Junktim?

Die deutschen Repräsentanten positionierten sich 2002 gegen die Agrarbeihilfen, aber eindeutig für die Osterweiterung. Bundeskanzler Gerhard Schröder bekräftigte ausdrücklich seinen Willen, dass die Beitrittsverhandlungen bis Ende 2002 erfolgreich abgeschlossen sein sollten.[938] Daraus wird ersichtlich, dass die Bundesregierung die Beitritte der zehn MOE-Länder im Jahre 2004 weiterhin für realistisch hielt.[939] Doch war die Bundesrepublik Deutschland nicht bereit, vorzeitig auf einen Agrarkompromiss einzugehen. Alle Kompromissbemühungen des spanischen Ratsvorsitzes in der ersten Hälfte 2002 waren folglich zum Scheitern verurteilt. Der Europäische Rat in Sevilla wollte deshalb

---

937 Positionspapier der Bundesregierung zur Halbzeitbewertung der Agenda 2000 (Gemeinsame Agrarpolitik), BMVEL, 9. Juli 2002.

938 *Frankfurter Allgemeine Zeitung* vom 16. Juni 2002.

939 Vgl. Dr. Ludger Volmer, Staatsminister im Auswärtigen Amt, in: Stenographischer Bericht der 235. Sitzung des Deutschen Bundestages vom 15. Mai 2002, amtliche Seiten 23420–23422 (Fragestunde zur Erweiterung der Europäischen Union), S. 23420.

die Halbzeitbewertung der *Agenda 2000*, also die Reformüberlegungen der EU-Kommission, abwarten.

Die deutsche Kritik an der GAP kam weniger aus den Reihen der Grünen, sondern aus der macht- und haushaltspolitischen Perspektive des Kanzleramtes und des Finanzministeriums. Im Gegensatz zu Außenminister Joschka Fischer, der für die Notwendigkeit der Osterweiterung plädierte, setzte sich im Kabinett Finanzminister Hans Eichel mit Kritik gegen die geplante EU-Reform durch. Eichels Initiative führte dazu, dass die Bundesregierung eine klare Verknüpfung von Agrarreform und Erweiterung herstellte. Laut Finanzminister Eichel mussten die Direktzahlungen für die Landwirte spürbar zurückgeführt werden, um Finanzierungsspielraum für die Erweiterung zu schaffen. Diese Forderung bedeutete praktisch die Aufforderung zur Änderung der *Agenda 2000*-Beschlüsse, welche die Ausgaben für die Agrarpolitik bis 2006 festgeschrieben hatten.[940] In diesem Punkt geriet Deutschland wiederum in einen großen Gegensatz zu Frankreich. Schon bei seinem Besuch in Berlin im Juni 2002 äußerte sich der französische Landwirtschaftsminister Hervé Gaymard zur Osterweiterung: „Zwischen Agrarpolitik und Erweiterung gibt es keinen Zusammenhang!"[941]

Deutschland bestand 2002 auf einer langfristigen Klärung der EU-Finanzierung. Der Bundesregierung zufolge gab es zwei Optionen zur Lösung des Problems von Direktbeihilfen. Entweder hätte die Agrarpolitik aus nationalen Haushalten kofinanziert werden können oder die Methode „kein *phasing-in* ohne *phasing-out*" durchgesetzt werden können. Die erste Lösung war für Frankreich völlig inakzeptabel, die andere hätte vorausgesetzt, dass der Einstieg in die Direktbeihilfen bei den Beitrittsländern mit einer Senkung der Direktbeihilfen in den alten EU-Mitgliedstaaten finanziell kompensiert worden wäre. Joschka Fischer sah ein langfristiges Hereinwachsen der Beitrittskandidaten bei gleichzeitigem Absenken und einer Veränderung der gesamten Agrarfinanzierungsstruktur als einen Kompromiss und deshalb eine mögliche Perspektive.[942]

---

940   *Die Welt* vom 11. Juli 2002.
941   Ebd.
942   Joschka Fischer zu TOP 1: Unterrichtung duch den Bundesminister des Auswärtigen über den Europäischen Rat Sevilla vom 21./22. Juni 2002; Protokoll der 100. Sitzung (öffentliche Sondersitzung) des Ausschusses für die Angelegenheiten der Europäischen Union am 25. Juni 2002, S. 34.

Einige deutsche Vorschläge wurden von der Europäischen Kommission auch aufgegriffen. In der Halbzeitbewertung der *Agenda 2000* schlug die Kommission vor, die Direktbeihilfen von der Produktion abzukoppeln und durch eine betriebsbezogene Einkommenszahlung zu ersetzen. Die Beihilfen sollten künftig als jährliche Pauschalzahlungen gewährt und an strenge Auflagen für den Umwelt- und Tierschutz gebunden werden.[943] Im Grunde war der Kommissionsvorschlag, die produktbezogenen Beihilfen schrittweise abzubauen und durch betriebsbezogene Direktbeihilfen zu ersetzen, im Sinne der europapolitischen Reformvorschläge der deutschen SPD.[944] Die Gesamtkonzeption entsprach jedoch nicht ganz den deutschen Sparforderungen, da sich damit die Gesamtausgaben für die Agrarpolitik von jährlich rund 44 Milliarden Euro nicht änderten. Die deutsche Haushaltskommissarin Michaele Schreyer stimmte zusammen mit dem französischen EU-Kommissar Michael Barnier und der spanischen Verkehrskommissarin Loyola de Palacio gegen die Reformvorschläge von Agrarkommissar Franz Fischler.

Der EU-Kommissar für die Osterweiterung Günter Verheugen klagte über die schwierige Einigung bei den Finanzfragen innerhalb der Europäischen Union. Er schloss schon im Vorfeld des Gipfels in Sevilla nicht aus, „dass die Einzelfragen des Agrarkapitels, die Agrarquoten und vor allem die Frage der direkten Einkommensbeihilfen bis zum Schluss [der Beitrittsverhandlungen] auf dem Tisch liegen werden".[945] Er warnte gleichzeitig vor einer Verzögerung des EU-Beitritts der MOE-Länder, die dadurch zustande kommen könnte, dass sich die Mitgliedstaaten untereinander nicht einigen könnten. Die Kosten der Erweiterung müssten laut Verheugen immer im Zusammenhang mit den Kosten der Nicht-Erweiterung betrachtet werden. Bei jeder finanzpolitischen Auseinandersetzung sollte in Betracht gezogen werden, dass auch ohne den Beitritt eine Stabilisierung Osteuropas notwendig sei.

---

943 „Mid-term review of the CAP", Speaking Points for the Press Conference, Romano Prodi, President of the European Commission, Brussels, 10 July 2002, S. 4; vgl. Halbzeitbewertung der Gemeinsamen Agrarpolitik, KOM 394/2002 endgültig.

944 Non-Paper „Europapolitische Ziele der SPD-Bundestagsfraktion für die 15. Legislaturperiode 2000–2006" der Arbeitsgruppe Europäische Union, Deutscher Bundestag.

945 Rede von Günter Verheugen, Mitglied der Europäischen Kommission „Es muss über die Kosten der Erweiterung, aber bitte auch der Nicht-Erweiterung, gesprochen werden" gehalten am 12. Juni 2002 vor dem Europäischen Parlament (SPECH/02/280), Strasbourg, S. 4.

Mit den Kommissionsvorschlägen während der spanischen Ratspräsidentschaft wird verständlich, dass sie auf eine möglichst rasche Einigung unter den Alt-Mitgliedern abzielten. Die Kommission legte solche Verhandlungsvorschläge zum Agrarbereich vor, welche die notwendige Fortsetzung der Reform der GAP weder präjudizierten noch behinderten. Von Bedeutung war dies besonders im Hinblick auf die Zukunftsentwicklung der Integration, die mit Hypotheken aus nötigen Reformen nicht belastet werden sollte.

Vor dem Hintergrund der oben vorgelegten Analyse kann feststellt werden, dass es der deutschen Regierung bei der Debatte um die GAP nicht nur um die angekündigte Verbesserung der Nettozahlerposition von Deutschland ging, sondern um eine breiter gefasste Debatte über Solidarität in der Europäischen Union, über eine substantielle Agrarreform, die das System der Gemeinsamen Agrarpolitik finanzierbar und verträglich für alle Beteiligten gemacht hätte.[946]

12.4 Regierung versus Opposition – zur europapolitischen Debatte

Aus den Oppositionsreihen wurde die rot-grüne Regierung für ihre Positionierung gegenüber der EU heftig angegriffen. Die Kritik an Gerhard Schröder ist in diesem Fall im Zusammenhang mit dem Wahlkampf vor der Bundestagswahl 2002 zu sehen. Im Grunde entsprach die europapolitische Position der Bundesregierung der langfristigen Konzeption der deutschen Christdemokraten. Das harte deutsche Auftreten in der Agrarfrage wurde aber von Teilen der Opposition richtig in den mittelfristigen Kontext der rot-grünen Europapolitik gestellt. Die führenden Parlamentarier der CDU/CSU sahen die Verantwortung der Bundesregierung für die Verschlechterung des deutsch-französischen Verhältnisses und der traditionell sehr fairen europapolitischen Beziehungen zu den kleinen Staaten der Union. In dieser Hinsicht „belastet die Weise, auf welche die rot-grüne Bundesregierung das Thema der Zukunft der Agrarpolitik behandelte, in der Tat enorm die deutsch-französischen Beziehungen," äußerte

---

946 Abg. Christian Sterzing (Bündnis 90/Die Grünen), in: Protokoll der 100. Sitzung (öffentliche Sondersitzung) des Ausschusses für die Angelegenheiten der Europäischen Union am 25. Juni 2002, S. 32; vgl. Hans Eichel, Bundesminister der Finanzen, in: Stenographischer Bericht der 236. Sitzung des Deutschen Bundestages vom 16. Mai 2002, amtliche Seiten 23572–23588 (Anträge zum EU-Verfassungskonvent).

sich Peter Hintze, europapolitischer Sprecher der CDU/CSU-Fraktion im Deutschen Bundestag.[947]

Gerhard Schröder wurde nicht allein für die Tatsache kritisiert, dass er die deutschen „nationalen" Interessen klar formulierte. „Im Gegensatz zu Helmut Kohl war die deutsche Politik der rot-grünen Bundesregierung sogar ehrlicher und transparenter."[948] Mit der Benennung der „nationalen" Interessen wurde laut CDU/CSU aber die deutsche Politik nicht kalkulierbarer, wie hätte erwartet werden können. Die europapolitischen Forderungen von Gerhard Schröder hatten keine Kontinuität.[949] Das hatte einerseits mit den veränderten finanzpolitischen Bedingungen zu tun, andererseits mit dem Regierungsstil des Bundeskanzlers, der sich bei politischen Entscheidungen oft an Meinungsumfragen orientierte. Gerhard Schröder verfolgte vorwiegend ein kurzfristiges und taktisches Kalkül.[950] Das Problem der rot-grünen Regierung war, dass sie „die Projekte nicht langfristig festhielt, die sich (auch in der EU) nicht kurzfristig umsetzen ließen."[951]

Ein anschauliches Beispiel dieses Politikstils war die Positionierung der Bundesregierung gegen die USA in der Frage der „Irak-Politik" im August und September 2002. Vor Beginn der Endphase des Wahlkampfs beschloss das Präsidium der SPD, die Debatte um eine mögliche Beteiligung an einem militärischen Vorgehen gegen den Irak zum Wahlkampfthema zu machen. Für Schröders Taktik waren die Ergebnisse der Meinungsumfragen entscheidend. Sie hatten gezeigt, dass sich die Mehrheit der Bevölkerung keine deutsche Mitwirkung an einer Irak-Invasion wünschte.[952] Die deutsche Diplomatie wurde

---

947 www. bundestag.de/aktuell/hib (Dienstag, den 25. Juni 2002); vgl. Abg. Peter Hintze (CDU/CSU), in: Protokoll der 100. Sitzung (öffentliche Sondersitzung) des Ausschusses für die Angelegenheiten der Europäischen Union am 25. Juni 2002, S. 31.

948 Persönliches Gespräch mit Dr. Jutta Tiedtke, SPD-Fraktion im Deutschen Bundestag, Referentin für Europapolitik, Berlin, am 26. Mai 2003.

949 Dies könnte beispielsweise an der deutschen Einstellung zum „Stabilitätspakt" oder sehr anschaulich an den deutsch-französischen Beziehungen im Zeitraum 1999–2003 dargelegt werden.

950 Bestätigt im persönlichen Gespräch mit einem hohen außen- und europapolitischen Berater der CDU.

951 Persönliches Gespräch mit Michael Stübgen, CDU, Mitglied des Deutschen Bundestages, Vorsitzender der Landesgruppe Brandenburg der CDU/CSU-Fraktion, Berlin, am 24. Juni 2003.

952 Ausführliche Analyse bei Hellmann, Gunther: Deutsche Außenpolitik. Eine Einführung. Wiesbaden 2006, S. 172f.

von den USA für ihre Einstellung scharf kritisiert. Das Verhalten der Bundes-regierung hatte folglich unmittelbar negative Auswirkungen auf das deutsch-amerikanische Verhältnis. Darüber hinaus wirkte sich die Verschlechterung der Beziehungen zu den USA auf die kurzfristige politische Linie gegenüber Frank-reich aus. Frankreich unterstützte Deutschland in der Ablehnung des Irak-Kriegs und dafür unterstützte die Bundesrepublik Deutschland die französi-schen Vorstellungen in der Europapolitik seit Herbst 2002.[953] Dieser Trend war mithin im Zusammenhang mit dem deutsch-französischen Agrarkompro-miss vom Oktober 2002 zu sehen.

Die Opposition kritisierte also mit Recht den Ton der Bundesregierung, den sie bei der Präsentation der eigenen deutschen Forderungen in der Frage der Finanzierung der GAP im Zusammenhang mit der Erweiterung genutzt hatte.[954] Im Deutschen Bundestag wurden aber die Vorschläge des Agrarkom-missars Franz Fischler als eine gute Diskussionsgrundlage angenommen.[955] Auf erbitterten Widerstand stieß allerdings die Brüsseler Forderung nach Kappung der Subventionen für Großbetriebe auf den Höchstbetrag von 300.000 Euro je Betrieb.[956] Nach Ansicht der Verbraucherschutzministerin Renate Künast wä-ren vor allem die Nachfolger-Betriebe der früheren LPGs in den neuen Bun-desländern betroffen.[957] Die Agrarfrage interessierte in diesem Punkt auch die

---

[953] Frankreich bekam die deutsche Unterstützung zum Teil in der GAP und weiterhin in den institutionellen Fragen während der Konventsdebatte; bestätigt im persönlichen Gespräch mit hohen außen- und europapolitischen Berater der CDU.

[954] Kritisiert wurde vor allem die „Belastung im Ton" im folgenden Satz von Gerhard Schröder: „Mit den Agrarsubventionen ist es ja wie mit dem Taschengeld, da werden auch am Anfang die Positionen zementiert und erst später die Fronten aufgeweicht." Laut Opposition der CDU/CSU verglich der Bundeskanzler die MOEL praktisch mit Taschengeldempfängern; ausführlich zur Diskussion: Protokoll der 100. Sitzung (öf-fentliche Sondersitzung) des Ausschusses für die Angelegenheiten der Europäischen Union am 25. Juni 2002, S. 31.

[955] Beispielsweise von Peter Carstensen (CDU), Vorsitzender des Agrarausschusses im Deutschen Bundestag; vgl. *Frankfurter Allgemeine Zeitung* vom 11. Juli 2002.

[956] „Mid-term review of the CAP", Speaking Points for the Press Conference, Romano Prodi, President of the European Commission, Brussels, 10 July 2002, S. 7.

[957] Die Diskussion konzentrierte sich auf die ca. 390 Betriebe, die als Nachfolger der LPGs in Gestalt juristischer Personen in den neuen Bundesländern wirtschaften und für einen wesentlichen Teil der Beschäftigung in ländlichen Gebieten sorgen. Der voraussehbare Verlust von Arbeitsplätzen wäre ca. 2000; näher *Europa Aktuell*, Jg. 2, Nr. 11/2002, zusammengestellt vom Wissenschaftlichen Dienst des Deutschen Bun-destages, S. 55.

PDS. Im Gegensatz zur Kommission hielt sie die großen Landwirtschaftsbetriebe in den neuen Bundesländern für europaweit konkurrenzfähig.[958] Aus Sicht der CDU/CSU wäre bei den Direktbeihilfen ein fairer Interessenausgleich zwischen der Europäischen Union und den MOE-Ländern notwendig gewesen. Eine Kompromisslösung hätte darin liegen können, EU-Fördermittel eher für Strukturanpassungen, Modernisierung und allgemeine wirtschaftliche Entwicklung des ländlichen Raumes, statt für direkte Einkommenszahlungen zu verwenden.[959]

In der Auseinandersetzung zwischen der Regierung und der größten Oppositionsfraktion vor der Bundestagswahl wirkte sich die europapolitische Debatte zu Gunsten der CDU/CSU aus. Sie konnte die Mehrkosten für Deutschland in jedem Fall als Verhandlungsschwäche der Regierung kritisieren, konnte aber mit der französischen Position leben, da sie die eigene bäuerliche Wählerschaft für den Moment begünstigte.[960] In diesem Zusammenhang ist auch der wahltaktische Vorschlag des CDU/CSU-Kanzlerkandidaten Edmund Stoiber zu sehen, eine Kofinanzierung der Landwirtschaft einzuführen. Nach diesem Vorschlag bekämen die deutschen Bauern die Gelder künftig nicht nur aus Brüssel, sondern auch aus Berlin als nationale Kofinanzierung.

Im Rückblick ist klar zu erkennen, dass sich die Bundesregierung am Anfang der letzten Verhandlungsrunde hart positionierte, um in der Schlussphase der Beitrittsverhandlungen im Herbst 2002 letztendlich auf eine Kompromisslösung eingehen zu können (ausführlich im folgenden Kapitel zum Gipfel von Kopenhagen). Aus diesem Blickwinkel ist auch das deutsche Verhalten im Europäischen Rat von Sevilla zu betrachten. Gerade diese Regierungstaktik von Gerhard Schröder wurde aber von der innerdeutschen Opposition angegriffen. Die Verschiebung eines Ergebnisses auf den November oder Dezember 2002 durch die Bundesregierung, wie es in Sevilla geschehen war, gefährdete laut

---

958 Bestätigt im persönlichen Gespräch mit Dr. Hans Modrow, Mitglied des Europäischen Parlaments, Ehrenvorsitzender der PDS, stellvertretender Vorsitzender der gemischten Kommission des Europäischen Parlaments und der Nationalversammlung der Tschechischen Republik, Berlin, am 11. Juli 2003.

959 „Die Erweiterung der Europäischen Union – die große Chance unserer Zeit", Beschluss des CDU-Bundesfachausschusses Europapolitik vom 19. Januar 2001 unter dem Vorsitz von Elmar Brok MdEP, vorgelegt von Dr. Martina Krogmann MdB, S. 6.

960 Janning, Josef: Die Bundesrepublik Deutschland. In: Weidenfeld, Werner/Wessels, Wolfgang (Hrsg.): Jahrbuch der Europäischen Integration 2001/2002, S. 308.

CDU/CSU den allseits erklärten Willen, die Erweiterungsverhandlungen bis Ende 2002 erfolgreich abzuschließen.[961]

Zusammenfassung

Die Frage der Direktbeihilfen war eine Ausnahme in den Beitrittsverhandlungen, deren endgültige Klärung auf Herbst 2002 verschoben wurde. Die Bundesregierung betrachtete sie nicht nur als Frage des Zeitraums 2004–2006, sondern auch als Thema, das im Fall schlechter Entscheidungen auf Dauer zu Fehlallokationen in der Europäischen Union führen kann. Europa hätte damit das langfristige Ziel von Lissabon, der führende Raum der Technologieentwicklung und Bildung zu werden, verfehlen können.[962] Allerdings muss bei der Betrachtung dieser „harten" Verhandlungsrunde des Erweiterungsprozesses im Sommer 2002 die sich verschlechternde Haushaltslage in Deutschland in den Jahren 2000–2003 in Betracht gezogen werden. Erst dann wird der enge Zusammenhang der deutschen Europapolitik mit der Innenpolitik deutlich.

Die deutsche Position war mit einem Dilemma konfrontiert. Einerseits wollte die Bundesregierung den Erwartungen der Beitrittskandidaten entgegenkommen, dass die Beitrittsverhandlungen bald abgeschlossen werden, andererseits wollte sie den eigenen Haushalt schützen. Gerhard Schröder ließ sich 2002 bei der Frage der deutschen Nettozahlerposition nicht vorhalten, dass der deutsche Exportanteil im EU-Raum in den 1990er Jahren ständig gestiegen war und die indirekten Gewinne die Summe der von den Nettoempfängern erzielten Beträge überstiegen. Die Bundesrepublik Deutschland verhinderte zunächst eine Einigung in der Frage der EU-Agrarpolitik. Obwohl die Bundesregierung die deutschen Finanzinteressen heftig verteidigte (weil sie nicht wie 1999 durch die eigene Ratspräsidentschaft gebremst war), ging sie in der Schlussphase der Verhandlungen im Herbst 2002 doch auf einen Kompromiss ein. In der Frage der Direktbeihilfen war das deutsche Interesse an der Oster-

---

961 Stenographischer Bericht der 245. Sitzung des Deutschen Bundestages vom 27. Juni 2002, amtliche Seiten 24801–24807 (Große Anfrage über die Osterweiterung der Europäischen Union); die Aussage von Klaus Francke (CDU/CSU), S. 24802.

962 Joschka Fischer zu TOP 1: Unterrichtung duch den Bundesminister des Auswärtigen über den Europäischen Rat Sevilla vom 21./22. Juni 2002; Protokoll der 100. Sitzung (öffentliche Sondersitzung) des Ausschusses für die Angelegenheiten der Europäischen Union am 25. Juni 2002, S. 26.

weiterung den eigenen Finanzinteressen übergeordnet. Jedoch war das Ergebnis vom Oktober 2002 im Vergleich zum genutzten schweren Kaliber eher gering.

IV.
Das politische Ergebnis und
die theoretische Zusammenfassung
der Analyse

13. Kopenhagen – der Weg zur Osterweiterung wird frei

13.1 Die vorletzte Phase der Beitrittsverhandlungen

Mit der dänischen Präsidentschaft seit 1. Juli 2002 trat die Erweiterung der Europäischen Union in die entscheidende Phase. Laut Günter Verheugen war die Erweiterung von Anfang an die oberste Priorität der Kommission von Romano Prodi.[963] Neben einer gründlichen Reform der Institutionen, die mit dem Zusammentreten des Konvents im Frühjahr 2002 eingeleitet wurde, war die Erweiterung mit weiteren Herausforderungen an die EU verknüpft.[964] Die erweiterte EU sollte ihre Wettbewerbsfähigkeit verbessern und künftig eine globale Rolle neben den USA und Asien spielen. Die erfolgreiche Bewältigung der Erweiterung war dabei eine notwendige Voraussetzung dafür, dass die EU gerade den anderen langfristigen Zielen näher kommen konnte.

Der Europäische Rat in Göteborg stellte den Kandidatenländern den Abschluss der Beitrittsverhandlungen für 2002 in Aussicht. Auch wenn die Beitrittsländer in den Konvent voll einbezogen wurden,[965] ist die eigentliche institutionelle Gestaltung der EU gleich nach der Erweiterung im Vertrag von Nizza bestimmt worden. Weitere institutionelle Reformen konnten folglich nicht zur Vorbedingung für die Osterweiterung gemacht werden. Die zeitige Ratifikation des Vertrags von Nizza war allerdings von besonderer Bedeutung, damit der Fahrplan für die Osterweiterung nicht in Frage gestellt wurde. Es

---

963 Rede von Günter Verheugen, Mitglied der Europäischen Kommission „Annäherung an Kopenhagen 2002, EU-Erweiterung und die Zukunft Europas. Stand der Verhandlungen – Wo stehen wir heute?" gehalten auf der Konferenz des DUPI in Kopenhagen am 22. November 2001.

964 Zur Konventsdebatte ausführlich aus deutscher Sicht die Publikation: Der Weg zum EU-Verfassungskonvent. Berichte und Dokumentationen mit einer Einleitung von Michael Fuchs, Sylvia Hartleif und Vesna Popovic. Herausgegeben vom Deutschen Bundestag. Referat Öffentlichkeitsarbeit. Berlin 2002.

965 Vgl. Rovná, Lenka: Constitutionalisation: the Case of the Convention as a Network Analysis. In: Rovná, Lenka/Wessels, Wolfgang (Hrsg.): EU Constitutionalisation: From the Convention to the Constitutional Treaty 2002–2005. Anatomy, Analysis, Assessment. Prague 2006, S. 40ff.

hieß im Herbst 2002, dass diesmal die Iren in ihrem zweiten Referendum am 19. Oktober 2002 dem Vertrag zustimmen müssten. Darüber hinaus wurden im Europäischen Rat in Nizza die Etappen für die Endphase des komplizierten Wegs zur Erweiterung festgelegt. Erweiterungskommissar Günter Verheugen wies schon 2001 darauf hin, dass es möglich sein würde, die Erweiterungsverhandlungen unabhängig von künftigen politischen Reformen, insbesondere in den Bereichen Agrar- und Strukturpolitik, zu führen.[966] Die laufenden Verhandlungen dürften weder durch den neuen institutionellen Prozess, der beim Europäischen Rat in Laeken 2001 eingeleitet wurde, noch durch die Fragen der Finanzierung der Union für den Zeitraum nach 2006 gestört werden. Für Günter Verheugen stellte der Zeitraum 2002–2004 ein „Fenster der Gelegenheit" dar.[967] Die gebotene Chance sollte energisch genutzt werden, um das Vertrauen der Union nicht zu verspielen. Vor diesem Hintergrund sind alle Kommissionsvorschläge und Kompromissbemühungen in dem entscheidenden Zeitraum vom Sommer und Herbst 2002 zu betrachten, die zum Gipfel von Kopenhagen führten.

Der Erweiterungsprozess trat in eine politisch heikle Phase ein. Die Ergebnisse, zu denen auch die Lösung der Frage von Direktzahlungen gehörte, sollten die Akzeptanz des Beitritts in den Kandidatenländern entweder positiv oder negativ beeinflussen. Dies galt vor allem für das bevölkerungsreichste Kandidatenland Polen. Haushaltskommissarin Michaele Schreyer forderte, dass die Beitrittsländer aufgrund des wirtschaftlich großen Abstandes zu den jetzigen Mitgliedstaaten nicht mit hohen Beiträgen in die EU-Kasse belastet werden dürften. Der polnische Beitrag sollte zum Beispiel dem Beitrag Österreichs entsprechen.[968] Kein neues Mitglied sollte sich nach einem Beitritt in einer ungünstigeren Haushaltsposition befinden als vor dem Beitritt. Was die direkten

---

966   Rede von Günter Verheugen, Mitglied der Europäischen Kommission „Annäherung an Kopenhagen 2002, EU-Erweiterung und die Zukunft Europas. Stand der Verhandlungen – Wo stehen wir heute?" gehalten auf der Konferenz des DUPI in Kopenhagen am 22. November 2001.

967   Rede von Günter Verheugen, Mitglied der Europäischen Kommission „Es muß über die Kosten der Erweiterung, aber bitte auch der Nicht-Erweiterung, gesprochen werden" gehalten am 12. Juni 2002 vor dem Europäischen Parlament (SPECH/02/280), Strasbourg.

968   Mittagsgespräch mit Michaele Schreyer zum Thema „Die Finanzierung der erweiterten Union und die europäische Verfassung" organisiert vom Institut für Europäische Politik am 6. September 2002, Berlin.

Einkommenszahlungen betraf, wurde bis 2013 laut Kommissionsvorschlägen stufenweise Gleichbehandlung mit den Mitgliedstaaten beschlossen.

Zum Zeitpunkt der Kommissionsvorstellung der Fortschrittsberichte im Oktober 2002 waren mit den zehn beitrittsfähigen MOE-Staaten die Verhandlungen im Schnitt bei 27 der jeweils 31 eröffneten Kapitel abgeschlossen. Die Debatte um die Agrarbeihilfen war Mitte Oktober allerdings noch nicht zu Ende. Die Kommission hob vor dem Gipfel in Sevilla hervor, dass sie an ihrem Vorschlag für eine schrittweise Einführung der Direktzahlungen festhalte und griff diese Problematik im Herbst 2002 wieder auf.[969] Die Koalition der Nettozahler unter Führung Deutschlands stellte sich wiederholt gegen die Kommissionsvorschläge.[970]

13.2 Die Fortschrittsberichte der Europäischen Kommission

Am 9. Oktober 2002 legte die Europäische Kommission die letzte Serie der jährlichen Fortschrittsberichte über die dreizehn beitrittswilligen Länder vor. Die zehn Beitrittsländer (Luxemburg-Gruppe und Helsinki-Gruppe) wurden hinsichtlich der in Kopenhagen aufgestellten politischen und wirtschaftlichen Kriterien und der Übernahme des Gemeinsamen Besitzstands für beitrittsreif erklärt.[971] Die Beitrittsempfehlungen sollten die EU-Regierungschefs am 24. und 25. Oktober 2002 in Brüssel annehmen, obwohl die Beitrittsverhandlungen noch nicht abgeschlossen waren.[972] Mit Blick auf die Beitrittskandidaten Bulgarien und Rumänien kam die Kommission zu dem Schluss, dass diese Länder zwar die politischen Kriterien erfüllt hätten, es jedoch bei den wirtschaftlichen Kriterien und bei der Umsetzung des Gemeinsamen Besitzstandes erhebliche Defizite gebe. Die Europäische Kommission stellte fest, dass diese Länder in ihren Reformbemühungen von der EU unterstützt würden, damit sie das vorgesehene Beitrittsdatum 2007 erreichen. Die Eröffnung der Beitritts-

---

969 Erweiterung der EU: Vermerk des Vorsitzes für die Tagung des Europäischen Rates in Sevilla, Brüssel 20. Juni 2002, 9765/02, S. 6.

970 *Financial Times* vom 22. Oktober 2002.

971 Ausführliche Darstellung: Auf dem Weg zur erweiterten Union. Strategiepapier und Bericht der Europäischen Kommission über die Fortschritte jedes Bewerbelandes auf dem Weg zum Beitritt, Brüssel 9. 10. 2002 KOM (2002).

972 *Süddeutsche Zeitung* vom 7. Oktober 2002.

verhandlungen mit der Türkei wurde wegen Nichteinhaltung von politischen Kriterien auf ein späteres Datum verschoben.[973]

Darüber hinaus warnte die Europäische Kommission die Bewerberstaaten davor, in ihren Anstrengungen zur Vorbereitung auf die Mitgliedschaft nachzulassen. Die verbleibenden Lücken bei der Erfüllung aller Beitrittsvoraussetzungen sollten bis zur Aufnahme geschlossen werden, um die Ratifizierung der Beitrittsverträge durch die Mitgliedstaaten nicht zu gefährden. Diese Forderung der Kommission wurde in deutschen Regierungskreisen positiv aufgenommen. Der europapolitische Sprecher der SPD-Bundestagsfraktion Günter Gloser erklärte zu den Fortschrittsberichten: „Es ist gut, dass die EU-Kommission die Bewerber mit aller Deutlichkeit dazu anhält, in ihren Anstrengungen, den *acquis communautaire* zu übernehmen und anzuwenden, nicht nachzulassen."[974] Die Europäische Kommission war sich darüber im Klaren, dass auch in den nächsten Jahren die administrative Kapazität in den beitretenden Staaten gesichert werden müsse. Große Defizite gebe es in der öffentlichen Verwaltung, im Justizwesen und in der Korruptionsbekämpfung. Sie gab deshalb in ihren Länderberichten konkrete Empfehlungen zur Stärkung der Bereiche Justiz, Grenzkontrollen und Zollunion und versprach Finanzen in Höhe von 380 Millionen Euro zu diesem Zweck sicher zu stellen.[975] Den sowohl von der Kommission

---

973 Diese Arbeit beschäftigt sich ausschließlich mit der Erweiterungsrunde um die Staaten Mittel- und Osteuropas. Während der vorbereitenden Phase auf den Beitritt der MOEL 2003–2004 wurde in den deutschen Regierungskreisen auch die Frage der Türkei diskutiert. Obwohl die Regierungvertreter (R. Silberberg) auf die „Verdauungsfähigkeit" der Union im Frühjahr 2003 hingewiesen haben, war die eventuelle Mitgliedschaft der Türkei ein Streitgegenstand zwischen der rot-grünen Bundesregierung und Teilen der Opposition (vor allem der CSU).

974 Erklärung des europapolitischen Sprechers der SPD-Bundestagsfraktion Günter Gloser vom 8. Oktober 2002, herausgegeben von der SPD-Arbeitsgruppe Angelegenheiten der Europäischen Union (Quelle: Intranet des Deutschen Bundestags, Mai 2003).

975 Vorstellung des Strategiepapiers und der Fortschrittsberichte 2002 durch den für die Erweiterung zuständigen Kommissar der Europäischen Union, Günter Verheugen, am 9. Oktober 2002 vor dem Europäischen Parlament in Brüssel; abgedruckt: *Internationale Politik*, Jg. 58, Nr. 1/2003, Dokumentation, Dokumente zur Erweiterung und Vertiefung der Europäischen Union, S. 77; Die endgültige Summe 380 Millionen Euro für Übergangansmaßnahmen „Aufbau der Institutionen" für 2004–2006 sowie jährlich 286 Millionen Euro für „Schengen", Schlussfolgerungen des Vorsitzes, Europäischer Rat in Kopenhagen, 12. und 13. Dezember 2002, Anlage I Haushalts- und Finanzfragen.

als auch von der dänischen Ratspräsidentschaft vorgeschlagenen Investitionen, beispielsweise die Hilfe für die Beitrittsländer bei der Vorbereitung auf ihrem Beitritt zur Schengenzone, gebührte direktes deutsches Interesse. Gerade im Zusammenhang mit der Osterweiterung hatte die Bundesrepublik Deutschland vor allem an der Außengrenzensicherung Interesse. Hinsichtlich der Beitritte von Bulgarien und Rumänien 2007 begrüßte Deutschland, dass die Kommission eine verstärkte Heranführungsstrategie, zum Beispiel eine Erhöhung der Vorbeitrittshilfen, für diese Länder in Kopenhagen beschließen lassen wollte.

In Bezug zur allgemeinen Zielrichtung der Kommission zielte die Regierung Schröder darauf, dass die Erweiterungsverhandlungen zügig voranschreiten und mit den am weitesten fortgeschrittenen Beitrittskandidaten im Dezember 2002 tatsächlich zum Abschluss gebracht werden. Laut der SPD-Bundestagsfraktion hätten die derzeit noch umstrittenen finanzrelevanten Verhandlungskapitel wie die Frage der Direktzahlungen an die Landwirtschaft der Beitrittsländer keine Auswirkungen auf diesen Zeitplan. Die SPD-Bundestagsfraktion unterstützte dabei den Bundeskanzler in seiner Aufforderung an die anderen Mitgliedstaaten, den Einstieg in eine grundlegende Agrarreform noch vor der Erweiterung zu wagen.[976] Dies zeigte unter anderem, dass die deutsche Position während des ganzen Jahres 2002 widersprüchlich war. Die Bundesrepublik Deutschland wollte die Erweiterungsverhandlungen so rasch wie möglich abschließen, aber gleichzeitig eine substantielle Agrarreform in der EU durchsetzen.

13.3 Deutsch-französischer Kompromiss und der Gipfel von Brüssel

Die künftige Finanzierung der Agrarpolitik stellte im Herbst 2002 das größte Problem dar. Auf der Seite der Beitrittskandidaten sahen vor allem die polnischen Bauernverbände und das polnische Landwirtschaftsministerium in den unterschiedlichen Sätzen von direkten Einkommenszahlungen für die alten und neuen Mitgliedstaaten eine Verzerrung des Wettbewerbs zu Gunsten der hochsubventionierten Landwirtschaft in der alten EU. Warschau wollte mithin Brüssel dazu bewegen, einen Teil der vorgesehenen Strukturhilfen für den

---

976 Infobrief Nr. 191 der SPD-Landesgruppe Bayern, S. 8.

ländlichen Raum umzustellen, damit mehr Geld für die Direktzahlungen zur Verfügung gestanden hätte.[977]

Der Streit innerhalb der Europäischen Union um die Agrarbeihilfen sollte bei der Sondertagung des Europäischen Rates in Brüssel am 24. und 25. Oktober 2002 beigelegt werden. Die Voraussetzung dafür war allerdings eine Einigung zwischen den Nettozahlern und Profiteuren der Gemeinsamen Agrarpolitik, der Agrarkoalition unter Führung Frankreichs. Die Positionen der beiden wichtigsten Kontrahenten in der Frage der Agrarreform, Deutschland und Frankreich, mussten zuerst aufgeweicht werden. Im Sommer lehnte der französische Landwirtschaftsminister die Agrarreform strikt ab. Die Regierung Schröder kündigte an, dass sie das „phasing-out" in den Direktbeihilfen noch für den Finanzierungszeitraum bis 2006 erwartete.

Erst die Bundestagswahl, bei der Gerhard Schröder mit seinem Koalitionspartner Bündnis 90/Die Grünen eine knappe Regierungsmehrheit erhalten konnte, ermöglichte eine Änderung der relativ strikten deutschen Verhandlungsposition. Noch vor dem Brüsseler Gipfel fanden zwei persönliche Gespräche zwischen Bundeskanzler Schröder und Staatspräsident Chirac statt. Die französische Delegation war wegen der deutschen Kompromissbereitschaft in der Lage, die wesentlichen Punkte der eigenen Konzeption durchzusetzen.[978] Die Vereinbarung führte zu einem Kompromiss, in dem die Agrarausgaben jährlich auf 40 Milliarden Euro stabilisiert, gleichzeitig aber um einen Inflationsausgleich von 1,5 % pro Jahr angehoben werden sollten. Die Agrarsubventionen mussten damit zurückgefahren werden, allerdings in einem viel geringeren Ausmaß, als die deutsche Bundesregierung gefordert hatte.[979]

Vom deutsch-französischen Kompromiss ausgehend,[980] einigten sich die fünfzehn Staats- und Regierungschefs in Brüssel darauf, die vom Europäischen

---

977 *Frankfurter Allgemeine Zeitung* vom 7. Oktober 2002
978 Ausführlich zum Gipfel von Brüssel: Ludlow, Peter: The Making of the New Europe: The European Councils in Brussels and Copenhagen 2002. Brussels 2004, S. 196ff.; Die große Bedeutung der deutsch-französischen Einigung für die deutsche Erweiterungspolitik im Vorfeld der allerletzten Verhandlungen in Kopenhagen wurde im persönlichen Gespräch mit Dr. Barbara Lippert am 25. März 2003 bestätigt (B.L. war stellvertretende Direktorin des Instituts für Europäische Politik in Berlin).
979 Tewes, Henning: Rot-Grün und die Osterweiterung der Europäischen Union. In: Maull, Hans/Harnisch, Sebastian/Grund, Constantin (Hrsg.): Deutschland im Abseits? Rot-grüne Außenpolitik 1998–2003. Baden-Baden 2003, S. 87f.
980 Vgl. persönliches Gespräch mit Luděk Stavinoha, Counsellor, Mission der Tschechi-

Rat in Berlin 1999 festgelegte Obergrenze der Ausgaben für 2004 bis 2006, die im Zusammenhang mit der Erweiterung fällig waren, einzuhalten. Der jährliche Agrarhaushalt der erweiterten Europäischen Union von 2007 bis 2013 durfte künftig das Niveau des Jahres 2006 von 45 Mrd. Euro unter Berücksichtigung eines Inflationsausgleichs von 1 % nicht überschreiten. Die Beitrittsländer sollten die Direktzahlungen ab 2004 erhalten. Beginnend mit 25 % der in der „alten EU" festgelegten Sätze sollten die Zahlungen in Schritten von 5 %, ab 2007 von 10 % angehoben werden. 2013 wäre damit Gleichstand in den alten und neuen Mitgliedsländern der EU erreicht.[981]

Mit dem Brüsseler Kompromiss bekam die Europäische Union ein Mandat für die abschließenden Verhandlungen in Kopenhagen. Wenn jedoch die Finanzierung beispielsweise für das Jahr 2006, in dem die höchsten Kosten anfielen, näher betrachtet wird, dann hätte die geplante Finanzlast für Deutschland 20 Euro je Bürger bedeutet. In Dänemark wären es sogar 30 Euro je Einwohner gewesen.[982] Das deutsche Hauptinteresse, die durch die Beitritte verursachten Kosten im Bereich der Agrarpolitik zu begrenzen, wurde mit dem Kompromiss folglich nur zum Teil gewahrt. Trotz der sehr unterschiedlichen Positionen Anfang 2002 hat sich mit dem Erfolg des Europäischen Rats in Brüssel die deutsch-französische europapolitische Zusammenarbeit bewährt. Trotz Schröders Politik der „fehlenden Partner"[983] konnte Deutschland in diesem Fall eine gemeinsame Stimme mit Frankreich finden und bestätigte die Schlüsselrolle dieser Partnerschaft für die gesamte EU.

Staaten wie Deutschland, die Niederlande, Großbritannien und Schweden, die eine Reform der GAP vor der Erweiterung auf den Weg bringen wollten, scheiterten.[984] Die Reformen wurden letztendlich von keinem Mitgliedstaat zur

schen Republik bei den Europäischen Gemeinschaften, Brüssel, am 19. März 2003.

981 Schlussfolgerungen des Vorsitzes des Europäischen Rates vom 24. und 25. Oktober in Brüssel; Auszüge abgedruckt: *Internationale Politik*, Jg. 58, Nr. 1/2003, Dokumentation, Dokumente zur Erweiterung und Vertiefung der Europäischen Union, S. 79–84; vgl. *Europa Aktuell*, Jg. 2, Nr. 11/2002, zusammengestellt vom Wissenschaftlichen Dienst des Deutschen Bundestages, S. 52.

982 Vgl. *Frankfurter Allgemeine Zeitung* vom 24. Oktober 2002 (Gespräch der FAZ mit EU-Ratsvorsitzenden Anders Fogh Rasmussen).

983 Janning, Josef: Lange Wege, kurzer Sinn? Eine außenpolitische Bilanz von Rot-Grün. *Internationale Politik*, Jg. 57, Nr. 9/2002, S. 15.

984 Lippert, Barbara: Von Kopenhagen bis Kopenhagen: Erste Bilanz der EU- Erweiterungspolitik. *Aus Politik und Zeitgeschichte* B 1–2/2003, S. 12.

Vorbedingung der Osterweiterung gemacht. Auch die deutsche Regierung, die großes Interesse an der Senkung der finanziellen Last für Deutschland hatte, musste von ihren Forderungen abrücken. Die Europäische Union ging mithin in Kopenhagen ohne eine ausreichende Reform der Finanzen und EU-Politiken in die Abschlussverhandlungen um die Osterweiterung.

13.4 Der Gipfel von Kopenhagen aus deutscher Sicht

Die Formel der dänischen Ratspräsidentschaft lautete „Von Kopenhagen nach Kopenhagen". Dieser Weg Europas 1993–2002 wurde als eine symbolische Überwindung der Teilung des Kontinents betrachtet. Die Bedeutung dieses Gipfels stellte der SPD-Bundestagsabgeordnete und letzte Außenminister der DDR Markus Meckel auf interessante Weise dar: „Es ist eine Vollendung und nicht nur eine Erweiterung Europas. […] Viele Europäer [aus Mittel- und Osteuropa] wollten nicht nach Europa zurück, sondern sie wollten, dass die europäischen Traditionen von Freiheit und Demokratie auch für ihr Land Wirklichkeit werden."[985] Mit der Empfehlung zum Abschluss der Beitrittsverhandlungen bereitete die Kommission den Weg für die größte Erweiterungsrunde in der Geschichte der europäischen Gemeinschaft. Im Hinblick darauf wurde der Gipfel von Kopenhagen auch in der Bundesrepublik Deutschland politisch bewertet.

Die deutschen Regierungsträger und politischen Eliten brachten klar zum Ausdruck, dass Deutschland ein enormes Interesse an einer erfolgreichen Erweiterung unter Einhaltung der Kopenhagener Kriterien hat. Die Bundesregierung wollte eine Erweiterung, die gut vorbereitet ist und mithin dem Sicherheits- und Stabilitätsinteresse Deutschlands entspricht. Ausgehend von der Analyse der politischen Äußerungen zum Gipfel von Kopenhagen, kann eine Zusammenfassung der wichtigsten deutschen Motive für die aktive Unterstützung des Erweiterungsprozesses gesehen werden. Die Oppositionsfraktion der

---

985 Markus Meckel (SPD), in: Stenographischer Bericht der 16. Sitzung des Deutschen Bundestages vom 19. Dezember 2002, amtliche Seiten 1181–1215 (Abgabe der Regierungserklärung durch den Bundeskanzler zu den Ergebnissen des Europäischen Rates am 12. und 13. Dezember 2002), S. 1214; vgl. persönliches Gespräch mit Markus Meckel, stellvertretender außenpolitischer Sprecher der SPD-Bundestagsfraktion, Außenminister a. D., Berlin, am 23. Juni 2003.

CDU/CSU im Deutschen Bundestag betonte die Bedeutung der gemeinsamen Werte in einer erweiterten Union. Sie sah die Erweiterung als eine dauerhafte Überwindung der Teilung Europas und eine „Neuordnung auf einem soliden und tragfähigen Wertefundament".[986] In ihrem Antrag erklärte die CDU/CSU-Fraktion Europa zur Rechtsgemeinschaft, die das Recht auf Heimat verwirklicht und auch den deutschen Vertriebenen Grundfreiheiten garantiert. Die Vertriebenen haben laut CDU/CSU eine wichtige Brückenfunktion bei der Zusammenarbeit zwischen Deutschland und den östlichen Nachbarstaaten.

Die SPD und Bündnis 90/Die Grünen hoben neben den historischen Tatsachen auch die praktischen Aspekte des Beitrittsprozesses hervor, dessen wichtigste Phase die Regierungszeit von Gerhard Schröder einnahm. Sie lobten das große Engagement des für die Erweiterung zuständigen Kommissars Günter Verheugen. Er war für diese Funktion von Bundeskanzler Schröder persönlich vorgeschlagen worden. Seine sehr konstruktive Rolle war deshalb für die sozialdemokratische Wahrnehmung der Osterweiterung von großer Bedeutung. Die Kommission wirkte tatsächlich als Motor der Erweiterung und war bis in die Schlussverhandlungen hinein stark involviert. Sie begleitete den Anpassungsprozess in den Beitrittsländern und steuerte die Heranführungsstrategie der EU.[987] Die Kommission war auch eine Hüterin der Doppelstrategie von Vertiefung und Erweiterung der Europäischen Union.

In ihrem Antrag würdigten die Regierungsparteien die Bereitschaft aller Beteiligten, Kompromisslösungen zu strittigen Themen zu akzeptieren.[988] Auch die EU-Erweiterungskosten, die die Bundesrepublik Deutschland in

---

986 BT-Drucksache 15/195; Antrag der Fraktion der CDU/CSU „Der Weg für die Osterweiterung ist frei: Abschluss der Beitrittsverhandlungen auf dem Europäischen Rat von Kopenhagen"; vgl. Rede von Angela Merkel (CDU/CSU), in: Stenographischer Bericht der 16. Sitzung des Deutschen Bundestages vom 19. Dezember 2002, amtliche Seiten 1181–1215 (Abgabe der Regierungserklärung durch den Bundeskanzler zu den Ergebnissen des Europäischen Rates am 12. und 13. Dezember 2002), S. 1187; vgl. Peter Hintze (CDU/CSU) in demselben Bericht, S. 1199.

987 Zur Gründung der Heranführungsstrategie zusammenfassend: Sedelmeier, Ulrich/Wallace Helen: Eastern Enlargement. In: Wallace, Helen/Wallace William (eds.): Policy-Making in the European Union. Oxford/New York 2000, S. 442ff.

988 BT-Drucksache 15/215; Entschließungsantrag der Fraktionen SPD und Bündnis 90/Die Grünen zu der Abgabe einer Regierungserklärung durch den Bundeskanzler zu den Ergebnissen des Europäischen Rates in Kopenhagen am 12. und 13. Dezember 2002.

Höhe von drei Milliarden Euro[989] für die ersten drei Jahre übernahm, wurden als „sich lohnende Investition in die Zukunft Europas" bezeichnet.[990] Neben den Kosten, die Deutschland als Nettozahler in der Europäischen Union im Zusammenhang mit der Erweiterung zu tragen hatte, wurde von sozialdemokratischer Seite betont, dass Deutschland auch praktisch davon profitiert: durch die Fortentwicklung der Zusammenarbeit bei Grenzkontrollen, Bewältigung von Asyl- und Einwanderungsfragen und durch den jährlich wachsenden deutschen Außenhandel mit den Ländern der Beitrittsregion. Annähernd zwölf Prozent des Anteils am deutschen Außenhandel mit einem Volumen von 141 Milliarden Euro (Stand 2001) entfielen auf die Beitrittsländer, die damit den deutschen Handel mit Nordamerika überragten.[991]

Die Bundestagsabgeordneten von Bündnis 90/Die Grünen hoben die friedenspolitische und gesellschaftliche Dimension der Erweiterung hervor: „Die Europäische Union ist die richtige Antwort auf die leidvollen Erfahrungen von Generationen von Menschen in Europa [...] und die Integration ist in erster Linie ein Friedensprojekt. Dieses Projekt ist allerdings nach Osten und nach Süden noch nicht abgeschlossen."[992] Die FDP-Fraktion im Deutschen Bundestag erwähnte auch die weltpolitische Dimension der Erweiterung und die damit zusammenhängende Ausdehnung des Aufgabenfelds der Europäischen Union. Den Stabilitätsexport könne die EU nur betreiben, „wenn die Misstöne zwi-

---

989 Öffentliche Sitzung des Ausschusses für die Anlegenheiten der Europäischen Union, Gespräch der Ausschussmitglieder mit Michaele Schreyer und Günter Verheugen, Januar 2003; Quelle: www.bundestag.de/aktuell/hib (29. Januar 2003)

990 BT-Drucksache 15/215; Entschließungsantrag der Fraktionen SPD und Bündnis 90/Die Grünen zu der Abgabe einer Regierungserklärung durch den Bundeskanzler zu den Ergebnissen des Europäischen Rates in Kopenhagen am 12. und 13. Dezember 2002.

991 Denkschrift zu dem Vertrag vom 16. April 2003 über den Beitritt der Tschechischen Republik, der Republik Estland, der Republik Zypern, der Republik Lettland, der Republik Litauen, der Republik Ungarn, der Republik Malta, der Republik Polen, der Republik Slowenien und der Slowakischen Republik zur Europäischen Union, S. 8 (BR-Drucksache 300/03); vgl. Angelica Schwall-Düren (SPD), in: Stenographischer Bericht der 16. Sitzung des Deutschen Bundestages vom 19. Dezember 2002, amtliche Seiten 1181–1215 (Abgabe der Regierungserklärung durch den Bundeskanzler zu den Ergebnissen des Europäischen Rates am 12. und 13. Dezember 2002), S. 1193.

992 Rainder Steenblock (Bündnis 90/Die Grünen), in: Stenographischer Bericht der 16. Sitzung des Deutschen Bundestages vom 19. Dezember 2002, amtliche Seiten 1181–1215 (Abgabe der Regierungserklärung durch den Bundeskanzler zu den Ergebnissen des Europäischen Rates am 12. und 13. Dezember 2002), S. 1196.

schen Berlin und Washington ein für alle Mal beseitigt werden [...] die weltpolitische Rolle wird die EU nur mit begleitender Partnerschaft mit den Vereinigten Staaten von Nordamerika und mit Kanada spielen können," führte Wolfgang Gerhardt aus.[993]

In der Bundestagsdebatte über den Gipfel von Kopenhagen 2002 wurden alle wichtigen politischen Positionen in Bezug auf die Osterweiterung diskutiert. Dabei wurde auch das Interesse der sozialdemokratischen Regierung an der Erweiterung im Vergleich zum Engagement der Regierung Kohl dargestellt. Die rot-grüne Bundesregierung wurde von den Beitrittsländern als Befürworter der Erweiterung gesehen, der über realistische Ziele und Daten spricht.[994] Dies hing mit der Rhetorik der Regierung Schröder zusammen, die gelegentlich vorsichtiger, aber gleichzeitig auch klarer formuliert wurde.[995] Sie operierte regelmäßig mit unpopulären späteren Erweiterungsdaten und realistischen Versprechen. Dieser Stil, praktiziert vor allem von Gerhard Schröder, spiegelte die praktische Phase des Erweiterungsprozesses – die konkreten und oft schwierigen Beitrittsverhandlungen zwischen den Mitgliedstaaten der EU und den Kandidatenländern – wider. Im Vergleich dazu war die konservativ-liberale Regierung Kohl bestrebt, die Bemühungen zu stärken, dass die Überwindung der Spaltung Europas neben der Vertiefung der Union in den Mittelpunkt der europapolitischen Diskussion rückte und zum zentralen Thema der künftigen europäischen Entwicklung wurde.

13.5 Die Lösung der Finanzfragen

Die Verhandlungen auf dem Kopenhagener Gipfel zeigten, dass es den mächtigen Vetospielern in der Europäischen Union wie Frankreich oder Großbritannien während des Erweiterungsprozesses gelang, den verteilungspolitischen *status quo* aufrechtzuerhalten. Weder wurde der Rabatt für Großbritannien ab-

---

993 Wolfgang Gerhardt (FDP), in: Stenographischer Bericht der 16. Sitzung des Deutschen Bundestages vom 19. Dezember 2002, S. 1196.
994 Günter Gloser (SPD), in: Stenographischer Bericht der 16. Sitzung des Deutschen Bundestages vom 19. Dezember 2002, S. 1213.
995 Bestätigt im persönlichen Gespräch mit Günter Gloser, europapolitischer Sprecher der SPD-Bundestagsfraktion, Deutscher Bundestag, Berlin, am 26. Mai 2003; gleiche Ansicht Dr. Jutta Tiedtke, SPD-Fraktion im Deutschen Bundestag, Referentin für Europapolitik, Berlin, am 26. Mai 2003.

geschafft, noch wurde eine substantielle Agrarreform durchgesetzt. Auf der anderen Seite gelang es vor allem auf massiven deutschen Druck, die EU-Agrarausgaben für die Zeit nach 2006 zu begrenzen. Das ist das Ergebnis, das schließlich von den deutschen Forderungen übrig blieb. Der in Kopenhagen beschlossene Finanzrahmen für die Erweiterung 2004–2006 war von Deutschland mitgestaltet worden und deshalb auch ein deutscher Erfolg. Der Gesamtfinanzrahmen blieb mit 40,8 Mrd. Euro unterhalb der Obergrenze des Europäischen Rates von Berlin in Höhe von 42,6 Mrd. Euro.[996] Die Bewerberländer zielten demgegenüber darauf ab, dass die Obergrenze der *Agenda 2000* für erweiterungsbedingte Ausgaben maximal ausgeschöpft wird. Die Beitrittskandidaten konnten dabei eine Reihe von Verhandlungserfolgen erreichen.

Die Staats- und Regierungschefs der Mitgliedstaaten kamen den Beitrittsländern in einzelnen Fragen nochmals deutlich entgegen. Dies entsprach auch der Vorstellung der dänischen Ratspräsidentschaft, die von Anfang an den Rückhalt in der Bevölkerung als den Eckstein des Erweiterungsprozesses betrachtete.[997] Der dänische Vorsitz wollte sicherstellen, dass die Akzeptanz der Bevölkerung in den Beitrittsländern auch in der letzten Phase der Verhandlungen gegeben ist. Von Bedeutung war dies vor allem im Hinblick auf die Volksabstimmungen über den EU-Beitritt, die nach Abschluss der Erweiterungsverhandlungen durchgeführt werden sollten.

Die Direktzahlungen für die neuen Mitglieder wurden schrittweise eingeführt und sollen 2013 100 % des EU-Niveaus erreichen. Hart blieben die Fünfzehn bei der langen Übergangszeit von fast zehn Jahren, während der die neuen Mitglieder an das Förderniveau der alten EU-15 herangeführt werden sollten.[998] Bei der Kopenhagener Vereinbarung war folglich die Landwirtschaft nicht der größte Postenblock. Für die Landwirtschaft waren 9,7 Mrd. Euro für die Jahre 2004–2006 vorgesehen, davon rund 4,68 Milliarden in diesen drei Jahren für Direktzahlungen. Der Europäische Rat von Kopenhagen verwies mit Blick auf die erweiterte Union nach 2007 auf seinen Beschluss zur Ausgaben-

---

996 Detaillierte Darstellung: Lippert, Barbara: Der Erweiterungsgipfel von Kopenhagen: Abschluss der Beitrittsverhandlungen und Neubeginn für die EU. *Integration*, Jg. 26, Nr. 1/2003, S. 50, vergleichende Tabelle 1.

997 Programm des dänischen Vorsitzes der Europäischen Union, 2. Halbjahr 2002, SN 2924/02, 27. Juni 2002, S. 8.

998 Lippert, Barbara: Der Erweiterungsgipfel von Kopenhagen. *Integration*, Jg. 26, Nr. 1/2003, S. 51.

stabilisierung vom 24. und 25. Oktober 2002 in Brüssel.[999] Nach dieser Erklärung durfte künftig das EU-Agrarbudget den vereinbarten Betrag von rund 45 Mrd. Euro jährlich (abgesehen von dem Inflationsausgleich) nicht überschreiten. Gerhard Schröder äußerte sich vor dem Deutschen Bundestag dazu: „Damit ist es uns endgültig gelungen, das für die Erweiterung mit Abstand größte Kostenrisiko auf Dauer im Griff zu behalten [...] Mir scheint, dass Europa auch angesichts von Interessengegensätzen führbar bleibt, weil zu pragmatischen Lösungen imstande."[1000]

Obwohl die Gemeinsame Agrarpolitik das meist diskutierte Finanzthema war, stellte der Bereich strukturpolitischer Maßnahmen den größten Kostenblock der Osterweiterung dar. Er machte mit knapp 22 Mrd. Euro, die in Kopenhagen vereinbart wurden, die Hälfte aller erweiterungsbedingten Ausgaben aus. Von der Gesamtsumme entfielen etwa 14,3 Mrd. Euro auf die Strukturfonds und 7,6 Mrd. Euro auf den Kohäsionsfond.[1001] Alle Gebiete in den Beitrittsländern mit Ausnahme von Zypern und der tschechischen Hauptstadt Prag wurden als Ziel-1-Gebiete vorgesehen und gehörten damit der höchsten Förderstufe an. Alle Beitrittsländer sollten Kohäsionsländer sein.

Die von der Kommission Anfang 2002 ursprünglich geplante Summe von 25,6 Milliarden Euro für die Struktur- und Kohäsionsfonds wurde vom Europäischen Rat in Brüssel auf 23 Milliarden reduziert.[1002] Dieser Ausgabenposten wurde im Laufe der Verhandlungen in Kopenhagen weiter zu Gunsten von pauschalen direkten Budgetzuschüssen an Polen (1 Mrd. Euro) und Tschechien (100 Mio. Euro) auf 21,9 Mrd. Euro abgesenkt.[1003] Der polnischen Delegation gelang es, noch „in letzter Minute" am Nachmittag des 12. Dezember eine Milliarde Euro aus dem Erweiterungshaushalt zu erhalten.[1004] Diese Summe für

---

999   Schlussfolgerungen des Vorsitzes, Europäischer Rat in Kopenhagen, 12. und 13. Dezember 2002, Anlage I Haushalts- und Finanzfragen.

1000 Stenographischer Bericht der 16. Sitzung des Deutschen Bundestages vom 19. Dezember 2002, amtliche Seiten 1181–1215 (Abgabe der Regierungserklärung durch den Bundeskanzler zu den Ergebnissen des Europäischen Rates am 12. und 13. Dezember 2002), S. 1184.

1001 Vgl. Denkschrift zum Vertrag vom 16. April 2003 über den Beitritt, S. 12 (BR-Drucksache 300/3).

1002 Beach, Derek: The Dynamics of European Integration. Why and when EU institutions matters. New York 2005, S. 225.

1003 Vgl. Lippert, Barbara: Von Kopenhagen bis Kopenhagen. *Aus Politik und Zeitgeschichte* B 1–2/2003, S. 13.

1004 Tewes, Henning: Rot-Grün und die Osterweiterung der EU. In: Maull,

Polen war schließlich keine Mehrbelastung für Deutschland, sondern eine Umschichtung des EU-Haushalts. Auch die Ausgaben für „interne Bereiche" wurden im Vergleich zu der finanziellen Vorausschau von Berlin 1999 deutlich von 2,64 Mrd. auf 4,26 Mrd. erhöht. Zusätzliche Mittel stellte die Union für nukleare Sicherheit, für den Aufbau von Institutionen und für die Schengen-Maßnahmen zur Verfügung.[1005]

Zusammenfassung

Die letzte Phase der finanziellen Verhandlungen zeigte, dass die Erweiterung um die neuen zehn Mitglieder im Rahmen der seit den Vereinbarungen in Berlin 1999 geltenden Obergrenze für den EU-Haushalt finanzierbar war. Das Ergebnis von Kopenhagen war von Deutschland mitgestaltet worden, und deshalb auch ein deutscher Erfolg.[1006] Durch die ausbleibende substantielle Reform der EU-Politiken bestanden allerdings weiterhin schwer zu rechtfertigende Ungleichgewichte in den Nettozahlerpositionen einiger Mitgliedstaaten. Es war klar, dass in der erweiterten Union ab 2004 die neuen Mitglieder voraussichtlich nicht zum Motor weiterer Reformen würden.[1007] Hinzu kam, dass es nach den institutionellen Regeln des Vertrags von Nizza schwieriger war, Mehrheiten für eine Reform zu finden. Die neuen Beitrittskandidaten wurden deshalb schon während des Erweiterungsprozesses in die Konsenssuche miteingebunden. Sogar eine Reihe von Übergangsregelungen wurde auf ge-

---

Hans/Harnisch, Sebastian/Grund, Constantin (Hrsg.): Deutschland im Abseits? Rotgrüne Außenpolitik 1998–2003, S. 88; Diese Summen fielen unter die Rubrik X, die zusätzlichen Ausgaben für Cashflow-Fazilitäten und vorübergehenden Haushaltsausgleich darstellte, Quelle: Schlussfolgerungen des Vorsitzes, Europäischer Rat in Kopenhagen, 12. und 13. Dezember 2002, Anlage I, Finanzen, S. 12; vgl. www.europa.eu.int/comm/enlargement/negotiations/pdf/financial_package.pdf (Februar 2003).

1005 Lippert, Barbara: Der Erweiterungsgipfel von Kopenhagen. *Integration*, Jg. 26, Nr. 1/2003, S. 52.

1006 Vgl. Tewes, Henning: Rot-Grün und die Osterweiterung der EU. In: Maull, Hans/Harnisch, Sebastian/Grund, Constantin (Hrsg.): Deutschland im Abseits? Rotgrüne Außenpolitik 1998–2003, S. 88.

1007 Vgl. Die Szenarienrechnungen für den Zeitraum 2007–2013 ausührlich, in: DIW-*Wochenbericht* 36/2001, Tabelle 4 auf S. 558.

meinsamer Grundlage vom Verständnis für eigene Interessen und Interessen der anderen ausgehandelt.

Rückblickend auf Kopenhagen 2002 konnte gesehen werden, dass wegen der unterschiedlichen sektoralen Interessen sowie Zukunftsvorstellungen unter den Mitgliedstaaten kein Gesamtkonzept für die inneren Reformen einerseits und die Erweiterung andererseits entstand. Nur die Bundesrepublik Deutschland war sowohl ein starker Verfechter der Vertiefung der Integration als auch der Erweiterung der Europäischen Union.[1008] Der Widerstand der Nettoempfänger in der EU führte praktisch zur Blockade der Reform, kam es aber wegen der „vernünftigen" Prioritätensetzung der deutschen Regierung nicht zur Verzögerung des Beitrittsprozesses.

1008 Lippert, Barbara: Von Kopenhagen bis Kopenhagen. *Aus Politik und Zeitgeschichte* B 1–2/2003, S. 9.

14. Schlussbetrachtung

Am Anfang dieser Studie wurde die zentrale Frage gestellt, warum und wie sich die Bundesrepublik Deutschland für die Osterweiterung kontinuierlich während des ganzen Erweiterungsprozesses einsetzte. In den speziellen Fallstudien im dritten Teil der Arbeit wurde nach theoriegeleiteten Antworten gesucht. Anhand der Ergebnisse dieser Fallstudien zur Erweiterungspolitik der Regierung Schröder/Fischer im Zeitraum 1999–2002 wird im folgenden Kapitel erstens die Erklärungskraft der drei Theorien der internationalen Beziehungen in den einzelnen Fallbeispielen überprüft; zweitens werden ausgehend von dieser theoretischen Auswertung die wichtigsten Motive für das deutsche Engagement zusammengefasst. Zum Schluss werden Argumente für oder gegen die Kontinuität der deutschen Erweiterungs- und Europapolitik über die Zäsur 1998 hinaus gesammelt.

14.1 Die deutsche Erweiterungspolitik – Theorie und Wirklichkeit

Alle drei theoretischen Ansätze waren hilfreich, in ausgewählten Fällen (Fallstudien in den Kapiteln 8 bis 12) das deutsche europapolitische Verhalten zu verstehen. Die höchste Erklärungskraft des deutschen Einsatzes für die Osterweiterung zeigt der soziologische Institutionalismus. Er begründet die Ausgangsthese, dass sich neben Helmut Kohl auch die Regierung Gerhard Schröder intensiv für die Osterweiterung engagierte.

Demgegenüber beleuchtet der utilitaristische Liberalismus sehr gut eine andere Dimension der Erweiterungspolitik. Zu Beginn der deutschen Regierung zwischen 1999 und 2002 waren „rationale" Kosten-Nutzen-Kalküle zu erkennen.[1009] Gerhard Schröder nannte während des Verhandlungsprozesses zunehmend die Bedingungen bezüglich der Erweiterung, welche die negativen Folgen für deutsche Besitzstände mildern sollten.

1009 Vgl. Paterson, William E./Jeffery, Charlie: Deutschland, Frankreich- und Großbritannien? Eine britische Sicht deutscher Europa-Politik. *Internationale Politik*, Jg. 54, Nr. 11/1999, S. 22.

Der realistische Ansatz erwies sich als ungeeignet für eine Erklärung der deutschen Unterstützung für die Osterweiterung. Er lieferte aber Anhaltspunkte für das Verständnis der deutschen Forderungen im Rahmen der institutionellen Reform in Nizza, vor allem der nach der Stärkung der deutschen Position im Ministerrat und der Geltendmachung des deutschen demographischen Gewichts in der Europäischen Union.

14.1.1 Der Realismus

Wird die These aufgestellt, dass Deutschland nach der Wiedervereinigung seine „nationale" Macht im allgemeinen Sinne vergrößerte, dann ergibt sich die Frage, ob Deutschland diesen Zuwachs an Macht in Europa eher unilateral oder multilateral zur Geltung bringt. Die in der vorliegenden Arbeit untersuchten deutschen Positionen sowohl auf dem Gipfel von Berlin 1999 und von Nizza 2000 als auch in den Erweiterungsverhandlungen zeigten das kontinuierliche unmittelbare deutsche Engagement im EU-Machtgefüge. Parallel dazu forderte die Bundesrepublik Deutschland eine Senkung ihres Nettobeitrags zum EU-Haushalt. Die Forderung nach einer Verringerung der finanziellen Beiträge für eine internationale Organisation hätte den realistischen Bemühungen um eine Autonomiemaximierung entsprochen. Die Analyse in Kapitel 8 führte aber zu dem Schluss, dass die deutsche Forderung nach einer Senkung des Nettobeitrags nicht auf die Erlangung von Autonomie ausgerichtet war, sondern auf eine Verschlechterung der Lage der öffentlichen Haushalte in der Bundesrepublik Deutschland zurückzuführen war (utilitaristischer Liberalismus). Diese Fallstudie begründet mithin im Gegensatz zu den realistischen Erwartungen die These, dass die BRD gerade wegen der Wiedervereinigung mit inneren wirtschaftlichen Problemen belastet war.

In den Verhandlungen über die *Agenda 2000* haben die deutschen Akteure nur einen gemäßigten Kompromiss in der Frage der EU-Finanzierung durchgesetzt. Die ursprünglichen „nationalen" Positionen, die eine deutliche Nettoentlastung Deutschlands forderten, wurden von den Verhandlungsführern ausgeräumt.

Auch auf dem Gipfel in Nizza im Dezember 2000 vertraten die deutschen Verhandlungsführer eine Position, die durch eine massive Unterstützung die Integration vertiefender Elemente (wie beispielsweise der Ausweitung von Mehrheitsentscheidungen) gekennzeichnet war. Dieses deutsche Verhalten widerspricht einer realistischen Hypothese der Autonomiemaximierung. Es steht aber weitgehend im Einklang mit der Behauptung, dass die BRD mittels der Durchsetzung eigener Vorstellungen bezüglich der institutionellen Ausgestaltung der Europäischen Union mehr Einfluss in den EU-Organen ausüben konnte (Einflussmaximierung).[1010] Darin kann ein Eckpunkt der deutschen Auffassung liegen; die Durchsetzung einer Europäischen Union auf der Basis eines „föderalen Modells". Der Realismus folglich bestätigte, dass die Bundesrepublik Deutschland in Nizza versuchte, trotz der inneren Schwäche und entsprechend dem eigenen gestiegenen Machtpotenzial (Größe, Bevölkerungszahl) auch seine Vertretung in den EU-Institutionen auszubauen. Besonders die deutsche Forderung nach Neugewichtung der Stimmen im Ministerrat stand im Gegensatz zu der bisher in der Geschichte der europäischen Integration nie angetasteten Parität zwischen der Bundesrepublik Deutschland und Frankreich.

Nach Auffassung von Kritikern der rot-grünen Außenpolitik lag ihr Kerndefizit gerade im Fehlen strategischer Partnerschaften. Im Vergleich zu Helmut Kohl, der den französischen Empfindlichkeiten fast immer Priorität eingeräumt hatte, verfolgte Gerhard Schröder andere Prioritäten.[1011] Außerdem trugen sowohl die eigentlichen Verhältnisse der europäischen Politik als auch die deutsche Haushaltslage dazu bei, dass das deutsch-französische Verhältnis die Stabilität, die es unter dem Tandem Kohl-Mitterand gehabt hatte, nicht mehr beibehielt.

Die realistische Prognose nach einer „dominanten" Stellung Deutschlands in Europa kann im veränderten Kontext seit 1945, und umso verschärfter seit 1989/90, nur durch Abschätzung der materiellen, militärischen oder Verhandlungsmacht nicht beurteilt werden. Die Macht Deutschlands in Europa und in der Europäischen Union lag während des Beitrittsprozesses nicht in den „harten" Ressourcen, sondern vielmehr in dem Vermögen, Prioritäten zu setzen und die Handlungsalternativen seiner Nachbarn eingrenzen zu können.[1012] Die politischen Eliten der Bundesrepublik haben seit langem begriffen, dass „ihr Staatsschiff unter der Europa-Flagge am besten fährt".[1013] Im Verhältnis zu

---

1010 Trotz der Relativierung der Stellung (Größe) der BRD in einer erweiterten Union.

1011 Vgl. Janning, Josef: Lange Wege, kurzer Sinn? Eine außenpolitische Bilanz von Rot-Grün. *Internationale Politik*, Jg. 57, Nr. 9/2002, S. 16.

1012 Vgl. Markovits, Andrei S./Reich, Simon: Das deutsche Dilemma. Die Berliner Republik zwischen Macht und Machtverzicht. Berlin 1998, S. 19.

1013 Schwarz, Hans Peter: Die Zentralmacht Europas auf Kontinuitätskurs. *Internationale*

Zentraleuropa und zur Unterstützung der Osterweiterung handelte die Bundesrepublik Deutschland multilateral.[1014] Die Osterweiterung lag im besonderen deutschen Interesse, war aber gleichzeitig ein gesamteuropäisches Projekt. Als ein „deutsches Projekt" wäre es von den Mittel- und Osteuropäern mit einer deutschen Einflusszone (deutsches Mitteleuropa) assoziiert worden und wäre deshalb unannehmbar gewesen. Die Osterweiterung wurde von den Beitrittskandidaten unter anderem als eine Möglichkeit angesehen, an dem europäischen Entscheidungsprozess gleichberechtigt teilzunehmen.[1015] Adrian Hyde-Price nannte Deutschland bezüglich seiner Rolle in dem oben analysierten europäischen Erweiterungsprozess als *„benign multilateral hegemon"*.[1016] Ein Hegemon ist nach dieser Auffassung ein Akteur, der überproportional von einem System profitiert und dabei eine überproportional große Last trägt. Die Bundesrepublik Deutschland wird potenziell langfristig von der Osterweiterung am meisten profitieren, gleichzeitig aber leistet es den größten finanziellen Beitrag in der Europäischen Union.

14.1.2 Der Liberalismus

Die liberal-utilitaristische Sicht auf die Osterweiterung bildete eine wichtige theoretische Grundlage in den Kapiteln 8 (deutscher Nettobeitrag), 10 (Arbeitnehmerfreizügigkeit), 11 (innenpolitische Flankierung) und 12 (GAP) dieser Studie. Das zentrale Problem der deutschen Europapolitik zwischen 1999 und 2002 bestand darin, wie die kurzfristigen Interessen, die mit der Osterweiterung zusammenhingen, mit den langfristigen Zielen, in denen die Stabilität im Osten eine herausragende Stellung einnahm, verknüpft werden können. Die Untersuchung der „hochpolitischen" Phasen des Erweiterungsprozesses (März 1999 und 2002) eröffnete den Blick auf einen fundamentalen Zielkonflikt in der

---

Politik, Jg. 54, Nr. 11/1999, S. 1.

1014 Vgl. Handl, Vladimír: Německý multilateralismus a vztahy k státům visegrádské skupiny [Deutscher Multilateralismus und die Beziehungen zu den Staaten der Visegrád-Gruppe]. *Mezinárodní vztahy*, roč. 38, č. 1/2003, S. 5–27.

1015 Beispielsweise während des Irak-Krieges 2003 zeigte sich, dass die MOE-Staaten erfolgreich andere außenpolitische Ansichten als die Bundesrepublik Deutschland vertreten können.

1016 Hyde-Price, Adrian: Germany and the European order. Enlarging NATO and the EU. Manchester/New York 2000, S. 213–216.

deutschen Europapolitik. Dieser Konflikt bestand in der gleichzeitigen Verfolgung der Osterweiterung und der Reform der Agrar- und Strukturpolitik mit dem Ziel einer Senkung des deutschen Beitrags zum EU-Haushalt. Dieses Dilemma war für die Bundesregierung umso gravierender, als die Bundesrepublik Deutschland mehr als die anderen EU-Mitgliedstaaten an der Osterweiterung interessiert war.

Der liberale Ansatz erklärt den Einfluss der innenpolitischen Umstände, welche die Bundesregierung während der Beitrittsverhandlungen berücksichtigen musste. Die deutschen Verhandlungsführer standen unter dem Druck der heimischen Akteure (organisierte Interessen, Bundesländer), die sich an der Herausbildung der europapolitischen Präferenzen im demokratischen Diskurs beteiligten. Das Parlament erteilte Bundeskanzler Gerhard Schröder keine zu starken Vorgaben, was genau in den einzelnen Verhandlungen auf der europäischen Ebene hätte erreicht werden müssen.[1017] Obwohl Schröder mithin über einen Verhandlungsspielraum verfügte, den er zu Kompromisslösungen nutzen konnte, war er an die neuen arbeitsmarkt- und haushaltspolitischen Realitäten des eigenen Landes gebunden.

Die Haushaltsnotlage und die öffentliche Wahrnehmung der Bundesrepublik Deutschland als „Zahlmeister" Europas[1018] trugen entscheidend dazu bei, dass Gerhard Schröder die finanziellen Interessen Deutschlands in der EU heftig verteidigte. Er setzte sich zunächst massiv für eine deutliche Senkung des deutschen Nettobeitrags, und wenn dies nicht erreichbar schien, zumindest für eine Begrenzung der künftigen EU-Ausgaben ein. Das ist ihm im März 1999 in Berlin und im Oktober 2002 in Brüssel auch gelungen.

Im Jahre 2000, als die Erweiterungsverhandlungen weiter fortgeschritten waren, wuchsen die Befürchtungen vor negativen Auswirkungen der Osterweiterung in Teilen der deutschen Bevölkerung, vor allem in den Grenzregionen und in einzelnen Branchen. Allerdings kollidierten aus Sicht einiger politischer Akteure und deutscher Unternehmer sowohl die großen deutschen finanziellen Beiträge zum EU-Haushalt als auch die Frage der Arbeitnehmerfreizügigkeit

---

1017 Bestätigt im persönlichen Gespräch mit Günter Gloser, europapolitischer Sprecher der SPD-Bundestagsfraktion, Deutscher Bundestag, Berlin, am 26. Mai 2003.
1018 Vgl. Schmalz, Uwe: Deutsche Europapolitik nach 1989/90: Die Frage von Kontinuität und Wandel. In: Schneider, Heinrich/Jopp, Mathias/Schmalz, Uwe (Hrsg.): Eine neue deutsche Europapolitik? Rahmenbedingungen – Problemfelder – Optionen. Berlin 2001, S. 18.

und der Dienstleistungsfreiheit im Hinblick auf die Erweiterung nicht mit den deutschen Interessen.[1019] Sogar EU-Kommissar Günter Verheugen behauptete schon viel früher, dass der langfristige Nutzen aus der Osterweiterung für Deutschland die kurzfristig anfallenden ökonomischen Kosten weit übertreffen wird.[1020]

Es bieten sich zwei mögliche Interpretationen des Vorgehens der Bundesregierung (Fallbeispiele in den Kapiteln 8 und 10):

1) Eine Erklärung zielt auf eine gewisse Veränderung der Leitlinien der Europapolitik seit 1990/1998 bis hin zur Betonung der nationalen Interessen. Hier hätte es sich doch nicht um eine Änderung der deutschen Wahrnehmung der europäischen Normen, sondern eher um eine partielle Änderung der innenpolitischen Normen gehandelt. Der Grund dafür lag darin, dass Deutschland letztendlich immer eine Kompromissgrundlage gesucht hatte und in diesen ausgewählten Fällen keinen klaren Verstoß gegen die europäischen Normen gewagt hatte. Nähere Ausführungen dazu werden im nächsten Abschnitt zum soziologischen Institutionalismus gemacht.

2) Die andere Erklärung ist nicht unbedingt konträr zum oben genannten Punkt. Sie geht aber vom utilitaristisch-liberalen Standpunkt aus. Die Ursache der deutschen Betonung der monetären und beschäftigungspolitischen Probleme bezüglich der Osterweiterung konnte in einer innenpolitischen Konstellation liegen. Das heißt: Die deutschen politischen Verhandlungsführer waren gezwungen, die Unsicherheiten eines Teils der Bevölkerung zu berücksichtigen. Mögliche negative Reaktionen in der Öffentlichkeit konnten den Vollzug einer Osterweiterung in Frage stellen.

Um den innenpolitischen Rückhalt für eine zügige EU-Erweiterung zu gewinnen, setzte die Bundesregierung in einigen Bereichen wie Arbeitnehmerfreizügigkeit (oder Kabotage) Übergangsregelungen durch, welche die EU in ihre gemeinsame Verhandlungsposition übernahm (Kapitel 10). Parallel dazu bemühte sich die rot-grüne Koalition um eine innenpolitische Flankierung der Osterweiterung. Die Regierung wollte sowohl den praktischen als auch den oft nur psychologisch bedingten Vorbehalten gegenüber der Erweiterung rechtzei-

---

1019 Vgl. Bericht: BDI-Kongress „Was bringt die Erweiterung?", in: *EU-Nachrichten*, Nr. 7 vom 22. Februar 2001.

1020 Ein Zeit-Gespräch mit EU-Kommissar Günter Verheugen, *Die Zeit* vom 9. Dezember 1999.

tig begegnen, damit die Realisierung des wichtigen deutschen Ziels der Oster-weiterung nicht in Gefahr geriet.

Die einzelnen Fallbeispiele, deren Relevanz für die Analyse der deutschen Erweiterungsstrategie der utilitaristische Liberalismus bestätigte, sprechen eher für eine kurzfristige oder taktische Anpassung der deutschen Europapolitik an die veränderten (vor allem finanziellen) Bedingungen. Aus den tatsächlichen Verhandlungsergebnissen resultierte, dass nicht die materiellen Gewinne, ob-wohl sie von der Regierung laut vorgetragen wurden (näher Kapitel 8, 10, 12 bzw. 13), zu den obersten langfristigen deutschen Prioritäten gehörten, son-dern die Osterweiterung.

14.1.3 Der soziologische Institutionalismus

Die deutschen Bemühungen um die Ausdehnung der europäischen Strukturen nach Osten sowohl unter Kohl als auch unter Schröder können durch konstruktivistische Argumente überzeugend erklärt werden. Der soziologische Institutionalismus begründet die Kompatibilität von normativen Bindungen der deutschen Außenpolitik mit den europäischen Werten und die Existenz der europäisierten innerdeutschen Normen (die „Integrationsfreundlichkeit" des Grundgesetzes). Dies zeigte sich in der Bereitschaft der deutschen Entschei-dungsträger, Kompromisse zu Gunsten der „europäischen" Lösungen einzuge-hen.

Kompromisse wurden regelmäßig während der Regierungszeit Helmut Kohls gemacht. Bundeskanzler Kohl versuchte in der Regel, die Interessen zu bündeln und die deutschen Vorschläge nach Möglichkeit in einem Tandem mit einem anderen bedeutenden EU-Mitgliedstaat (Frankreich) oder in einer Koali-tion vorzustellen. Demgegenüber zeigte Gerhard Schröder Kompromissbereit-schaft zumeist erst zum Schluss der Verhandlungen. Als Ausdruck einer erhöh-ten „nationalen" Aktivität kann die Forderung nach einer Senkung des Nettobeitrages und die Initiative des Bundeskanzlers Gerhard Schröder gegen die Einführung von Direktzahlungen für die osteuropäischen Landwirte be-trachtet werden.

Als Ergebnis der Fallanalysen (Kapitel 8, 11 und 12) ist zwingend festzu-stellen, dass unter Bundeskanzler Schröder ein normatives „Umdenken" des Verhältnisses von Deutschland zur Europäischen Union eingeleitet wurde. Es kam zu keiner Änderung der normativen Einstellung gegenüber der Osterweiterung, wohl aber in den Bereichen, welche die Erweiterungsmaterie stark betrafen (deutscher Nettobeitrag, die Gemeinsame Agrarpolitik). Die Betonung der „nationalen" (und finanziellen) Interessen durch die Bundesregierung ist auf eine Änderung der innerdeutschen Normen, wohl aber nicht auf einen substanziellen Wandel der deutschen „europäisierten" Identität zurückzuführen. Gleichzeitig ist festzustellen, dass die Entscheidungen, die unter deutscher Mitwirkung auf europäischer Ebene getroffen wurden, den deutschen langfristigen Vorstellungen und vor allem dem Wunsch nach einer Osterweiterung in ihren Grundzügen entsprachen.

Der soziologische Institutionalismus erklärt, warum die Bundesrepublik Deutschland in den Verhandlungen über die *Agenda 2000* während der deutschen Ratspräsidentschaft nicht auf einer deutlichen Senkung des deutschen Nettobeitrags beharrte und letztendlich einen Kompromiss bezüglich der Erweiterungskosten suchte (Kapitel 8). Obwohl sich die deutschen Verhandlungsführer um die Senkung des deutschen Nettobeitrags bemüht haben, waren die Bereitstellung der Finanzen für die neuen EU-Mitglieder und der allgemeine Integrationsfortschritt für die deutsche Europapolitik von zentraler Bedeutung. Dies kann deshalb nicht nur als ein deutscher Beitrag zur Öffnung des Weges zur Osterweiterung verstanden werden, sondern auch als eine Befürwortung der Weiterentwicklung der europäischen Integration.

Bei der Regierungskonferenz 2000 und auf dem Gipfel in Nizza setzte sich die Bundesregierung für die Ausdehnung von Mehrheitsentscheidungen (nur in Ausnahmefällen nicht), für eine starke Europäische Kommission und für die Ausdehnung der Rechte des Europäischen Parlaments ein. Die institutionelle Gestaltung der EU-Organe sollte nach deutscher Auffassung zur Handlungsfähigkeit und Transparenz in einer erweiterten Union beitragen. Ähnliche Ziele haben sich die deutschen Vertreter im Konvent vorgenommen. Die institutionelle Reform von Nizza hat die Union auf eine Osterweiterung vorbereitet, was im existenziellen deutschen Interesse lag.

Diese Beispiele zeigen deutlich, dass eine partielle Änderung der normativen Grundlagen für die Europapolitik (ahistorischer Ansatz, kurzfristige politische Kalküle und die „Image"-Politik) unter Gerhard Schröder keine Abkehr von der europäischen Integration bedeutete. In dieser Hinsicht war der deutsche Außenminister Joschka Fischer ein Gegenpol zu Bundeskanzler Gerhard

Schröder. Für Fischer waren „die Grundkonstanten – Lage, Interessen, Werte und Geschichte – die Gleichen geblieben".[1021]

Im Kapitel 11 wurde auch den Ländern und Grenzregionen Aufmerksamkeit gewidmet. Obwohl die einzelnen Bundesländer im Erweiterungsprozess die eigenen Interessen (im Bereich der Strukturpolitik) verteidigt haben, waren ihre heimischen normativen Vorfestlegungen weitgehend mit den europäischen Normen kompatibel. Auch der grenzüberschreitenden Zusammenarbeit zwischen den Grenzregionen der alten EU und den Grenzregionen in den Beitrittsländern (Polen, Tschechien) lagen neben den praktischen Begründungen auch wertegebundene Begründungen zugrunde. Eine Ausnahme war Bayern. Die Forderungen von Edmund Stoiber setzten dem deutschen Engagement in der Europäischen Union klare Grenzen. Sie deuteten nicht nur auf eine taktische Änderung im Sinne der Verteidigung regionalspezifischer materieller Interessen (liberal-utilitaristische Sicht), sondern auch auf eine schrittweise Transformation der normativen Grundlagen des europapolitischen Handelns hin.

Zusammenfassend kann festgestellt werden, dass der soziologische Institutionalismus beides erklärt, sowohl die Kontinuität als auch die Veränderung in der deutschen Europapolitik. Die deutsche Unterstützung für die Osterweiterung gehörte allerdings zu den Fällen, in denen die europapolitische Kontinuität über das Jahr 1998 hinaus eindeutig bejaht werden kann.

14.2 Die deutschen Motive und Interessen an der Osterweiterung

Warum stand die Osterweiterung so hoch auf der Prioritätenskala der deutschen Außen- und Europapolitik? Die Untersuchung der deutschen Erweiterungspolitik in dieser Studie liefert eine Reihe von Ansatzpunkten zur Erklärung des Engagements der Bundesregierung. Auf jeden Fall ist festzustellen, dass die Bundesrepublik Deutschland ein größeres Interesse an der Osterweiterung als die anderen Staaten der Europäischen Union hatte. Sowohl die Motive als auch die Rechtfertigungen dieses Ziels waren vielschichtig. Im Grunde

---

1021 Fischer, Joschka: Kluge Selbstbeschränkung, multilaterale Interessenvertretung. Überlegungen zu einer Neujustierung der deutschen Außenpolitik. *Frankfurter Allgemeine Zeitung* vom 26. November 1999, S. 8.

stand die Motivation mit den von der Regierung vorgetragenen Argumenten im Einklang. Aus der theoretischen Perspektive hat Deutschland beim Einsatz für die Osterweiterung Normen (normengeleitete Politik) und Interessen (interessengeleitete Politik) verfolgt. Werte und Interessen waren in diesem Fall keine gegensätzlichen Elemente außenpolitischen Handelns. Die Grundsatzentscheidung für die Osterweiterung demonstrierte die Kompatibilität der deutschen und europäischen Wertvorstellungen. Sowohl unter der Regierung Kohl als auch unter Gerhard Schröder spielte die moralische und friedensstiftende Dimension einer europäischen Einigung eine bedeutende Rolle. Bei Kohl war dieser Ansatz allerdings viel stärker als bei Schröder. Jedoch galt Außenminister Joschka Fischer in Teilen Ostmitteleuropas als Garant für die deutsche Glaubwürdigkeit in Europa.[1022]

Eine historische Verpflichtung gegenüber den zentraleuropäischen Staaten im Hinblick auf die Ereignisse in den Jahren 1939–45 und das Ende des Kommunismus in Osteuropa, das den Weg zur deutschen Einheit eröffnete, war bei keinem anderen westeuropäischen EU-Mitgliedstaat vorhanden. Aus der vorliegenden Betrachtung geht hervor, dass dieser Aspekt nicht nur die oberste Regierungsebene betraf, sondern in den Einstellungen großer Teile der deutschen Eliten und der Bevölkerung verankert war. Die wertebestimmten Argumente für die Osterweiterung tauchten in den vom Autor durchgeführten „Elite-Interviews" regelmäßig auf.

Die Osterweiterung lag weiterhin im deutschen wirtschaftlichen Interesse. Die geographische Nähe und das institutionelle und kulturelle Umfeld Zentraleuropas stellten seit 1990 ein optimales Milieu für deutsche Direktinvestitionen dar. Die zahlreichen ökonomischen Akteure waren mit ihren Aktivitäten in diesem Raum schon längst vor der Erweiterung präsent. In dieser Hinsicht bildete die Osterweiterung den institutionellen und sicherheitspolitischen Rahmen für die schon laufenden ökonomischen und politischen Prozesse.

Das Interesse der wirtschaftlichen Eliten an der Osterweiterung war allerdings nicht gleichermaßen in allen Interessen- und Bevölkerungsgruppen vorhanden. Die Angst vor Standortverlagerungen und dem Verlust von Arbeitsplätzen und die sektoralen Interessen steuerten gegen das politische Ziel einer

---

1022 Vgl. Tewes, Henning: Rot-Grün und die Osterweiterung der Europäischen Union. In: Maull, Hans/Harnisch, Sebastian/Grund, Constantin (Hrsg.): Deutschland im Abseits? Rot-grüne Außenpolitik 1998–2003. Baden-Baden 2003, S. 89.

raschen Osterweiterung. Die Bundesregierung reagierte auf diese Risiken und flankierte innenpolitisch das für Deutschland zentrale und gleichzeitig europäische Erweiterungsprojekt. Darin bestand die Aufgabe einer demokratischen Regierung, die Führungsaufgabe der Politik wahrzunehmen und die Bevölkerung davon zu überzeugen, dass die Osterweiterung langfristig in eine „win-win-Konstellation"[1023] resultiert, von der beide Seiten profitieren, sowohl die Bundesrepublik Deutschland und die alte EU-15 als auch die Staaten Mittel- und Osteuropas.

Auch aus politischen Gründen war die Osterweiterung von vorrangigem deutschen Interesse. Eine andauernde Teilung Europas würde unübersehbare Risiken für die Bundesrepublik Deutschland darstellen, und zwar wegen seiner Grenzlage. Schon Anfang der 90er Jahre des 20. Jahrhunderts wurde klar, dass, wenn Deutschland an seiner östlichen Grenze an westintegrierte Staaten angrenzen würde, die neue deutsche „Mittellage" und die damit verbundenen Risiken beseitigt wäre. Wenn die Bundesrepublik Deutschland an der Herausbildung eines günstigen institutionellen Umfelds (*milieu shaping*) für den europäischen Erweiterungsprozess mitwirkte, so förderte sie gleichzeitig das eigene Interesse an der Stabilisierung der zentraleuropäischen Staaten. Im Fall einer Nicht-Osterweiterung hätte die Bundesrepublik selbst aus eigenem Sicherheitsinteresse die Stabilisierung Mittel- und Osteuropas sichern müssen. Gerade aus diesem Grund war der Kosovo-Krieg im Frühjahr 1999 ein wichtiger politischer Impuls, der die Argumente der Befürworter der Osterweiterung nur bestätigte.

14.3   Kontinuität der deutschen Europapolitik?

Die Osterweiterung der Europäischen Union gehörte unumstritten zum größten Erfolg der rot-grünen Bundesregierung. Die Grundlinie dieses Projektes markierte eine europapolitische Kontinuität im deutschen außenpolitischen Verhalten vor und nach 1998. Obwohl der Regierung Schröder/Fischer eine „moralisierende Selbstgerechtigkeit in allen außenpolitischen Fragen statt nüchterner Interessenpolitik" [1024] vorgeworfen wurde, waren die Interessen und die

---

1023 Persönliches Gespräch mit Dr. Wolfgang Schäuble, stellvertretender Fraktionsvorsitzender der CDU/CSU Fraktion im Deutschen Bundestag, Berlin, am 25. Juni 2003.
1024 Hacke, Christian: Zehn Thesen zum Stand der deutsch-amerikanischen Beziehungen.

moralischen Verpflichtungen im Fall der Erweiterungspolitik zwei Seiten derselben Medaille. Die europäischen Werte dienten nicht nur der Selbstberechtigung, sie bildeten sogar einer wichtige Quelle für das kontinuierliche Engagement der deutschen Entscheidungsträger für die Ausdehnung der westeuropäischen Strukturen nach Osten (zumindest bei Joschka Fischer). Damit entsprachen die Initiativen der Bundesrepublik der theoretischen Definition der Erweiterung als *„process of gradual and formal horizontal institutionalization"*.[1025]

In wichtigen Bereichen der Erweiterungspolitik definierte die Bundesregierung aber auch die deutschen „nationalen" Interessen. Dies war neu und sprach für eine klare Trendwende von einer vorbehaltlosen Integrationsbereitschaft hin zur Integration unter einem Begründungsvorbehalt. Es ist hinzufügen, das ein wesentlicher Grund dafür nicht eine gewachsene Machtposition, sondern die notwendige Anpassung an problematische innerdeutsche Bedingungen (schlechte Haushaltslage, nicht reformierter Sozialstaat, strukturelle Arbeitslosigkeit) war.[1026] Die einzelnen Fallstudien dokumentieren, dass die deutschen Interessen wohl in einem europäischen Kontext finalisiert wurden. Deshalb kann die These von einem substanziellen Wandel der deutschen Europapolitik nicht bestätigt werden.[1027] Die Bundesrepublik Deutschland erwies sich trotzdem in dieser Hinsicht als eine „normale" europäische Macht, welche die eigenen Interessen definierte und verteidigte. Das Beispiel der deutschen Forderungen nach Senkung des Nettobeitrags zeigte, dass die deutsche Europapolitik „britischer" geworden war.[1028]

In: Böckenförde, Stephan (Hrsg.): Chancen der deutschen Außenpolitik. Analysen-Perspektiven-Empfehlungen. Dresden 2005, S. 49.

1025 Eine Definition von Frank Schimmelfennig und Ulrich Sedelmeier.

1026 Vgl. Lippert, Barbara: European Politics of the Red-Green Government: Deepening and Widening Continued. In: Reutter, Werner (ed.): Germany on the Road to „Normalcy": Policies and Politics of the Red-Green Federal Government (1998–2002). New York 2004, S. 250.

1027 Zur Kontinuitäts- versus Wandelthese: Schmalz, Uwe: Deutsche Europapolitik nach 1989/90: Die Frage von Kontinuität und Wandel. In: Schneider, Heinrich/Jopp, Mathias/Schmalz, Uwe (Hrsg.): Eine neue deutsche Europapolitik? Rahmenbedingungen – Problemfelder – Optionen. Berlin 2001, S. 15–68.

1028 Vgl. Hellmann, Gunther: Konsolidierung statt machtpolitische Resozialisierung: Kernelemente einer neuen deutschen Außenpolitik. In: Böckenförde, Stephan (Hrsg.): Chancen der deutschen Außenpolitik. Analysen-Perspektiven-Empfehlungen. Dresden 2005, S. 58.

Trotz der deutschen Betonung sowohl der „formalen" Macht in der Europäischen Union als auch eigener Finanzinteressen bietet uns der Gesamteindruck der konstruktiven Rolle Deutschlands im Erweiterungsprozess ein klares Indiz dafür, dass es sich um eine „neue Normalität" handelt. Die Bundesrepublik Deutschland bleibt eine institutionell *„tamed power"* (Peter Katzenstein), deren „Normalität" die Geschichte und demokratisch definierte Interessen beinhaltet. Auch die deutsche Europapolitik der „Großen Koalition" 2005–2009 unter Führung von Angela Merkel wurde durch die Tendenz einer „Pragmatisierung"[1029] gekennzeichnet. Einerseits wurde die deutsche Europapolitik dadurch entidealisiert, dass unmittelbare nationale Interessen für die europapolitischen Präferenzen an Bedeutung gewannen. Andererseits wurden die Integra-Integrationsvisionen nicht aufgegeben, die in den deutschen Vorschlägen zum EU-Regelwerk während der Verhandlungen im Verfassungskonvent und nach 2007 im Zusammenhang mit dem Vertrag von Lissabon zum Ausdruck kamen.

1029 Vgl. Schmalz, Uwe: Deutsche Europapolitik nach 1989/90. In: Schneider, Heinrich/Jopp, Mathias/Schmalz, Uwe (Hrsg.): Eine neue deutsche Europapolitik? S. 68.

Epilog – der Ratifikationsprozess

Die griechische Ratspräsidentschaft in der ersten Hälfte des Jahres 2003, die direkt an die Kopenhagener Verhandlungen vom Dezember 2002 anknüpfte, hatte mehrere Prioritäten. Neben der Implementierung des Vertrags von Nizza und der Fortsetzung der Konventsdebatte über die Zukunft Europas war die Vollziehung der weiteren Schritte zum Beitritt der neuen zehn Mitgliedstaaten Mittel- und Osteuropas die wichtigste Aufgabe.[1030] Die endgültige Fassung des Beitrittsvertrags sollte im Frühjahr 2003 vorbereitet werden und im April in Athen unterzeichnet werden.[1031] Auf der Seite der Union stand die Aufgabe, die Strukturen und Arbeitsweisen der Europäischen Union zu reformieren, damit sie auch nach der Erweiterung funktionieren und verständlicher und effizienter werden würden. Der Vertrag von Nizza, der am 1. Februar 2003 in Kraft trat, war eine gute Grundlage für die Erweiterung. Die wichtigsten institutionellen Bereiche im Hinblick auf die Zukunft der Union wurden weiterhin im Konvent diskutiert.

Damit zum Stichtag 1. Mai 2004 die neuen Mitglieder beitreten konnten, musste der Beitrittsvertrag unterzeichnet und alle Phasen des Ratifikationsprozesses absolviert werden. Bis zur Einleitung der Ratifikation waren die einzelnen Schritte eine Sache der Europäischen Union. Zu den Beitrittsanträgen der Beitrittsländer gab die Kommission ihre Stellungnahme, in dem sie die Meinung zum Ausdruck brachte, dass die in Kopenhagen getroffenen Vereinbarungen gerecht und angemessen seien. Die Kommission erklärte die Erweiterung für einen fortgesetzten, allumfassenden und unumkehrbaren Prozess und richtete eine positive Stellungnahme an den Rat der Europäischen Union.[1032]

1030   „Our Europe. Sharing the Future in a Community of Values". The Priorities of the Greek Presidency 2003, Brussels, 20 Dezember 2002, DOK 15832/02.

1031   Entwurf eines Arbeitsprogramms des Rates für 2003 vorgelegt vom griechischen und italienischen Vorsitz, 3. Dezember 2002, DOK 14944/02; die einzelnen Schritte ausführlich: Work Programme of the Greek Presidency on Enlargement, Brussels, 23 January 2003, DOK 5621/03.

1032   Stellungnahme der Kommission vom 19. Februar 2003 zu den Anträgen der Tschechischen Republik, der Republik Estland, der Republik Zypern, der Republik Lettland, der Republik Litauen, der Republik Ungarn, der Republik Malta, der Republik Polen, der Republik Slowenien und der Slowakischen Republik auf Beitritt zur Euro-

Alle Beitrittsanträge der zehn Länder billigte am 9. April 2003 das Europäische Parlament unter Berücksichtigung des Beitrittsvertrags und der Rat beschloss einstimmig die Aufnahme der neuen Mitglieder.

Am 16. April 2003 wurde der Beitrittsvertrag in Athen durch die Staats- und Regierungschefs und die Außenminister der Mitglieder der Europäischen Union und der Beitrittsländer unterschrieben. Zu diesem Ereignis erklärte der Staatssekretär des Auswärtigen Amtes Klaus Scharioth: „Deutschland als der Staat mit den meisten Nachbarn in Europa hat ein besonderes Interesse an der EU-Erweiterung. Als Nachbar der Beitrittsländer Polen und Tschechische Republik rückt Deutschland mit der EU-Erweiterung heraus aus seiner Grenzlage und ist nunmehr – mit Ausnahme der Schweiz – nur noch von EU-Mitgliedstaaten umgeben. Wir sind von Freunden „umzingelt" – und sind sehr dankbar dafür."[1033]

Nach der Unterzeichnung bedurfte der Vertrag laut Art. 49 Abs. 2. S. 2 EU-Vertrag der Ratifikation durch alle Vertragsstaaten gemäß ihrer verfassungsrechtlichen Vorschriften. Für die deutsche Regierung war von großer Bedeutung, dass der Ratifikationsprozess noch vor der Sommerpause im Deutschen Bundestag eingeleitet wurde.[1034] Gleichfalls unterstützte die Bundesrepublik Deutschland den Ratifikationsprozess in den Beitrittsländern, wo Referenden über den EU-Beitritt zwischen 8. März (Malta) und 20. September 2003 (Lettland) stattfanden. Auch das parlamentarische Ratifikationsverfahren in den Ländern der „alten" EU hielt Deutschland für sehr wichtig. Die Ablehnung des Vertrages bei einer innerstaatlichen Ratifikation in einem einzigen „alten" EU-Mitgliedsland hätte die Blockade des gesamten Erweiterungsvertrages bedeutet.

Die Ratifikation des Beitrittsvertrages wurde in Deutschland mit politischer Diskussion begleitet. Die Ermächtigung der Europäischen Gemeinschaften zur Ausübung von Hoheitsrechten innerhalb des Landes bedurfte gemäß Art. 23 Abs. 1 S. 2 GG eines formellen Bundesgesetzes, dem der Bundesrat zustimmen musste. Gleichzeitig galt, dass Änderungen und Ergänzungen der Gründungsverträge, die der Sache nach einer Grundgesetzänderung gleichkommen, eines

---

päischen Union, KOM 79/2003 endgültig.

1033 Rede von Staatssekretär Dr. Klaus Schariot anlässlich des Festaktes im Lichthof des Auswärtigen Amtes zur Unterzeichnung des EU-Beitrittsvertrages in Athen am 16. April 2003.

1034 www.bundestag.de/aktuell/hib.

formellen Bundesgesetzes gemäß Art. 23 Abs. 1 S. 3 GG bedürfen, dem Bundestag und Bundesrat mit jeweils Zweidrittelmehrheit zustimmen müssen.[1035] Im Hinblick auf die Ratifikation des Beitrittsvertrages[1036] entstand zwischen den Parlamentariern der rot-grünen Regierungskoalition und Teilen der Opposition (vor allem der Fraktion der CDU/CSU) eine heftige Diskussion darüber, ob der Beitrittsvertrag lediglich den geographischen Anwendungsbereich des Gemeinschaftsrechts erweitere und zu keiner weiteren Übertragung von Hoheitsrechten vom Bund auf die EU führe, oder ob sich die Aufnahme von zehn neuen Mitgliedstaaten deutlich stärker auf die relative Position der Bundesrepublik Deutschland in der Europäischen Union und ihre Souveränität ausübe.[1037] Im ersten Fall wäre keine Zweidrittelmehrheit erforderlich, im anderen Fall käme Art. 23 Abs. 1 S. i. V. m. Art. 79 Abs. 2 GG in Anwendung.

Was die gesetzliche Grundlage betraf, auf der das Gesetz zum Beitrittsvertrag verabschiedet werden sollte, gab es einen Präzedenzfall, nämlich die Ratifizierung des EU-Beitritts der drei EFTA-Staaten Österreich, Schweden und Finnland im Deutschen Bundestag am 29. Juni 1994.[1038] In der damaligen Diskussion vertrat eine Reihe der Abgeordneten der CDU/CSU-Bundestagsfraktion die Position für die Abstimmung mit einer einfachen Mehrheit.[1039] Die damalige SPD-Opposition im Deutschen Bundestag verlangte, dass diese Ratifizierung mit einer verfassungsändernden Mehrheit hätte erfolgen müssen. Die Frage wurde 1994 nicht abschließend geklärt, da sowohl Bundestag als auch Bundesrat das Gesetz einstimmig verabschiedeten. Im Jahre 2003 wechselten die Positionen der beiden großen Parteien. Teile der

---

1035 Art. 23 GG; vgl. Detterbeck, Steffen: Öffentliches Recht für Wirtschaftswissenschaftler. München 2000, Rn. 1872.

1036 BT-Drucksache 15/1100; Entwurf eines Gesetzes zu dem Vertrag vom 16. April 2003 über den Beitritt der Tschechischen Republik, der Republik Estland, der Republik Zypern, der Republik Lettland, der Republik Litauen, der Republik Ungarn, der Republik Malta, der Republik Polen, der Republik Slowenien und der Slowakischen Republik zur Europäischen Union (Vorlage in der gleichen inhaltlichen Fassung für den Bundesrat unter BR-Drucksache 300/03).

1037 Vgl. Jarass, Hans D.: Kommentar zu Art. 23 GG, in: Jarass, Hans D./Pieroth, Bodo: Grundgesetz für die Bundesrepublik Deutschland. Kommentar, 5. Auflage. München 2000, Rn. 20f.

1038 Stenographischer Bericht der Sitzung des Deutschen Bundestages vom 29. Juni 1994, S. 20830f.

1039 Beispielsweise Michael Stübgen (CDU/CSU); vgl. Stenographischer Bericht der 56. Sitzung des Deutschen Bundestages vom 3. Juli 2003, S. 4640.

CDU/CSU argumentierten, dass die Osterweiterung ganz erhebliche Auswirkungen auf die deutschen Hoheitsrechte hat und forderten, dass das Gesetz zum Beitrittsvertrag gemäß Art. 79 GG im Bundestag und Bundesrat mit Zweidrittelmehrheit ratifiziert wird.[1040] Die Opposition betonte mit ihren Forderungen die Tatsache, dass solche Grundsatzentscheidungen wie die Erweiterung der Europäischen Union auf breiter politischer Grundlage getroffen werden müssen, gleichzeitig betrachtete sie die Ratifizierung nach Art. 23 GG[1041] als klares und stabiles Signal der deutschen Politik an die europäischen Partner, dass das deutsche Parlament unabhängig von allen innenpolitischen Auseinandersetzungen keinen Zweifel an seiner europäischen Ausrichtung lässt.

Am 3. Juli 2003 fand eine namentliche Abstimmung im Bundestag über den Entwurf eines Gesetzes zu dem Beitrittsvertrag vom 16. April 2003 statt. 575 Abgeordnete stimmten mit Ja. Als einziger Abgeordnete stimmte Wolfgang Zöller mit Nein. Vier Abgeordnete der CDU/CSU enthielten sich der Stimme.[1042] Die Abgeordnetin Erika Steinbach gab allerdings eine mündliche Erklärung zur Abstimmung ab, in der sie die so genannten Benesch-Dekrete für unvereinbar mit der Wahrung der Menschenrechte in der Europäischen Union erklärte, und stimmte mit diesem Vorbehalt der Vorlage zu. Anlässlich der Ratifizierung des Beitrittsvertrages wurde in der öffentlichen Bundestagsdebatte auch die Frage thematisiert, was die Überwindung der Teilung Europas für die gemeinsamen europäischen Werte bedeutet. Laut Wolfgang Schäuble bot die EU „als Rechts- und Wertegemeinschaft die Chance, Wunden der Vergangenheit zu heilen".[1043] Die Hinweise mehrerer Bundestagsabgeordneter, auf

---

1040 Hans-Peter Uhl (CDU/CSU), in: Stenographischer Bericht der 56. Sitzung des Deutschen Bundestages vom 3. Juli 2003, S. 4634; vgl. Wolfgang Schäuble (CDU/CSU) schlug vor, zur Sicherheit die formalen Anforderungen der Art. 23 GG und Art. 79 GG zu wahren.

1041 Und nicht „nur" gemäß Art. 59 Abs. 2 GG als die Ratifizierung vom einfachen völkerrechlichen Vertrag.

1042 Dokumentation zur namentlichen Abstimmung enthalten im Stenographischer Bericht der 56. Sitzung des Deutschen Bundestages vom 3. Juli 2003, S. 4642–4644.

1043 Wolfgang Schäuble (CDU/CSU), in: Stenographischer Bericht der 56. Sitzung des Deutschen Bundestages vom 3. Juli 2003, amtliche Seiten 4621–4644 (Zweite Beratung und Schlussabstimmung des von der Bundesregierung eingebrachten Entwurfs eines Gesetzes zu dem Vertrag vom 16. April 2003 über den Beitritt der Tschechischen Republik, der Republik Estland, der Republik Zypern, der Republik Lettland, der Republik Litauen, der Republik Ungarn, der Republik Malta, der Republik Polen, der Republik Slowenien und der Slowakischen Republik zur Europäischen Union),

die deutsche und europäische Vergangenheit sollten die identitätsstiftende Bedeutung der europäischen Einigung bekräftigen: „Wir Deutsche bringen in die Europäische Union die Erfahrung ein, dass man in die Barbarei und in die Diktatur abstürzen kann. Die Länder, die jetzt dazukommen, bringen die Erfahrung mit, dass diejenigen, die die Freiheit wollen, die Diktatur überwinden können. [...] Die Sehnsucht nach Freiheit sowie der Kampf gegen die Diktatur und die Unterdrückung sind das innere Band, das die Europäer im Osten und im Westen miteinander verbindet."[1044] Der Abgeordnete Markus Meckel hob die geistige und historische Dimension der Sache hervor. Er hielt den Beitritt der MOE-Staaten zur EU nicht für „eine Rückkehr der Mittel- und Osteuropäer nach Europa", sondern für eine „Vervollständigung" von Europa, in dem Sinne, dass ohne Zentraleuropa die Europäische Union ein „Rumpfeuropa" gewesen wäre.[1045]

Zur Schlussphase des Beitrittsprozesses, die zwar amtlich mit dem Beitritt am 1. Mai 2004 abgeschlossen wurde, aber praktisch weitergeht, muss gesagt werden, dass die Bundesrepublik Deutschland aufgrund seiner langen Grenze nach Mittel- und Osteuropa und anderen politischen und wirtschaftlichen Faktoren ein existenzielles Interesse an dem Beitritt der MOE-Länder zur Europäischen Union hatte. Das deutsche Engagement für die Erweiterung war mithin selbstverständlicher Natur. Aber die Einsatz- und Kompromissbereitschaft der anderen Mitglieder der EU war nicht so selbstverständlich. Dies wurde von deutscher Seite erkannt und deshalb auch gewürdigt. „Gerade auch die westeuropäischen Länder wie Irland, Frankreich, Spanien und Portugal haben dies [die Osterweiterung] getan und unterstützen den Prozess weiterhin. Dies sind Länder, die allerdings in ihren Grenzgebieten ganz andere Probleme haben."[1046]

Der Beitrittsvertrag wurde im Deutschen Bundestag als einer der ersten in der alten EU und mit überragender Mehrheit gebilligt und dem Bundesrat zur Abstimmung weitergeleitet. An der Bundestagssitzung nahm auch der Kom-

---

S. 4624; Dr. Wolfgang Schäuble bestätigte dies auch im persönlichen Gespräch mit dem Autor am 25. Juni 2003.

1044 Gert Weisskirchen (SPD), in: Stenographischer Bericht der 56. Sitzung des Deutschen Bundestages vom 3. Juli 2003, S. 4634.

1045 Persönliches Gespräch mit Markus Meckel, stellvertretender außenpolitischer Sprecher der SPD-Bundestagsfraktion, Außenminister a. D., Berlin, am 23. Juni 2003.

1046 Michael Stübgen (CDU/CSU), in: Stenographischer Bericht der 56. Sitzung des Deutschen Bundestages vom 3. Juli 2003, S. 4639.

missar für die Erweiterung der EU Günter Verheugen teil. Am 26. September 2003 stimmte schließlich der Bundesrat dem Beitrittsvertrag zu. Der rasche Ratifizierungsprozess war die Abschlussrunde in den deutschen Bemühungen um die Osterweiterung der Europäischen Union.

Quellen und Literatur[*]

A. Quellen – gedruckt, veröffentlicht und unveröffentlicht

1. Deutscher Bundestag, Plenum

Stenographische Berichte bis 14. Wahlperiode und 15. Wahlperiode

Stenographischer Bericht der Sitzung am 29. Juni 1994, amtliche Seiten 20812–20814.

Stenographischer Bericht der 41. Sitzung am 8. Juni 1999, amtliche Seiten 3483A–3519C (Abgabe einer Regierungserklärung des Bundeskanzlers zu den Ergebnissen des Europäischen Rates am 3. und 4. Juni in Köln und zum Stand der Friedensbemühungen im Kosovo-Konflikt).

Stenographischer Bericht der 87. Sitzung am 17. Februar 2000, amtliche Seiten 8064–8078 (Debatte zur Eröffnung der Regierungskonferenz über die institutionellen Reformen der EU und zu den Ergebnissen der Tagung des Allgemeinen Rates am 14. Februar 2000).

Stenographischer Bericht der 106. Sitzung am 19. Mai 2000, amtliche Seiten 9970D–9988C (Haltung der Bundesregierung, insbesondere des deutschen Außenministers Joseph Fischer, zu den europapolitischen Aussagen des Bürgers Joschka Fischer am 12. Mai 2000).

Stenographischer Bericht der 134. Sitzung am 17. November 2000, 12968C–12992C (Beratung des Antrags der Fraktion der CDU/CSU: Der deutschen Außenpolitik wieder Einfluss geben).

Stenographischer Bericht der 135. Sitzung am 28. November 2000, amtliche Seiten 13023A–13058D (Abgabe einer Erklärung der Bundesregierung zum bevorstehenden Europäischen Rat in Nizza vom 7.-9. Dezember 2000).

Stenographischer Bericht der 140. Sitzung am 7. Dezember 2000; Plenarprotokoll 14/140 (Thema: Flankierung der Erweiterung der europäischen Union als innenpolitische Aufgabe).

Stenographischer Bericht der 155. Sitzung am 8. März 2001; Plenarprotokoll 14/155, amtliche Seiten 15153–15174.

Stenographischer Bericht der 219. Sitzung am 22. Februar 2002.

Stenographischer Bericht der 235. Sitzung vom 15. Mai 2002, amtliche Seiten 23420–23422 (Fragestunde zur Erweiterung der Europäischen Union).

---

[*] Die im folgenden Literaturverzeichnis aufgeführten Quellen, Sammelbände, Monographien und Aufsätze werden in den Anmerkungen beim ersten Zitat in dem jeweiligen Kapitel mit dem vollständigen Titel, bei mehrfachen Verwendung in demselben Kapitel in der Regel mit einem Kurztitel zitiert. Die Internetquellen werden in den Anmerkungen unter der vollständigen Internetadresse zitiert.

Stenographischer Bericht der 236. Sitzung vom 16. Mai 2002, amtliche Seiten 23572–23588 (Anträge zum EU-Verfassungskonvent).
Stenographischer Bericht der 245. Sitzung vom 27. Juni 2002, amtliche Seiten 24801–24807 (Große Anfrage über die Osterweiterung der Europäischen Union).
Stenographischer Bericht der 16. Sitzung vom 19. Dezember 2002, amtliche Seiten 1181–1215 (Abgabe der Regierungserklärung durch den Bundeskanzler zu den Ergebnissen des Europäischen Rates am 12. und 13. Dezember 2002).
Stenographischer Bericht der 56. Sitzung vom 3. Juli 2003, amtliche Seiten 4621–4644 (Zweite Beratung und Schlussabstimmung des von der Bundesregierung eingebrachten Entwurfs eines Gesetzes zu dem Vertrag vom 16. April 2003 über den Beitritt der Tschechischen Republik, der Republik Estland, der Republik Zypern, der Republik Lettland, der Republik Litauen, der Republik Ungarn, der Republik Malta, der Republik Polen, der Republik Slowenien und der Slowakischen Republik zur Europäischen Union).

Drucksachen des Deutschen Bundestages zur innenpolitischen Behandlung des Erweiterungsprozesses in der 14. und 15. Wahlperiode

Drucksache 14/474; Positionspapier der SPD-Bundestagsfraktion zur Osterweiterung der Europäischen Union
Drucksache 14/4886; Antrag der Abgeordneten und der Fraktion der SPD und der Fraktion der Bündnis 90/Die Grünen vom 5. 12. 2000 „Flankierung der Erweiterung der Europäischen Union als innenpolitische Aufgabe".
Drucksache 14/5447; Antrag der Fraktion der SPD: Die Weichen für die Erweiterung der Europäischen Union richtig stellen.
Drucksache 14/6488; Antwort der Bundesregierung auf die Kleine Anfrage der Abgeordneten der Fraktion der FDP „Wettbewerbsbedingungen auf dem deutschen Bausektor im Hinblick auf die Osterweiterung der Europäischen Union".
Drucksache 14/6638; Antrag der Abgeordneten der Fraktion der CDU/CSU „Förderung der Grenzregionen zu den Beitrittsländern".
Drucksache 14/8001; Große Anfrage der Abgeordneten der Fraktion der PDS „Vorbereitung der Grenzregionen auf die Osterweiterung der EU".
Drucksache 14/9497; Antwort der Bundesregierung auf die Große Anfrage der Abgeordneten der Fraktion der CDU/CSU „Wirtschaftspolitische Auswirkungen der EU-Osterweiterung".
Drucksache 14/9498; Antwort der Bundesregierung auf die Große Anfrage der Abgeordneten der Fraktion der PDS „Vorbereitung der Grenzregionen auf die Osterweiterung der EU".
Drucksache 14/9118; Beschlussempfehlung und Bericht zu dem Antrag der Abgeordneten der Fraktion der CDU/CSU „Deutsche Verkehrsinfrastruktur auf EU-Osterweiterung vorbereiten".
Drucksache 15/275; Antwort der Bundesregierung auf die Kleine Anfrage der Abgeordneten der Fraktion der FDP „Vorbereitung Deutschlands auf die EU-Osterweiterung".
Drucksache 15/462, Antrag der Abgeordneten der Fraktion der SPD und der Fraktion Bündnis 90/Die Grünen „EU-Agrarreform mutig angehen und ausgewogen gestalten".
Drucksache 15/467; Antrag der Fraktion der CDU/CSU „Verkehrsinfrastruktur auf die EU-Vorbereiten".

Drucksache 15/722; Antwort der Bundesregierung auf die Kleine Anfrage der Abgeordneten der Fraktion der CDU/CSU „Der Bundesgrenzschutz nach der Organisationsreform und vor der Osterweiterung".

Drucksache 15/749; Antrag der Fraktion der CDU/CSU „Strukturpolitik zukunftsfähig gestalten".

Andere Drucksachen und Anträge, 14. und 15. Wahlperiode

Drucksache 14/3377; Antrag der Fraktion der CDU/CSU Innere Reform der Europäischen Union.

Drucksache 14/3514; Antrag der Fraktion SPD und der Fraktion Bündnis 90/Die Grünen Europäischer Rat in Feira – Europa entschlossen voranbringen.

Drucksache 14/3522; Antrag der Fraktion der FDP: Mutige EU-Reform als Voraussetzung für eine erfolgreiche Erweiterung.

Drucksache 14/4733; Entschließungsantrag der Fraktion der SPD und der Fraktion Bündnis 90/Die Grünen zur Abgabe einer Erklärung der Bundesregierung zum bevorstehenden Europäischen Rat in Nizza am 7./8. Dezember 2000.

Drucksache 14/5232; Antwort der Bundesregierung auf die Große Anfrage der Fraktion der CDU/CSU vom 7. Februar 2001.

Drucksache 14/5448; Entschließungsantrag der Fraktion der CDU/CSU zu der Beratung der Großen Anfrage der Fraktion der CDU/CSU „Erweiterung der Europäischen Union".

Drucksache 14/6643; Bericht des Ausschusses für die Angelegenheiten der Europäischen Union gemäß § 93a Abs. 4 der Geschäftsordnung.

Drucksache 14/7788; Entschließungsantrag der Fraktionen SPD und Bündnis 90/Die Grünen zur Abgabe einer Regierungserklärung des Bundeskanzlers zur Tagung des Europäischen Rates in Laeken am 14./15. Dezember 2001.

Drucksache 15/195; Antrag der Fraktion der CDU/CSU; (Der Weg für die Osterweiterung ist frei: Abschluss der Beitrittsverhandlungen auf dem Europäischen Rat von Kopenhagen).

Drucksache 15/215; Entschließungsantrag der Fraktionen SPD und Bündnis 90/Die Grünen zu der Abgabe einer Regierungserklärung durch den Bundeskanzler zu den Ergebnissen des Europäischen Rates in Kopenhagen am 12. und 13. Dezember 2002.

Drucksache 15/216; Antrag der Fraktion der FDP; (Historischer Erweiterungsgipfel verstärkt Druck auf innere Reformen der Europäischen Union).

Drucksache 15/548; Antrag der Fraktionen SPD und Bündnis 90/Die Grünen „Der Europäischen Verfassung Gestalt geben – Demokratie stärken, Handlungsfähigkeit erhöhen, Verfahren vereinfachen".

Drucksache 15/918; Antrag der Fraktion der CDU/CSU vom 6. Mai 2003: Ein Verfassungsvertrag für eine bürgernahe, demokratische und handlungsfähige Europäische Union.

Drucksache 15/1100; Entwurf eines Gesetzes zu dem Vertrag vom 16. April 2003 über den Beitritt der Tschechischen Republik, der Republik Estland, der Republik Zypern, der Republik Lettland, der Republik Litauen, der Republik Ungarn, der Republik Malta, der Republik Polen, der Republik Slowenien und der Slowakischen Republik zur Europäischen Union, (Vorlage in der gleichen inhaltlichen Fassung für den Bundesrat unter BR-Drucksache 300/03).

2. Deutscher Bundestag, Ausschuss für die Angelegenheiten der Europäischen Union, 22. und 23. Ausschuss

Sitzungsprotokolle, 14. und 15. Wahlperiode

Protokoll der 58. Sitzung (öffentliche Sondersitzung) des Ausschusses für die Angelegenheiten der Europäischen Union am 15. Dezember 2000.

Protokoll der 59. Sitzung (öffentliche Anhörung) des Ausschusses für die Angelegenheiten der Europäischen Union und der 57. Sitzung des Ausschusses für Ernährung, Landwirtschaft und Forsten am 17. Januar 2001, zum Thema „Auswirkungen der EU-Osterweiterung auf die gemeinsame Agrarpolitik und die Regionen".

Protokoll der 62. Sitzung des Ausschusses für die Angelegenheiten der Europäischen Union; Öffentliche Anhörung zum Thema „Wirtschaftliche Chancen und Herausforderungen der EU-Erweiterung" am 14. Februar 2001.

Protokoll der 67. Sitzung des Ausschusses für die Angelegenheiten der Europäischen Union; (öffentliche Anhörung) zum Thema „EU-Erweiterung und Arbeitnehmerfreizügigkeit" am 4. April 2001.

Protokoll der 100. Sitzung (öffentliche Sondersitzung) des Ausschusses für die Angelegenheiten der Europäischen Union am 25. Juni 2002.

Protokoll der 9. Sitzung des 23. Ausschusses für die Angelegenheiten der Europäischen Union am 12. Februar 2003.

Drucksachen, Ausschuss für die Angelegenheiten der Europäischen Union

Drucksache 14/1408–14/1412
Drucksache 14/1414
Drucksache 14/1438
Drucksache 14/1472
Drucksache 14/1482
Drucksache 14/1484
Drucksache 14/1485
Drucksache 14/1487
Drucksache 14/1488

Publikationen, Ausschuss für die Angelegenheiten der Europäischen Union

Zur Arbeit des Ausschusses für die Angelegenheiten der Europäischen Union, Europaausschuss 13. Wahlperiode, Ausschussdrucksache 13/2292; Beitrag zur Chronik „Deutscher Bundestag" 13. Wahlperiode 1994 bis 1998.

Sekretariat Europaausschuss: Haltung der Fraktionen zu den institutionellen Reformen der EU, in: Europaausschuss und die institutionellen Reformen der Europäischen Union, Deutscher Bundestag, Europaausschuss (Hrsg.), Berlin 2000.

Europaausschuss und die EU-Erweiterung I, Fachgespräch mit Vertretern europäischer und internationaler Organisationen zu den Hilfeleistungen für die MOEL, Deutscher Bundestag, Ausschuss für die Angelegenheiten der Europäischen Union (Hrsg.), Berlin 2000.

Ausschuss für die Angelegenheiten der Europäischen Union, Beiträge zur Verfassungsdiskussion in der Europäischen Union, Texte und Materialien, Band 25, Berlin 2001.

Der Weg zum EU-Verfassungskonvent. Berichte und Dokumentationen mit einer Einleitung von Michael Fuchs, Sylvia Hartleif und Vesna Popovic, Deutscher Bundestag (Hrsg.), Referat Öffentlichkeitsarbeit, Berlin 2002.

Ausschuss für die Angelegenheiten der Europäischen Union, Die Rechtsgrundlagen des Ausschusses für die Angelegenheiten der Europäischen Union des Deutschen Bundestages. Texte und Materialien, Band 1, Deutscher Bundestag (Hrsg.), Berlin 2002.

3. Der Bundesrat, Plenum

BR-Drucksache 170/01; Entschließung des Bundesrates zum Erweiterungsprozess der Europäischen Union vom 9. März 2001.

BR-Drucksache 711/01; Zweite Entschließung des Bundesrates zum Erweiterungsprozess der Europäischen Union vom 27. September 2001.

BR-Drucksache 209/02; Entschließung des Bundesrates zum Erweiterungsprozess der Europäischen Union vom 22. März 2002.

BR-Drucksache 300/03; Gesetz zu dem Vertrag vom 16. April 2003 über den Beitritt der Tschechischen Republik, der Republik Estland, der Republik Zypern, der Republik Lettland, der Republik Litauen, der Republik Ungarn, der Republik Malta, der Republik Polen, der Republik Slowenien und der Slowakischen Republik zur Europäischen Union; inklusive Denkschrift zu dem Vertrag vom 16. April 2003 über den Beitritt der Tschechischen Republik der Republik Estland, der Republik Zypern, der Republik Lettland, der Republik Litauen, der Republik Ungarn, der Republik Malta, der Republik Polen, der Republik Slowenien und der Slowakischen Republik zur Europäischen Union.

4. Protokolle der Europaministerkonferenz der Länder

Protokoll der 30. Europaministerkonferenz der Länder vom 10. Oktober 2001 in Goslar.

Protokoll der 34. Europaministerkonferenz der Länder vom 5. Dezember 2002 in Berlin.

5. Schlüsseldokumente und Verträge der Europäischen Union:

Agenda 2000 – Band I. Eine stärkere und erweiterte Union (DOK/97/6). In: Wittschorek, Peter (Hrsg.): *Agenda 2000*. Herausforderungen an die Europäische Union und an Deutschland. Baden-Baden 1999, S. 267–366.

Agenda 2000: Legislativvorschläge der Europäischen Kommission. In: Wittschorek, Peter (Hrsg.): *Agenda 2000*. Herausforderungen an die Europäische Union und an Deutschland. Baden-Baden 1999, S. 367–388.

Vertrag von Amsterdam. Texte des EU-Vertrages und des EG-Vertrages. (Hrsg.) Läufer, Thomas, Bonn 1998.

Vertrag über die Europäische Union. Konsolidierte Fassung mit den Änderungen durch den Vertrag von Nizza vom 26. 2. 2001. (Hrsg.) Khan, Daniel Erasmus. 5. aktual. u. erw. Auflage, München 2001.

Vertrag zur Gründung der Europäischen Gemeinschaft. Konsolidierte Fassung mit den Änderungen durch den Vertrag von Nizza vom 26. 2. 2001. (Hrsg.) Khan, Daniel Erasmus. 5. aktual. u. erw. Auflage, München 2001.

6. Dokumente der CDU Deutschlands (Geschäftsstelle, Abteilung für Außen-, Sicherheits- und Europapolitik):

„Die Erweiterung der Europäischen Union – die große Chance unserer Zeit", Beschluss des CDU-Bundesfachausschusses Europapolitik vom 19. Januar 2001 unter dem Vorsitz von Elmar Brok MdEP, vorgelegt von Dr. Martina Krogmann MdB.

„Die Erweiterung der Europäischen Union nach Osten – Chancen und Risiken", Berliner Erklärung der CDU/CSU-Gruppe in der EVP-Fraktion des Europäischen Parlaments anlässlich des Europapolitischen Kongresses, Berlin 1995.

„Die Erweiterung der Europäischen Union", Erklärung von Helsinki, Studientage der EVP-Fraktion, 1996.

„Europa muss man richtig machen", Beschluss des 12. Parteitages 1999, gefasst von der CDU Deutschlands, 1999.

„Europa 2010". Gemeinsame Thesen von CDU und CSU zur künftigen Architektur Europas, Berlin/München, September 2000.

Forderungen der CDU an den europäischen Verfassungsprozess bis 2004 („Post-Nizza-Prozess"), Beschluss des Bundesfachausschusses Europapolitik unter dem Vorsitz von Elmar Brok MdEP, Archiv der CDU Deutschlands.

Hintze, Peter (Generalsekretär der CDU Deutschlands): Deutsche Außenpolitik fünf Jahre nach dem Umbruch in Europa, unveröffentlichter Aufsatz, 1994.

Pflüger, Friedberg: Zehr Sünden der Regierung Schröder in der Außenpolitik, Berlin 1999.

„Wie wir uns Europa denken", Beschluss Nr. A1, Beschlüsse des 3. Parteitages der CDU Deutschlands, Düsseldorf 25.-28. Oktober 1992.

7. Andere Dokumente (Stellungsnahmen, Protokolle, Positionspapiere, Erklärungen, Programme, Bulletin), der Bundesrepublik Deutschland und der Europäischen Union:

Auf dem Weg zur erweiterten Union. Strategiepapier und Bericht der Europäischen Kommission über die Fortschritte jedes Bewerberlandes auf dem Weg zum Beitritt, Brüssel 9. 10. 2002 KOM (2002).

Arbeitsdokument Nr. 2 über die finanziellen Auswirkungen der EU-Erweiterung, Berichterstatter: Reimer Böge, 13. März 2002, Haushaltsausschuss, Europäisches Parlament.

Bewertung der Eckpunkte der Bundesregierung für die EU-Strukturpolitik nach 2006. Dokument der Bayerischen Staatskanzlei, Quelle: Dokumentensammlung zur Struktur- und Regionalpolitik im Büro von Klaus Hofbauer MdB.

Bulletin. Presse- und Informationsamt der Bundesregierung (Hrsg.). Berlin.

Die Osterweiterung der Europäischen Union. Das Projekt für Frieden, Stabilität und Wachstum in Europa. 25 Antworten auf die wichtigsten Fragen, SPD-Bundestagsfraktion (Hrsg.), Dezember 2000, Berlin.

Die Europäische Union – Erweiterung. Eine historische Gelegenheit. Europäische Kommission, Generaldirektion Erweiterung (Hrsg.), Brüssel 2000.

Eckpunkte der Bundesregierung für die EU-Strukturpolitik nach 2006, Quelle: Dokumentensammlung zur Struktur- und Regionalpolitik im Büro von Klaus Hofbauer MdB.

Entwurf eines Arbeitsprogramms des Rates für 2003 vorgelegt vom griechischen und italienischen Vorsitz, 3. Dezember 2002, DOK. 14944/02.

Erweiterung der EU, Vermerk des Vorsitzes für die Tagung des Europäischen Rates in Sevilla, Brüssel 20. Juni 2002, DOK 9765/02.

Erweiterung und Landwirtschaft: Die erfolgreiche Integration der neuen Mitgliedstaaten in die GAP. Diskussionspapier, Dokument SEK (2002) 95. Brüssel, den 30. 1. 2002.

Europapolitik der SPD-Bundestagsfraktion in der 14. Legislaturperiode 1998–2002. Eine Bilanz. SPD-Bundestagsfraktion (Hrsg.).

Europapolitik, Informationsbrief der SPD-Bundestagsfraktion. SPD-Bundestagsfraktion, Arbeitsgruppe Europäische Union (Hrsg.).

EU-Handbuch. EU-Verfahren und Unterrichtungsaufgaben der Bundesregierung, insbesondere im parlamentarischen Raum, Bundesministerium der Finanzen, Abteilung Europapolitik (Hrsg.), Berlin 2002.

EU-Nachrichten. Europäische Kommission, Vertretung in der Bundesrepublik Deutschland (Hrsg.), Erscheinungsmodus wöchentlich. Bonn, Berlin.

„EU-Osterweiterung: Beitrittsvoraussetzungen aus wirtschaftspolitischer Sicht“, Zwischenbericht der Arbeitsgruppe EU-Osterweiterung für die Wirtschaftsminister-konferenz am 2./3. 11. 2000 in Stuttgart.

„EU-Erweiterung zügig und mit realistischen Perspektiven vorantreiben“, Positionspapier des BDI, Bundesverband der Deutschen Industrie (Hrsg.), Berlin (Februar) 2001.

„EU-Erweiterung: Freizügigkeit der Arbeitnehmer, Dienstleistungs- und Niederlassungs-freiheit“, Stellungnahme der BDA und BDI, Bundesvereinigung der Deutschen Arbeitgeberverbände (Hrsg.), Berlin (Februar) 2001.

„Für ein attraktives Deutschland: Freiheit wagen – Fesseln sprengen.“ Zur Sanierung der Staatsfinanzen und zur Entfesselung von Innovation, Wachstum und Beschäftigung, Kompaktpapier 2003, Bundesverband der Deutschen Industrie (Hrsg.), Berlin 2003.

„Gemeinsam die Zukunft der Europäischen Union gestalten“. Text der bilateralen Arbeitsgruppe „Europa, Wirtschaft, Soziales und Finanzen“ von PS Frankreich und SPD, 21. Januar 2002.

„Leistung und Sicherheit.“ Regierungsprogramm 2002–2006, CDU/CDU, herausgegeben von CDU-Geschäftsstelle, Berlin 2002.

„Our Europe. Sharing the Future in a Community of Values“. The Priorities of the Greek Presidency 2003, Brussels, 20 December 2002, DOK 15832/02.

Positionspapier der Bundesregierung zur Halbzeitbewertung der *Agenda 2000* (Gemeinsame Agrarpolitik), BMVEL, 9. Juli 2002.

„Prioritäten für eine wettbewerbsfähige Europäische Union. Handlungsempfehlungen für die Europapolitik der kommenden Jahre“, Bundesverband der Deutschen Industrie (Hrsg.), Köln 1999.

Programm des dänischen Vorsitzes der Europäischen Union, 2. Halbjahr 2002, SN 2924/02, 27. Juni 2002.

Protokoll der 12. Sitzung der Kommission Europäische Union beim SPD-Parteivorstand am 1. Dezember 2000 in Berlin, SPD-Parteivorstand, Abteilung internationale Politik, 2000.

Regierungserklärung von Bundeskanzler Gerhard Schröder am 10. Dezember 1998 zum Thema „Vorschau auf den Europäischen Rat in Wien am 11./12. Dezember 1998 und Ausblick auf die deutsche Ratspräsidentschaft in der ersten Jahreshälfte 1999“; abgedruckt vom Presse- und Informationsamt der Bundesregierung am 10. Dezember 1998, Nr. 521/98.

Regierungserklärung von Bundeskanzler Gerhard Schröder zum Abschluss des EU-Gipfels in Berlin und zum Nato-Einsatz in Jugoslawien, Bonn, 26. März 1999; abgedruckt vom Presse- und Informationsamt der Bundesregierung am 26. März 1999, Nr. 116/99.

Regierungserklärung von Bundeskanzler Gerhard Schröder zu den Ergebnissen des Europäischen Rates in Nizza vor dem Deutschen Bundestag am 19. Januar 2001 in Berlin; abgedruckt vom Presse- und Informationsamt der Bundesregierung am 19. Januar 2001, Nr. 6-2/01.

Schlussfolgerungen des Vorsitzes, Europäischer Rat in Nizza, 7.,8. und 9. Dezember 2000.

Schlussfolgerungen des Vorsitzes, Europäischer Rat in Kopenhagen, 12. und 13. Dezember 2002.

Stellungnahme der Kommission vom 19. Februar 2003 zu den Anträgen der Tschechischen Republik, der Republik Estland, der Republik Zypern, der Republik Lettland, der Republik Litauen, der Republik Ungarn, der Republik Malta, der Republik Polen, der Republik Slowenien und der Slowakischen Republik auf Beitritt zur Europäischen Union, KOM (2003) 79 endgültig.

Stellungnahme des Deutschen Gewerkschaftsbundes (Bundesvorstand) „EU-Erweiterung sozial gestalten: Arbeitnehmerfreizügigkeit und Dienstleistungsfreiheit", vom 9. Juli 2001.

Stellungnahme des Deutschen Gewerkschaftsbundes (Bundesvorstand) „Die Zukunft der Europäischen Union: Osterweiterung, institutionelle Reformen, soziale Grundrechte", vom 7. November 2000.

Work Programme of the Greek Presidency on Enlargement, Brussels, 23 January 2003, DOK. 5621/03.

8. Reden:

„Annäherung an Kopenhagen 2002, EU-Erweiterung und die Zukunft Europas. Stand der Verhandlungen – Wo stehen wir heute?" gehalten am 22. November 2001 von Günter Verheugen, Mitglied der Europäischen Kommission, auf der Konferenz des DUPI, Kopenhagen.

„Es muss über die Kosten der Erweiterung, aber bitte auch der Nicht-Erweiterung, gesprochen werden" gehalten am 12. Juni 2002 von Günter Verheugen, Mitglied der Europäischen Kommission, vor dem Europäischen Parlament (SPECH/02/280), Strasbourg.

„Die Erweiterung der Europäischen Union als innenpolitische Aufgabe" gehalten am 3. April 2001 von Bundeskanzler Gerhard Schröder auf der Veranstaltung der SPD-Bundestagsfraktion, Berlin.

„Die Erweiterung der Europäischen Union als innenpolitische Aufgabe – Ergebnisse der Regionalgespräche" gehalten am 3. April 2001 von Günter Gloser, europäischer Sprecher der SPD-Bundestagsfraktion, auf der Veranstaltung der SPD-Bundestagsfraktion, Berlin.

„Die Erweiterung der Europäischen Union – Strategien für die Bewältigung der erweiterungsbedingten Herausforderungen" gehalten am 3. April 2001 von Günter Verheugen, Mitglied der Europäischen Kommission, auf der Veranstaltung der SPD-Bundestagsfraktion.

„Mid-term review of the CAP", Speaking Points for the Press Conference, Romano Prodi, President of the European Commission, Brussels, 10 July 2002.

Programmrede des Vorsitzenden des Rates der Europäischen Union, Bundesaußenminister Joschka Fischer, am 12. Januar 1999 vor dem Europäischen Parlament in Straßburg, Herausgegeben vom Auswärtiges Amt, Referat Öffentlichkeitsarbeit, Bonn, Januar 1999.

Rede der EU-Haushaltskommissarin Michaele Schreyer vor dem Ecofin, Treffen der Finanzminister am12. Februar 2002.

Rede von Staatssekretär Dr. Klaus Schariot anlässlich des Festaktes im Lichthof des Auswärtigen Amtes zur Unterzeichnung des EU-Beitrittsvertrages in Athen am 16. April 2003.

Rede von Bundeskanzler Gerhard Schröder „Die Grundkoordinaten deutscher Außenpolitik sind unverändert: Frieden und Sicherheit und stabiles Umfeld für Wohlstand festigen." abgedruckt, in: Bulletin. Presse- und Informationsamt der Bundesregierung, Nr. 83. Berlin, S. 785–791.

Rede von Bundeskanzler Gerhard Schröder auf der Regionalkonferenz Oberpfalz, am 18. Dezember 2000, abgedruckt, in: Bulletin. Presse- und Informationsamt der Bundesregierung, Nr. 90-1. Berlin.

„Vom Staatenbund zur Föderation – Gedanken über die Finalität der europäischen Integration", Joschka Fischers Rede in der Humboldt-Universität Berlin am 12. Mai 2000.

Vorstellung des Strategiepapiers und der Fortschrittsberichte 2002 durch den für Erweiterung zuständigen Kommissar der Europäischen Union, Günter Verheugen, am 9. Oktober 2002 vor dem Europäischen Parlament in Brüssel (abgedruckt, in: Internationale Politik, Jg. 58, Nr. 1/2003, Dokumentation, Dokumente zur Erweiterung und Vertiefung der Europäischen Union, S. 72–75).

Vortrag im Rahmen der Vortragsreihe „Forum Constitutionis Europae" des Walter Hallstein-Instituts für Europäisches Verfassungsrecht, gehalten von Günter Verheugen an der Humboldt-Universität zu Berlin am 29. Januar 2001.

9. Zeitungen (Wochenzeitschriften):

Berliner Zeitung
Český deník
Chamer Zeitung
Das Parlament
Der Spiegel
Die Welt
Die Zeit
Financial Times
Frankfurter Allgemeine Zeitung

Frankfurter Rundschau
Handelsblatt
Mladá fronta Dnes
Sächsische Zeitung
Stuttgarter Zeitung
Süddeutsche Zeitung
Tagesspiegel
Welt am Sonntag
Wirtschaftswoche

10. Wirtschaftsanalysen:

DIW - Wochenberichte
IAB - Kurzberichte
Monitor EU-Erweiterung; Deutsche Bank Research

B. Interviews

Zum Thema „Deutschland und die Osterweiterung" sowie zu den speziellen Fallstudien wurden folgende strukturierten Gespräche durchgeführt (Zeitraum März-Juli 2003)*

1. Im parlamentarischen und parteipolitischen Bereich

- Peter Altmaier, CDU, Mitglied des Bundestages, Berlin, am 14. Juli 2003
- Günter Gloser, europapolitischer Sprecher der SPD-Bundestagsfraktion, Deutscher Bundestag, Berlin, am 26. Mai 2003
- Gert Olaf Göhs, CDU-Bundesgeschäftsstelle, Referent für Außen-, Sicherheits- und Europapolitik, Berlin, am 1. Juli 2003
- Andreas Kottwitz, Persönlicher Referent (Büro Klaus Hofbauer MdB, Landesgruppe Bayern), Berlin, am 7. Juli 2003
- Anna Lührmann, Bündnis 90/Die Grünen, Mitglied des Deutschen Bundestages, Berlin, am 15. Juli 2003
- Markus Meckel, stellvertretender außenpolitischer Sprecher der SPD-Bundestagsfraktion, Außenminister a. D., Berlin, am 23. Juni 2003
- Dr. Hans Modrow, Mitglied des Europäischen Parlaments, Ehrenvorsitzender der PDS, stellvertretender Vorsitzender der gemischten Kommission des Europäischen Parlaments und der Nationalversammlung der Tschechischen Republik, Berlin, am 11. Juli 2003
- Axel Schäfer, SPD, Mitglied des Deutschen Bundestages, 1994–1999 Mitglied des Europäischen Parlaments, Berlin, am 3. Juli 2003
- Dr. Wolfgang Schäuble, stellvertretender Fraktionsvorsitzender der CDU/CSU Fraktion im Deutschen Bundestag, Berlin, am 25. Juni 2003
- Karl Martin Schröter, FDP-Fraktion im Deutschen Bundestag, Referent für Europapolitik, Berlin, am 3. Juli 2003
- Michael Stübgen, CDU, Mitglied des Deutschen Bundestages, Vorsitzender der Landesgruppe Brandenburg der CDU/CSU Fraktion, Berlin, am 24. Juni 2003
- Dr. Jutta Tiedtke, SPD-Fraktion im Deutschen Bundestag, Referentin für Europapolitik, Berlin, am 26. Mai 2003

---

* Insgesamt wurden 36 Interviews durchgeführt. Die angegebenen Funktionen bei den Gesprächspartnern entprechen jeweils der Funktion und dem Rang, die die Personen zur Zeit des Interviews hatten. Die wenigen Hintergrundgespräche, die darüber hinaus vom Autor zum Thema der Osterweiterung in Berlin durchgeführt wurden, sind nicht auf der Liste oben aufgeführt.

- Susanne Szech-Koundouros, CDU/CSU Fraktion im Deutschen Bundestag, Arbeitsgruppe Europäische Union (Büro Peter Hintze MdB), Berlin, am 15. Mai 2003

2. Im Regierungsbereich und in den Fachministerien

- Ingrid Mohn, Oberregierungsrätin, Bundesministerium der Finanzen, Europa-Abteilung (Referat E B4), Berlin, am 27. Mai 2003
- Botschafter Dr. Christoph Jessen, Beauftragter für die Osterweiterung, Auswärtiges Amt, Berlin, am 19. Juni 2003
- Martin Kremer, M.C. L., Vortragender Legationsrat, Auswärtiges Amt, Planungsstab, Berlin, am 20. Juni 2003
- Dr. Eckhard Lübkemeier, Leiter der Gruppe 51, Bundeskanzleramt, Abteilung 5 Europapolitik, Berlin, am 8. Juli 2003
- Rainer Rudolph, Legationsrat I. Klasse, Bundeskanzleramt, Referat 521, Koordinierung der Europapolitik, Berlin, am 13. Mai 2003
- Dr. Eckart Cuntz, Ministerialdirigent, stellvertretender Leiter der Europa-Abteilung (E-V), Auswärtiges Amt, Berlin (gezielte Fragestellung im Rahmen der Diskussion nach der Gastvorlesung am 5. April 2004 am Institut für Internationale Studien der Karlsuniversität Prag)

3. Im wissenschaftlichen Bereich

- Dr. Herbert Brücker, Deutsches Institut für Wirtschaftsforschung (DIW), Berlin, am 11. Juni 2003
- Roland Freudenstein, Leiter der Abteilung Außenpolitikforschung, Leiter der Außenstelle in Warschau 1995–2001, Konrad-Adenauer-Stiftung, Berlin, am 2. Mai 2003
- Dr. Heather Grabbe, Research Director, Centre for European Reform, London, Gespräch in Berlin, am 14. Mai 2003
- Birgit Lamm, Liberales Institut der Friedrich Naumann Stiftung, Theodor-Heuss-Akademie, Gummersbach, am 10. März 2003
- Dr. Barbara Lippert, stellvertretende Direktorin, Institut für Europäische Politik, Berlin, am 25. März 2003
- Dr. Martin Reuber, Abteilungsleiter, Bildungszentrum Schloß Eichholz, Konrad-Adenauer- Stiftung, Wesseling, am 14. März 2003
- Prof. Dr. Thomas Risse, Professor für internationale Politik, Freie Universität Berlin, Otto-Suhr Institut, Berlin, am 8. Juli 2003

4. In den Vertretungen der Bundesländer und mit wirtschaftlichen Interessenträgern

- Jens Acker, Sächsische Staatskanzlei, Vertretung des Freistaates Sachsen beim Bund, Referat Europapolitik, Regionale und Internationale Beziehungen, Berlin, am 22. Mai 2003
- Dr. Otto Schmuck, Leiter der Abteilung Europa, Vertretung des Landes Rheinland-Pfalz beim Bund und der europäischen Union, Berlin, am 9. Mai 2003

- Reinhard Stuth, Staatsrat und Bevollmächtigter des Freien und Hansestadt Hamburg beim Bund, telefonisches Gespräch am 14. Juli 2003 (15.05–15.35 Uhr)
- Gerd Wartenberg, Staatssekretär a. D., Bevollmächtigter des Landes Berlin beim Bund und der Europäischen Union 1995–2002, Vorsitzender der Europa Union e. V., Berlin, am 19. Mai 2003
- Fabian Wehnert, Bund deutscher Industrie, Abteilung Europapolitik, Berlin, am 28. Mai 2003

5. Kontrollinterviews mit den Vertretern der „nichtdeutschen" Institutionen

- Petra Erler, Mitglied des Kabinetts Günter Verheugen, Europäische Kommission, Generaldirektion Erweiterung, Brüssel, am 18. März 2003
- Luděk Stavinoha, Counsellor, Mission der Tschechischen Republik bei den Europäischen Gemeinschaften, Brüssel, am 19. März 2003
- Dr. Markéta Šmatlánová, II. Botschaftssekretärin, Botschaft der Tschechischen Republik, Berlin, am 28. Mai 2003
- Stefan Forester, Stellvertreter des Leiters der Vertretung der Europäischen Kommission in der Bundesrepublik Deutschland, Berlin, am 13. Juni 2003
- Wojciech Wieckowski, Gesandter, Botschaft der Republik Polen, Berlin, am 13. Juni 2003

C. Sekundärliteratur – Monographien, Sammelbände, Aufsätze

Abelshauser, Werner: Die Langen Fünfziger Jahre – Wirtschaft und Gesellschaft der Bundesrepublik Deutschland 1949–1966. Düsseldorf 1987.

Aberbach, Joel D./Rockman, Bert A.: Conducting und Coding Elite Interviews. *Political Science and Politics*, 35/2002, S. 673–676.

Aggestam, Lisbeth: Germany. In: Manners, Ian/Whitman, Richard G. (eds.): The foreign policies of European Union Member States, Manchester/New York 2000, S. 64–83.

Albi, Anneli: EU Enlargement and the Constitutions of Central and Eastern Europe. Cambridge 2006.

Altmann, Franz-Lothar: EU-Osterweiterung: eine komparative Bewertung der Fortschrittsberichte von zehn Kandidaten. Electronic ed. Bonn 2001.

Altvater, Elmar: Westeuropäische Integration und osteuropäische Transformation in der globalen Standortkonkurrenz. In: Jachtenfuchs, Marcus/Kohler-Koch, Beate: Europäische Integration. Opladen 1996, S. 531–558.

Anderson, Jeffrey J.: Hard Interests, Soft Power, and Germany´s Changing Role in Europe. In: Katzenstein, Peter J. (ed.): Tamed Power: Germany in Europe. Ithaca, N.Y., 1997, S. 80–107.

Anderson, Jeffrey J.: German Unification and the Union of Europe. The Domestic Politics of Integration Policy. Cambridge 1999.

Andreae, Lisette/Kaiser, Karl: Die „Außenpolitik" der Fachministerien. In: Kaiser, Karl/Eberwein, Wolf-Dieter (Hrsg.): Deutschlands neue Außenpolitik. Bd. 4: Institutionen und Ressourcen. München 1998, S. 29–46.

Balázs, Péter: Die europäische „Architektur". In: Hasse, Rolf H./Schenk, Karl-Ernst/Czege, Andreas Wass von: Erweiterung und Vertiefung der Europäischen Union. Perspektiven und Engpässe. Baden-Baden 2000, S. 11–18.

Banchoff, Thomas: German Identity and European Integration. *European Journal of International Relations*, 3/1999, S. 259–289.

Banchoff, Thomas: German Policy Towards the European Union: The Effects of Historical Memory. *German Politics*, Vol. 6, No. 1/1997, S. 60–76.

Baring, Arnulf: Deutschland, was nun? Ein Gespräch mit Dirk Rumberg und Wolf Jobst Siedler. Berlin 1991.

Baring, Arnulf (ed.): Germany´s New Position in Europe: Problems und Perspectives. Oxford 1994.

Baring, Arnulf: Es lebe die Republik, es lebe Deutschland! Stuttgart 1999.

Bauer, Patricia: Die Union vor der Osterweiterung. Die Transformation - von der Startlinie ins Abseits? *Österreichische Zeitschrift für Politikwissenschaft*, 4/1998, S. 363–376.

Baumann, Rainer/Rittberger, Volker/Wagner, Wolfgang: Neorealist foreign policy theory. In: Rittberger, Volker (ed.): German foreign policy since unification. Theories and case studies. Manchester/New York 2001, S. 37–67.

Beach, Derek: The Dynamics of European Integration. Why and when EU institutions matters. New York 2005.

Becker, Peter: Der Nutzen der Osterweiterung für die Europäische Union. *Integration*, Jg. 21, Nr. 4/1998, S. 225–236.

Beichelt, Timm: Deutschland und Europa. Die Europäisierung des politischen Systems, Wiesbaden 2009.

Beneš, Vít: Střet hypotéz východního rozšíření Evropské unie [Diskurs der Hypothesen zur Osterweiterung]. *Mezinárodní vztahy*, roč. 40, č. 4/2005, S. 5–27.

Berghe, Yvan Vanden: Velké nedorozumění? Dějiny studené války (1917–1990) [Ein großes Mißverständnis? Die Geschichte des Kalten Krieges 1917–1990]. Praha 1996.

Bieber, Roland/Bieber, Florian: Institutionelle Voraussetzungen der Osterweiterung der Europäischen Union. In: Weidenfeld, Werner (Hrsg.): Europa Öffnen. Anforderungen an die Erweiterung. 2. Auflage. Gütersloh 1999, S. 101–156.

Bieling, Hans-Jürgen/Steinhilber, Jochen (Hrsg.): Die Konfiguration Europas. Dimensionen einer kritischen Integrationstheorie. Münster 2000.

Bierbaum, Heinz/Bischoff, Joachim/Deppe, Frank/Huffschmid, Jörg/Steinitz, Klaus: Soziales €uropa. Hamburg 2001.

Böckenförde, Stephan (Hrsg.): Chancen der deutschen Außenpolitik. Analysen-Perspektiven-Empfehlungen. Dresden 2005.

Boekle, Henning/Rittberger, Volker/Wagner, Wolfgang: Constructivist foreign policy theory. In: Rittberger, Volker (ed.): German foreign policy since unification. Theories and case studies. Manchester/New York 2001, S. 105–140.

Boeri, Tito/Brücker, Herbert et al.: The Impact of Eastern Enlargement on Emloyment and Labour Markets in the EU Member States, DIW, Final Report, Berlin, Milano 2000.

Bohle, Dorothee: EU-Integration und Osterweiterung: Die Konturen einer neuen europäischen Unordnung. In: Bieling, Hans-Jürgen/Steinhilber, Jochen (Hrsg.): Die Konfiguration Europas. Dimensionen einer kritischen Integrationstheorie. Münster 2000, S. 304–330.

Borkenhagen, Franz H. U.: Auswirkungen von Amsterdam – Bilanz und Perspektiven. In: Borkenhagen, Franz H. U. (Hrsg.): Europapolitik der deutschen Länder. Bilanz und Perspektiven nach dem Gipfel von Amsterdam. Opladen 1998, S. 229–248.

Böttger, Katrin: Die Entstehung und Entwicklung der Europäischen Nachbarschaftspolitik. Akteure und Koalitionen. Baden-Baden 2010.

Brechtefeld, Jörg: Mitteleuropa and German Politics. 1848 to the Present. New York 1996.

Brechtefeld, Jörg: Kosovo – eine Wende in der deutschen Außen- und Sicherheitspolitik? *WeltTrends*, Nr. 23/1999, S. 121–127.

Bredow, Wilfried von/Jäger, Thomas: Neue deutsche Außenpolitik. Opladen 1993.

Brockhoff, Arne: Die EU-Erweiterung aus der Sicht der deutschen Dünger- und Salzindustrie. *Kali und Steinsalz*, 1/2003, S. 42–45.

Brücker, Herbert/Damelang, Andreas: Labour Mobility within the EU in the Context of Enlargement an the Functioning of the Transitional Arrangements: Analysis of the scale, direction and structure of labour mobility. Background Report, IAB, Nürenberg 2009.

Bruha, Thomas/Straubhaar, Thomas: Ante-Portas Strategien für die MOEL. In: Hasse, Rolf H./Schenk, Karl-Ernst/Czege, Andreas Wass von: Erweiterung und Vertiefung der Europäischen Union. Perspektiven und Engpässe. Baden-Baden 2000, S. 62–86.

Bulmer, Simon/Paterson, William E.: Germany in the European Union: gentle giant or emergent leader? *International Affairs*, Vol. 72, No. 1/1996, S. 9–32.

Bulmer, Simon: Shaping the Rules? The Constitutive Politics of the European Union and German Power. In: Katzenstein, Peter J. (ed.): Tamed Power: Germany in Europe. Ithaca, N.Y. 1997, S. 49–79.

Bulmer, Simon/Jeffery, Charlie/Paterson, William E.: Deutschlands europäische Diplomatie: Die Entwicklung des regionalen Milieus. In: Weidenfeld, Werner (Hrsg.) Deutsche Europapolitik. Optionen wirksamer Interessenvertretung. Bonn 1998, S. 11–102.

Bulmer, Simon/Burch, Martin: Die „Europäisierung" von Regierungsinstitutionen: Deutschland und das Vereinigte Königreich im Vergleich. In: Knodt, Michèle/Kohler-Koch, Beate (Hrsg.): Deutschland zwischen Europäisierung und Selbsbehauptung. Frankfurt/New York 2000, S. 265–292.

Bulmer, Simon/Jeffery, Charlie/Paterson, William E.: Germany´s European Diplomacy: Shaping the Regional Milieu. Manchester 2000.

Bulmer, Simon/Maurer, Andreas/Paterson, William: Das Entscheidungs- und Koordinationssystem deutscher Europapolitik: Hindernis für eine neue Politik? In: Schneider, Heinrich/Jopp, Mathias/Schmalz, Uwe (Hrsg.): Eine neue deutsche Europapolitik? Rahmenbedingungen – Problemfelder – Optionen. Berlin 2001, S. 231–265.

Bulmer, Simon/Maurer, Andreas/Paterson, William: The European Policy-Making Maschinery in the Berlin Republic: Hindrance or Handmaiden? *German Politics*, Vol. 10, No. 1/2001, Special Issue, S. 177–207.

Bulmer, Simon/Paterson William E.: Germany and the European Union. From 'tamed power' to normalised power? *International Affairs*, Vol. 86, No. 5/2010, S. 1051–1073.

Bulmer, Simon/Lequesne, Christian (eds.): The Member States of the European Union, Oxford University Press, New York 2005.

Bunce, Valerie: Regional Cooperation and European Integration in Postcommunist Europe. The Visegrad Group. New York 1996.

Busch, Berthold: Zur künftigen Finanzierung der Europäischen Union. Köln 1998.

Busch, Berthold: Die Osterweiterung der Europäischen Union. Köln 1999.

Caesar, Rolf: Zur Reform des EU-Einnahmesystems. Institut für Volkswirtschaftslehre. Diskussionsbeitrag Nr. 124. Stuttgart 1996.

Caesar, Rolf (Hrsg.): Zur Reform der Finanzverfassung und Strukturpolitik der EU. Baden-Baden 1997.

Caesar, Rolf: Die deutsche Nettozahlerposition – Eine Koalition zu Lasten Dritter? In: Caesar, Rolf (Hrsg.): Zur Reform der Finanzverfassung und Strukturpolitik der EU. Baden-Baden 1997, S. 161–180.

Caesar, Rolf: Einführung in die Thematik. In: Caesar, Rolf (Hrsg.): Zur Reform der Finanzverfassung und Strukturpolitik der EU. Baden-Baden 1997, S. 11–22.

Černoch, Pavel: Cesta do EU – východní rozšíření Evropské unie a Česká republika v období 1990–2004 [Der Weg in die EU – die Osterweiterung und die Tschechische Republik 1990–2004]. Praha 2004.

Clostermeyer, Claus-Peter: Deutschland – „Zahlmeister" Europas? In: Caesar, Rolf (Hrsg.): Zur Reform der Finanzverfassung und Strukturpolitik der EU. Baden-Baden 1997, S. 141–152.

Cordell, Karl/Wolff, Stefan: Germany´s Foreign Policy towards Poland and the Czech Republic. Ostpolitik revisited. New York 2005.

Czempiel, Ernst-Otto: Die Rolle Deutschlands in der neuen Welt(un)ordnung. *Gewerkschaftliche Monatshefte*, 10/1992, S. 613–620.

Czempiel, Ernst-Otto: Kluge Macht. Außenpolitik für das 21. Jahrhundert. München 1999.

Czempiel, Ernst-Otto: Determinanten zukünftiger deutscher Außenpolitik. *Aus Politik und Zeitgeschichte*, 24/2000, S. 13–21.

Dauderstädt, Michael/Lippert, Barbara: Die deutsche Ratspräsidentschaft. Doppelstrategie zur Vertiefung und Erweiterung der EU. Bonn 1998.

Dauderstädt, Michael: EU-Osterweiterung: Wirkungen, Erwartungen und Interessen in den Beitrittsländern. *Integration*, Jg. 21, Nr. 3/1998, S. 149–167.

Dauderstädt, Michael: Wege, Umwege und Dritte Wege zu einem sozialen und demokratischen Europa. Reihe Eurokolleg 44/2000. Bonn.

Dauderstädt, Michael: Mittel- und Osteuropa. In: Schmidt, Siegmar/Hellmann, Gunther/Wolf, Reinhard (Hrsg.): Handbuch zur deutschen Außenpolitik, Wiesbaden 2007, S. 422-436.

Daugbjerg, Carsten/Swinbank, Alan: The CAP and the EU Enlargement: Prospects for an Alternative Strategy to Avoid the Lock-In of CAP Support. *Journal of Common Market Studies*, Vol. 42, Issue 1/2004, S. 99–119.

Deffaa, Walter: Deutschland „Zahlmeister" Europas? In: Caesar, Rolf (Hrsg.): Zur Reform der Finanzverfassung und Strukturpolitik der EU. Baden-Baden 1997, S. 153–160.

Detterbeck, Steffen: Öffentliches Recht für Wirtschaftswissenschaftler. München 2000.

Deubner, Christian: Deutsche Europapolitik. Von Maastricht nach Kerneuropa? Baden-Baden 1995.

Deubner, Christian/Janning, Josef: Zur Reform des Abstimmungsverfahren im Rat der Europäischen Union: Überlegungen und Modellrechnungen. *Integration*, Jg. 19, Nr. 3/1996, S. 146–158.

Die Osterweiterung der EU und ihre Folgen für Deutschland. 39. Kolloquium der Walter-Raymond-Stiftung Berlin, 25.-27. März 2001. Berlin 2001.

Dreier, Horst: Grundgesetz Kommentar. Band II, Art. 20–82. Tübingen 1998.

Drulák, Petr: Teorie mezinárodních vztahů [Theorie der internationalen Beziehungen]. Praha 2003.

Eberwein, Wolf-Dieter/Kaiser, Karl (Hrsg.): Deutschlads neue Außenpolitik. Bd. 4: Institutionen und Ressourcen. München 1998.

Elvert, Jürgen: Mitteleuropa! Deutsche Pläne zur europäischen Neuordnung (1918–1945). Stuttgart 1999.

Europa an der Schwelle zum 21. Jahrhundert. Reform und Zukunft der Europäischen Union. Bonn 1998.

Falkner, Gerda/Nentwich, Michael: Regierungskonferenz 1996 – Zur Diskussion institutioneller Reformen. *Integration*, Jg. 18, Nr. 4/1995, S. 223–234.

Fischer, Fritz: Griff nach der Weltmacht. Die Kriegszielpolitik des kaiserlichen Deutschland 1914–1918. Nachdruck der Sonderausgabe 1967. Düsseldorf 1984.

Fischer, Joschka: Risiko Deutschland. Krise und Zukunft der deutschen Politik. Köln 1994.

Fischer, Joschka: Les Certitudes Allemandes. Grundkonstanten bundesdeutscher Außenpolitik. *Blätter für deutsche und internationale Politik*, 9/1994, S. 1082–1090.

Fischer, Joschka: Kluge Selbstbeschränkung, multilaterale Interessenvertretung. Überlegungen zu einer Neujustierung der deutschen Außenpolitik. *Frankfurter Allgemeine Zeitung* vom 26. November 1999, S. 8.

Fischer, Joschka: Rede des Bundesministers des Auswärtigen und EU-Ratsvorsitzenden zum Ende der deutschen Ratspräsidentschaft vor dem Europäischen Parlament am 21. Juli 1999 in Straßburg. *Internationale Politik*, Jg. 54, Dokumentation 11/1999, S. 86–90.

Franke, Siegfried F.: CEFTA und Europäische Union. Beitritt oder Erweiterung des Europäischen Wirtschaftsraumes? In: Zohlnhöfer, Werner (Hrsg.): Perspektiven der Osterweiterung und Reformbedarf der Europäischen Union. Berlin 1998, S. 33–68.

Freudenstein, Roland: Deutschland, Frankreich und die Osterweiterung der Europäischen Union. In: Handeln für Europa. Deutsch-französische Zusammenarbeit in einer veränderten Welt. Opladen 1995, S. 131–137.

Freudenstein, Roland: Poland, Germany and the EU. *International Affairs*, Vol. 74, No. 1/1998, S. 41–54.

Freund, Corinna/Rittberger, Volker: Utilitarian-liberal foreign policy theory. In: Rittberger, Volker (ed.): German foreign policy since unification. Theories and case studies. Manchester/New York 2001, S. 68–104.

Fuchs, Michael: Der Ausschuss für die Angelegenheiten der Europäischen Union des Deutschen Bundestages – kein Ausschuss wie jeder andere! Berlin 2003.

Gabrisch, Hubert: Wirtschaftliche und finanzielle Rahmenbedingungen einer Osterweiterung der EU im Spiel nationaler und europäischer Machtpositionen. In: Wittschorek, Peter (Hrsg.): Agenda 2000. Herausforderungen an die Europäische Union und an Deutschland. Baden-Baden 1999, S. 143–156.

Gaddum, Eckart: Die deutsche Europapolitik in den 80er Jahren. Paderborn 1994.

Gahler, Michael: Die Osterweiterung aus der Innensicht Deutschlands. In: Die Osterweiterung der EU und ihre Folgen für Deutschland. 39. Kolloquium der Walter-Raymond-Stiftung Berlin, 25.-27. März 2001, mit Beiträgen von Hans-Gert Pöttering, Norbert Wieczorek, Michael Gahler. Berlin 2001, S. 43–60.

Garton Ash, Timothy: The Uses of Adversity: Essays on the Fate of Central Europe. London 1989.

Garton Ash, Timothy: Im Namen Europas – Deutschland und der geteilte Kontinent. Frankfurt am Main 1995.

Gedeon, Péter: Hungary. German and European Influences on the Post-Socialist Transition. In: Katzenstein, Peter J. (ed.): Mitteleuropa – between Europe and Germany. Oxford 1997, S. 101–148.

Gellner, Ernest: Nations and Nationalism. 2nd ed., Oxford 2006.

Glaab, Manuela/Gros, Jürgen/Korte, Karl-Rudolf/Wagner, Peter M.: Wertgrundlagen und Belastungen deutscher Europapolitik. In: Weidenfeld, Werner (Hrsg.): Deutsche Europapolitik. Optionen wirksamer Interessenvertretung. Bonn 1998, S. 167–208.

Gloser, Günter: Zum europapolitischen Leitantrag der SPD. *Integration*, Jg. 24, Nr. 3/2001, S. 303–307.

Görlach, Willi/Kindermann, Heinz/Krejsa-Dörfler, Wolfgang: Landwirtschaft in Europa. Herausgegeben von den SPD-Abgeordneten der Fraktion der Sozialdemokratischen Partei Europas. Berlin 2002.

Gowan, Peter/Anderson, Perry (eds.): The Question of Europe. London 1997.

Gowan, Peter: Unsicherheiten der EU-Osterweiterung. *Prokla*, Jg. 28, Nr. 112/1998, S. 433–442.

Guérin-Sendelbach, Valérie/Schild, Joachim: French Perceptions of Germany´s Role in the EU and Europe. In: Jopp, Mathias/Schneider, Heinrich/Schmalz, Uwe (eds.): Germany´s European Policy: Perceptions in Key Partner Countries. Bonn 2002, S. 33–55.

Guth, Eckart: Wirtschaftliche und finanzielle Rahmenbedingungen der Agenda 2000. In: Wittschorek, Peter (Hrsg.): Agenda 2000. Herausforderungen an die Europäische Union und an Deutschland. Baden-Baden 1999, S. 99–118.

Hacke, Christian: Die neue Bedeutung des nationalen Interesses für die Außenpolitik der Bundesrepublik Deutschland. *Aus Politik und Zeitgeschichte*, 1–2/1997, S. 3–14.

Hacke, Christian: Zehn Thesen zum Stand der deutsch-amerikanischen Beziehungen. In: Böckenförde, Stephan (Hrsg.): Chancen der deutschen Außenpolitik. Analysen-Perspektiven-Empfehlungen. Dresden 2005, S. 45–53.

Haftendorn, Helga: Gulliver in der Mitte Europas. Internationale Verflechtungen und nationale Handlungsmöglichkeiten. In: Kaiser, Karl/Maull, Hans W. (Hrsg.): Deutschlads neue Außenpolitik. Bd. 1: Grundlagen. München 1995, S. 129–152.

Haftendorn, Helga: Gulliver in the Centre of Europe: International Involvement and National Capabilities for Action. In: Heurlin, Bertel (ed.): Germany in Europe in the Nineties. London 1996, S. 91–122.

Haftendorn, Helga: Deutsche Außenpolitik zwischen Selbstbeschränkung und Selbstbehauptung. 1945–2000. Stuttgart 2001.

Handl, Vladimír: SRN a rozšíření EU a NATO po Amsterodamu a Madridu [Die BRD und die EU- und NATO-Erweiterung nach Amsterdam und Madrid]. In: Handl, Vladimír/Hon, Jan/Pick, Otto et al.: Vztahy SRN ke státům střední Evropy [Die Beziehungen der BRD zu den Staaten von Zentraleuropa]. Praha 1998, S. 73–89.

Handl, Vladimír/Hon, Jan/Pick, Otto et al.: Vztahy SRN ke státům střední Evropy [Die Beziehungen der BRD zu den Staaten von Zentraleuropa]. Praha 1998.

Handl, Vladimír/Hon, Jan/Pick, Otto: Germany and the East Central Europe since 1990. Prague 1999.

Handl, Vladimír: Germany and the Visegrad Countries between Dependence and Asymmetric Partnership? *Studien zur Internationalen Politik*, Helf 3/2002.

Handl, Vladimír: Německý multilateralismus a vztahy k státům visegrádské skupiny [Deutscher Multilateralismus und die Beziehungen der BRD zu den Staaten der Visegrád-Gruppe]. *Mezinárodní vztahy*, roč. 38, č. 1/2003, S. 5–27.

Hanrieder, Wolfram, F.: Deutschland – Europa – Amerika. Die Außenpolitik der Bundesrepublik Deutschland 1949–1994. Paderborn, München, Wien, Zürich 1995.

Harnisch, Sebastian: Change and Continuity in Post-Unification German Foreign Policy. *German Politics*, Vol. 10, No. 1/2001, Special Issue, S. 35–59.

Hasse, Rolf H./Schenk, Karl-Ernst/Czege, Andreas Wass von: Erweiterung und Vertiefung der Europäischen Union. Perspektiven und Engpässe. Baden-Baden 2000.

Heinemann, Friedrich: EU-Finanzreform 1999. Eine Synopse der politischen und wissenschaftlichen Diskussion und eine neue Reformkonzeption. Gütersloh 1998.

Hellmann, Gunther: Jenseits von „Normalisierung" und „Militarisierung": Zur Standortdebatte über die neue deutsche Außenpolitik. *Aus Politik und Zeitgeschichte*, B 1–2/1997, S. 24–33.

Hellmann, Gunther: Nationale Normalität als Zukunft? Zur Außenpolitik der Berliner Republik. *Blätter für deutsche und internationale Politik*, 7/1999, S. 836–847.

Hellmann, Gunther: Konsolidierung statt machtpolitische Resozialisierung: Kernelemente einer neuen deutschen Außenpolitik. In: Böckenförde, Stephan (Hrsg.): Chancen der deutschen Außenpolitik. Analysen-Perspektiven-Empfehlungen. Dresden 2005, S. 54–64.

Hellmann, Gunther (unter Mitarbeit von Rainer Baumann und Wolfgang Wagner): Deutsche Außenpolitik. Eine Einführung. Wiesbaden 2006.

Heurlin, Bertel (ed.): Germany in Europe in the Nineties. London 1996.

Hildebrand, Klaus: Das vergangene Reich: deutsche Außenpolitik von Bismarck bis Hitler 1871–1945. Stuttgart 1995.

Hildebrand, Klaus: Deutsche Außenpolitik 1871–1918. München 1989.

Hillgruber, Andreas: Deutschland in der Weltpolitik des 19. und 20. Jahrhunderts – Rückschau und Ausblick. In: Conze, Werner/Heutschel, Volker (Hrsg.): Deutsche Geschichte. Epochen und Daten. Freiburg-Würzburg 1991, S. 182–190.

Hölscheidt, Sven: Mitwirkungsrechte des Deutschen Bundestages in Angelegenheiten der EU. *Aus Politik und Zeitgeschichte*, B 28/2000, S. 29–35.

Hoyer, Werner: Nationale Entscheidungsstrukturen deutscher Europapolitik. In: Kaiser, Karl/Eberwein, Wolf-Dieter (Hrsg.): Deutschlads neue Außenpolitik. Bd. 4: Institutionen und Ressourcen. München 1998, S. 74–86.

Hrbek, Rudolf: Alternativen zu einer Vollmitgliedschaft der mittel- und osteuropäischen Staaaten in der EU? In: Mayer, Otto G./Scharrer, Hans-Eckart (Hrsg.): Osterweiterung der Europäischen Union. Sind die mittel- und osteuropäischen Länder und die EU reif für eine Erweiterung? Baden-Baden 1997, S.199–211.

Hrbek, Rudolf: Die Europäische Union und die Rolle Deutschlands. In: Deutschland und Europa. Positionen, Perzeptionen, Perspektiven. Discussion Paper C 32. Bonn 1999, S. 5–21.

Hrbek, Rudolf: Deutscher Föderalismus als Hemmschuh für die europäische Integration? Die Länder und die deutsche Europapolitik. In: Schneider, Heinrich/Jopp, Mathias/Schmalz, Uwe (Hrsg.): Eine neue deutsche Europapolitik? Rahmenbedingungen – Problemfelder – Optionen. Berlin 2001, S. 267–322.

Hubel, Helmut: Deutsche Aussenpolitik nach „rot-grün". In: Böckenförde, Stephan (Hrsg.): Chancen der deutschen Außenpolitik. Analysen-Perspektiven-Empfehlungen. Dresden 2005, S. 65–71.

Hudalla, Anneke/Pradetto, August: Desintegration durch Integration? Dilemmata der Osterweiterung der Europäischen Union und die Europapolitik der Regierung Schröder. *Studien zur internationalen Politik*, Heft 2/1999.

Hudalla, Anneke: Der Beitritt der Tschechischen Republik zur Europäischen Union. Eine Fallstudie zu den Auswirkungen der EU-Osterweiterung auf die finalité politique des europäischen Integrationsprozesses. Hamburg 1996.

Hussein, Kassim/Guy, Peters/Wright, Vincent (eds.): The National Co-ordination of EU Policy. Oxford 2000.

Hussein, Kassim: The Europeanization of Member State Institutions. In: Bulmer, Simon/Lequesne, Christian (eds.): The Member States of the European Union, Oxford University Press, New York 2005, S. 285–316.

Hyde-Price, Adrian: Germany and the European order. Enlarging NATO and the EU. Manchester/New York 2000.

Hyde-Price, Adrian/Jeffery, Charlie: Germany in the European Union. *Journal of Common Market Studies*, Vol. 39, No. 4/2001, S. 689–717.

Hyde-Price, Adrian: Germany and the Kosovo War: Still a Civilian Power? *German Politics*, Vol. 10, No. 1/2001, Special Issue, S. 19–34.

Inotai, András: Wirtschaft. In: Kosten, Nutzen und Chanzen der Osterweiterung für die Europäische Union. Gütersloh 1998, S. 13–38.

Irmer, Ulrich: Agenda 2000 – Politische und wirtschaftliche Herausforderungen an die Europäsche Union. In: Wittschorek, Peter (Hrsg.): Agenda 2000. Herausforderungen an die Europäische Union und an Deutschland. Baden-Baden 1999, S. 215–226.

Jachtenfuchs, Marcus/Kohler-Koch, Beate: Europäische Integration. Opladen 1996.

Jachtenfuchs, Marcus: Deutsche Europapolitik: Vom abstrakten zum konkreten Föderalismus. In: Knodt, Michèle/Kohler-Koch, Beate (Hrsg.): Deutschland zwischen Europäisierung und Selbsbehauptung. Frankfurt/New York 2000, S. 85–109.

Jachtenfuchs, Marcus: Deepening and widening integration theory. *Journal of European Public Policy*, Vol. 9, No. 4/2002, S. 650–657.

Jakš, Jaroslav: Osterweiterung der EU-Herausforderung für die Beitrittsländer aber auch für die Europäische Union. In: Hasse, Rolf H./Schenk, Karl-Ernst/Czege, Andreas Wass von: Erweiterung und Vertiefung der Europäischen Union. Perspektiven und Engpässe. Baden-Baden 2000, S. 87–93.

Janning, Josef: Am Ende der Regierbarkeit? Gefährliche Folgen der Erweiterung der Europäischen Union. *Europa-Archiv*, 22/1993, S. 645–652.

Janning, Josef/Piepenschneider, Melanie: Deutschland in Europa. Eine Bilanz europäischer Einigungspolitik. Melle 1993.

Janning, Josef: A German Europe – a European Germany? On the debate over Germany´s foreign policy. *International Affairs*, Vol. 72, No. 1/1996, S. 33–41.

Janning, Josef: Deutschland und die Europäische Union: Integration und Erweiterung. In: Kaiser, Karl/Krause, Joachim (Hrsg.): Deutschlads neue Außenpolitik. Bd. 3: Interessen und Strategien. München 1996, S. 31–54.

Janning, Josef/Meyer, Patrick: Deutsche Europapolitik – Vorschläge zur Effektivierung. In: Weidenfeld, Werner (Hrsg.) Deutsche Europapolitik. Optionen wirksamer Interessenvertretung. Bonn 1998, S. 267–286.

Janning, Josef: Die Bundesrepublik Deutschland. In: Weidenfeld, Werner/Wessels, Wolfgang (Hrsg.): Jahrbuch der Europäischen Integration 1998/1999. Bonn 1999, S. 325–332.

Janning, Josef: Die Bundesrepublik Deutschland. In: Weidenfeld, Werner/Wessels, Wolfgang (Hrsg.): Jahrbuch der Europäischen Integration 1999/2000. Bonn 2000, S. 309–316.

Janning, Josef: Die Bundesrepublik Deutschland. In: Weidenfeld, Werner/Wessels, Wolfgang (Hrsg.): Jahrbuch der Europäischen Integration 2000/2001. Bonn 2001, S. 317–324.

Janning, Josef: Die Bundesrepublik Deutschland. In: Weidenfeld, Werner/Wessels, Wolfgang (Hrsg.): Jahrbuch der Europäischen Integration 2001/2002. Bonn 2002, S. 305–312.

Janning, Josef: Lange Wege, kurzer Sinn? Eine außenpolitische Bilanz von Rot-Grün. *Internationale Politik*, Jg. 57, Nr. 9/2002, S. 9–18.

Jarass, Hans D./Pieroth, Bodo: Grundgesetz für die Bundesrepublik Deutschland. Kommentar. 5. Auflage. München 2000.

Jeffery, Charlie/Collins, Stephen: The German Länder and EU Enlargement: Between Apple Pie and Issue Linkage. *German Politics*, Vol. 7, No. 2/1998, S. 86–101.

Jeřábek, Hynek/Zich, František: The Czech Republic: Internationalization and Dependency. In: Katzenstein, Peter J. (ed.): Mitteleuropa – between Europe and Germany. Oxford 1997, S. 149–191.

Jessen, Christoph: Agenda 2000. Das Reformpaket von Berlin ein Erfolg für Gesamteuropa. *Integration*, Jg. 22, Nr. 3/1999, S. 167–175.

Joffe, Josef: Ein Wunderwerk der Kontinuität. Parameter der rot-grünen Außenpolitik. *Blätter für deutsche und internationale Politik*, 11/1999, S. 1324–1335.

Jopp, Mathias/Schmalz, Uwe: Deutsche Europapolitik 2000. Positionen, Prioritäten, Perspektiven. *Aus Politik und Zeitgeschichte*, 6/2000, S. 12–19.

Jopp, Mathias/Schneider, Heinrich/Schmalz, Uwe (eds.): Germany´s European Policy: Perceptions in Key Partner Countries. Bonn 2002.

Kaiser, Karl/Maull, Hans W. (Hrsg.): Deutschlads neue Außenpolitik. Bd. 1: Grundlagen. München 1995.

Kaiser, Karl: Das vereinigte Deutschland in der internationalen Politik. In: Kaiser, Karl/Maull, Hans W. (Hrsg.): Deutschlads neue Außenpolitik. Bd. 1: Grundlagen. München 1995, S. 8–19.

Kaiser, Karl/Krause, Joachim (Hrsg.): Deutschlads neue Außenpolitik. Bd. 3: Interessen und Strategien. München 1996.

Kampf, Karl-Heinz/Weilemann, Peter R.: Deutsche Außenpolitik für das 21. Jahrhundert: Plädoyer für eine neue außenpolitischen Kultur. Bonn 2000.

Katzenstein, Peter J.: Germany and Mitteleuropa. An Introduction. In: Katzenstein, Peter J. (ed.): Mitteleuropa – between Europe and Germany. Oxford 1997, S. 1–38.

Katzenstein, Peter J.: United Germany in an Integrating Europe. In: Katzenstein, Peter J. (ed.): Tamed Power: Germany in Europe. Ithaca, N.Y. 1997, S. 1–48.

Katzenstein, Peter J. (ed.): Mitteleuropa – between Europe and Germany. Oxford 1997.

Katzenstein, Peter J. (ed.): Tamed Power: Germany in Europe. Ithaca, N.Y. 1997.

Katzenstein, Peter J.: Gezähmte Macht: Deutschland in Europa. In: Knodt, Michèle/Kohler-Koch, Beate (Hrsg.): Deutschland zwischen Europäisierung und Selbsbehauptung. Frankfurt/New York 2000, S. 57–84.

Katzenstein, Peter J.: Conclusion: Semisoverenity in United Germany. In: Green, S./Paterson W. E. (eds.): Governance in Contemporary Germany. The Semisovereign State Revisited. Cambridge 2005, S. 283–306.

Kirchhof, Paul/Kreuter-Kirchhof, Charlotte (Hrsg.): Staats- und Verwaltungsrecht der BRD. Textbuch Deutches Recht. 46. Aufl. Heidelberg 2008.

Klodt, Henning/Stehn, Jürgen: Standort Deutschland: Strukturelle Herausforderungen im neuen Europa. Tübingen 1994.

Knodt, Michèle: Auswärtiges Handeln der deutschen Länder. In: Kaiser, Karl/Eberwein, Wolf-Dieter (Hrsg.): Deutschlads neue Außenpolitik. Bd. 4: Institutionen und Ressourcen. München 1998, S. 153–166.

Knodt, Michèle/Kohler-Koch, Beate (Hrsg.): Deutschland zwischen Europäisierung und Selbsbehauptung. Frankfurt/New York 2000.

Knodt, Michèle: Europäisierung: Eine Strategie der Selbstbehauptung? In: Knodt, Michèle/Kohler-Koch, Beate (Hrsg.): Deutschland zwischen Europäisierung und Selbsbehauptung. Frankfurt/New York 2000, S. 32–56.

Koecke, Johannes Christian: Der Rat der Europäischen Union. In: Weidenfeld, Werner/Wessels, Wolfgang (Hrsg.): Jahrbuch der Europäischen Integration 1998/1999. Bonn 2000, S. 63–70.

Koenig, Christian/Haratsch, Andreas: Europarecht. Tübingen 1998.

Kohl, Eckhard/Bergmann, Jan: Europäischer Finanzausgleich? Gewinner und Verlierer der EU-Politiken. Köln 1998.

Kohler-Koch, Beate: Europäisierung: Plädoyer für eine Horizonterweiterung. In: Knodt, Michèle/Kohler-Koch, Beate (Hrsg.): Deutschland zwischen Europäisierung und Selbsbehauptung. Frankfurt/New York 2000, S. 11–31.

Kohlmann, Harald: Die Europa-Abkommen zwischen Visegrád-Staaten und der EU: Grundlagen, Inhalt und Auswirkungen auf die Handelsbeziehungen und die Wirtschaftsstruktur der Visegrád-Staaten. Köln 1997.

Kops, Manfred: Grundstrukturen einer Europäischen Finanzverfassung. In: Caesar, Rolf (Hrsg.): Zur Reform der Finanzverfassung und Strukturpolitik der EU. Baden-Baden 1997, S. 23–54.

Korte, Karl-Rudolf/Maurer, Andreas: Innenpolitische Grundlagen der deutschen Europapolitik: Konturen der Kontinuität und des Wandels. In: Schneider, Heinrich/Jopp, Mathias/Schmalz, Uwe (Hrsg.): Eine neue deutsche Europapolitik? Rahmenbedingungen – Problemfelder – Optionen. Berlin 2001, S. 195–230.

Kosten, Nutzen und Chancen der Osterweiterung für die Europäische Union. Bertelsmann Stiftung, Forschungsgruppe Europa (Hrsg.). Gütersloh 1998.

Köster-Loßack, Angelika: Die Europäische Union sozial und ökologisch Erweitern. In: Wittschorek, Peter (Hrsg.): Agenda 2000. Baden-Baden 1999, S. 227–242.

Kraff, Manfred: Wohin führt die Agenda 2000? Die Europäische Integration aus politökonomischer Sicht. Fachbereich IV, Arbeitspapier Nr. 52. Trier 1999.

Kraff, Manfred: Perspektiven zur Schaffung eines Finanzausgleichs in der europäischen Union. Fachbereich IV, Arbeitspapier Nr. 55. Trier 2001.

Kreile, Michael: Will Germany Assume a Leadership Role in the European Union? In: Heurlin, Bertel (ed.): Germany in Europe in the Nineties. London 1996, S. 123–151.

Kreile, Michael: Die Osterweiterung der Europäischen Union. In: Weidenfeld, Werner (Hrsg.): Europa-Handbuch. Bonn 1999, S. 802–821.

Kreile, Michael: Eine Erweiterungsstrategie für die Europäische Union. In: Weidenfeld, Werner (Hrsg.): Europa Öffnen. Anforderungen an die Erweiterung. 2. Auflage. Gütersloh 1999, S. 203–274.

Kreile, Michael: Zur nationalen Gebundenheit europapolitischer Visionen: Das Schröder-Papier und die Jospin-Rede. Integration, Jg. 24, Nr. 3/2001, S. 250–257.

Křen, Jan: Konfliktní společenství. Češi a Němci 1780–1918 [Die Konfliktgemeinschaft. Tschechen und Deutsche 1780–1918]. Praha 1990.

Křen, Jan: Dvě století střední Evropy [Zwei Jahrhunderte von Mitteleuropa]. Praha 2005.

Kühn, Jürgen: Die Koordinierung der deutschen Europapolitik. Schriftenreihe des ZEW. Nr. 33. Bonn 1994.

Kühnhardt, Ludger: Europa in den Kräftefeldern des 21. Jahrhunderts. Grenzen, Aufgaben, Handlungsfähigkeiten. Discussions Paper C 22. Bonn 1998.

Kühnhardt, Ludger: Die Europäische Union zwischen Reformerfordernissen und Erweiterungserfolgen: Zur Ausgestaltung der Agenda 2000. In: Wittschorek, Peter (Hrsg.): Agenda 2000. Baden-Baden 1999, S. 33–46.

Kühnhardt, Ludger: Die zweite Begründung der europäischen Integration. Aus Politik und Zeitgeschichte, 18/2010, S. 3–8.

Kühnl, Reinhard: Faschismustheorien. Ein Leitfaden. Heilbronn 1990.

Küntzel, Matthias: Deutschland-Frankreich 4:0. Die sanfte Vormacht. Wie die Deutschen auf dem EU-Gipfel in Nizza von der indirekten zur direkten Hegemonialpolitik überingen. Konkret, Nr. 2/2001, S. 24–27.

Kurth, James: Germany and the Reemergence of Mitteleuropa. Current History, Vol. 94, Issue 595/1995, S. 381–386.

Kyaw, Dietrich von: Prioritäten der deutschen EU-Präsidentschaft unter Berücksichtigung des Europäischen Rates in Wien. Discussion Paper C 33. Bonn 1999.

Kyaw, Dietrich von: Weichenstellungen des EU-Gipfels von Nizza. Internationale Politik, Jg. 56, Nr. 2/2001, S. 5–12.

Laffan, Brigid: The Agenda 2000 Negotiations: La présidence Coûte Cher? German Politics, Vol. 9, No. 3/2000, S. 1–22.

Lamers, Karl: Strengthening the Hard Core. In: Gowan, Peter/Anderson, Perry (eds.): The Question of Europe. London 1997, S. 104–116.

Lavenex, Sandra: Asylum, Immigration, and Central-Eastern Europe: Challenges to EU Enlargement. European Foreign Affairs Review, Vol. 3, No. 3/1998, S. 275–294.

Lippert, Barbara/Stevens-Ströhmann, Rosalind/Günther, Dirk/Viertel, Grit/Woolcock, Stephen: German Unification and EC Integration. German and British Perspectives. London 1993.

Lippert, Barbara/Schneider, Heinrich (eds.): Monitoring Association and Beyond: The European Union and the Visegrád States. Bonn 1995.

Lippert, Barbara/Becker, Peter: Structured Dialogue Revisited. The EU's Politics of Inclusion and Exclusion. European Foreign Affairs Review, Vol. 3/1998, S. 341–365.

Lippert, Barbara: Erweiterung der Europäischen Union-Chancen und Risiken. In: Europa an der Schwelle zum 21. Jahrhundert. Reform und Zukunft der Europäischen Union. Bonn 1998, S. 219–259.

Lippert, Barbara: Erweiterung und Agenda 2000. In: Weidenfeld, Werner/Wessels, Wolfgang (Hrsg.): Jahrbuch der Europäischen Integration 1998/1999. Bonn 2000, S. 37–48.

Lippert, Barbara: Die Erweiterung der Europäischen Union. In: Weidenfeld, Werner/Wessels, Wolfgang (Hrsg.): Jahrbuch der Europäischen Integration 2000/2001. Bonn 2001, S. 409–422.

Lippert, Barbara/Hughes, Kirsty/Grabbe, Heather/Becker, Peter: British and German Interests in EU Enlargement. Conflict and Cooperation. London and New York 2001.

Lippert, Barbara: Die EU-Erweiterungspolitik nach 1989 – Konzeptionen und Praxis der Regierungen Kohl und Schröder. In: Schneider, Heinrich/Jopp, Mathias/Schmalz, Uwe (Hrsg.): Eine neue deutsche Europapolitik? Rahmenbedingungen – Problemfelder – Optionen. Berlin 2001, S. 349–392.

Lippert, Barbara: Der Erweiterungsgipfel von Kopenhagen: Abschluss der Beitrittsverhandlungen und Neubeginn für die EU. *Integration*, Jg. 26, Nr. 1/2003, S. 48–65.

Lippert, Barbara: Von Kopenhagen bis Kopenhagen: Erste Bilanz der EU-Erweiterungspolitik. *Aus Politik und Zeitgeschichte*, B 1–2/2003, S. 7–15.

Lippert, Barbara: European Politics of the Red-Green Government: Deepening and Widening Continued. In: Reutter, Werner (ed.): Germany on the Road to „Normalcy": Policies and Politics of the Red-Green Federal Government (1998–2002). New York 2004, S. 235–252.

Lübkemeier, Eckhard: Interdependenz und Konfliktmanagement. Deutsche Außenpolitik am Beginnn des 21. Jahrhunderts. Bonn 1998.

Lübkemeier, Eckhard: Mit mehr Macht für bleibende Interessen: Deutschlands aussenpolitische Orientierung. In: Kaiser, Karl/Wagner, Wolfgang (Hrsg.): Jahrbuch Internationale Politik 1997–1998. München 2000, S. 91–106.

Ludlow, Peter: The Making of the New Europe: The European Councils in Brussels and Copenhagen 2002. Brussels 2004.

Mangoldt, Hermann/Klein, Friedrich/Starck, Christian: Das Bonner Grundgesetz. Kommentar. Band II, Art. 20–78, 4. Auflage. München 2000.

Manners, Ian/Whitman, Richard G.: The foreign policies of European Union Member States. Manchester/New York 2000.

March, James G./Olsen, Johan P.: Rediscovering Institutions: The Organizational Basis of Politics. New York 1989.

Markovits, Andrei S./Reich, Simon: Das deutsche Dilemma. Die Berliner Republik zwischen Macht und Machtverzicht. Berlin 1998.

Mattli, Walter/Plümper, Thomas: The demand-side politics of EU enlargement: democracy and the application for EU membership. *Journal of European Public Policy*, Vol. 9, No. 4/2002, S. 550–574.

Maull, Hans W.: Quo vadis, Germania? Außenpolitik in einer Welt des Wandels. *Blätter für deutsche und Internationale Politik*, 42/1997, S. 1245–1256.

Maull, Hans: German Foreign Policy, Post-Kosovo: Still a „Civilian Power"? *German Politics*, Vol. 9, No. 2/2000, S. 1–24.

Maull, Hans/Harnisch, Sebastian/Grund, Constantin (Hrsg.): Deutschland im Abseits? Rotgrüne Außenpolitik 1998–2003. Baden-Baden 2003.

Maurer, Andreas: Entscheidungseffizienz und Handlungsfähigkeit nach Nizza: die neuen Anwendungsfelder für Mehrheitsentscheidungen. *Integration*, Jg. 24, Nr. 2/2001, S. 133–145.

Maurer, Andreas: Nationale Parlamente in der Europäischen Union/Herausforderungen für den Konvent. *Integration*, Jg. 25, Nr. 1/2002, S. 20–34.

Mayer, Otto G./Scharrer, Hans-Eckart (Hrsg.): Osterweiterung der Europäischen Union. Sind die mittel- und osteuropäischen Länder und die EU reif für eine Erweiterung? Baden-Baden 1997.

Mayhew, Alan: Recreating Europe. The European Union´s Policy towards Central and Eastern Europe. Cambridge 1998.

McCarthy, Patrick: France, Germany, the IGC and Eastern Enlargement. In: Webber, Douglas (ed.): The Franco-German Relationship in the European Union. London/New York 1999.

Mearsheimer, John J.: The Tragedy of Great Power Politics. New York, London 2001.

Meckel, Markus: Position eines deutschen Parlamentariers. In: Wittschorek, Peter (Hrsg.): Agenda 2000. Baden-Baden 1999, S. 199–208.

Meyer, Henry Cord: Mitteleuropa in German Thought and Action 1815–1945. Hague 1955.

Meyer, Patrick: Die Europapolitik der Bundesrepublik Deutschland. In: Weidenfeld, Werner (Hrsg.): Europa-Handbuch. Bonn 1999, S. 565–602.

Mommsen, Wolfgang J.: Die latente Krise des Wilhelminischen Reiches: Staat und Gesellschaft in Deutschland 1890–1914. In: Mommsen, Wolfgang J.: Der autoritäre Nationalstaat. Frankfurt am Main 1990.

Moravcová, Dagmar/Plechanovová, Běla/Kreidl, Jan: Evropská politika sjednoceného Německa 1990–1999 [Die Europapolitik des vereinigten Deutschland 1990–1999]. Praha 2000.

Moravcová, Dagmar: Německá politika v kontextu mezinárodně politických změn po konci studené války [Die deutsche Politik im Kontext der internationalen Veränderungen nach dem Ende des Kalten Krieges]. In: Moravcová, Dagmar/Plechanovová, Běla/Kreidl, Jan: Evropská politika sjednoceného Německa 1990–1999 [Die Europapolitik des vereinigten Deutschlands 1990–1999]. Praha 2000, S. 7–62.

Moravcsik, Andrew: Liberalism and International Relations Theory. Harvard University Working Paper Series 92–6. Cambridge 1992.

Moravcsik, Andrew: The Choice for Europe: Social Purpose and State Power from Messina to Maastricht. Ithaca 1998.

Moravcsik, Andrew/Vachudova, Milada: National Interests, State Power, and EU Enlargement. *East European Politics and Societies*, Vol. 17, No. 1/2003, S. 42–57.

Morsey, Rudolf: Die Bundesrepublik Deutschland, Entstehung und Entwicklung bis 1969. München 1995.

Müller-Brandeck-Bocquet, Gisela: Frankreichs Europapolitik unter Chirac und Jospin: Abkehr von einer konstruktiven Rolle in und für Europa? *Integration*, Jg. 24, Nr. 3/2001, S. 258–273.

Müller-Brandeck-Bocquet, Gisela: Deutsche Leadership in der Europäischen Union? Die Europapolitik der rot-grünen Bundesregierung 1998–2002. In: Müller-Brandeck-Bocquet, Gisela (Hrsg.): Deutsche Europapolitik von Konrad Adenauer bis Gerhard Schröder. Opladen 2002, S. 167–220.

Müller-Brandeck-Bocquet, Gisela: Die Europapolitik als Primat deutscher Außenpolitik. In: Böckenförde, Stephan (Hrsg.): Chancen der deutschen Außenpolitik. Analysen-Perspektiven-Empfehlungen. Dresden 2005, S. 120–126.

Müller-Brandeck-Bocquet, Gisela: Deutsche Europapolitik unter Angela Merkel: Enge Gestaltungsspielräume in Krisenzeiten. In: Müller-Brandeck-Bocquet, Gisela et al.: Deutsche Europapolitik. Vom Adenauer bis Merkel. 2. Aufl., Wiesbaden 2010, S. 255–349.

Müller-Brandeck-Bocquet, Gisela et al.: Deutsche Europapolitik. Vom Adenauer bis Merkel. 2. Aufl., Wiesbaden 2010.

Müller-Graf, Peter-Christian: Das Karlsruher Lissabon-Urteil: Bedingungen, Grenzen, Orakel und integrative Optionen. *Integration*, Jg. 32, Nr. 4/2009, S. 331–360.

Novák, Miloslav: K historickým základům a vývoji německých vztahů k zemím východní a střední Evropy [Zu den geschichtlichen Grundlagen der deutschen Beziehungen zu den Ländern Ost- und Mitteleuropas]. In: Handl, Vladimír/Hon, Jan/Pick, Otto et al.: Vztahy SRN ke státům střední Evropy [Die Beziehungen der BRD zu den Staaten von Zentraleuropa]. Praha 1998, S. 15–28.

Nye, Joseph S.: Bound to Lead: The Changing Nature of American Power. New York 1990.

Osterweiterung der Europäischen Union – die soziale Dimension. Rosa-Luxemburg-Stiftung (Hrsg.). Internationale Konferenz Berlin 16./17. Juni 2000. Berlin 2000.

Paterson, William E./Jeffery, Charlie: Deutschland, Frankreich- und Großbritannien? Eine britische Sicht deutscher Europa-Politik. *Internationale Politik*, Jg. 54, Nr. 11/1999, S. 19–27.

Paterson, William E.: British Perceptions of German European Policy. In: Jopp, Mathias/Schneider, Heinrich/Schmalz, Uwe (eds.): Germany´s European Policy: Perceptions in Key Partner Countries. Bonn 2002, S. 21–32.

Paterson, William E.: European Policy-making: Between Associated Sovereignty and Semisovereignty. In: Green, Simon/Paterson, William E.: Governance in Contemporary Germany. The Semisovereign State Revisited. Cambridge 2005, S. 261–282.

Paulsen, Thomas: Die deutsche Rolle in Europa. In: Weidenfeld, Werner (Hrsg.): Europa-Handbuch. Bonn 1999, S. 540–551.

Pernice, Ingolf: Die Notwendigkeit institutioneller Reformen. Aussichten für die Regierungskonferenz. *Internationale Politik*, Jg. 55, Nr. 8/2000, S. 11–20.

Peters, Dirk: The debate about a new German foreign policy after unification. In: Rittberger, Volker (ed.): German foreign policy since unification. Theories and case studies. Manchester/New York 2001, S. 11–33.

Pflüger, Friedbert: Die fortschreitende europäische Integration und der Europaausschuss des Deutschen Bundestages. *Integration*, Jg. 23, Nr. 4/2000, S. 229–244.

Phillips, Ann L.: The Politics of Reconciliation: Germany in Central-East Europe. *German Politics*, Vol. 7, No. 2/1998, S. 64–85.

Picaper, Jean-Paul: Frankreich, Deutschland und die EU-Präsidentschaft. In: Deutschland und Europa. Positionen, Perzeptionen, Perspektiven. Discussion Paper C 32. Bonn 1999, S. 23–36.

Piepenschneider, Melanie: Deutsche Prioritäten bei der Reform der europäischen Institutionen und Verfahren. In: Schneider, Heinrich/Jopp, Matthias/Schmalz, Uwe (Hrsg.): Eine neue deutsche Europapolitik? Rahmenbedingungen – Problemfelder – Optionen. Berlin 2001.

Plechanovová, Běla: Institucionální vývoj Evropské unie. Od Maastrichtské smlouvy k východnímu rozšíření [Die institutionelle Entwicklung der EU. Von Maastricht zur Osterweiterung]. Praha 2004.

Pleuger, Gunter: Der Vertrag von Nizza: Gesamtbewertung der Ergebnisse. *Integration*, Jg. 24, Nr. 1/2001, S. 1–7.

Pradetto, August: From „Tamed" to „Normal" Power: A New Paradigm in German Foreign and Security Policy? In: Reutter, Werner (ed.): Germany on the Road to „Normalcy": Policies and Politics of the Red-Green Federal Government (1998–2002). New York 2004, S. 209–234.

Quaisser, Wolfgang: Kosten der EU-Erweiterung. Neue Vorschläge der Europäischen Kommission und ihre Implikationen für die nächste Finanzperiode. *Kurzanalysen*, Nr. 1/2002. Osteuropa-Institut München. München 2002.

Reutter, Werner (ed.): Germany on the Road to „Normalcy": Policies and Politics of the Red-Green Federal Government (1998–2002). New York 2004.

Rittberger, Volker/Schimmelfennig, Frank: Deutsche Außenpolitik nach der Vereinigung. Realistische Prognosen auf dem Prüfstand. Tübinger Arbeitspapiere zur Internationalen Politik und Friedensforschung. Tübingen 1997.

Rittberger, Volker (ed.): German foreign policy since unification. Theories and case studies. Manchester/New York 2001.

Rittberger, Volker/Wagner, Wolfgang: German foreign policy since unification: theories meet reality. In: Rittberger, Volker (ed.): German foreign policy since unification. Theories and case studies. Manchester/New York 2001, S. 299–325.

Robejšek, Petr: Výmarský trojúhelník ve fraktální geometrii postkomunistické Evropy [Das Weimarer Dreieck im postkommunistischen Europa]. In: Handl, Vladimír/Hon, Jan/Pick, Otto et al.: Vztahy SRN ke státům střední Evropy [Die Beziehungen der BRD zu den Staaten von Zentraleuropa]. Ústav mezinárodních vztahů. Praha 1998, S. 91–102.

Rosamond, Ben: Theories of European Integration. New York 2000.

Rovná, Lenka: Constitutionalisation: the Case of the Convention as a Network Analysis. In: Rovná, Lenka/Wessels, Wolfgang (eds.): EU Constitutionalisation: From the Convention to the Constitutional Treaty 2002–2005. Anatomy, Analysis, Assessment. Prague 2006, S. 19–49.

Rovná, Lenka/Wessels, Wolfgang (eds.): EU Constitutionalisation: From the Convention to the Constitutional Treaty 2002–2005. Anatomy, Analysis, Assessment. Prague 2006.

Rühl, Lothar: Deutschland aus europäische Macht. Nationale Interessen und internationale Verantwortung. Bonn 1996.

Rumpler, Helmut: Österreich-Ungarn und die Gründung des Deutschen Reiches. In: Kolb, Eberhard (Hrsg.): Europa und die Reichgründung. Preussen-Deutschland in der Sicht der großen europäischen Mächte 1860–1880. *Historische Zeitschrift*, Beiheft 6. München 1980, S. 139–167.

Schäfer, Günther F.: Die institutionellen Herausforderungen einer EU-Osterweiterung. In: Weidenfeld, Werner (Hrsg.): Europa Öffnen. Anforderungen an die Erweiterung. 2. Auflage. Gütersloh 1999, S. 25–100.

Schimmelfennig, Frank: Liberal Norms and the Eastern Enlargement of the European Union: A Case for Sociological Institutionalism. *Österreichische Zeitschrift für Politikwissenschaft*, Vol. 27, No. 4/1998, S. 459–472.

Schimmelfennig, Frank: The Community Trap: Liberal Norms, Rhetorical Action, and the Eastern Enlargement of the European Union. *International Organisation*, Vol. 55, No. 1/2001, S. 47–80.

Schimmelfennig, Frank/Sedelmeier, Ulrich: Theorizing EU enlargement: research focus, hypotheses, and the state of research. *Journal of European Public Policy*, Vol. 9, No. 4/2002, S. 500–528.

Schimmelfennig, Frank: Liberal community and enlargement: an event history analysis. *Journal of European Public Policy*, Vol. 9, No. 4/2002, S. 598–626.

Schleef, Andreas: Die Osterweiterung der Europäischen Union aus unternehmerischer Perspektive. In: Die Osterweiterung der EU und ihre Folgen für Deutschland. 39. Kolloquium der Walter-Raymond-Stiftung Berlin, 25.-27. März 2001. Berlin 2001, S. 177–195.

Schmalz, Uwe: Deutsche Europapolitik nach 1989/90: Die Frage von Kontinuität und Wandel. In: Schneider, Heinrich/Jopp, Mathias/Schmalz, Uwe (Hrsg.): Eine neue deutsche Europapolitik? Rahmenbedingungen – Problemfelder – Optionen. Berlin 2001, S. 15–68.

Schmidt, Siegmar/Hellmann, Gunther/Wolf, Reinhard (Hrsg.): Handbuch zur deutschen Außenpolitik, Wiesbaden 2007.

Schmuck, Otto: Von „Nettozahlern" und „Integrationsgewinnern": der alte Streit um die Finanzen der Europäischen Union. In: Europa an der Schwelle zum 21. Jahrhundert. Reform und Zukunft der Europäischen Union. Bonn 1998, S. 176–217.

Schmuck, Otto: Das Europäische Parlament. In: Weidenfeld, Werner/Wessels, Wolfgang (Hrsg.): Jahrbuch der Europäischen Integration 1998/1999, Bonn 1999, S. 79–86.

Schneider, Christina J.: Differenzierte Mitgliedschaft und die EU-Osterweiterung: Das Beispiel der Arbeitnehmerfreizügigkeit. *Swiss Political Science Review*, Vol. 12, No. 2/2006, S. 67–94.

Schneider, Heinrich/Jopp, Mathias/Schmalz, Uwe (Hrsg.): Eine neue deutsche Europapolitik? Rahmenbedingungen – Problemfelder – Optionen. Berlin 2001.

Schöllgen, Gregor: Angst vor der Macht. Die Deutschen und ihre Außenpolitik. Berlin 1993.

Schöllgen, Gregor: Die Außenpolitik der Bundesrepublik Deutschland. Von den Anfängen bis zur Gegenwart. München 1999.

Schöllgen, Gregor: Zehn Jahre als europäische Großmacht. Eine Bilanz deutscher Außenpolitik seit der Vereinigung. *Aus Politik und Zeitgeschichte*, 24/2000, S. 6–12.

Schröder, Gerhard: Eine Außenpolitik des „Dritten Weges"? *Gewerkschaftliche Monatshefte*, 7–8/ 1999, S. 392–396.

Schukraft, Corina: Die Anfänge deutscher Europapolitik in den 50er und 60er Jahren: Weichenstellungen unter Konrad Adenauer und Bewahrung des Status quo unter seinen Nachfolgern Ludwig Erhard und Kurt Georg Kiesinger. In: Müller-Brandeck-Bocquet, Gisela u.a. (Hrsg.): Deutsche Europapolitik von Konrad Adenauer bis Gerhard Schröder. Opladen 2002, S. 9–62.

Schwarz, Hans Peter: Die Zentralmacht Europas. Deutschlands Rückkehr auf die Weltbühne. Berlin 1994.

Schwarz, Hans Peter: Die Zentralmacht Europas auf Kontinuitätskurs. *Internationale Politik*, Jg. 54, Nr. 11/1999, S. 1–10.

Sedelmeier, Ulrich/Wallace Helen: Eastern Enlargement. In: Wallace, Helen/Wallace, William (eds.): Policy-Making in the European Union. Oxford, New York 2000, S. 427–460.

Senghaas, Dieter: Was sind der Deutschen Interessen? *Blätter für deutsche und internationale Politik*, Jg. 38, Nr. 6/1993, S. 673–687.

Sloam, James: Responsibility for Europe: the EU policy of the German Social Democrats since unification. *German Politics*, Vol. 12, No. 1/2003, S. 59–78.

Stark, Hans/Guérot, Ulrike/Defarges, Philippe Moreau: Währungsunion, Außen- und Sicherheitspolitik und EU-Reform im Spannungsfeld der deutsch-französischen Beziehungen. In: Weidenfeld, Werner (Hrsg.) Deutsche Europapolitik. Optionen wirksamer Interessenvertretung. Bonn 1998, S. 129–166.

Steinitz, Klaus: EU-Osterweiterung-Chanzen und Risiken. In: Bierbaum, Heinz/Bischoff, Joachim/Deppe, Frank et al.: Soziales €uropa. Hamburg 2001, S. 62–84.

Steppacher, Burkard: Der Rat der Eurpïschen Union. In: Weidenfeld, Werner/Wessels, Wolfgang (Hrsg.): Jahrbuch der Europäischen Integration 1999/2000, Berlin 2000, S. 69–76.

Sterzing, Christian/Tidow, Stefan: Die Kontrolle der deutschen Europapolitik durch den EU-Auschuss des Bundestages/Bilanz und Reformpotenziale. *Integration*, Jg. 24, Nr. 3/2001, S. 274–288.

Straubhaar, Thomas: Osterweiterung der Europäischen Union und Migration aus Ost- nach Westeuropa. Zu große Hoffnung hier, zu starke Ängste dort und zu wenig gelernt aus der Erfahrung der EG-Süderweiterung. In: Zohlnhöfer, Werner (Hrsg.): Perspektiven der Osterweiterung und Reformbedarf der Europäischen Union. Berlin 1998, S. 145–161.

Stübgen, Michael: Agenda 2000 – Sicherung von Frieden und Wohlstand in Europa. In: Wittschorek, Peter (Hrsg.): Agenda 2000. Baden-Baden 1999, S. 243–252.

Sverdrup, Björn Otto: „Odysseus and the Lilliputians": Germany, the European Union, and the smaller European states. *Journal of Peace Research*, Vol. 35, No. 6/1998, S. 759–770.

Szemlér, Támas: Alternativen der Finanzierung der Osterweiterung aufgrund der Agenda 2000. In: Hasse, Rolf H./Schenk, Karl-Ernst/Czege, Andreas Wass von: Erweiterung und Vertiefung der Europäischen Union. Perspektiven und Engpässe. Baden-Baden 2000, S. 115–126.

Tebbe, Gerd: Die Politik der Europäischen Union zur Assoziierung und Integration der mittel- und osteuropäischen Länder. In: Mayer, Otto G./Scharrer, Hans-Eckart (Hrsg.): Osterweiterung der Europäischen Union. Sind die mittel- und osteuropäischen Länder und die EU reif für eine Erweiterung? Baden-Baden 1997, S. 63–78.

Tewes, Henning: The Emergence of a Civilian Power: Germany and Central Europe. *German Politics*, Vol. 6, No. 2/1997, S. 95–116.

Tewes, Henning: Between Deepening and Widening: Role Conflict in Germany's Enlargement Policy. *West European Politics*, Vol. 21, No. 2/1998, S. 117–133.

Tewes, Henning: Germany, Civilian Power and the New Europe. Enlarging NATO and the European Union. New York 2002.

Tewes, Henning: Rot-Grün und die Osterweiterung der Europäischen Union. In: Maull, Hans/Harnisch, Sebastian/Grund, Constantin (Hrsg.): Deutschland im Abseits? Rot-grüne Außenpolitik 1998–2003. Baden-Baden 2003, S. 79–90.

Tichy, Günther: Integrationstheorie und Osterweiterung. In: Mayer, Otto G./Scharrer, Hans-Eckart (Hrsg.): Osterweiterung der Europäischen Union. Sind die mittel- und osteuropäischen Länder und die EU reif für eine Erweiterung? Baden-Baden 1997, S. 11–56.

Überlegungen zur europäischen Politik. Positionspapier der CDU/CSU-Bundestagsfraktion vom 1. September 1994. *Blätter für deutsche und internationale Politik*, Jg. 39, Nr. 10/1994, S. 1271–1280.

Varga, Gyula: Agrarpolitische Aufgaben und Dilemata im Spiegel des EU-Beitritts. In: Hasse, Rolf H./Schenk, Karl-Ernst/Czege, Andreas Wass von: Erweiterung und Vertiefung der Europäischen Union. Perspektiven und Engpässe. Baden-Baden 2000, S. 201–218.

Verheugen, Günter: Deutschland und die EU-Ratspräsidentschaft. Erwartungen und Realitäten. *Integration*, Jg. 22, Nr. 1/1999, S. 1–8.

Verheugen, Günter: Germany and the EU Council presidency. Expectations and reality. Discussion Paper C 35. Bonn 1999.

Verheugen, Günter: Baustelle Europa. In: Europa leidenschaftlich gesucht (Hrsg. Alfred Herrhausen Gesellschaft für internationalen Dialog). München, Zürich 2003, S. 310–320.

Vernet, Daniel: Kluge Ausschöpfung begrenzter Souveränität. Die Europa-Politik der rotgrünen Koalition. *Internationale Politik*, Jg. 54, Nr. 11/1999, S. 11–18.

Vogel, Wolfram: Frankreichs Europapolitik nach der Wahl. Perspektiven für Deutschland und Europa. *Aktuelle Frankreich-Analysen*, Nr. 18/2002.

Vykoukal, Jiří et al.: Visegrád. Možnosti a meze středoevropské spolupráce [Visegrád. Möglichkeiten und Grenzen der mitteleuropäischen Zusammenarbeit]. Praha 2003.

Wagner, Wolfgang: German EU constitutional foreign policy. In: Rittberger, Volker (ed.): German foreign policy since unification. Theories and case studies. Manchester/New York 2001, S. 185–229.

Wallace, Helen/Wallace, William (eds.): Policy-Making in the European Union. Oxford, New York 2000.

Waltz, Kenneth N.: Theory of International Politics. New York 1979.

Waltz, Kenneth N.: The Emerging Structure of International Politics. *International Security*, Vol. 18, No. 2/1993, S. 44–79.

Webber, Douglas (ed.): The Franco-German Relationship in the European Union. London, New York 1999.

Weidenfeld, Werner (Hrsg.): Neue Ostpolitik – Strategie für eine gesamteuropäische Entwicklung. Gütersloh 1997.

Weidenfeld, Werner (Hrsg.): Deutsche Europapolitik. Optionen wirksamer Interessenvertretung. Bonn 1998.

Weidenfeld, Werner/Giering, Klaus: Die Europäische Union nach Amsterdam – Bilanz und Perspektive. In: Weidenfeld, Werner (Hrsg.): Amsterdam in der Analyse: Strategien für Europa. Gütersloh 1998, S. 19–85.

Weidenfeld, Werner (Hrsg.): Amsterdam in der Analyse: Strategien für Europa. Gütersloh 1998.

Weidenfeld, Werner/Wessels, Wolfgang (Hrsg.): Jahrbuch der Europäischen Integration. Bonn, Berlin 1998–2002.

Weidenfeld, Werner (Hrsg.): Europa Öffnen. Anforderungen an die Erweiterung. 2. Auflage. Gütersloh 1999.

Weidenfeld, Werner (Hrsg.): Europa-Handbuch. Bonn 1999.

Weidenfeld, Werner/Jung, Christian: Osterweiterung und Handlungsfähigkeit der Europäischen Union: Zwang zur Reform. In: Weidenfeld, Werner: Europa Öffnen. Anforderungen an die Erweiterung. Gütersloh 1999, S. 11–23.

Weidenfeld, Werner: Erweiterung ohne Ende? Europa als Stabilitätsraum strukturieren. *Internationale Politik*, Jg. 55, Nr. 8/2000, S. 1–10.

Weidenfeld, Werner: Zwischen Anspruch und Wirklichkeit – die europäische Integration nach Nizza. In: Weidenfeld, Werner (Hrsg.): Nizza in der Analyse. Gütersloh 2001, S. 19–50.

Weidenfeld, Werner (Hrsg.): Nizza in der Analyse. Gütersloh 2001.

Welfens, Paul J. J.: Anpassungsprobleme in postsozialistischen Ländern Osteuropas im Vorfeld der EU-Osterweiterung. *Aus Politik und Zeitgeschichte*, B 3–4/1999, S. 29–42.

Wessels, Wolfgang: Germany in Europe: Return of the Nightmare or Towards an Engaged Germany in a New Europe. *German Politics*, Vol. 10, No. 1/2001, S. 107–116.

Wieczorek-Zeul, Heidemarie: Agenda 2000 - Schritte auf dem Weg zur Erweiterung der Europäischen Union. In: Wittschorek, Peter (Hrsg.): Agenda 2000. Baden-Baden 1999, S. 253–266.

Wiehler, Frank (Hrsg.): Die Erweiterung der Europäischen Union. Eine Herausforderung. Textsammlung „Agenda 2000". Baden-Baden 1998.

Wittschorek, Peter (Hrsg.): Agenda 2000. Baden-Baden 1999.

Zeman, Karel/Grexa, Boris: Ekomomické vztahy SRN ke státům střední a východní Evropy [Wirtschaftliche Beziehungen der BRD zu den MOE-Staaten]. In: Handl, Vladimír/Hon, Jan/Pick, Otto et al.: Vztahy SRN ke státům střední Evropy [Die Beziehungen der BRD zu den Staaten Mittel- und Osteuropas]. Praha 1998, S. 113–142.

Zohlnhöfer, Werner (Hrsg.): Perspektiven der Osterweiterung und Reformbedarf der Europäischen Union. Berlin 1998.

D. Internetquellen[*]

http://ec.europa.eu/archives/igc2000/geninfo/fact-sheets/fact-sheet7/index_de.htm
http://ec.europa.eu/archives/igc2000/geninfo/fact-sheets/fact-sheet8/index_de.htm
http://ec.europa.eu/archives/igc2000/geninfo/fact-sheets/fact-sheet12/index_de.htm
http://lehrerfortbildung-bw.de/faecher/gkg/bsg-gk/themen/europa/material/
eu_agrarpolitik.htm
http://www.andrebrie.de
http://www.bayern.de/Bayern-in-Berlin-.348/index.htm
http://www.bayern.de/Bayern-in-Bruessel-.355.18199/index.htm
http://www.bayern.de/Politik/Staatskanzlei/StMBEA
http://www.bundesregierung.de/nn_1514/Content/DE/Bulletin/2001__2005/2001/01/2
001-01-19-regierungserklaerung-von-bundeskanzler-gerhard-schroeder-zu-den-
ergebnissen-des-europaeischen.html
http://www.dihk.de/inhalt/themen/international_neu/meldung1/meldung049.html
http://www.diht.de
http://www.diw-berlin.de/english/produkte/projekte/docs/EIC_Employment.pdf
http://www.iep-berlin.de/fileadmin/website/03_Forschung/Verfassung/spdleitantrag.pdf
http://www.internationalepolitik.de/ip/archiv/jahrgang1999/juni99/programm-der-
deutschen-eu-ratsprasidentschaft-vom-21-dezember-1998--gekurzt-.html
http://www.landesentwicklung.sachsen.de/2344.htm
http://www.polsci.org/schneider/articles/pdf/LaborMove-O03D.pdf
http://www.rosalux.de/cms/fileadmin/rls_uploads/pdfs/Texte3.pdf
http://www.trend.infopartisan.net/trd1098/vertrag.html

---

[*]   Die Verfügbarkeit der o. g. und in dieser Studie zitierten Internetadressen wurde am
       25. April 2009 überprüft.

Abkürzungsverzeichnis

AA	Auswärtige Amt
AstV	Ausschuss der Ständigen Vertreter
BDI	Bund deutscher Industrie
BRD	Bundesrepublik Deutschland
BIP	Bruttoinlandsprodukt
BSP	Bruttosozialprodukt
BMF	Bundesministeriums für Finanzen
BMWi	Bundesministerium für Wirtschaft
BMWA	Bundesministerium für Wirtschaft und Arbeit
BML	Bundesministerium für Ernährung, Landwirtschaft und Forsten
CDU	Christlich demokratische Union
COSAC	Konferenz der Europaausschüsse der Mitgliedsparlamente der Europäischen Gemeinschaft
CSU	Christlich soziale Union
DDR	Deutsche Demokratische Republik
DGB	Deutscher Gewerkschaftsbund
DIHK	Deutsche Industrie- und Handelskammer
DIW	Deutsches Institut für Wirtschaftsforschung
DM	Deutsche Mark
ECU	European Currency Unit
EFTA	European Free Trade Association
EG	Europäische Gemeinschaft
EGV	Vertrag über die Europäische Gemeinschaft
EU-Vertrag	Vertrag über die Europäische Union
EMK	Konferenz der Europaminister der Länder
EU	Europäische Union
ESF	Europäisches Sozialfond
EU-Ausschuss	Ausschuss für die Angelegenheiten der Europäischen Union des Deutschen Bundestages
EUZBBG	Gesetz über die Zusammenarbeit von Bundesregierung und Deutschem Bundestag in Angelegenheiten der Europäischen Union

EUZBLG	Gesetz über die Zusammenarbeit von Bundesregierung und Länder in Angelegenheiten der Europäischen Union
EVP	Europäische Volkspartei
FDP	Freie demokratische Partei
GASP	Gemeinsame Außen- und Sicherheitspolitik
GAP	Gemeinsame Agrarpolitik
GG	Grundgesetz
GOBT	Geschäftsordnung des Bundestages
i. V. m.	in Verbindung mit
LPG	Landwirtschaftliche Produktionsgenossenschaft
MOEL	Länder Mittel- und Osteuropas
NATO	North American Treaty Organisation
PDS	Partei des demokratischen Sozialismus
PHARE	Pologne et Hongrie Aide de la Réconstruction Économique/Hilfe für den wirtschaftlichen Wiederaufbau Polens und Ungarns
SPD	Sozialdemokratische Partei Deutschlands
TEN	Transeuropäische Netze
UdSSR	die Sowjetunion
UNO	United Nations Organisation
VW	Volkswagen
WEU	Westeuropäische Union
WWU	Wirtschafts- und Währungsunion
ZBJI	Zusammenarbeit im Bereich Justiz und Inneres
ZDH	Zentralverband des deutschen Handwerks

Personenregister

Adenauer, Konrad 110, 138
Anderson, Jeffrey 44, 74
Baring, Arnulf 68
Barnier, Michel 266
Beneš, Vít 29
Bergmann, Jan 172, 173
Bethmann Hollweg, Theobald von 60
Bismarck, Otto von 61
Blair, Tony 131, 290
Bocklet, Reinhold 160, 266
Borchert, Jochen 118
Brandt, Willy 66, 273
Broek, Hans van den 256
Brücker, Herbert 223
Bulmer, Simon 44, 46
Bury, Hans Martin 144
Caesar, Rolf 177
Chirac, Jacques 208, 210, 293, 310
Cuntz, Eckhard 142
Czempiel, Ernst-Otto 71
Dauderstädt, Michael 130
Eichel, Hans 143, 293, 295
Fischer, Fritz 59
Fischer, Joschka 36, 74, 76, 121, 124, 127, 128, 179, 206, 211, 214, 215, 217, 273, 275, 293, 295, 328, 330, 332
Fischler, Franz 296, 299
Garton Ash, Timothy 61
Gaymard, Hervé 295

Gerhardt, Wolfgang 315
Gloser, Günter 259, 278, 308
Grabbe, Heather 42
Handl, Vladimír 44
Hellmann, Günter 42
Hildebrand, Klaus 60
Hintze, Peter 298
Hofbauer, Klaus 266, 269
Höppner, Reinhard 280
Hyde-Price, Adrian 17, 36, 42, 54, 98, 135, 324
Irmer, Ulrich 83
Jeffery, Charlie 44
Jessen, Christoph 142, 144, 185, 186, 273
Jopp, Mathias 43
Kaiser, Karl 47
Katzenstein, Peter 44, 55, 56, 73, 333
Kinkel, Klaus 53, 125
Kohl, Helmut 12, 76, 79, 99, 100, 101, 104, 108, 109, 110, 111, 113, 114, 117, 121, 122, 123, 124, 125, 127, 136, 146, 147, 161, 165, 169, 175, 187, 210, 245, 255, 257, 274, 286, 298, 315, 321, 323, 327, 330
Künast, Renate 293, 299
Kurth, James 68
Lafontaine, Oskar 140, 229
Lamers, Karl 112

Lippert, Barbara 42, 101, 130
Lübkemeier, Eckhard 47, 93
Lührmann, Anna 273
Mearsheimer, John 28
Meckel, Markus 312, 339
Milosevic, Slobodan 126
Mitterand, Francois 323
Mommsen, Wolfgang J. 59
Moravcová, Dagmar 44, 56
Moravcsik, Andrew 29, 31
Müller-Brandeck-Bocquet, Gisela 43
Palacio, Loyola de 296
Paquet, Jean-Eric 153
Paterson, William E. 44, 46
Pleuger, Günter 144
Pöttering, Hans-Gert 256
Prodi, Romano 305
Reich, Simon 48
Reutter, Werner 44
Rittberger, Volker 43
Rühe, Volker 100
Sauzay, Brigitte 147
Schäfer, Günther 195
Scharioth, Klaus 336
Schäuble, Wolfgang 112, 113, 114, 133, 338
Schily, Otto 76
Schimmelfennig, Frank 27, 33
Schmalz, Uwe 43
Schneider, Heinrich 43
Schreyer, Michaele 290, 296, 306

Schröder, Gerhard 12, 23, 36, 43, 76, 79, 118, 122, 123, 124, 125, 126, 127, 129, 130, 134, 138, 140, 144, 146, 147, 161, 165, 178, 184, 187, 192, 193, 200, 207, 209, 210, 214, *220*, 221, 227, 229, 230, 236, 238, 243, 255, 257, 268, 270, 274, 275, 278, 279, 280, 282, 286, 292, 293, 294, 297, 298, 300, 301, 309, 310, 311, 313, 315, 317, 321, 323, 325, 327, 328, 330, 331
Schwarz, Hans-Peter 69, 75
Sedelmeier, Ulrich 27
Silberberg, Reinhard 146
Solbes, Pedro 292
Steinbach, Erika 338
Steinmeier, Frank-Walter 293
Stoiber, Edmund 160, 268, 284, 300, 329
Straubhaar, Thomas 224
Stuth, Reinhard 255, 256
Tewes, Henning 36, 42, 57
Verheugen, Günter 11, 123, 129, 153, 179, 256, 280, 282, 288, 296, 305, 306, 313, 326, 340
Waigel, Theo 136, 143, 187
Waltz, Kenneth 28, 70
Wartenberg, Gerd 256
Weidenfeld, Werner 202
Weigert, Klaus 160
Zöller, Wolfgang 338

VS Forschung | VS Research
Neu im Programm Soziologie

Tilo Beckers / Klaus Birkelbach /
Jörg Hagenah / Ulrich Rosar (Hrsg.)

Komparative empirische
Sozialforschung

2010. 527 S. Br. EUR 59,95
ISBN 978-3-531-16850-0

Christian Büscher /
Klaus Peter Japp (Hrsg.)

Ökologische Aufklärung

25 Jahre ‚Ökologische Kommunikation'
2010. 311 S. Br. EUR 39,95
ISBN 978-3-531-16931-6

Wolfgang Berg /
Aoileann Ní Éigeartaigh (Eds.)

Exploring Transculturalism

A Biographical Approach
2010. 180 pp. (Crossculture) Softc.
EUR 34,95
ISBN 978-3-531-17286-6

Wilson Cardozo

Der ewige Kalte Krieg

Kubanische Interessengruppen
und die US-Außenpolitik
2010. 256 S. (Globale Gesellschaft und
internationale Beziehungen) Br. EUR 39,95
ISBN 978-3-531-17544-7

Erhältlich im Buchhandel oder beim Verlag.
Änderungen vorbehalten. Stand: Juli 2010.

Gabriele Doblhammer /
Rembrandt Scholz (Eds.)

Ageing, Care Need and
Quality of Life

The Perspective of Care Givers
and People in Need of Care
2010. 243 pp. (Demografischer Wandel –
Hintergründe und Herausforderungen)
Softc. EUR 34,95
ISBN 978-3-531-16626-1

Dorothea Krüger (Hrsg.)

Genderkompetenz
und Schulwelten

Alte Ungleichheiten – neue Hemmnisse
2010. ca. 230 S. (Kultur und gesellschaftliche Praxis) Br. ca. EUR 29,95
ISBN 978-3-531-17508-9

Matthias Richter

Risk Behaviour in Adolescence

Patterns, Determinants
and Consequences
2010. 123 pp. Softc. EUR 34,95
ISBN 978-3-531-17336-8

Barbara Rinken

Spielräume in der Konstruktion
von Geschlecht und Familie?

Alleinerziehende Mütter und Väter
mit ost- und westdeutscher Herkunft
2010. 349 S. Br. EUR 39,95
ISBN 978-3-531-16417-5

www.vs-verlag.de

VS VERLAG

Abraham-Lincoln-Straße 46
65189 Wiesbaden
Tel. 0611.7878-722
Fax 0611.7878-400

VS Forschung | VS Research
Neu im Programm Politik